# HISTOIRE

DE LA

# COMMUNE DE MONTPELLIER.

# HISTOIRE
## DE LA COMMUNE
### DE MONTPELLIER,

DEPUIS SES ORIGINES JUSQU'A SON INCORPORATION DÉFINITIVE
A LA MONARCHIE FRANÇAISE ;

RÉDIGÉE D'APRÈS LES DOCUMENTS ORIGINAUX, ET ACCOMPAGNÉE DE PIÈCES
JUSTIFICATIVES, PRESQUE TOUTES INÉDITES ;

### PAR A. GERMAIN,
Professeur d'histoire à la Faculté des Lettres de Montpellier.

### TOME I.

MONTPELLIER,
DE L'IMPRIMERIE DE JEAN MARTEL AINÉ,
Rue de la Canabasserie, 10.
1851

Voici un ouvrage qui nous occupe depuis plus de douze ans. Le lecteur appréciera si nous les avons bien ou mal employés.

Ce fut en effet vers la fin de 1838 que nous conçûmes le plan du livre que nous éditons aujourd'hui. On venait alors de créer une Faculté des Lettres à Montpellier, et, sans que nous l'eussions demandé, contre notre désir même, — car l'achèvement d'une tâche analogue semblait devoir nous retenir à Nimes, — M. le Ministre de l'Instruction publique nous en avait confié la chaire d'Histoire. Un de nos premiers soins fut de nous orienter dans les Annales de la ville où nous étions ainsi appelé à fonder un nouvel enseignement, et nous ne tardâmes pas à reconnaître qu'il y avait là matière à d'intéressantes études. A une époque où on se livrait avec ardeur à l'exhumation du moyen-âge et où les antiquités de la France préoccupaient beaucoup d'esprits, il nous parut piquant de relever les vieux titres d'une cité de l'importance de celle de Montpellier, d'autant mieux que sa Commune avait tout d'abord frappé notre attention, et que, malgré son éclat incontestable, elle était, comme presque toutes les anciennes Communes du Midi, à peine mentionnée dans les ouvrages des maîtres de la science. Afin de pouvoir creuser à loisir ce sujet, nous lui réservâmes tout de suite une place dans notre enseignement, et nous nous rappelons encore quel accueil sympathique il reçut de nos premiers auditeurs. L'essai avait réussi au-delà de nos espérances, et nous nous mîmes en mesure de faire de ce premier travail l'objet d'une publication. Non-seulement nous lûmes tous les documents épars dans les polygraphes, mais nous interrogeâmes toutes les archives, enregistrant minutieusement leurs réponses, et moissonnant çà et là nombre de pièces inédites. On trouvera les principales, soit entières, soit analysées, dans les Appendices de nos trois volumes.

Telle est, en quelques mots, l'histoire de ce livre : il est sorti, comme on voit, de nos débuts dans l'enseignement supérieur. Mais la forme primitive a dû presque toujours disparaître : la forme actuelle, avec son cortége indispensable d'érudition, n'eût pu s'accommoder aux exigences d'un cours public.

Le sujet que nous traitons est encore à peu près neuf,

moins toutefois par les faits qui le constituent que par la manière de les envisager. Quant aux faits pris isolément, D'Aigrefeuille les avait inventoriés avant nous en très-grande partie. Mais de son temps on ne songeait guère aux Communes, et on aurait tort de lui en vouloir pour n'avoir pas soupçonné le rôle de celle de Montpellier. Le bon chanoine eût volontiers dit comme Guibert de Nogent : « Commune est un nouveau et très-méchant mot. » Combien citerait-on d'historiens qui, publiant en 1737 un in-folio sur les annales d'une ville, y aient assigné un rang convenable aux institutions communales, et aient surtout bien compris le sens et la portée de ces institutions? Si nous avions nous-même vécu au temps de D'Aigrefeuille, il nous eût été probablement impossible d'accomplir le travail que nous donnons aujourd'hui.

C'est dire que nous devons beaucoup à nos contemporains, et que nous avons obligation entre autres à MM. Guizot et Augustin Thierry. Non que nous soyons directement leur tributaire, néanmoins; car, à de très-rares exceptions près, nous le remarquions tout à l'heure, les savants modernes ont négligé les Communes du Midi pour celles du Nord. Ils ont écrit de fort belles pages sur les Communes de Cambrai, de Laon, de Soissons, de Reims, de Sens, d'Amiens, etc., mais n'ont guère poussé leurs investigations au-delà de la Loire. Ils nous ont cependant ouvert la voie par leurs doctrines d'ensemble, et, grâce à leurs travaux, nous avons pu laisser de côté la question générale pour nous renfermer dans la question particulière.

Notre livre, à ce point de vue, aura l'avantage d'ajouter quelques détails à leurs précieux aperçus. On y verra par un exemple saillant que les Communes de la France Méridionale ne le cédèrent pas à celles de la France du Nord, et que l'horizon historique n'aurait qu'à gagner à s'étendre de ce côté. Si l'on faisait pour toutes les villes du Midi ce que nous avons entrepris pour celle de Montpellier, on mettrait sans nul doute en circulation bon nombre de textes et de documents nouveaux.

C'est surtout cette considération qui nous a engagé à éditer, sous le titre de *Pièces justificatives*, quantité d'actes dont bien peu étaient connus jusqu'ici, indépendamment des extraits que nous avons donnés d'une foule d'autres, soit dans les notes du corps de l'ouvrage, soit dans la première partie de nos Appendices. Ces actes ne concernent pas uniquement la Commune, mais aussi la Seigneurie de Montpellier; car on ne peut raisonnablement séparer ces deux juridictions, l'histoire de l'une expliquant ou complétant celle de l'autre. Ils éclaireront dans tous les cas les jugements du lecteur, et ne seront pas sans quelque profit pour la science. Afin de mieux transmettre l'empreinte de leur originalité, nous les avons scrupuleusement reproduits avec leur vieille orthographe, au risque de blesser les règles de la grammaire et d'alarmer les susceptibilités cicéroniennes, nous bornant à y marquer la ponctuation et à insérer entre parenthèses les lettres ou les mots oubliés dans les manuscrits.

Ce livre est donc, par suite, à la fois une histoire et une collection de pièces. Ce n'est nullement un livre de politique; nous avons eu soin de nous tenir en garde contre cet écueil. Mais l'abstention sévère que nous nous sommes imposée là-dessus ne saurait pourtant lui ravir son à-propos. Tout le monde sent de nos jours la nécessité de raviver les institutions municipales contre les excès de la centralisation administrative [1]. Les libertés municipales occupent une large place dans notre droit national, et pourraient bien être appelées tôt ou tard à sauver la France à bout de révolutions. « C'est dans la Commune », a dit M. de Tocqueville, « que réside la force des peuples libres. Les institutions communales sont à la liberté ce que les écoles primaires sont à la science : elles la mettent à la portée du peuple; elles lui en font goûter l'usage paisible, et l'habituent à s'en servir. »

Si, comme l'a professé un de nos plus considérables représentants, M. De Laboulie [2], la Commune est de nos jours la base de l'édifice social, à plus forte raison en était-il

[1] Voir à ce sujet l'excellent livre de M. Béchard, intitulé : *De l'administration de la France, ou Essai sur les abus de la centralisation*, 2 vol. in-8º.

[2] Rapport sur le projet de loi relatif à la nomination des maires et adjoints, *Moniteur* du 3 mai 1850.

ainsi autrefois. « L'histoire municipale du moyen-âge peut »,
selon M. Augustin Thierry, « donner de grandes leçons au
» temps présent. Il y a là en petit, sous une foule d'aspects
» divers, des exemples de ce qui nous arrive en grand depuis
» un demi-siècle, de ce qui nous arrivera dans la carrière où
» nous sommes lancés désormais. Toutes les traditions de
» notre régime administratif sont nées dans les villes ; elles y
» ont existé long-temps avant de passer dans l'État.... L'éga-
» lité devant la loi, le gouvernement de la société par elle-
» même, l'intervention des citoyens dans toutes les affaires
» publiques, sont des règles que pratiquaient et maintenaient
» énergiquement les grandes Communes ; nos institutions
» présentes se trouvent dans leur histoire, et peut-être aussi
» nos institutions à venir. La révolution de 1789 n'a pas créé
» de rien ; la pensée de l'Assemblée constituante n'a pas élevé
» sans matériaux l'ordre social de nos jours... Si l'histoire des
» Communes et des cités municipales n'est pas toute l'histoire
» des origines du tiers-état, elle en est la partie héroïque ;
» là sont les plus profondes racines de notre ordre social
» actuel [1]. »

La raison d'être du présent et le salut de l'avenir, telles
nous apparaissent, à nous aussi, les Communes. Mais il faut
qu'elles se retrempent dans les eaux vivifiantes du Christianisme.
Ce qui a fait principalement leur force et leur grandeur au

[1] *Récits des Temps mérovingiens*, I, 305.

moyen-âge, c'est leur ferme esprit de foi. Cèlle de Montpellier, moins catholique, moins dévouée à l'Église, eût été probablement emportée comme tant d'autres par la réaction féodale, qui comprima dans le Midi l'essor de l'émancipation albigeoise. Il ne saurait en être aujourd'hui, sous ce rapport, autrement qu'au moyen-âge, le Catholicisme n'ayant pas cessé d'être la source de toute vie comme de toute vérité ; de sorte que, si la société, si la France doit se sauver avec l'aide des Communes, elle ne saurait, non plus, le faire sans le concours de l'Église. L'Église et la Commune sont les deux arcs-boutants de l'édifice social.

Quiconque parcourra ce livre aura une idée de la manière dont cela a lieu. Qui a plus contribué que l'Église au maintien de l'unité conjugale, et conséquemment à celui de la famille ? Qui a mieux possédé le secret de sauvegarder tous les droits, en les conciliant avec tous les devoirs ? Et quant aux Communes, quelle part n'ont-elles pas su ménager à la liberté ? — à la liberté et à tout ce qui en émane ; — témoin l'immense développement commercial et le mémorable passé scientifique de celle de Montpellier.

Malheureusement, nous ne sommes pas sûr de pouvoir donner à cette thèse tout le retentissement qu'elle mériterait d'avoir ; car, avec l'agitation fébrile qui accompagnera la publication de nos recherches, combien de gens auront le courage de fixer leur attention sur une œuvre du genre de celle-ci ? Un spirituel et judicieux évêque ne disait-il pas, il y a quelque temps déjà : « Aujourd'hui on lit tout, excepté les livres ». ? Nous ne devrions point, à ce compte, espérer d'être lu, en dépit des efforts et des sacrifices que nous aura coûtés ce travail. Mais alors même qu'on nous refuserait un honneur qu'on prodigue si bénévolement aux plus insipides folliculaires, nous n'en éprouverions pas moins la satisfaction d'avoir voulu rendre service à la science et à nos concitoyens, en retraçant l'histoire des libertés municipales d'une des villes les plus importantes du Midi, convaincu, avec M. Thiers, que « des libertés municipales et provinciales sont » une première éducation par laquelle il est utile de faire » passer un peuple, quand on ne veut pas le jeter prématu- » rément et violemment dans la carrière orageuse de la liberté » politique. »

Montpellier, 9 octobre 1851.

# INTRODUCTION.

Il y a sur l'origine de Montpellier une précieuse légende : Le comte de Maguelone Aigulf, contemporain de Peppin-le-Bref et père de S. Benoit d'Aniane, frappé des graves changements politiques auxquels il assistait, consulta, dit-on, un talmudiste, son médecin et son familier. Celui-ci lui fit voir, au milieu d'un bois, et pendant le silence de la nuit, deux arbustes, deux arbrisseaux mystérieux, qui, d'abord distants l'un de l'autre, se réunirent bientôt en un grand arbre à doubles racines. Apparut ensuite une jeune fille avec deux têtes : ces deux têtes, à leur tour, se condensèrent en une seule, ravissante de beauté et rayonnante de gloire, qui, d'une bouche fatidique, se mit à prophétiser l'avenir. Or, ajoute la légende, le comte Aigulf, dans le bois et au lieu même où il avait eu cette apparition, jeta les fondements d'une ville, et cette ville s'appela Montpellier.

Tout est féerique, tout est double dans cette légende, — deux acteurs, deux arbustes, deux têtes; — et tout, néanmoins, y aboutit à l'unité. L'unité émanant d'une primordiale dualité, tel est le symbole, telle est l'histoire de Montpellier au moyen-âge. Jusqu'au milieu du XIV$^e$ siècle, la ville dont nous parlons est demeurée soumise à deux juridictions distinctes. Avant d'appartenir tout entière à Philippe de Valois, elle lui appartint seulement par moitié; de même qu'avant d'appartenir par moitié au roi de France, elle appartint par moitié à un seigneur de la race des Guillems ou de la famille des rois d'Aragon, et par moitié à l'évêque de Maguelone. Les deux parties, les deux bourgs dont elle se composa dans le principe obéissaient à des chefs différents. Ce fut par le bourg épiscopal de Montpelliéret que la politique de Philippe-le-Bel commença à prendre possession de Montpellier.

Montpellier et Montpelliéret, ainsi nomme-t-on les deux bourgs entre lesquels se partagea long-temps la domination de nos seigneurs et de nos évêques, les deux bourgs primitivement distincts dont la réunion a servi plus tard à former notre ville et à organiser la Commune dont nous nous proposons de retracer l'histoire. Ces deux bourgs, comme leur nom semble l'indiquer, durent être originairement d'inégale étendue. Peut-être même, quoique très-rapprochés l'un de l'autre, ne datent-ils pas exactement de la même époque. Il est bien difficile d'assigner une date précise à la naissance d'une ville : à moins qu'elle ne doive son existence à un grand évènement historique, elle n'a le plus souvent personne qu'elle-même pour confident des souvenirs de son berceau. A plus forte raison ne voit-on pas très-clair quelquefois dans le fait de son baptême. Qui pourra nous renseigner d'une manière satisfaisante sur celui de Montpellier? Faut-il s'arrêter pour ce nom au *Mons-Pessulus* de certains étymologistes, ou recourir au *Mons puellarum* de quelques autres? D'après les premiers, le monticule sur lequel est bâti Montpellier aurait été anciennement un terrain planté de bois, une sorte de parc ou de *garigue* remplie d'herbes sauvages, où les habitants de Substantion avaient seuls le droit de faire paître leurs troupeaux. Afin d'en interdire l'accès au bétail étranger, ils avaient entouré ce lieu d'une palissade, et en avaient fermé la porte avec un verrou. Montpellier signifierait alors *Mont fermé au verrou.* (Mons-pessulanus, *quasi mons pessulo clausus*[1]). Cette étymologie ne serait pas unique dans son genre. Substantion lui-même est quelquefois appelé dans les vieux monuments *Serratio*, parce que sa forteresse, selon Gariel, était comme une serrure pour la sûreté du passage *(Serratio a sera)*. La ville de Pau, elle aussi, doit son nom, dit-on, à une enceinte de pieux ou de poteaux qu'on y éleva, à une certaine époque, contre les brigandages des Vascons *(Palum a palis*[2]*)*. En vertu de l'autre étymologie, Montpellier viendrait de *Mons puellarum*, contracté en *Monspuelium*, et tirerait cette qualification des deux sœurs de S. Fulcran, qu'Arnaud de Verdale dit avoir été maîtresses et donatrices de notre territoire, ou bien encore, d'après une interprétation plus galante, de la beauté de ses jeunes filles, que le bon vieux chroni-

---

[1] On trouve aussi dans les chartes *Monspestellarius*, vulg. *Montpesteylat*, et par abréviation *Montpeylat*, qui dans l'idiome local signifie monticule fermé à clef, monticule bien clos, bien retranché, bien fortifié. — Les manuscrits du *Petit Thalamus* donnent également *Montpeslier* et *Montpeylier*. Froissart, à son tour, écrit parfois *Montpeslier*, qui sous la plume de Gariel devient *Montpélier*. — Dans un acte de 1090, transcrit au *Mémorial des Nobles*, fol. 19, on lit *Muntpeslier* et *Montpeslairet*.

[2] Montpellier, par analogie, ne pourrait-il pas avoir été autrefois entouré d'une enceinte fermée au verrou ou à la herse contre les courses sans cesse renaissantes des Sarrazins?

queur Froissart appelle courtoisement « les friches dames de Montpellier. » Cette étymologie, malheureusement, est plus gracieuse que vraie : Montpellier, selon toute apparence, n'attendit, pour prendre un nom, ni les deux sœurs de S. Fulcran, ni la réputation de ses belles habitantes [1].

Mais à quoi bon nous arrêter sur ces étymologies ? Le doute à leur égard et à l'égard de quelques autres [2] ne

[1] La même remarque s'appliquerait au *Mons puellæ* imaginé par le chanoine Gariel, en considération de l'antique et constante piété de notre ville envers la Sainte-Vierge. Gariel prend ici un effet pour une cause.

[2] On n'en finirait pas, si l'on voulait énumérer et discuter toutes les étymologies. Gariel, après avoir indiqué les principales dans son *Idée de la ville de Montpellier*, I, 24, sans, omettre même celle qui, par une contraction des plus bizarres, fait dériver *Monspessulanus* de *Monspisciculanus*, à cause de l'abondance et de la qualité du poisson que la proximité de la mer permet d'y manger, conclut qu'il « seroit volontiers du parti de ceux qui font venir Montpélier de ce beau mont de Thessalie que les Muses et les sçavans ont tousjours tant aymé et estimé (*Monspelium*, quasi *Mons-Pelion*). » Montpellier devrait son nom, selon Rulman, à sa situation sur le Lez (*mons in pede Ledi*), selon d'autres à la solidité inébranlable de sa base rocheuse (*Mont-Pilier*). Selon d'autres encore, notre ville aurait existé primitivement dans la plaine et au bord du Lez, non loin du Pont Juvénal actuel, d'où, afin de se garantir soit de l'invasion de la rivière, soit des incursions de l'ennemi, les habitants se seraient ensuite retirés vers le monticule situé en face (*versus montem pulsi*). La ville, ainsi trans-

saurait infirmer en rien l'existence des deux bourgs primitifs de Montpellier et de Montpelliéret, ni empêcher

férée, aurait alors échangé contre le nom de *Montpellier* qu'elle porte aujourd'hui le nom d'*Agathopolis* qu'elle portait dans la plaine. — Mais tout cela, nous n'avons pas besoin de le dire, ne saurait être pris au sérieux, non plus, du reste, que l'étymologie vulgairement assignée au mot *Valfère*. Ce mot, qui sert à désigner une de nos rues, rappellerait, dit-on, la partie la plus épaisse du bois qui couvrait dans le principe la colline montpelliéraine, celle où s'abritaient les bêtes fauves (*Vallis ferarum*). Il y a une objection à faire à cette étymologie : c'est qu'on ne trouve dans aucune de nos anciennes chartes *Vallis ferarum*, mais partout *Vallisfera*. Voir entre autres l'acte de vente de 1132, transcrit au *Mémorial des Nobles*, fol. 87 v°; consulter aussi les actes de 1222, 1237, 1272 et 1369 conservés dans nos Archives municipales, Armoire H, Cassette V, N° 1 ; Arm. F, Cass. VII, N° 10; Arm. A, Cass. II, N° 17; et *Grand Thalamus*, fol. 146, où on lit constamment *Vallisfera, carreria Vallisfere*, jamais *Vallis ferarum*. *Vallisfera* indiquerait à la rigueur une idée analogue à celle de *Vallis ferarum*. Mais est-ce bien toutefois cette idée qui domine dans le mot *Valfère*? Et le moyen-âge, en admettant qu'il l'ait partagée, ne s'y serait-il pas mépris lui-même, comme nos modernes étymologistes ? Nous ne nous souvenons pas d'avoir rencontré, pour notre compte, la dénomination *Vallisfera* avant le XII° siècle ; mais nous nous rappelons avoir remarqué dans les chartes du XI° siècle certaines formules qui nous ont paru plus conformes aux traditions historiques, et qui seraient de nature à modifier sur ce point l'opinion vulgaire. Dans un acte annexé au serment prêté en 1090 par le seigneur de Montpellier Guillem V à l'évêque de Maguelone Godefrid, par exemple, il est dit que cet évêque donne au seigneur le terrain situé « foris vallatos et foris muros de Muntpeslier. » ( Archiv. municip., *Mémorial des Nobles*, fol. 19; Cf. *Hist. gén. de* que ces deux bourgs, situés l'un au N. O. de la colline, l'autre au S. E., n'aient été le noyau et comme la base de la ville actuelle. Resterait à savoir par qui ils furent construits et peuplés. Fut-ce, comme on le rapporte généralement, par des fugitifs de Maguelone, lors de la ruine de cette cité, en 737, par Charles-Martel? Cela est possible, mais ne saurait être pourtant qu'une conjecture [1]. Les deux bourgs en question ont

*Languedoc*, II, Pr. 330.) Ne serait-ce pas de ce *Vallum*, correspondant à un mur ou fossé d'enceinte primitif, que viendrait le nom de la rue *Valfère*, qui longeait effectivement les anciens remparts? Le mot *Valfère*, au lieu du sens de *Vallisfera*, aurait alors celui de *Vallum de foris*, et représenterait, conséquemment, le sol situé hors de l'enceinte, soit de la ville, soit du château des Guillems, placé tout près de là, comme on sait. Les statuts des Ouvriers de la Commune-clôture de 1284 mentionnent, de même, les *Valla* ou *Vallata* attenant aux *Portalia* de Montpellier. Nous n'oserions soutenir, néanmoins, cette étymologie.

[1] Les partisans de cette opinion s'appuient particulièrement sur un texte d'Arnaud de Verdale, évêque de Maguelone, qui a écrit, vers le milieu du XIVᵉ siècle, une Histoire ou plutôt une Chronique de ses prédécesseurs. Arnaud de Verdale, mentionnant dans cette chronique la destruction de Maguelone par Charles-Martel, l'attribue à ce que les Sarrazins avaient établi là une espèce de place militaire, d'où ils ravageaient les châteaux et les villes du voisinage, alors peu considérables, selon lui, vu que Montpellier n'était pas encore bâti, « pro eo quod nondum »Monspessulanus constructus fuerat. » Mais on pourrait répondre à ceci qu'Arnaud de Verdale ne fournit aucune preuve de son assertion et parle seulement d'après une tradition en vigueur de

pu recevoir dans leur sein des fugitifs de Maguelone. Mais qui prouvera qu'ils n'existaient pas antérieurement à cette émigration? Qui niera que celle-ci n'ait fait qu'activer une colonisation et un établissement déjà en voie de progrès? — Ces fugitifs de Maguelone durent être d'anciens Grecs et d'anciens Celtes, des Gallo-Romains, des Gallo-Franks, des Wisigoths, colons d'origine très-confuse et de sang bien mélangé, auxquels vinrent successivement s'en adjoindre d'autres de races non moins diverses [1]. On voit, dès 815, l'élément espagnol s'implanter dans notre ville par l'arrivée d'une

son temps. Montpellier n'avait pas encore atteint un bien grand développement lors de la ruine de Maguelone par Charles-Martel, puisque les monuments antérieurs ne prononcent même pas son nom; serait-ce néanmoins une raison suffisante pour conclure que Montpellier n'a eu absolument aucune existence avant Charles-Martel? — Ce n'est pas que nous veuillons, assurément, faire remonter, avec Thevet, l'origine de Montpellier jusqu'aux Carthaginois contemporains de Scipion-l'Africain, ou, avec Belleforest et Charron, lui assigner les Massaliotes pour fondateurs. Mais entre ces rêveries et la fondation première de Montpellier, en 737, à la suite de la destruction de Maguelone par Charles-Martel, il y a certes de la marge.

[1] C'est ce qui, selon Gariel, faisait dire à Isaac Casaubon que les habitants de Montpellier méritaient le nom de *Convenœ*. — Montpellier paraît avoir été dès l'origine un asile. La charte du 15 août 1204 elle-même abonde en dispositions favorables aux étrangers. Il suffit, pour s'en convaincre, de recourir aux articles 31, 32, 94 et 106.

INTRODUCTION.  IX

nouvelle bande gothique récemment descendue des Pyrénées. Car, avant de devenir française, la ville de Montpellier a long-temps été espagnole. Elle a eu, du moins, durant certains siècles, plus de rapports avec l'Espagne qu'avec la France. Il n'est pas jusqu'au *Propre* de son Église qui ne reflète celui de l'Église d'Espagne [1]. Aussi les Espagnols ont-ils toujours été traités en frères par les habitants de Montpellier : ne les a-t-on pas vus dernièrement encore venir chercher un asile parmi nous [2] ?

[1] Montpellier célèbre encore aujourd'hui annuellement la fête de plusieurs saints d'Espagne, tels que S. Hermenegilde, S. Just et S. Pasteur, S. Aciscle et S$^{te}$ Victoire, S$^{te}$ Léocadie, S$^{te}$ Eulalie. Nous avons même une église dédiée à cette dernière sainte, la grande sainte de Barcelone, comme on sait. L'ordre civilisateur de Notre-Dame de la Merci, à peine fondé en Espagne, eut, au XIII$^e$ siècle, une maison florissante à Montpellier:

[2] La ville de Girone n'a pas discontinué d'être, à l'heure où nous écrivons, propriétaire d'une maison de la rue St.-Matthieu, qui lui a servi autrefois de collége. — Et que de noms chez nous à physionomie espagnole ou gothique! — La chronique de notre *Petit Thalamus* est également espagnole, sous bien des rapports, dans sa première partie : elle s'y occupe à peine des grands évènements de la France. Elle ne sait pas au juste quand a cessé de vivre Charlemagne, dont elle place la mort en 809. Mais elle enregistre tout d'abord la prise de Barcelone par les Chrétiens en 1088, la prise de Majorque en 1114, la prise d'Alméria et de Tortose en 1148 et 1149. Tout au plus un souvenir donné en passant à la conquête de Jérusalem et à la croisade d'Orient. Ce

# INTRODUCTION.

Ce dut être, au moyen-âge, une existence tout-à-fait originale que celle de Montpellier. Il y eut là comme un monde à part, un monde qui, tout en participant à la vie commune, vécut de sa vie propre. Soit qu'on examine son histoire au temps des Guillems, soit qu'on l'étudie sous la domination des rois d'Aragon, de Majorque ou de Navarre, on lui trouve un caractère qu'ont rarement les histoires provinciales. L'histoire de la Seigneurie et de la Commune de Montpellier forme un des plus remarquables épisodes des siècles féodaux.

Parlons d'abord de la Seigneurie. Son histoire est une introduction naturelle et nécessaire à celle de la Commune.

C'est vers 990 qu'on place les commencements de cette seigneurie. Un évêque de Maguelone venait alors, selon une tradition très-respectable, de recevoir de deux pieuses et nobles *damoiselles*, qu'on dit avoir été sœurs de S. Fulcran, et qui appartenaient à la maison des

qui y préoccupe surtout le chroniqueur, c'est l'Espagne; il note soigneusement les exploits des barons de la Péninsule, il tient un compte rigoureux de leurs mariages et de leurs morts. La chronique du *Petit Thalamus* ne commence guère à devenir un peu explicite sur l'histoire de la France qu'à partir du XIII<sup>e</sup> siècle.

comtes de Melgueil et de Substantion, les bourgs de Montpellier et de Montpelliéret. Ces bourgs avaient été donnés à l'Église de Maguelone avec leurs dépendances, comme cela se pratiquait fréquemment au moyen-âge, dans le but tout religieux de ménager à leurs anciens possesseurs, en échange des biens passagers de la terre, les biens impérissables du ciel. Un des vassaux du comte de Melgueil, déjà pourvu de certain bénéfice dans le voisinage [1], et desireux de s'arrondir, saisit bien vite l'occasion. Il s'entendit avec l'évêque, et en obtint, à titre de fief, l'un des deux bourgs. L'évêque céda Montpellier, et garda Montpelliéret. Gui ou Guillaume, ainsi se nommait le contractant, prêta à l'Église de Maguelone, dans la personne de son évêque, l'hommage et le serment usités en pareil cas, s'engagea à payer une redevance, et fut déclaré légitime détenteur du territoire concédé.

Telle a été, dit-on, l'origine de la Seigneurie de

---

[1] Le *Mémorial des Nobles* de nos Archives municipales renferme une donation du comte Bernard de Melgueil à ce seigneur, datée de la 32ᵉ année du règne de Lothaire (985), et où l'origine franke des comtes de cette maison est formellement établie par un appel à la Loi Salique. Cette pièce, infiniment curieuse, a été éditée par les Bénédictins dans leur *Histoire générale de Languedoc*, II, Pr. 139.

Montpellier. Le Guillaume en question est devenu le père des Guillems, et ses descendants se sont perpétués dans la possession de ses domaines durant deux siècles. En lui ont pris naissance les droits héréditaires qu'un mariage célèbre a transférés, en 1204, aux rois d'Aragon.

Ainsi se manifeste de plus en plus, au seuil de notre histoire, la dualité dont nous constations tout-à-l'heure l'existence. A partir de 990, elle n'est plus seulement dans le territoire; elle est aussi dans la propriété et le gouvernement. Le bourg de Montpellier forme dèslors une seigneurie distincte de celle de Montpelliéret : il passe sous la juridiction des Guillems, pendant que Montpelliéret continue d'appartenir aux évêques de Maguelone. Les deux bourgs auront beau se rapprocher par des accroissements successifs; le sommet intermédiaire de la colline aura beau se couvrir d'habitations jusqu'à effacer tout intervalle; l'unité pour eux ne sera long-temps encore qu'apparente. Les deux tiers de la grande ville qui va naître de ce rapprochement obéiront à des seigneurs laïques; mais le reste demeurera sous la dépendance épiscopale. Alors même que, par le mariage de l'héritière des Guillems avec le puissant Pierre II, en 1204, la part des seigneurs laïques sera devenue celle du lion, la juridiction des évêques de Maguelone, directe et indirecte, à titre de propriétaires et de suzerains, n'en subsistera pas moins. Et ce sera par là que, quatre-vingt-neuf ans plus tard, les rois de France, dans la personne de Philippe-le-Bel, mettront la main sur nous. Une fois maîtres de Montpelliéret, ils voudront avoir le tout, et, en 1349, ils achèteront aux rois de Majorque, successeurs des rois d'Aragon dans la Seigneurie de Montpellier, ce que ceux-ci en auront gardé, afin de compléter l'œuvre de leur domination sur le Midi, et de sceller d'un sceau indestructible la conquête inaugurée par l'extermination des Albigeois.

Tout devait céder devant le merveilleux esprit de suite de la dynastie capétienne. Ce fut assurément une grande race que celle des Raymond, de ces tout-puissants comtes de Saint-Gilles et de Toulouse qui faillirent s'asseoir sur le trône de Jérusalem, reçurent le baptême chevaleresque du Jourdain, et présidèrent près de trois siècles aux destinées du Midi. Ce fut aussi une imposante lignée que celle de nos vieux Guillems, de ces vaillants seigneurs de Montpellier, qui, à l'exemple des comtes de Saint-Gilles, leurs voisins, se signalèrent aux croisades en Palestine et en Espagne, comme eux se montrèrent les protecteurs zélés du commerce et des lettres, comme eux fondèrent des hôpitaux, bâtirent des monastères et des églises, donnèrent des lois, accueillirent les troubadours, contractèrent de royales alliances. Quelle héroïque maison également que celle des rois d'Aragon! Ne put-on pas croire, au commencement du XIIIe siècle, à voir son ardeur à défendre la nationalité méridionale contre Simon de Montfort, qu'elle allait constituer une puissance rivale de celle des Capétiens, et remplir dans le Midi le rôle que ceux-ci remplissaient dans le Nord? Qui a été plus entreprenant que Pierre II, plus brave et plus invincible que Jayme Ier? — Comme les comtes de Toulouse, pourtant, et comme les seigneurs de Montpellier, les rois d'Aragon pâlirent devant les rois de France, et abandonnèrent bientôt la place aux maîtres du Nord. Il fallait de toute nécessité que la France se fît une et homogène pour qu'elle devînt forte. L'avenir de l'humanité et de la civilisation était à ce prix.

A dire vrai, l'histoire de la Seigneurie de Montpellier commence avec les beaux temps du régime féodal. Nous ne savons pas grand'chose des premiers Guillems. Ils paraissent avoir marché à petit bruit. Durant tout le XIe siècle, ils travaillent à l'édifice de leur fortune, sous le patronage de l'Église. En 1019, ils assistent, en compagnie de leurs suzerains le comte de Melgueil et l'évêque de Maguelone, à la fondation d'une abbaye de Saint-Geniès. C'est là leur premier acte connu ; c'est par là qu'ils débutent. Et il devait en être ainsi, à une époque où la religion dominait tout, où l'établissement d'un monastère, la construction et la dédicace d'une église, une translation de reliques absorbaient la pensée des peuples. Nous sommes encore bien près de l'an 1000, et le mouvement religieux qui se manifeste alors est aussi un mouvement social, le seul possible dans un siècle exclusivement chrétien. Le monde se prépare à recevoir Grégoire VII et à délivrer Jérusalem. Les bords de la Méditerranée éprouvent déjà, on le dirait, un tressaillement avant-coureur. Le XIe siècle a à peine atteint le milieu de sa carrière, que Maguelone, secouant son poudreux linceul, revêt, elle aussi, « la robe blanche » de la résurrection. Son évêque Arnaud la relève de ses ruines, rebâtit splendidement sa cathédrale, telle que nous la contemplons encore, et y installe de nouveau son clergé, après en avoir fait ou fait faire la dédicace solennelle, en présence de cinq archevêques et de dix évêques. Il y avait dans cet Arnaud, sans aucun doute, du réformateur et du croisé. Non content d'avoir rétabli l'édifice matériel, il s'efforça de ramener ses prêtres à la pureté évangélique [1], et alla dévotement visiter le Saint-Sépulcre. Maguelone n'avait plus guère alors à redouter les invasions qui avaient causé jadis sa catastrophe. La France, au lieu de se laisser envahir par les disciples de Mahomet, se disposait à envahir, à son tour, leur territoire. La pensée de la croisade mûrissait donc; le pieux Arnaud en était déjà comme une précoce émanation, et nous pourrions ajouter qu'il en fut une des premières victimes, puisqu'il mourut à la fin du grand voyage.

Il mourut à Villeneuve, au moment où la dictature de Grégoire VII s'étendait sur le monde. C'est ici particulièrement que Montpellier s'associe à l'élan universel. En 1085, le comte Pierre de Melgueil transmet à Grégoire VII la suzeraineté de tous ses biens, pour les tenir désormais en fief de l'Église romaine [2], et à partir de cette époque nos seigneurs passent sous la juridiction suprême des évêques de Maguelone. C'est l'évêque de

[1] « Illicitumque thorum dissolvit presbyterorum. » Chronique épiscopale d'Arnaud de Verdale, ap. Labbe, *Nov. Biblioth. manusc. libr.*, I, 796, et d'Aigrefeuille, *Hist. de Montp.*, II, 420.

[2] L'acte authentique de cette donation est couché sur le Cartulaire de Maguelone, Registre C, fol. 70, ap. Archiv. départ. Il a été publié par les Bénédictins dans l'*Histoire générale de Languedoc*, II, Pr. 321, et dans le *Gallia Christiana*, VI, Instrum. 349 sq. Cf. Gariel, *Series Præsulum*, I, 118 sq.

Maguelone qu'Urbain II délègue pour représenter les droits du Saint-Siége, pour être son vicaire dans les possessions pontificales de nos parages. « *Fraternitati tuæ* », écrit-il à l'évêque Godefrid, « *tuisque successoribus,* »*quandiu tales fuerint ut Sedis Apostolicæ communionem* »*et gratiam habere mereantur, Substantionensis comi-* »*tatus curam injungimus* [1]. » — Maguelone vit alors en

[1] Urbani pap. II epist. ad Godefrid. Magalon., ap. Archiv. départ., *Bullaire de Maguelone*, fol. 58, et *Livre des Priviléges de Maguelone*, fol. 25 v°. Cf. Gariel, *Series Præsul.*, I, 121, et Gall. Christ., VI, Instrum. 350 sq. — Le même Urbain II, écrivant un peu après au clergé et aux fidèles du diocèse de Maguelone, leur notifie cette délégation en ces termes : « Fratri »nostro Godefrido, episcopo vestro, privilegium indulsisse nos »pernoscatis, in quo et vestram Ecclesiam ab omni seculari »potestate liberam sub solo B. Petri jure et Romane Ecclesie »tuitione permanere decrevimus, et comitatum totum (Substan-»tionensem) ipsius successorumque ejus cure dispositionique »commisimus, ut ipsi censum exigant, et secundum dispo-»sitionem ac testamentum bone memorie comitis Petri, qui et »episcopatum et comitatum omnem beati Apostolorum prin-»cipis Petri vicariorumque ejus ditioni delegavit, cum heredum »ejus successio defecerit, ipsi comitatum nostra vice disponant »atque procurent, quandiu tales fuerint ut Apostolice Sedis »communionem et gratiam obtineant. Vestram itaque dilectio-»nem paterna affectione hortamur et apostolica auctoritate pre-»cipimus ut predictum fratrem nostrum, episcopum vestrum, »tanquam Dei ministrum in omnibus audiatis. » Urbani pap. II epist. ad cler. et popul. Magal., ap. Archiv. départ., *Livre des Priviléges de Maguelone*, fol. 26 v°. — Cette délégation fut continuée aux évêques de Maguelone par les successeurs d'Urbain II.

quelque sorte de la vie de la Papauté. Son évêque Godefrid prend part à la querelle des Investitures, et concourt à l'excommunication de l'empereur Henri IV par le concile d'Autun de 1094. En 1095, il assiste au concile de Plaisance, et obtient d'Urbain II les moyens de compléter la réforme cléricale entreprise par son prédécesseur de sainte mémoire, l'intrépide Arnaud. Vers la fin de la même année, il se rend au concile de Clermont, où il se prononce en faveur de la délivrance de la Palestine, et mêle sa voix aux cris populaires mille fois répétés de *Dieu le veut*. Le pape, de son côté, quand il vient en-deçà des monts encourager de sa présence et de sa parole les prédications de Pierre-l'Ermite, s'arrête à Maguelone durant cinq jours, y prêche, y répand de nombreuses et solennelles bénédictions [1]. Maguelone est devenue, depuis la donation de 1085, la vraie fille de Rome.

Nous avons à ce sujet des bulles de Pascal II, Calixte II, Anastase IV et Adrien IV. Voy. *Livre des Privil. de Maguel.*, fol. 29 v°, 12 v° et 28 v°, *Bullaire de Maguelone*, fol. 24, Gariel, *Series Præsul.*, I, 193, et *Gall. Christ.*, VI, Instrum. 357.

[1] Arnald. Verdal. Chronic. episcop. Magalon., ap. d'Aigrefeuille, *Hist. de Montp.*, II, 427. « Multa alia privilegia », ajoute le pieux chroniqueur, « eidem Ecclesiæ (Magalonensi) donavit »(Urbanus II), et secundo loco post Romanam Ecclesiam hono- »rificandam decrevit. »

Qu'on se figure maintenant l'influence que dut avoir cette vie toute romaine de Maguelone sur les seigneurs de Montpellier. Guillem V accueille Urbain II avec toute l'aménité d'un fils et tous les égards d'un vassal. A peine la croisade est proclamée, qu'il part pour la Terre-Sainte, en compagnie de Raymond de Saint-Gilles et d'une foule de barons du voisinage, Pons et Bernard de Montlaur, Guillaume de Fabrègues, Éléazar de Montredon, Pierre Bernard de Montagnac, Othon de Cournon, Éléazar de Castries, etc. Il se signale par maintes prouesses, il se fait remarquer comme un des plus valeureux et des plus hardis chevaliers de son siècle. Il a quelques démêlés avec l'Église, il est vrai : car, suivant l'exemple généralement donné par les féodaux, il se laisse entraîner à de coupables usurpations envers la puissance ecclésiastique. Mais quand l'évêque de Maguelone le cite à comparaître dans un plaid, quand il se voit menacé de perdre son domaine par suite de ses abus de pouvoir [1], il revient bien vite à résipiscence. Il renonce à toute juridiction sur les églises et les clercs, il prête le serment le plus explicite, promet la fidélité la plus complète à S. Pierre et à l'Église de Maque-

[1] « Propter malefacta que episcopo et clericis fecerat. » *Mémorial des Nobles*, fol. 19 v°.

lone [1]. Ainsi s'annonce déjà le dévouement presque sans égal de nos Guillems au Saint-Siége. Ainsi commence à se dessiner le rôle tout catholique qu'ils rempliront en face de l'hérésie albigeoise : St.-Pierre de Maguelone participe à la vénération qu'inspire St.-Pierre de Rome.

Guillem V associe même l'Église à ses prévisions d'avenir. Avant de se mettre en route pour aller faire la guerre aux Sarrazins de l'île de Majorque, il ordonne par testament que, dans le cas où lui, sa femme et ses enfants viendraient à mourir, la ville et la seigneurie de Montpellier retourneraient à l'évêque de Maguelone Galtier, à qui il avait prêté le même serment qu'à Godefrid [2]. — C'est un bien touchant spectacle que

[1] « De ista hora in antea fidelis ero S. Petro et Ecclesie Maga-»lonensi de omnibus que hodie habet ipsa Ecclesia. » Sacrament. fidelit. Guillelmi V, ap. *Mémorial des Nobles*, fol. 19 v°. Cf. Gariel, *Series Præsul.*, I, 123, *Gall. Christ.*, VI, Instrum. 352, et *Hist. gén. de Lang.*, II, Pr. 329.

[2] « In nomine Domini, ego Guillelmus Montispessulani, per-»gens contra Paganos ad expugnandam Majoricam insulam, »anno Dominice Incarnationis MCXIIII, tale facio testamentum, »in presentia Galterii Magalonensis episcopi :........ Si forte con-»tigerit me mori in hoc itinere,.... et si omnes infantes mei mo-»riantur sine herede de uxore aut de marito legali, antequam »habeant XIIII etatis sue annos completos, dono et reddo Deo »et SS. apostolis Petro et Paulo Ecclesie Magalonensis, et Gal-»terio ejusdem sedis episcopo, et successoribus suis, totam »villam Montispessulani, que est antiquitus alodium S. Petri

celui de la déférence et du respect de nos seigneurs pour l'Église durant ces vieux temps. En 1118, ce même Guillem V, revenu sain et sauf de la croisade de Majorque, non content d'avoir témoigné naguère de si pieux égards à Urbain II, professe la plus entière obséquiosité pour son successeur Gélase II. Quand ce saint pontife vient chercher un asile en France, afin de se soustraire aux menaces tyranniques de la faction impériale, maîtresse de l'Italie, il est reçu honorablement à Maguelone [1] par le très-humble seigneur Guillem V, qui l'accompagne ensuite à Melgueil et à Saint-Gilles. Guillem VI ne se montre ni moins soumis ni moins respectueux, en 1130, envers Innocent II. De concert avec l'évêque de Maguelone Raymond I$^{er}$, il embrasse sa défense contre l'usurpation arrogante de l'anti-pape Anaclet II, et Innocent II, en échange de cette courageuse manifestation, veut bien le prendre, lui et tous ses biens, sous la protection du Saint-Siége [2].

»Magalonensis Ecclesie, quam villam habeo ad feudum per »manum ejusdem sedis episcopi....» Testament. Guillelm. V, ap. Archiv. départ., Cartulaire de Maguelone, Registre D, fol. 293. Cf. *Hist. gén. de Lang.*, II, Pr. 390.

[1] Sugerii abbat. Vita Ludov. Grossi, ap. *Script. rer. gallic. et francic.*, XII, 46.

[2] «Te sicut hominem et fidelem nostrum ac specialem B. Petri »militem, et hæreditatem tuam,.... sub B. Petri tutelam pro-

Guillem VI fait plus : il suit Innocent II à Saint-Gilles, au Puy, à Clermont, à Étampes. Ce fut dans cette dernière ville, comme on sait, que S. Bernard se prononça si résolument contre Anaclet II, et rallia, par une souveraine décision, à la cause du légitime pontife la France, l'Angleterre et l'Allemagne. Dans cette dernière ville aussi le seigneur de Montpellier contracta avec le grand abbé de Clairvaux les premiers liens de cette douce amitié qui le porta plus tard à quitter le monde pour s'enrôler dans la milice de Cîteaux, imitant en cela le comte de Melgueil Bernard IV, qui, en 1132, se fit moine de la congrégation de Cluni. Chez nos Guillems, le dévouement à l'Église n'était pas moins héréditaire que la bravoure. Les papes en étaient si convaincus, qu'en 1162 encore on vit, le mercredi de Pâques, Alexandre III, contraint par l'empereur Frédéric-Barberousse et par l'anti-pape Victor III de quitter l'Italie, venir débarquer, lui aussi, à Maguelone, d'où, après avoir consacré en l'honneur des saints apôtres Pierre et Paul le principal autel de la cathédrale, il se

»tectionemque suscipimus,.... statuentes ut nulli omnino homi-»num liceat personam tuam seu præfatam hæreditatem deinceps »perturbare, auferre, minuere, vel aliquibus molestiis fati-»gare. » Innocent. pap. II epist. ad Guillelm. Montispess., ap. Gariel, *Series Præsul.*, I, 170.

dirigea vers Montpellier [1]. Guillem VII, comme son père et comme son aïeul, s'avança à la rencontre d'Alexandre avec ses barons et ses hommes d'armes, et, prenant en mains les rênes de la haquenée du vicaire du Christ, l'introduisit ainsi dans sa ville seigneuriale ; témoignage de déférence d'autant plus remarquable que Victor III n'avait rien négligé pour l'attirer à son parti. On peut lire encore aujourd'hui sur le premier feuillet du *Mémorial des Nobles* une lettre des plus instantes que l'anti-pape écrivit alors au seigneur de Montpellier. Mais Guillem VII eut assez de force et de foi pour résister à la séduction. Il demeura inébranlablement fidèle à l'orthodoxie et au malheur ; et quand, deux ans plus tard, l'implacable Frédéric, dans le but d'empêcher le retour d'Alexandre, qui passait de nouveau par Montpellier pour regagner sa ville de Rome, osa faire au noble seigneur certaines offres contraires à la justice, Guillem VII évita scrupuleusement jusqu'à l'apparence d'une trahison [2]. Il est beau de voir ainsi

[1] Baronii *Annales ecclesiastici*, XIX, 185.

[2] « Imperator, non quiescens secretis, ut dicitur, litteris et »promissis amplissimis, apud Guillelmum, Montispessulani »dominum, agere studuit ut proderet hospitem. At vir memora-»bilis integræ fidei inventus est, et insignem hospitem decentis-»sime honoravit. » Guillelm. Neubrig., *De reb. anglic.*, lib. II, cap. 16, ap. *Script. rer. gallic. et francic.*, XIII, 110.

l'héroïque chef de la ligue lombarde, exilé de l'Italie pour la cause du droit et de la liberté, trouver un abri protecteur dans le port de Maguelone, et, tandis que le puissant héritier des Césars s'ingénie à lui forger des chaînes, être redevable de son salut au prince d'une petite seigneurie.

Mais ce prince et son peuple en furent grandement récompensés. Alexandre III donna, pendant son séjour à Montpellier, différentes bulles en faveur de Guillem VII et de ses sujets. Non content de renouveler pour la personne et les biens du fidèle seigneur la bienveillante sauvegarde d'Innocent II, il se réserva expressément à lui seul et à son légat le pouvoir de l'excommunier et de lancer l'interdit sur sa chapelle [1]. Les habitants de

---

[1] « Considerantes et diligentius attendentes quantum sancte »Romane Ecclesie et nobis ipsis devotus existas, petitionibus »tuis gratum impertimur assensum, et personam tuam ac bona, »que inpresentiarum rationabiliter possides, aut in futurum »justis modis, prestante Domino, poteris adipisci, sub Aposto- »lice Sedis et nostra protectione suscipimus, statuentes ut nulli »omnino hominum fas sit, nisi Romano Pontifici, vel ei cui spe- »cialiter mandaverit, aut cardinali ab ejus latere delegato, »personam tuam excommunicationis vinculo innodare.... Capel- »lam quoque tuam, que in Montepessulano est, et aliam capellam »que est in castro de Palude nullus similiter audeat interdicere, »quominus tibi et familie tue, exclusis excommunicatis et »interdictis, divina in eis officia celebrentur. » Alexandri pap. III privileg., ap. *Mémorial des Nobles*, fol. 13. Cf. Gariel,

Montpellier n'eurent rien à envier à ce privilége. Le reconnaissant pontife les prit, eux aussi, sous la protection de S. Pierre, qu'il étendit à leur commerce [1]. Pleins de reconnaissance, à leur tour, envers le généreux Alexandre, ils le fêtèrent comme il convenait de fêter le vicaire du Christ, et l'on vit même parmi eux un émir sarrazin, après avoir baisé les pieds du pape, le haranguer par interprète. Les bons habitants, témoins de cette touchante scène, se répétèrent alors l'un à l'autre, dans l'enthousiasme de leur admiration, les glorieuses paroles du Psalmiste : « Tous les rois de la

*Series Prœsul.*, I, 211. — Adrien IV avait déjà octroyé au seigneur de Montpellier un privilége analogue, comme en fait foi la bulle de 1154 transcrite au *Mémorial des Nobles*, fol. 1, et éditée, d'une manière assez fautive, il est vrai, par Gariel, *Series Prœsul.*, I, 195. Adrien IV, qui, bien que d'origine anglaise, avait été clerc à Melgueil, affectionnait beaucoup les seigneurs et les habitants de notre ville.

[1] « Dilecti filii nostri nobilis viri Guillelmi de Montepessulano »precibus inclinati », écrit Alexandro III, en 1162, de Montpellier même, aux archevêques de Narbone et d'Arles, ainsi qu'à leurs suffragants, «personam ejus et bona, *homines etiam et »mercatores Montispessulani*, sub B. Petri et nostra protectione »atque defensione suscipimus, et ipsos tanquam principis Apos- »tolorum speciales filios cupimus confovere. Quocirca, per apos- »tolica vobis scripta mandamus quatenus, pro B. Petri et nostra »reverentia, eos manuteneatis, diligatis, opem ipsis et consilium, »pro vestri officii debito, exhibere nullatenus denegetis.» *Mémor. des Nobles*, fol. 13. Cf. Gariel, *Series Prœsul.*, I, 212.

» terre se prosterneront devant lui ; toutes les nations
» lui feront hommage [1]. »

Nous aurons lieu de parler ailleurs du concile que tint Alexandre III à Montpellier. Il y excommunia l'antipape Victor et ses adhérents. A ce concile assistèrent les archevêques de Sens, de Tours, d'Aix et de Narbone (ce dernier fut même sacré par le pape dans une de nos églises), avec les évêques d'Auxerre, de Saint-Mâlo, de Nevers, de Térouane, de Toulon et de Maguelone [2].

Digne et majestueuse époque, où la religion dominait tous les intérêts comme toutes les pensées, où grands et petits, mettant les choses du ciel au-dessus de celles de la terre, semblaient ne vouloir travailler qu'à l'avènement du règne de Dieu! Combien de puissants barons, prématurément dégoûtés des honneurs mondains, préférèrent aux délices et aux satisfactions d'ici-bas le soin de leur perfectionnement moral! Le noble seigneur de Montpellier Guillem VI, après avoir guerroyé près de vingt ans contre les Infidèles en Palestine ou en Espagne, renonce, en 1149, aux magnificences terrestres, et va s'ensevelir tout vivant dans le monas-

---

[1] Psalm. 71, vers. 11. — Baron. *Annal. eccles.*, XIX, 185 sq.
[2] Alexandri pap. III epist. ad Omnibon. Veron. episc., ap. Labbe, *Acta concil.*, X, 1410.

tère de Grandselve. Il se fait moine cistercien, et finit saintement sous la bure des jours héroïquement illustrés sous le haubert [1]. A l'exemple de S. Guillem-au-Court-Nez, il devient un vrai pauvre du Christ [2], et se glorifie de tout oublier de ce qu'il a jamais su au milieu de son ancienne grandeur, à l'exception de l'*Ave-Maria*.

Sur cinq fils qu'il a, trois imitent son abnégation. Le second, après avoir perdu, en 1157, sa femme Ermessens de Castries, quitte son fief de Tortose pour entreprendre le pèlerinage de Jérusalem, où il s'enrôle dans la milice des Chevaliers du Temple, afin de pouvoir exercer à la fois sa valeur et son dévouement. Le troisième sort d'un cloître de la congrégation bénédictine de Cluni, pour devenir abbé d'Aniane, et occuper ensuite le siége épiscopal de Lodève [3]. Le dernier meurt cistercien à Valmagne [4]. Celui qui règne sous le nom de

---

[1] « Vir magnificus olim in seculo fuit, sed magnificentior in seculi fuga. » Gaufrid. clarævall., in *Vita S. Bernardi*, lib. V, cap. III, 22.

[2] « Olim Montispessulani dominus, nunc verus Christi pauper et humilis monachus. » Ibid., lib. IV, cap. I, 5.

[3] Voy. *Hist. gén. de Lang.*, III, 547, note VIII.

[4] Est-ce ce cinquième fils de Guillem VI qui a fondé l'ordre des Hospitaliers du Saint-Esprit, comme quelques auteurs l'ont avancé sans preuves; ou bien faut-il, avec d'Aigrefeuille et M. Pegat (*Hist. de Montpellier*, I, 39. Cf. ibid., II, 249 et 321, et *Mémoire sur les Guillems*, arbre généalogique), rapporter

xxviii    INTRODUCTION.

Guillem VII prescrit par son testament qu'on l'inhume auprès de son père dans l'abbaye de Grandselve, et accorde de nombreux priviléges aux moines de l'ordre de Cîteaux. Ce Guillem VII, à son tour, a un fils qui se fait templier, et un autre fils qui, après avoir vécu quelque temps religieux à Grandselve, devient successivement évêque de Lodève et évêque d'Agde [1]. Plus tard, Jayme-le-Conquérant, petit-fils et successeur des Guillems, voudra, lui aussi, être enterré avec l'habit des moines de Cîteaux [2].

A plus forte raison ces pieux seigneurs s'occupaient-ils de fondations religieuses. Guillem VI contribua d'une manière toute spéciale à l'établissement des Bénédictins de Cluni à Montpellier [3]. Il honora de ses largesses la

cette fondation au quatrième fils de Guillem VII? Les Bénédictins se prononcent dans leur *Histoire de Languedoc*, III, 546, note VIII, contre ces deux opinions à la fois, et vont jusqu'à exclure la famille de nos Guillems de toute participation à l'établissement de l'ordre du Saint-Esprit.

[1] *Mémorial des Nobles*, fol. 80 v°.

[2] Nous ne disons rien de celles des filles des Guillems qui passèrent ou finirent leur vie dans le cloître; nous parlons seulement de la descendance masculine de nos seigneurs.

[3] Avant d'habiter la ville de Montpellier proprement dite, ce qui n'eut lieu que vers 1367, et après la construction du monastère de Saint-Germain par Urbain V, les Bénédictins de la congrégation de Cluni résidèrent à Sauret, sur les bords du Lez, à quelque distance du mur d'enceinte, en vertu d'une bulle d'In-

maladrerie de Castelnau, dota l'hôpital de Saint-Guillem, déjà fondé dans le faubourg de ce nom, et à l'endroit même qu'habitèrent successivement plus tard nos Dominicaines et nos Sœurs de Sainte-Catherine. Il bâtit à Lattes une chapelle en l'honneur de la Sainte-Vierge, agrandit dans sa ville seigneuriale la basilique de Notre-Dame des Tables, depuis long-temps l'objet d'une profonde vénération, et fonda sur notre place actuelle de la Canourgue une église de Sainte-Croix, pour y déposer, entre autres reliques, un morceau du bois sacré de la Rédemption, qu'il avait rapporté de la Palestine[1]. Car, comme nous le disions il n'y a qu'un instant,

nocent II, transcrite au *Mémorial des Nobles*, fol. 15 v°, et éditée par Gariel dans le *Series Præsulum*, I, 176. Le *Mémorial des Nobles*, indépendamment de cette bulle, renferme, au fol. 70 v°, un acte de donation d'Ermessens et de son fils Guillem VI, qui, conformément à ses dispositions, accordent de concert « Domino Deo et beatis apostolis Petro et Paulo et »monasterio cluniacensi locum quemdam prope Salzetum, super »ripam fluminis Lesi, ad construendum inibi monasterium cum »cimiterio,.... tali tenore et pacto, ut nulle fiant in predicto »loco, nec in omnibus ad predictum locum pertinentibus, mu- »nitiones seu fortie, nec villa, nec publicum mercatum, neque »fiat ibi habitatio alicujus seu aliquorum hominum, nisi tantum »monachorum ibidem Deo famulantium et proprie ipsorum »familie. »

[1] « Vere Dominicum lignum cum pluribus aliis reliquiis ibi »attuli. » Testament. Guillelm. VI, ann. 1146, ap. *Mémorial des Nobles*, fol. 46 v°. — Cette église Sainte-Croix, qui a laissé son

Guillem VI accomplit le pèlerinage de la croisade, à l'exemple de son prédécesseur. La croisade était alors la grande affaire, l'expédition par excellence. Quiconque se sentait quelque valeur personnelle ne manquait pas de l'entreprendre. Montpellier joua même un rôle très-actif dans l'histoire de la croisade, et ce rôle contribua beaucoup à sa splendeur, soit scientifique, soit commerciale. Nous parlions tout-à-l'heure de ce grand évêque de Maguelone Arnaud, qui, après avoir essayé d'introduire dans son diocèse la réforme que Grégoire VII opéra dans l'Église tout entière, fit le voyage de la Terre-Sainte, et mourut à peine de retour à Villeneuve. Son successeur Godefrid, lui aussi, entreprit le pèlerinage d'outre-mer; mais il n'en revint pas, et eut sa sépulture près de Tripoli. Guillem V le suivit avec plusieurs de ses chevaliers, et nous le voyons, à l'issue de ce lointain voyage, établir dans ses domaines des consuls de mer, et signer des traités de commerce. En 1114,

nom à un de nos sixains, fut solennellement dédiée en 1200, en présence du cardinal Paul, du titre de Sainte-Prisca, légat d'Innocent III, par l'archevêque d'Arles Imbert d'Aiguières, assisté des évêques de Maguelone, d'Agde, de Béziers et d'Uzès, comme l'atteste la vieille inscription conservée dans la sacristie de nos Pénitents-Blancs. Consulter sur sa dédicace et sa fondation l'excellent travail publié en 1841 par M. Pegat dans le premier volume des *Mémoires de la Société archéologique de Montpellier*.

Guillem de Cournon, à son tour, va visiter le Saint-Sépulcre. Puis, c'est l'évêque Galtier, qui, selon une pieuse tradition, succombe en Palestine, martyr de sa foi et de son zèle. En 1127, Guillem VI, en compagnie du comte de Melgueil, part également pour les saints lieux, d'où il ne revient qu'en 1129. — A combien de nos braves d'alors ne pourrait-on pas appliquer ce qui s'est dit de Thibaut de Champagne, le valeureux suzerain de dix-huit cents chevaliers, mort au début de la quatrième croisade :

« *Terrenam quœrens, cœlestem repperit Urbem* » !

Sur le tombeau de combien d'entre eux n'aurait-on pas pu inscrire cette prière en forme de dystique conservée par le vieux Gariel :

« *Sollicitus quum te Solymœa per oppida, Christe,*
» *Quœsierim, fac nunc te super astra sequar* » !

Nos Guillems, du reste, ne revenaient pas de la Terre-Sainte les mains vides. Nous mentionnions tout-à-l'heure de précieuses reliques rapportées par Guillem VI, et pour la garde desquelles il fonda notre ancienne église Sainte-Croix. C'est au pèlerinage de Guillem V à Jérusalem aussi que Montpellier fut redevable du corps d'un des disciples de Jésus-Christ,

S. Cléophas, qui a été long-temps pour nos pères l'objet de périodiques solennités. Le pèlerinage de Jérusalem donnait lieu, au moyen-âge, à de belles fêtes et à de mémorables fondations. Sans parler de la tour et de la chapelle du Saint-Sépulcre, dont on voit encore les ruines dans la vieille cathédrale de Maguelone, n'avions-nous pas autrefois nos Templiers? En dehors de nos murs d'enceinte, et tout près de l'ancienne porte de la Saunerie, existait naguère un enclos appelé le Grand-Saint-Jean. Ce fut là leur maison [1] ; ce fut là qu'ils s'établirent au commencement du XII<sup>e</sup> siècle, et que, vers 1129, l'évêque de Maguelone Galtier consacra leur église sous l'invocation de Sainte-Marie de Lèzes. Les Chevaliers de Saint-Jean de Jérusalem avaient de même, en 1153, un hôpital à Montpellier.

Comme si la croisade d'Orient n'eût pas suffi à la belliqueuse activité de nos seigneurs, ils voulurent encore participer à celle d'Espagne. En 1114, sur l'invitation du pape Pascal II, Guillem V se joignit à une flotte

---

[1] Ce domaine, lors de la suppression de l'ordre des Templiers par le concile de Vienne de 1311, fut dévolu à l'ordre des Chevaliers de Saint-Jean de Jérusalem, et ceux-ci lui donnèrent le nom de *Grand-Saint-Jean*, pour le distinguer d'une autre maison qu'ils occupaient dans l'intérieur de la ville, et qui, eu égard à sa moindre étendue, s'appela désormais le *Petit-Saint-Jean*.

pisane et au comte de Barcelone Raymond-Bérenger III, pour enlever Majorque aux Sarrazins. Cette délivrance, il est vrai, ne fut que momentanée. L'île de Majorque, après le départ des Croisés, retomba au pouvoir des Infidèles, et ceux-ci la gardèrent jusqu'en 1229. Mais la participation de Guillem V à cette expédition n'en est pas moins digne de remarque : elle prouve que nos seigneurs savaient déjà se partager entre la croisade d'Orient et celle d'Occident.

Le moment semblait opportun pour attaquer l'Espagne. Le monde mahométan y était en guerre avec lui-même : la puissance des Almoravides, que l'invasion des Almohades allait bientôt renverser de fond en comble, s'y trouvait dès-lors en butte aux insurrections des Arabes de l'Andalousie, opprimés et mécontents. Les seigneurs de Montpellier crurent sans doute devoir profiter des circonstances ; et ceci expliquerait, non-seulement pourquoi Guillem V participa à la délivrance de Majorque, mais aussi pourquoi Guillem VI, de concert avec le comte de Barcelone, le seigneur de Marseille, la comtesse de Narbone et certaines républiques maritimes de l'Italie, prêta main-forte au roi de Castille Alphonse VIII pour en finir avec les ennemis de la Foi. Il importait à tous les petits états chrétiens échelonnés le long des côtes de la Méditerranée de refouler au-delà du détroit les infatigables adversaires de l'Évangile et de la société européenne. Guillem VI, suivant les traces de son père, contribua de tous ses efforts à la reprise de Saragosse sur les Almoravides. Il se signala si bien dans cette expédition, que Raymond-Bérenger III, témoin de sa bravoure, voulut l'avoir pour allié. Il lui offrit de faire en commun avec lui la conquête de Tortose ; il lui donna même par avance, à titre de fief, cette ville et son territoire [1] : donation sérieuse, en vertu de laquelle nos Guillems devaient demeurer possesseurs de Tortose, sous la suzeraineté des comtes de Barcelone, jusqu'à leur remplacement dans la Seigneurie de Montpellier par les rois d'Aragon. Guillem VI, du reste, n'avait pas attendu cette occasion pour prendre hypothèque sur l'Espagne. Dès 1129, à son retour de la croisade de Jérusalem, il s'était marié avec une noble *damoiselle,* Sibylia de Mataplane, issue d'une maison illustre en Aragon et en Catalogne ; et à partir de là, qu'il y eût ou non des Sarrazins à combattre, on le vit franchir à diverses reprises les Pyrénées. Il marche, en 1136, avec le comte de Toulouse, au

---

[1] *Mémorial des Nobles*, fol. 69 v°. Cf. *Marca Hispanica*, Append., p. 1281.

secours d'Alphonse VIII de Castille contre Ramire II d'Aragon et Garcia III de Navarre. Quand ensuite, en 1137, le comte de Barcelone Raymond-Bérenger IV réunit à ses états de Catalogne le royaume d'Aragon, en épousant l'héritière de ce Ramire II, la célèbre Pétronille [1], Guillem VI assiste encore à cette réunion et à ce mariage.

Il résulte de tout ceci que, dès la première moitié du XII<sup>e</sup> siècle, la Seigneurie de Montpellier entretenait des rapports constants et intimes avec la péninsule espagnole, et que, bien long-temps avant de posséder par eux-mêmes cette seigneurie, les princes de Catalogne et d'Aragon la dominaient par leur influence. Lorsque les vicaires de Montpellier soulevèrent, en 1141, la population contre leur seigneur, et forcèrent celui-ci à s'abriter dans le château de Lattes, par qui Guillem VI fut-il rétabli ? Par le comte de Barcelone Raymond-Bérenger IV, devenu roi d'Aragon. Les galères de la république de Gênes, il est vrai, et les bulles d'Innocent II ne servirent pas médiocrement Guillem VI dans cette circonstance. Le pape avait à cœur de récompenser l'accueil que lui avait fait Guillem VI en 1130; mais ce fut de sa part une inter-

[1] Voy. *Marca Hispanica*, Append., p. 1284.

vention toute morale. L'intervention armée, qui eut pour effet immédiat le rétablissement de Guillem VI dans sa capitale, fut surtout celle du roi d'Aragon [1].

Même politique sous les derniers Guillems. Guillem VII, à peine âgé de dix-huit ans, ayant appris

[1] Cela soit dit sans rien ôter de son importance à l'intervention génoise. Guillem VI attachait une si haute valeur à cette intervention, que, pour en reconnaître le bienfait, il concéda aux Génois une maison dans la ville de Montpellier, où ils eurent dès-lors un établissement commercial. Mais les Génois, quand ils mettaient le pied quelque part, s'y occupaient surtout de l'avancement de leurs affaires. Ils ne furent pas seulement des amis et des auxiliaires pour la Seigneurie de Montpellier; ils furent aussi quelquefois des rivaux. En 1169, par exemple, ils commirent de telles déprédations sur nos côtes, que Guillem VII, de concert avec l'évêque de Maguelone Jean de Montlaur, porta plainte à la Seigneurie de Gênes et au pape. Alexandre III, encore tout plein du souvenir de la gracieuse hospitalité qu'il avait reçue naguère dans nos murs, reprocha aux Génois l'audace de leurs corsaires, « qui envahissaient *fréquemment* »notre port, incendiaient nos navires, dépouillaient et enlevaient »nos marchands. » (Voy. *Mémorial des Nobles*, fol. 13 v°; Cf. Gariel, *Series Præsul.*, 1, 221.) Les Génois, au mépris de cet avertissement pontifical, continuèrent leurs ravages, dévastèrent nos villas, et détruisirent notamment un moulin sur la Mosson. Que firent alors les habitants de Montpellier? Ils se liguèrent avec le comte de Toulouse contre l'ennemi commun, et force fut, à la fin, aux Génois de prêter l'oreille aux propositions pacifiques d'Ildebrand, consul des Pisans en résidence dans notre cité. Déjà, aussi bien, le roi d'Aragon se préparait à secourir son allié le seigneur de Montpellier.

qu'Alphonse VIII de Castille et Sanche V de Navarre allaient entreprendre, sur la côte méridionale du royaume de Grenade, le siége d'Alméria, partit avec un navire, sous le pavillon paternel, afin de s'associer à cette périlleuse tentative. Mais pendant que les princes chrétiens s'emparaient d'Alméria, les Maures rentrèrent dans Tortose. Nouveau motif pour Guillem VII de se montrer. Réunissant aussitôt ses forces à celles de Raymond-Bérenger IV, il se remit immédiatement en possession de Tortose, avec l'aide des recrues de l'Aragon et des galères de Gênes. Ce fut une expédition toute chevaleresque : il y eut des défis, des combats singuliers. On en signale un, entre autres, où, selon le récit de certain vieux poète, le jeune Guillem aurait abattu héroïquement les mains et la tête à un chef maure. De riches dépouilles devinrent le prix de la victoire : les Génois eurent une émeraude qu'on disait n'avoir pas sa pareille dans le monde, et le fils de Sibylia reçut de son bon ami le comte de Barcelone quantité de joyaux, sous le gracieux prétexte qu'étant à marier, il en serait mieux venu de sa fiancée (1147). Neuf ans après, Guillem VII épousa Mathilde, sœur du duc de Bourgogne Eudes II [1].

[1] Ce mariage eut lieu en 1156. Guillem VII donna, comme

Le seigneur de Montpellier était alors un des plus puissants princes du Midi. En 1159, on trouve Guillem VII, en compagnie du vicomte de Béziers Raymond-Trencavel, faisant, avec le roi d'Angleterre Henri II, le siége de Toulouse. Il se dédommagea de la résistance de cette capitale en s'emparant de Cahors, de concert avec Raymond-Bérenger IV. En 1162, on le rencontre de nouveau en Espagne, où il assiste parmi les grands du royaume d'Aragon aux cortès de Huesca, tenues par la veuve de ce même Raymond-Bérenger IV, dans le but de pourvoir à la tutelle de ses enfants [1]. Puis, on le voit se déclarer pour

présent de noces, à sa jeune épouse les châteaux de Montferrier et de Pignan, avec le marché du Peyrou, auquel il ajouta les bains publics ou *étuves* de Montpellier. Voy. *Mémorial des Nobles*, fol. 66 v°; Cf. d'Achéry, *Spicileg.* III, 526, in-fol. — Les étuves de Montpellier n'ont donc pas été fondées par les rois d'Aragon, ainsi que le prétend d'Aigrefeuille. Elles ont donné leur nom à la rue où elles étaient situées. Quant au marché du Peyrou, il est difficile de savoir au juste en quoi il consistait. Tout ce que l'on peut dire, c'est que Guillem VII établit sur le Plan actuel du Palais, alors *Place de la Peillarié*, un marché aux grains, vulgairement appelé autrefois *Orgerie*, qui y est demeuré jusqu'en 1525, et dont il est question dans un acte de 1168. Le marché du Peyrou mentionné dans la donation de 1156 ne serait-il pas, sous un autre nom, ce marché du Plan du Palais établi par Guillem VII?

[1] Voy. Çurita, *Anales de la Corona de Aragon*, II, 20.

Alphonse II d'Aragon, lors des démêlés de ce monarque avec le comte de Toulouse au sujet de la succession du comté de Provence. Guillem VII, par ses sympathies personnelles et par les intérêts de son fief de Tortose, se sent irrésistiblement poussé vers l'Espagne, en même temps que, comme vassal de la France, il se rallie à la cause de la nationalité méridionale. Aussi met-il, avant de mourir, sa race et sa seigneurie sous la haute protection du roi d'Aragon [1].

Car nous sommes en pleine féodalité. Les relations se compliquent, les liens se multiplient de plus en plus; le réseau d'une vaste et puissante hiérarchie s'étend sur toute l'Europe. Les seigneurs de Montpellier relèvent à la fois des rois d'Aragon et des rois de France, des comtes de Toulouse, des évêques de Maguelone [2] et des

---

[1] « Infantes meos, et omnes homines meos, et universum »honorem meum dimitto in garda et defensione domini mei Ilde-»fonsi regis Aragonensis. » Testament. Guillelm. VII, ap. *Hist. gén. de Lang.*, III, Pr. 125.

[2] Les Guillems relèvent doublement des évêques de Maguelone. Outre le fief de Montpellier, ils tiennent aussi d'eux son annexe le fief de Lattes. Une transaction de 1140 entre l'évêque Raymond Ier et Guillem VI, couchée sur le *Mémorial des Nobles*, fol. 20, ne permet pas le plus léger doute à cet égard. « Guillel- »mus totum territorium de Palude », y est-il dit textuellement, « et castrum quod ibi construitur, cum melioramentis que ibi »fient, in pace perpetuo tam ipse quam successores ejus ad

papes. Vassaux et suzerains en même temps, ils font et reçoivent à tour de rôle, soit des hommages, soit des serments. Tel est l'enchevêtrement des rapports sociaux, telles sont les conséquences du morcellement féodal, que la ville de Montpellier, à elle seule, ne voit pas moins de trois juridictions, de trois pouvoirs distincts s'exercer simultanément dans l'enceinte de ses fossés [1]. L'ancien bourg de Montpelliéret y appartient toujours à l'évêque de Maguelone, en possession du droit de l'administrer souverainement, sous la mouvance du pape et du roi de France, et les seigneurs, de leur côté, gouvernent librement l'autre bourg, comme vassaux de l'évêque de Maguelone et comme suzerains des vicaires de Montpellier. Ces vicaires, à leur tour, jouissent, eux aussi, des privilèges seigneuriaux dans un

»feudum de Magalonensi Ecclesia habeant, et sine omni inquie-
»tudine deinceps possideant.... Sciendum tamen est quod, quan-
»diu villa Montispessulani et castrum de Palude unius domini
»fuerint, unum hominium ipse dominus episcopo Magalonensi
»faciat, et unum sacramentum episcopo et Ecclesie. Si vero
»predictos honores, videlicet villam Montispessulani et castrum
»de Palude, inter duos dominos dividi contigerit, unusquisque
»eorum hominium episcopo faciet, et episcopo et Ecclesie unum
»sacramentum. »

[1] Il en fut de même de Marseille; on la voit partagée, dès le X° siècle, en cité épiscopale, cité vicomtale et cité abbatiale. Les partages de ce genre n'étaient pas rares alors.

certain espace de la ville enclos de murailles [1] ; ils y ont un château et une église [2]. Ils possèdent en arrière-fief durant presque tout le XII<sup>e</sup> siècle une partie de notre

[1] Cela est positivement établi par un acte du 24 janvier 1103, où Guillem V donne à ses cousins Raymond et Bernard-Guillem « totam vicariam Montispessulani totius,... et castellum quod » est situm juxta portam S. Nicolai in Montepessulano, sicut » est clausum, cum turribus et muris, cum ingressu et regressu. » Guillem V donne également, par ce même acte, les fours de Montpellier construits sous son aïeul, ne se réservant qu'un seul de tous les autres fours bâtis postérieurement, et entend que Bernard puisse disposer de la charge de vicaire et du château vicarial en faveur de celui de ses enfants qu'il voudra. « Et ego Guillelmus », ajoute-t-il, « dono ad feudum ad totos »honores tibi Raymundo et Bernardo Guillelmi, fratri tuo, et »uxori sue, et infantibus suis vicariam cum castello, sicut ipse »Bernardus eis dimiserit. Et solummodo unus de filiis suis »habeat vicariam cum castello.... Et ille qui castellum et vica- »riam habuerit faciat hominiscum domino Montispessulani: » (*Mémorial des Nobles*, fol. 55 v°.) Il n'est question dans cette charte que des enfants de Bernard-Guillem, Raymond, en sa qualité d'évêque de Nimes, n'en ayant pas eu, de sorte que ce fut exclusivement la postérité de ce Bernard-Guillem qui, en définitive, se perpétua dans la charge de vicaire de Montpellier.

[2] Cette église, sans doute fort petite, était dédiée à S. Nicolas. Elle était comme suspendue au-dessus de la rue de l'Aiguillerie, qu'elle traversait sur un arceau, presque au milieu de son parcours. Elle existait encore au XVI<sup>e</sup> siècle ; car elle est mentionnée dans le testament de Jacques Capons, rédigé en 1507, et couché sur le *Grand Thalamus*, fol. 224. Tout à côté de cette église Saint-Nicolas s'élevait le château vicarial, avec ses murailles et ses tours d'enceinte.

cité [1] ; ils arrivent même à un tel degré de puissance, qu'ils chassent le seigneur, au moyen d'un soulèvement populaire.

La ville de Montpellier, malgré le peu d'étendue de son enceinte, reconnaît donc sous les Guillems jusqu'à trois juridictions distinctes, celles de l'évêque, du seigneur et du vicaire, trois pouvoirs régulièrement et hiérarchiquement constitués [2], fonctionnant parallèlement et à côté l'un de l'autre. Alors même que Guillem VIII, à la fin du XIIe siècle [3], concentre de

---

[1] Voyez, à la fin du volume, la Note I.

[2] Hiérarchiquement constitués, en ce sens que le seigneur de Montpellier devait hommage à l'évêque de Maguelone, et recevait, à son tour, l'hommage du vicaire. « Ille qui castellum et »vicariam habuerit faciat hominiscum domino Montispessulani », dit expressément l'acte du 24 janvier 1103 déjà cité. Plus tard, le seigneur, se plaignant du peu de fidélité des vicaires, emploie des termes analogues : « Ego Guillelmus de Montepessulano »conqueror super Gaucelmo de Clareto et nepotibus suis, qui »feudum quod de me tenent mihi non serviunt, sicuti servire »debent ; item, de hominio et sacramento, quod pro vicaria »mihi facere debent, quod nec mihi fecerunt, nec et represen- »taverunt... » (*Mémorial des Nobles*, fol. 64.) — Ajoutons que, dans la *Charte des fiefs* du même *Mémorial*, le vicaire de Montpellier figure en tête des vassaux du seigneur : « De feua- »libus domini Guillelmi Montispessulani Raimundus Aimoinus »*primus* », y est-il écrit.

[3] En 1197 et en 1200, par deux actes représentant deux ventes partielles. (Voy. *Mém. des Nobles*, fol. 63 et 64.)

nouveau dans ses mains toute la seigneurie par le rachat des droits des vicaires, Montpellier n'en continue pas moins d'obéir à deux puissances, l'évêque de Maguelone y conservant, sous le patronage du St.-Siége, les honneurs et les prérogatives de la suzeraineté féodale.

Mais poursuivons : nous allons voir sous ce Guillem VIII se dessiner davantage encore les liens qui devaient unir bientôt Montpellier à l'Espagne. Ce ne sont plus seulement des colons qui nous arrivent de la Péninsule, ou des relations féodales qui nous mettent en rapport avec elle. Nos seigneurs, après avoir reçu de l'Aragon des secours et des terres, en reçoivent aussi des femmes, comme le révèle le double mariage de Guillem VIII avec Eudoxie et Agnès.

Le roi d'Aragon Alphonse II, voulant contracter une grande alliance, s'était adressé à l'empereur d'Orient Manuel Comnène, pour lui demander la main de sa fille Eudoxie [1]. Le césar la lui avait accordée; mais la

---

[1] Nous adoptons ici l'opinion des continuateurs de D. Bouquet (*Script. rer. gallic. et francic.*, XIX, 418), contrairement au texte de Guillaume de Puy-Laurens (*Hist. Albigens.*, ibid. XIX, 201), qui fait d'Eudoxie la nièce et non la fille de Manuel Comnène. La généalogie que nous suivons est aussi celle de la Chronique de Jayme I$^{er}$, dont rien ne saurait là-dessus infirmer le témoignage.

princesse ayant prolongé outre mesure ses préparatifs de départ, Alphonse, peu confiant dans la parole des Grecs, et pressé, selon toute apparence, de prendre femme, avait ensuite épousé l'infante de Castille, doña Sancia. Ce mariage venait à peine de s'accomplir, qu'Eudoxie arriva de Constantinople, escortée d'un évêque et de deux seigneurs. Grande fut leur surprise, quand ils surent Alphonse pourvu. Ils en référèrent à l'empereur, et attendirent sa réponse à Montpellier. Guillem VIII possédait alors la seigneurie de cette ville. Soit galanterie, soit ambition, car peut-être son orgueil rêvait-il le trône de Byzance, il conçut la pensée de réparer l'affront infligé par son suzerain à la jeune princesse, et il parla de l'épouser. Les Grecs parurent d'abord piqués de la proposition : ils trouvaient inconvenant que la fille d'un césar se donnât un époux qui n'était ni roi ni fils de roi. Mais Guillem VIII insista d'autant plus, et il fut habilement secondé dans cette affaire par les rois d'Aragon et de Castille, coupables l'un et l'autre, à tout le moins, d'une malencontreuse précipitation envers l'auguste fiancée ; si bien que, Manuel étant mort sur ces entrefaites, Eudoxie finit par consentir à l'alliance proposée ; elle y mit seulement pour condition expresse que le premier enfant qui naîtrait de cette alliance hériterait, quel que fût son sexe, de la Seigneurie de Montpellier [1].

Le mariage eut lieu en 1181 [2]. En 1186, Guillem VIII était déjà las d'Eudoxie, et Eudoxie, de son côté, lasse de Guillem VIII. L'absence d'enfants mâles, la morgue impériale de la dame, la bizarrerie de son caractère et l'inégalité de ses caprices, la ruine aussi, peut-être, de ses droits à la couronne de Byzance, par suite du détrônement de son frère Alexis II, inspirèrent au noble seigneur d'insurmontables dégoûts. Guillem, pour y faire diversion, alla voir son bon ami Alphonse II. Mais pendant qu'il séjournait à la cour de Barcelone, il conçut pour une parente de la reine d'Aragon, pour Agnès de Castille, une passion désordonnée. Alphonse qui, après avoir manqué de parole à Eudoxie, avait travaillé à unir Guillem VIII avec cette princesse, aurait dû, ce semble, combattre de tous ses efforts une pareille inclination. Mais bien loin de là; au lieu de contribuer par ses conseils à

[1] *Chronica o commentari del gloriosissim et invictissim rey En Jacme,.... feyta e scrita per aquell en sa llengua natural....* édit. de Valence, 1557, fol. 1 et 2.

[2] Et non en 1174, comme l'avancent à tort les continuateurs de D. Bouquet, dans une note de la page 418 du Tome XIX des *Scriptores rerum gallicarum et francicarum.*

retenir le seigneur de Montpellier sur cette pente, il approuva hautement sa conduite, et l'engagea même, au mépris des lois les plus saintes, à contracter une nouvelle union, de nature à procurer à la dynastie aragonaise un allié important. Guillem VIII n'avait pas besoin de cet encouragement. Sans plus de formalités, il épousa Agnès; il l'épousa en avril 1187, sous le prétexte assez naïf qu'il voulait en avoir des enfants mâles [1]. Il en eut, en effet; Agnès lui en donna six. Il n'avait eu encore qu'une fille d'Eudoxie.

N'y a-t-il pas lieu de s'étonner qu'un seigneur catholique ait ainsi osé, au XII<sup>e</sup> siècle, épouser une seconde femme du vivant de la première, et qu'une semblable violation des lois divines et humaines ait eu pour complice un roi catholique? Aussi l'Église protesta-t-elle. C'était son droit et son devoir. Protester contre les abus, faire respecter les liens sacrés de la famille, mettre à couvert la faiblesse de la femme, tel a toujours été l'objet de sa sollicitude.

---

[1] « In Dei nomine, ego Guillelmus, Montispessulani dominus, » procreandorum *filiorum* amore, elegi mihi sponsam assumere » nomine Agnetem. » Contrat de mariage de Guillem VIII, ap. d'Achéry, *Spicileg.* III, 550, in-fol. Le préambule de ce document est des plus remarquables par sa forme génésiaque.—Cf. *Chronica del gloriosissim et invictissim rey En Jacme*, liv. I, chap. 3.

L'évêque de Maguelone Jean de Montlaur écrivit au pape en faveur de l'épouse délaissée, et le pape lui ordonna, ainsi qu'au métropolitain de Narbone, de lancer l'interdit sur les domaines de Guillem VIII. Mais l'orgueilleux seigneur n'en ramena pas moins Agnès à Montpellier, et la malheureuse Eudoxie, afin de se soustraire au triomphe d'une rivale et aux bravades d'un mari parjure, courut s'enfermer à Aniane dans un monastère.

L'avènement de Célestin III au trône pontifical parut à Guillem VIII une occasion favorable pour s'arranger avec l'Église. Le nouveau pontife connaissait particulièrement la famille du seigneur de Montpellier, et en avait reçu quelques services. Guillem VIII, à ce titre, croyait pouvoir compter sur sa protection et sa reconnaissance. Il lui écrivit une première lettre, en 1191, pour le complimenter au sujet de son exaltation et lui demander diverses grâces. Encouragé ensuite par la réponse toute bienveillante de Célestin [1], il engagea Agnès

[1] Cette réponse nous a été conservée. Célestin III y rappelle les liens d'affection qui l'unissaient naguère à Guillem VII, et, faisant droit à la requête du fils en mémoire du père, y prend la personne et les biens de Guillem VIII sous la protection de l'Église romaine. A l'exemple de ses prédécesseurs Adrien IV et Alexandre III, il accorde au seigneur de Montpellier le pri-

à tenter une démarche auprès de l'obligeant pontife, pour qu'il régularisât son mariage. Peut-être n'osait-il agir par lui-même dans cette affaire ; peut-être se flattait-il que le pape ne refuserait rien à une femme, et tiendrait d'autant plus à lui être agréable, qu'en obtempérant aux prières de cette femme, il s'attacherait deux nobles et importantes maisons, celle des rois d'Aragon et celle des seigneurs de Montpellier, dont il avait grand besoin en face du débordement de l'hérésie albigeoise. Agnès, se prêtant à cette politique, chargea l'archevêque d'Arles, Imbert d'Aiguières, d'une mission en ce sens. Le prélat négociateur se rendit à Rome, et là, conformément aux instructions qui lui furent données, il exposa comment Guillem VIII, n'espérant pas avoir d'enfants mâles d'Eudoxie, s'était permis d'épouser Agnès. Il ajouta que Dieu semblait avoir béni ce mariage, puisque les vœux du prince étaient déjà remplis,

vilége insigne et alors envié de ne pouvoir être frappé d'excommunication ou d'interdit que par le souverain pontife lui-même, ou par un légat spécialement commis, sauf dans certains cas particuliers où l'Église et la société seraient directement atteintes. Voy. *Mémorial des Nobles*, fol. 14; Cf. Gariel, *Series Præsul.*, I, 240. Guillem VIII, avec cela, pouvait défier les excommunications de l'évêque de Maguelone et du métropolitain de Narbone dans les circonstances ordinaires, et tant qu'ils ne seraient pas expressément délégués par le pape.

et il en sollicita, au nom des parties intéressées, la confirmation. Mais Célestin III ne voyait pas les choses du même œil : ami sévère de la justice et du devoir, et n'écoutant que le cri de sa conscience, il distingua entre les faveurs qu'il pouvait accorder sans blesser les canons ecclésiastiques, et la sanction d'une union conclue, contre les lois des conciles, au préjudice d'une épouse légitime. Après avoir convenablement instruit l'affaire et mûri sa résolution, il lança, en 1194, une bulle prohibitive, qui annulait le mariage de Guillem VIII avec Agnès [1].

Agnès ne se rebuta point. N'ayant pu déterminer le pape à ratifier son mariage du premier coup, elle entreprit de l'y amener peu à peu. C'était le temps où, comme nous venons de le dire, les Albigeois propageaient en Languedoc leurs doctrines hérétiques. Or, on sait avec quelle ardeur et quelle persévérance Innocent III se dévoua à leur répression. Afin de se concilier tout d'abord les sympathies du nouveau pontife par une grande démonstration de zèle et d'orthodoxie,

---

[1] Ne serait-ce pas cet incident qui aurait motivé dans les actes du concile de Montpellier de 1195 l'insertion de l'article suivant : « Statuit etiam prædictus legatus (magister Michael) ut »matrimonia non nisi secundum scita canonum contrahantur » ? Labb., *Ss. Concil.* X, 1799 ; Cf. Baluz., *Concil. Gall. Narbon.*, pag. 37.

L                    INTRODUCTION.

Agnès lui fit demander par Guillem VIII un légat, qui aurait pour mission de s'opposer aux progrès de l'erreur, et qui résiderait à Montpellier. Le successeur de Célestin III ne pouvait manquer d'être sensible à une pareille demande. Non-seulement il loua Guillem VIII de marcher ainsi sur les traces de ses aïeux, et rendit un hommage éclatant à ses bonnes intentions ; mais, en 1199, il le prit encore une fois sous la protection du Saint-Siége, avec tous ses biens présents et futurs [1]. Innocent III fit plus : en lui adressant pour légat frère Reynier, de l'ordre de Cîteaux, il défendit de l'excommunier, ni lui ni ses enfants, sans raison grave et sans avertissement préalable ; il défendit également de frapper ses domaines d'interdit, et au cas où ils viendraient à être compris dans un interdit général, il voulut, lui aussi, que le seigneur de Montpellier pût faire dire la messe à voix basse et à huis clos dans sa chapelle [2].

[1] Innocent. pap. III privileg. ap. *Mémorial des Nobles*, fol. 14 ; Cf. Gariel, *Series Præsul.*, I, 262.
[2] Innocent. pap. III privileg. ap. *Mém. des Nobles*, fol. 15 v°. — Innocent III comptait si fort sur Guillem VIII, qu'il lui adressait, le 13 juillet 1204, les complimenteuses et encourageantes paroles que voici : « Verum te inclyte recordationis »progenitorum tuorum exhibes successorem, dum, eorum inhe- »rens vestigiis, ipsis in timore Domini et Apostolice Sedis

Quels motifs dirigeaient, au juste, Guillem VIII dans cette circonstance? Agissait-il simplement par zèle religieux, et avec le désintéressement ordinaire à une foi vive; ou bien espérait-il, moyennant cette manifestation d'orthodoxie, obtenir d'Innocent III la confirmation de son second mariage? C'est ce qu'il n'est guère possible de démêler aujourd'hui. Innocent III, quoi qu'il en soit, paraît avoir été convaincu de sa sincérité. Et il n'eut pas seul cette conviction : la réputation de piété dont jouissait Guillem VIII porta Alain de Lille [1], ce « docteur universel » sur le compte de qui il était passé en proverbe de dire que sa vue tenait lieu de tout (*sufficiat vobis vidisse Alanum*), à lui dédier et à lui soumettre son traité contre les Hérétiques, les

---

»devotione succedis, imo etiam, salvo successionis jure, in eis »precedere ipsos studes, et nos et Romanam Ecclesiam totis »nobilitatis tue viribus honorare. » *Mémorial des Nobles*, fol. 15 v°; Cf. Gariel, *Series Præsul.*, I, 266. — Le même Innocent III écrivait encore au même Guillem VIII, en le comblant de ses grâces : « Monet et movet nos tue devotionis »sinceritas et sollicitudo continua, qua, sicut accepimus, »ferves in operibus pietatis, ut in his que Dei sunt favorem »tibi apostolicum non denegemus. » *Mém. des Nobles*, fol. 16; Cf. Gariel, *Series Præsul.*, I, 269, et *Gall. Christ.*, VI, Instrum. 362.

[1] Gariel donne par erreur à Alain de Lille Montpellier pour patrie; il ne nous appartient qu'à titre d'hôte et d'ami.

Vaudois, les Juifs et les Païens [1]. Guillem VIII, quels qu'aient été ses sentiments secrets, préserva Montpellier de l'hérésie, chose d'autant plus remarquable que les Albigeois entouraient de tous côtés ses domaines ; et il épargna ainsi à notre ville ces scènes atroces de carnage qui ensanglantèrent si affreusement quelques-unes des cités voisines.

Guillem VIII, grâce à sa constante orthodoxie, pouvait espérer, ce semble, d'Innocent III la ratification de son mariage avec Agnès. Les docteurs en droit de l'école de Montpellier, dans le but de lui en faciliter le succès, étaient parvenus, à force de séductions, à obtenir de la fille d'Eudoxie une renonciation expresse à tous les biens paternels [2]. Guillem VIII venait, en outre, de réunir toute la

[1] Rien de plus flatteur pour l'orthodoxie de Guillem VIII que les motifs et les termes mêmes de cette dédicace : « Quum te inter »universos hujus mundi principes», y dit Alain de Lille en s'adressant au seigneur de Montpellier, « videam specialiter indutum »armis Fidei christianæ, nec naviculam Petri inter tot tumul- »tuantes hujus seculi procellas deserere, hoc de Fide catholica »scriptum tuæ discretioni devoveo consummatum...... Quia te, »princeps strenuissime, specialem Fidei filium et defensorem »intueor, tibi hoc opus devoveo, et a te hujus operis examen »expecto. » Alani Magni *De Fide catholica opus*, éd. Ch. de Visch, Anvers, 1654, p. 201.

[2] Voy. Gariel, *Series Præsulum*, I, 254.

INTRODUCTION.

Seigneurie de Montpellier dans ses mains, en rachetant la portion des vicaires [1]. Les châteaux de Lattes, de Montferrier, d'Aumelas, du Pouget, de Popian, de Cournonsec, de Montbazin, de Paulhan, de Montarnaud, de Saint-Pons de Mauchiens, de Pignan, de Frontignan, de Saint-Georges, de Murviel, de Vendémian et de Mireval lui appartenaient en toute propriété [2], sans parler des nombreux vassaux qui lui

[1] Voy. ap. *Mém. des Nobles*, fol. 63 r° et 64 v°, les deux actes déjà cités de 1197 et de 1200.

[2] L'acte de leur acquisition est transcrit *in extenso* sur le *Mémorial des Nobles*, fol. 183 v° sq., et a été édité, mais seulement en partie, par Gariel, *Series Præsul.*, I, 261. Il est du mois d'août 1199. Les localités dont il s'agit et quelques autres encore y sont abandonnées à Guillem VIII par les héritières de Raymond Atton, Tiburge et Sibilde, moyennant 77,400 sous melgoriens, « titulo perfecte venditionis in perpetuum, ad omnes »voluntates suas et suorum plenarie faciendas, sine omni reten-»tione et appellatione », ce qui constitue un droit de propriété incontestable. — L'année suivante, Guillem VIII, toujours avide de s'agrandir, recevait en alleu et donnait en fief le château de Tressan (*Mém. des Nobles*, fol. 188). En 1202, il profitait des embarras financiers de l'abbaye d'Aniane pour se faire inféoder par cette abbaye la moitié des droits dont elle jouissait sur la mer et l'étang de Frontignan, et pour acheter à Ermessens, fille de Pons de Melgueil, et à son mari Raymond de S⁺-Croix, ceux qu'ils possédaient sur le même étang (Ibid., fol. 190 et 191; Cf. Archiv. nation., Section historique, Carton J, 340, N° 10). Le seigneur de Montpellier prenait même hypothèque sur la ville d'Agde, comme l'atteste l'engagement que lui fit de cette

devaient l'hommage féodal et le service militaire [1]. Guillem VIII figurait, à une foule de titres, parmi les plus puissants barons du Midi. C'était un prince, dans toute la force du terme : ainsi l'appelle Alain de Lille dans la dédicace de l'ouvrage que nous indiquions tout-à-l'heure [2], et c'était, nous le répétons, un prince d'un catholicisme éprouvé, ce qui méritait considération, alors que les doctrines albigeoises se

ville et de ses faubourgs, en 1189, le vicomte Bernard Atton, moyennant 11,000 sous melgoriens (*Mém. des Nobles*, fol. 156). Il avait déjà exploité, en 1185, la position du vicomte et de l'évêque d'Agde pour leur imposer un traité de commerce. Voy. ibid., fol. 155.

[1] La *Charte des fiefs* insérée dans le *Mémorial des Nobles* fol. 96 v°, et où sont inscrits les feudataires du seigneur de Montpellier, contient 118 noms. Tous ces feudataires devaient *albergue,* qui d'hommes d'armes, qui d'argent, qui de porcs, moutons, agneaux, chapons, poules, farine, orge, vin, outre les corvées dont le seigneur ne se faisait pas faute. Rien de plus curieux sous ce rapport que les rôles du *Mémorial des Nobles;* ceux des feuillets 112, 113, 114 et 115 surtout offrent un intérêt tout-à-fait piquant : nulle part peut-être les servitudes féodales ne sont énumérées d'une manière plus saisissante.

[2] La dédicace du traité d'Alain de Lille précédemment indiqué porte pour titre : *Prologus ad* principem *Montispessulani*, et commence ainsi : « Amantissimo domino suo Willelmo, Dei gratia »Montispessulani *principi*, quem non solum generosi generis »titulus insignit, verum etiam generosior mentis generositas »præinsignit, magister Alanus, in omnibus et per omnia suus, »opem suam. » Alani Magni *De Fide catholica opus*, loc. cit.

propageaient si désastreusement. On pouvait croire à un sacrifice de la part du pape, eu égard à tant de puissance et d'orthodoxie. Mais un tel sacrifice n'était pas dans le caractère d'Innocent III.

Quel temps, d'ailleurs, Guillem VIII choisissait-il pour demander la sanction de son mariage avec Agnès? Celui précisément où il suppliait le pape de s'opposer au divorce de sa fille Marie avec Bernard de Comminges. Prodigieuse contradiction, dont il ne mesura sans doute pas la portée! Sa requête fut présentée à Innocent III par ce même archevêque d'Arles Imbert d'Aiguières qui avait déjà négocié l'affaire auprès de Célestin III. C'était une requête dans les formes, où perçait le travail des légistes, et où se révélait la plume des disciples de Placentin. On y rappelait des sentences, on y citait des exemples, on y invoquait des inductions tirées du droit canonique. « Vous pouvez, Saint-Père », y disait-on, « élever des bâtards à la dignité épiscopale, et un »simple évêque peut ordonner prêtre un homme non »libre. A plus forte raison donc pouvez-vous faire que »des bâtards deviennent habiles à succéder à leur père. » On mettait ensuite en avant la conduite récente de Philippe-Auguste qui, après avoir délaissé la reine Ingeburge, s'était donné une autre femme, dont il avait actuellement un fils et une fille, et on ne manquait pas d'en tirer cette conclusion, que le pape pouvait octroyer une pareille dispense à Guillem VIII, placé dans une situation analogue.

Mais si les légistes de Montpellier étaient capables de rédiger une requête, Innocent III ne l'était pas moins de leur répondre. Sa réponse, insérée dans les *Décrétales* [1], fut adressée à Guillem VIII lui-même. Le pape y examine successivement la question de droit et la question de fait. En droit, le seigneur de Montpellier est coupable. En fait, l'exemple sur l'autorité duquel il s'appuie ne concorde pas avec sa position. Il y a cette différence entre Philippe et Guillem, que le roi de France a été séparé d'Ingeburge par l'archevêque de Reims, légat du Saint-Siége, tandis que le seigneur de Montpellier s'est de lui-même, et sans l'assistance d'aucun pouvoir ecclésiastique, séparé d'Eudoxie. Le roi, en outre, avait, pour rompre son mariage, un motif de parenté ou d'affinité ; le seigneur n'a aucun motif semblable. D'où le pape conclut qu'il est d'avis de surseoir à la demande de Guillem VIII jusqu'à ce que sa faute se soit amoin-

---

[1] Voy. Decret. lib. IV, tit. 17, cap. 13 : *Qui filii sint legitimi.* Cf. Innocent. pap. III epist. V, 128, ap. Baluz., I, 674.

drie, s'il est possible, et que l'exercice de la juridiction pontificale paraisse plus libre [1]. Il accordera, du reste, avec plaisir au seigneur de Montpellier toutes les grâces qui ne seront pas contraires à la loi de Dieu et à l'honnêteté publique.

Cette réponse, qui fait le plus grand honneur à Innocent III, porte la date de 1202. Il est difficile de dire quelle impression elle produisit sur Guillem VIII. Mais il ne serait pas impossible qu'elle eût avancé sa mort. Il paraîtrait qu'à ce moment suprême Guillem fut assailli de regrets terribles. Il multiplia par son testament, en expiation de ses fautes, les donations aux églises et aux monastères [2], ne prescrivit pas

---

[1] « Donec, si fieri poterit, et culpa levior, et jurisdictio liberior »ostendatur. » Ibid.

[2] Guillem VIII lègue par son testament, qu'on peut voir dans le *Mémorial des Nobles*, fol. 49 v°, et dans le *Spicilége* de d'Achéry, III, 564 in-fol., 2,000 sous melgoriens (environ 2,000 francs de notre monnaie) à l'Église de Maguelone, où il fonde un anniversaire pour son âme et celle de ses parents; 1,000 sous (près de 1,000 francs d'aujourd'hui), avec pareille charge, au monastère de Saint-Félix de Montseau; 500 sous au monastère de Saint-Geniès; 1,000 sous à l'hôpital du Saint-Esprit de Montpellier; 200 sous à l'hôpital de Saint-Guillem de la même ville, et 50 sous à chacun de nos autres hôpitaux; 1,000 sous à la maison de Grammont (Guillem VIII avait déjà donné aux religieux de Grammont, en 1190, le four du Peyrou, qui se trouvait alors sur l'emplacement où fut bâtie dans la suite l'église des Carmes du Palais,

moins de cinq mille messes pour le salut de son âme, et, afin sans doute de participer au bénéfice des indulgences d'Urbain II, choisit pour sa sépulture le cimetière des chanoines de Maguelone.

Le testament de Guillem VIII n'est, quant à ses biens, que la consécration de sa vie politique. Il avait répudié Eudoxie; il était, dès-lors, tout naturel qu'il préférât à la fille qu'il en avait eue les fils d'Agnès. Ils se trouvaient au nombre de six. Mais, selon l'usage, il se borna à établir les deux aînés, en vouant les autres à la vie religieuse. Le premier, qui fut Guillem IX, hérita de la Seigneurie de Montpellier et de tout le territoire compris entre le Vidourle

en les obligeant toutèfois à y laisser cuire *gratis* le pain nécessaire à la consommation de son château de Montpellier); 100 livres au monastère de Grandselve; 100 sous aux infirmes du pont de Castelnau; 100 marcs d'argent pour la Rédemption des captifs. Il lègue, de plus, à l'église Saint-Firmin un calice d'argent d'un marc et demi; un calice de même valeur est donné à Notre-Dame des Tables. A la maison de Valmagne, il confirme la donation des moulins situés sur l'Hérault, précédemment faite par son oncle Gui-*Guerrejat* ou le Guerroyeur. Il pourvoit, en outre, aux intérêts de la chapelle de Notre-Dame du Château, et enjoint à son héritier d'envoyer tous les ans, au commencement du carême, une certaine quantité de poisson salé aux Chartreux de Bonnefoy, dans le diocèse de Viviers. Ce testament de Guillem VIII ne manque pas d'importance, comme on voit, pour la statistique religieuse du temps.

et l'Hérault [1] ; le second, Thomas, joignit aux domaines situés au-delà de l'Hérault, dans les diocèses de Lodève et de Béziers, le fief espagnol de Tortose [2]. Mais les quatre derniers durent se contenter de deux cents livres chacun, ce qui constituait encore un patrimoine dans ce temps-là; pour des célibataires surtout. Raymond fut moine à Grandselve, Bernard chanoine de Lodève et de Girone, Gui moine de la congrégation bénédictine de Cluni, Burgundion chanoine du Puy. Guillem VIII les appela tous dans cet ordre, qui était celui de leur naissance, à recueillir sa succession à défaut des aînés, pourvu néanmoins qu'au moment où s'ouvrirait cette succession ils n'eussent pas encore pris d'engagement irrévocable avec l'Église. Il substitua ensuite à ses six fils ses trois filles, en conservant toutefois à Marie, la seule qu'il

---

[1] Cette première part embrassait, outre la ville de Montpellier, les châteaux de Lattes, Montferrier, Castelnau, Castries, Loupian, Aumelas, Popian, Montarnaud, Vendémian, Tressan, Saint-Pargoire, Saint-Pons de Mauchiens, Cournonsec, Montbazin, Frontignan, Mireval, Pignan, Saint-Georges, Murviel, Mujolan, ainsi que celui du Pouget, avec leurs dépendances : c'était la grosse part, la part du lion.

[2] « Omnia jura que habeo in civitate Tortose. » Testament. Guillelm. VIII, ap. *Mém. des Nobles*, fol. 49 v°, et d'Achéry, *Spicileg.* III, 561 in-fol.

eût eue de son mariage avec Eudoxie, le premier rang [1].

Dans ce testament, du reste, il n'est nullement question d'Eudoxie : elle ne comptait plus pour rien dans la pensée du volage seigneur. Mais il en est autrement d'Agnès. Guillem VIII lui lègue, sa vie durant, les châteaux de Montferrier et de Castelnau, ainsi que les étuves de Montpellier et la leude du Peyrou, avec certains droits sur le *légassieu* et sur les Juifs [2].

Tel est, dans ses principales dispositions, le testament de Guillem VIII. Guillem VIII meurt, comme

[1] Tant que vivraient ses frères du second lit, Marie devait se contenter de deux cents marcs d'argent, de ses parures et de son mobilier. « Filie mee Marie », dit textuellement Guillem VIII, « dimitto, jure institutionis, CC marchas argenti, quas comes »Tolose ei debet et comes Convenarum maritus ejus. Et si »infra annum non fuerint iste CC marche eidem Marie solute, »Guillelmus filius meus donet ei de suo proprio has CC marchas »et ornamenta nuptialia honorabilia, scilicet quatuor vestimenta »mutatoria cum quatuor lectis...... Et habeat preterea Maria »omnia ornamenta sua que habet. Sed Guillelmus filius meus, »si has CC marchas ei dederit, habeat actiones contra comitem »Convenarum. » Testam. Guillelm. VIII, ibid.

[2] « Uxori mee Agneti, vice et loco eorum que tempore matri- »monii ei concessi, relinquo ei tempore vite sue Castrum-novum »et Castrum de Monteferrario, et balnea, et lesdam Petroni »et de legatorio, et censum Judeorum. » Ibid.

son père, les yeux tournés vers l'Espagne, après avoir placé ses enfants, ses domaines et ses sujets sous le patronage du roi d'Aragon [1]. Il avait raison de regarder de ce côté; de là devait sortir le vengeur d'Eudoxie. Les fils d'Agnès ne profiteront guère de l'iniquité paternelle : l'arrêt porté contre eux par Innocent III sera exécuté. Illégitimes devant Dieu, ils le deviendront aussi devant le peuple, et le peuple, brisant leur couronne, au jour de sa colère, y substituera celle de la pauvre Marie. Il y trouvera son compte, puisqu'en faisant prévaloir les droits de la fille d'Eudoxie, il ressaisira en même temps les siens propres. Chose infiniment remarquable! L'indéfectible attachement qu'a voué la ville de Montpellier durant les derniers siècles au dogme de l'hérédité monarchique, se rencontre jusque dans les origines de son histoire, et s'y associe aux plus généreuses aspirations de la liberté. C'est quand ils relèvent le trône de l'héritière légitime des Guillems, que nos aïeux rédigent

---

[1] « Infantes meos, et terram meam, et homines et res eorum »relinquo in protectione et custodia Domini et B. Marie, et in »custodia et manutenentia domine regine Aragonum, et domini »regis filii sui, et domini comitis Tolose. »(Testam. Guillelm. VIII, ibid.)

et proclament à la face du monde leur charte communale, assurant ainsi d'un même coup la perpétuité du pouvoir et le triomphe de leurs franchises locales. Il y a là, on ne saurait trop y songer, une coïncidence des plus caractéristiques. Mais avant d'expliquer ce double fait, qui a exercé une si favorable influence sur le développement de notre cité, et l'a lancée avec tant de bonheur dans les voies civilisatrices qu'elle a toujours parcourues depuis, fixons-nous bien sur notre point de départ; voyons au juste où en était Montpellier quand y finirent les Guillems, et quand y commença la domination espagnole proprement dite, quand les antiques traditions seigneuriales y furent modifiées par les éléments nouveaux de la Commune.

Ici nous entrons plus particulièrement dans le domaine des idées, nous abordons plus spécialement l'étude des principes qui font encore aujourd'hui, quoique à un moindre degré qu'au moyen-âge, la base de la prospérité de Montpellier. Il y a deux choses par lesquelles la ville de Montpellier n'a pas discontinué depuis le temps des Guillems d'avoir une grande importance dans le monde, son commerce et ses écoles. C'est à son commerce et à ses écoles surtout qu'elle doit, indépendamment de sa vieille réputation, l'avantage d'avoir survécu à la ruine de tant d'autres cités jadis célèbres. Ce commerce et ces écoles, à leur tour, elles les a dûs en partie au bon esprit de ses habitants et à sa merveilleuse situation géographique. Son inébranlable fidélité à l'Église lui a épargné, au XIII<sup>e</sup> siècle, bien des catastrophes, et, en faisant d'elle un centre catholique au milieu des pays albigeois, a puissamment contribué à sa splendeur. Sous les Guillems, comme sous les rois d'Aragon et de Majorque, elle s'est trouvée en rapport, non-seulement avec les communes du Midi ses voisines, mais avec le Nord et les nations étrangères les plus éloignées. Quelle admirable position que la sienne! Par le vaste canal de la Méditerranée, les influences de l'Italie et de l'Espagne lui arrivaient sans cesse. Or l'Italie et l'Espagne, l'Espagne arabe principalement, tenaient autrefois en Europe le sceptre de la civilisation. Les croisés, d'un autre côté, lui rapportaient, à la suite de chaque pèlerinage, les influences de l'Orient, que les Juifs, ces infatigables courtiers du commerce et de la pensée, avaient déjà acclimatées, ou finissaient par acclimater dans nos murs.

Aussi rencontre-t-on à Montpellier, durant le cours de cette première période de son histoire, un élément oriental très-prononcé. Les testaments des Guillems et la charte du 15 août 1204, dont nous parlerons bientôt, défendent, à diverses reprises, d'admettre aux charges publiques, et notamment à la baylie, aucun Juif ni aucun Sarrazin. S'expliquerait-on cette défense, s'il n'avait existé chez nous dans ce temps-là une population juive et arabe?

L'existence d'une pareille population à Montpellier ne saurait être un fait purement hypothétique. Elle est attestée de la façon la plus expresse par un document du XIIe siècle, l'*Itinéraire* de Benjamin de Tudela. Ce document, sous bien des rapports, est officiel, puisque l'auteur, en sa double qualité de rabbin et de témoin oculaire, réunissait tous les moyens de contrôler lui-même son propre récit. Parti de la Navarre espagnole, il voyageait pour reconnaître la situation politique et religieuse de sa race ; il entrait, par conséquent, directement en relation avec les hommes de chaque pays, et il consignait au fur et à mesure le résultat de ses observations sur une espèce de journal ou d'inventaire, dont nous possédons encore le texte hébreu. Or voici comment il y dépeint Montpellier : « C'est », dit-il, « un lieu très-favorable au commerce, où viennent
» trafiquer en foule Chrétiens et Sarrazins, où affluent

» des Arabes du Garb[1], des marchands de la Lombardie,
» du royaume de la grande Rome, de toutes les parties
» de l'Égypte, de la terre d'Israël, de la Grèce, de la
» Gaule, de l'Espagne, de l'Angleterre, de Gênes, de
» Pise, et qui y parlent toutes les langues. On y remar-
» que, entre les plus célèbres disciples de nos sages,
» Ruben, fils de Théodore, Nathan, fils de Zacharie,
» Samuel surtout, le plus important de tous, Selamias
» et Mardochée..... Plusieurs parmi eux sont fort riches
» et généreux envers les pauvres ; ils secourent tous
» ceux qui viennent à eux[2]. »

Ainsi s'exprimait Benjamin de Tudela, en 1173. Ce témoignage a pour nous un double intérêt. Il constate, d'abord, notre ancienne prospérité commerciale : c'est au XII<sup>e</sup> siècle, en effet, que remonte l'établissement de nos consuls de mer ; c'est au XII<sup>e</sup> siècle aussi que furent conclus nos premiers traités de commerce[3], et

---

[1] Le Garb, c'est l'Afrique septentrionale, le couchant par rapport aux Arabes d'Égypte.

[2] Benjam. Tutel. *Itinerar*. Antuerp. 1575, et Lips. 1764.

[3] Nous publions parmi nos Pièces justificatives, afin de donner une idée précise de ces premiers traités, celui que fit le conseil de Guillem VIII, le 6 février 1178, avec Hildebrand, consul des Pisans, agissant au nom de la république de Pise, et où figurent, en compagnie de l'évêque de Maguelone Jean de Montlaur et du bayle Jean Bertulf, les *Probi homines* de Montpellier. On verra

INTRODUCTION.

obtenus nos premiers priviléges sur les marchés du Levant [1]. Et il fournit ensuite un précieux argument à notre thèse touchant la présence d'un élément oriental à Montpellier dans le même temps. Le XIIe siècle fut, comme on sait, une époque de renaissance pour les fils d'Israël ; ce fut l'époque d'Aben-Hezrah et de Moïse Maïmonide (Moïse-ben-Maïmon). Les académies israélites de Cordoue, de Grenade, de Tolède et de Barcelone attiraient alors les rabbins les plus renommés de l'Asie et de l'Afrique. Les Juifs eurent en France des écoles rivales de ces académies. Benjamin mentionne

aussi au même endroit le texte d'un traité analogue conclu par le même seigneur, le 3 août 1201, avec les consuls de Gênes. Entre ces deux traités s'en place un troisième, négocié par Guillem VIII, en avril 1185, avec l'évêque et le vicomte d'Agde, que nous éditons également.

[1] Le plus ancien privilége de ce genre dont nous ayons connaissance est celui qu'octroya, en 1187, Conrad de Montferrat aux bourgeois de Saint-Gilles, de Montpellier, de Marseille et de Barcelone, en échange du secours qu'ils lui avaient prêté contre Saladin, de pouvoir entrer librement dans ses possessions et en sortir de même, sans payer d'impôt. Il leur permit, en outre, d'avoir à Tyr un consulat, pour y diriger leurs affaires et y juger leurs différends, avec un four et droit de balances et de mesurage. Ce privilége, dont il existe une expédition aux archives de Marseille, a été édité et traduit par MM. Méry et Guindon dans leur *Histoire analytique et chronologique des actes et délibérations du corps et du conseil de la municipalité de Marseille*, Tom. Ier, p. 190 sq.

dans son *Itinéraire* celles de Narbone, de Lunel, de Pothikires et de Nogres, où enseignaient, lors de son voyage, de savants maîtres. Voués spécialement à la culture des arts de l'esprit et à la pratique du commerce, les descendants de Jacob formaient en Europe un lien nécessaire entre les Chrétiens et les Mahométans. Ils jouissaient dans nos contrées de tous les droits civils, y possédaient des alleux et des fiefs, y occupaient même quelquefois les hauts emplois de l'administration et des finances. Ce fut par leur intermédiaire surtout que se répandirent en Occident les sciences métaphysiques et naturelles : ils traduisirent en hébreu Avicenne, Averrhoès et presque tous les grands commentateurs arabes d'Aristote. Il faut qu'à Montpellier particulièrement ils aient joué un rôle très-considérable, pour que les Guillems et les rois d'Aragon aient senti le besoin de les exclure, à diverses reprises, ainsi que les Sarrazins, des fonctions publiques, et entre autres, comme nous le disions, de la baylie [1]. Ces prohibitions

---

[1] Guillem VIII, tout en excluant les Juifs de la baylie, se servait d'eux comme percepteurs. Les rôles de censives dressés en mars 1201, et conservés dans le *Mémorial des Nobles*, fol. 107 sq., portent en tête : « Incipiunt carte ex novo trans-
»latate de censu hominum Montispessulani, secundum quod
»Saltellus *judeus* ab eis recipiebat. » — Le même Guillem VIII

réitérées prouvent non-seulement l'existence d'un élément juif et arabe au sein de notre population, mais déposent en faveur de l'importance de cet élément [1]. Pourquoi, sans cela, reparaîtraient-elles si souvent dans notre histoire ? Pourquoi les évêques de Maguelone et

reconnaît dans son testament avoir fait des emprunts à des Juifs. Il entretenait des relations avec ceux de Lunel, comme l'atteste une charte de 1197, ap. *Mémorial des Nobles*, fol. 79 v°.

[1] Cet élément juif se perpétua long-temps. L'astronome juif Profatius dont parle Bartolocci, ap. *Bibliotheca magna Rabbinica*, art. 1651, écrivait à Montpellier, vers 1300, des Règles sur l'almanach et des Tables d'équation. — Jayme Ier, qui s'était déjà occupé des Juifs de Montpellier dans sa charte d'amnistie du 10 décembre 1258 (Voy. Archiv. municip., Arm. A, Cass. IV, N° 7 quater, et *Grand Thalamus*, fol. 47 v° sq.), les comprenait formellement, en 1272, dans la défense qu'il faisait d'exercer la médecine dans sa ville seigneuriale sans avoir subi un examen préalable (Voy. Privileg. Jacob. I, reg. Arag., ap. Astruc, *Mém. sur la Fac. de méd. de Montp.*, p. 35), et Jayme II après lui, ainsi que le roi Sanche, statuaient, en 1281 et en 1315, d'une manière analogue. Le même Jayme Ier, antérieurement à cette défense, avait, par une charte du 18 octobre 1252, confirmé à la communauté juive de Montpellier (toti universitati Judeorum in Montépessulano habitantium), tous les priviléges qu'elle tenait de lui et de ses prédécesseurs, « et »specialiter », disait-il dans cette charte, « privilegium quod »vobis concessimus super tributo quod nobis dare tenemini »annuatim. » (*Grand Thalamus*, fol. 44.) Rien ne précise en quoi consistait le tribut en question ; mais l'octroi du privilége, à lui seul, prouve de quelle importance jouissaient encore les Juifs parmi nous au milieu du XIIIe siècle.

INTRODUCTION.  LXIX

les papes eux-mêmes s'y seraient-ils associés ¹? En même temps, il est vrai, que nos évêques donnaient la main à cet intolérant système d'exclusion, par une inconséquence des plus bizarres et assez difficile à concevoir, ils ne se faisaient pas scrupule de laisser subsister l'effigie de Mahomet sur les monnaies melgoriennes ².

La présence d'un élément juif et arabe à Montpellier, au moyen-âge, est donc un fait hors de doute. Combien cet élément ne dut-il pas venir en aide à notre développement scientifique et commercial! Grâce à nos constantes relations avec l'Italie et l'Espagne, rien ne contrariait l'exercice de son action : elle pouvait se

¹ Innocent IV, notamment, mandait, en 1249, à l'évêque de Maguelone, qui l'avait consulté sur ce sujet, de ne pas permettre aux Juifs de s'habiller dans son diocèse à la manière des ecclésiastiques, comme ils avaient coutume de le faire, attendu que beaucoup de gens, par une méprise fâcheuse, leur rendaient, eu égard à leur mise, un honneur auquel ils n'avaient pas droit. Innocent. pap. IV epist., ap. Baluz., *Miscellan.* VII, 407 sq.

² Cette bizarrerie est attestée par une lettre de Clément IV, du 26 septembre 1266, à Bérenger de Fredol. « Quis enim ca-»tholicus », écrivait alors le pape à notre évêque, « monetam »debet cudere cum titulo Mahumetis? » ( Archiv. départ., *Bullaire de Maguelone*, fol. 20 v° et 54 v°; Cf. Martène et Durand, *Thes. nov. anecdot.*, II, 403.) — Arnaud de Verdale se trompe en faisant adresser cette lettre à Guillaume Christol. Guillaume Christol était mort en 1263.

déployer librement jusqu'au fond des deux péninsules par la grande voie de la Méditerranée ; et Benjamin de Tudela nous en indiquait tout-à-l'heure les effets. Montpellier était devenu, dès le XIIe siècle, un des principaux marchés du Midi : toutes les denrées y affluaient ; les trafiquants de toutes les races et de toutes les langues s'y donnaient rendez-vous. De là ces traités de commerce avec Pise et Gênes, conclus au nom de Guillem VIII, et conservés dans nos archives. De là les priviléges octroyés à nos marchands, en 1187, par Conrad de Montferrat dans sa principauté de Tyr. De là l'institution de nos consuls de mer, dont nous parlerons bientôt d'une manière plus explicite.

L'élément juif et arabe en question, tout en favorisant nos intérêts commerciaux, nous rendait aussi d'autres services. Il dut, selon toute apparence, alimenter dans le principe notre enseignement médical, si même il ne le créa pas complètement. La ville de Montpellier, pour son école de médecine, a été, au moyen-âge, directement tributaire des universités juives et arabes, de même qu'elle l'a été, pour son école de droit, de l'université de Bologne.

Car, personne ne l'ignore, Montpellier avait autrefois une école de droit célèbre, une école qui a joué un rôle très-important dans l'histoire de nos institutions municipales. Cette école existait déjà sous les Guillems : son origine remonte vraisemblablement à 1160 [1]. C'était alors un temps de rénovation pour le vieux droit romain. Irnerius venait de lui rendre un organe dans l'université de Bologne, et cette université était devenue depuis, grâce aux circonstances, le centre d'un mouvement intellectuel d'autant plus fort qu'il trouvait un stimulant quotidien dans la lutte des empereurs de la maison de Souabe avec les républiques lombardes. Ce fut à l'école de Bologne et dans les traditions encore vivantes d'Irnerius que se forma Placentin, et ce fut ensuite ce même Placentin qui dota Montpellier d'un enseignement juridique. Montpellier, à ce titre, dérive directement de Bologne, et peut revendiquer l'honneur d'avoir ouvert un des premiers asiles au droit romain. Notre cité, sous ce rapport, comme sous celui de la médecine, mérite sans restriction l'éloge que lui décernait publiquement naguère une voix éloquente, en lui reconnaissant l'*initiative* pour caractère spécial dans les travaux de l'esprit en France [2].

[1] L'école de droit d'Orléans, jadis fameuse, ne remonte pas au-delà de 1312 ; celle d'Angers date seulement de 1398.

[2] Voy. le discours prononcé par M. Théry, le 16 novembre 1846, à la séance solennelle de rentrée des Facultés de Montpellier.

On a long-temps répété, sur la foi de Serres et de d'Aigrefeuille, que Placentin était originaire de Montpellier, et les savants auteurs de l'*Histoire littéraire de la France* ne se sont pas fait faute de reproduire cette assertion. Il y a là, disons-le, excès de patriotisme. Placentin nous apprend lui-même dans un de ses ouvrages qu'il était de Plaisance [1]. La Lombardie l'avait vu naître; il professa même d'abord à Mantoue et à Bologne, et il ne vint ensuite en France que pour se soustraire aux menaces et aux outrages de collègues jaloux. Pourquoi, parmi tant de villes alors célèbres, choisit-il de préférence Montpellier? Fut-ce par le desir bien naturel de s'éloigner le moins possible du climat natal? Fut-ce par sympathie pour quelques étudiants montpelliérains, ses anciens disciples au-delà des Alpes, ou par l'espoir tout-à-fait légitime de rencontrer des protecteurs éclairés dans les Guillems? Ce qu'il y a de certain, c'est qu'il commença à enseigner dans nos murs vers 1160. Il y enseigna long-temps, à deux reprises ; et non-seulement il y enseigna, mais il y écrivit des livres de jurisprudence jadis estimés, la *Somme du Code* et la *Somme des Instituts* entre

[1] « Civitas Placentia, unde mihi origo est nomenque accepi......» *Summa Codicis*, lib. VI, tit. 48.

autres. La bonne ville, reconnaissante, lui décerna, quand il mourut, l'honneur insigne d'une mention spéciale sur ses registres publics [1]. Elle fit plus : le 12 février, jour anniversaire de sa mort, devint un jour férié dans notre université de droit, qui adopta pour patronne la sainte de ce jour-là, S$^{te}$ Eulalie. Il n'y eut pas jusqu'à la masse du bedeau de cette université qui ne fût ornée de l'effigie de Placentin. Lorsque plus tard, au sortir des guerres civiles du XVI$^e$ siècle, notre école de droit fut transférée de la Tour Sainte-Eulalie au Collége de la Chapelle-Neuve, le portail du nouvel édifice eut encore pour mission de continuer la gloire de Placentin. On y lisait, et on y lut jusqu'en 1792, époque de la suppression des anciennes universités, cette inscription touchante, quoique un peu prétentieuse peut-être : *Aula Placentinea* [2].

Magnifique privilége du talent ! Le très-haut et très-puissant seigneur Guillem VIII voulut honorer de sa

[1] « En l'an MCLXXXXII, a XII jorns de febrier, anet a Dieu M. Placentin, loqual fo lo primier doctor que jamays legi en Montpellier; e fo sebelit en lo cimeteri de Sant-Bertholmieu, pres de la capela de Sant-Cleophas de part de foras. » *Petit Thalamus*, p. 330, Chronique romane.

[2] En fait d'inscription, nous préférons de beaucoup celle que l'on dit avoir été découverte, en 1663, parmi les ruines de l'ancienne église et de l'ancien cimetière Saint-Barthélemy, où

présence les funérailles de Placentin [1], et pas un docteur, durant bien des siècles, ne passa par Montpellier sans aller visiter pieusement son tombeau [2].

La bonne ville avait lieu d'être fière de pareilles dépouilles : Placentin l'avait dotée de la première école de droit que la France ait possédée [3].

fut inhumé Placentin : elle est assurément plus chrétienne, sinon plus simple :

> « Petra Placentini corpus tenet hic tumulatum ;
> » Sed Petra, que Christus est, animam tenet in Paradiso.
> » In festo Eulalie vir nobilis tollitur iste,
> » Anno milleno ducenteno minus octo. »

[1] Guillem VIII avait ses raisons pour aimer Placentin. A part l'admiration générale qu'excitait alors le droit romain, admiration telle que divers conciles du XII$^e$ siècle crurent devoir en interdire l'étude aux moines, de peur qu'ils ne lui sacrifiassent celle de la théologie, l'enseignement du droit romain venait en aide aux princes, en propageant certaines idées d'ordre et de despotisme favorables à l'extension de leur pouvoir. Guillem VIII devait, à ce titre, professer une profonde reconnaissance pour Placentin; ce jurisconsulte lui avait rendu d'utiles services.

[2] Ce pèlerinage scientifique paraît s'être perpétué jusqu'aux troubles religieux du XVI$^e$ siècle. Il dut cesser, par la force des choses, lorsque, en 1562, les Protestants enveloppèrent dans leur *razzia* de Vandales l'église et le cimetière Saint-Barthélemy. L'emplacement de ce cimetière et de cette église est aujourd'hui occupé par la chapelle et le couvent de nos Dames de la Providence ou de Saint-Charles, qui y ont succédé aux Carmes-Déchaussés.

[3] Voy. Savigny, *Histoire du droit romain au moyen-âge*, IV,

Quelque ancienne, néanmoins, que soit notre école de droit, notre école de médecine paraît être plus ancienne encore. Elle a été long-temps en Europe l'unique émule de celle de Salerne, et sa célébrité, qui plus est, semble avoir eu la même date que son antiquité. Mais où trouver cette date? Problème bien difficile à résoudre aujourd'hui. Le premier document un peu explicite à ce sujet est une lettre de S. Bernard, de 1153. Il y parle d'un archevêque de Lyon qui, en allant à Rome, tomba malade à Saint-Gilles et se détourna vers Montpellier, où, dit plaisamment l'austère abbé de Cîteaux, « il » dépensa avec les médecins ce qu'il avait et ce qu'il » n'avait pas » [1]. Ceci ne prouverait guère en faveur du désintéressement de nos Hippocrates d'alors, mais établit au moins l'existence de leur réputation comme praticiens dès le milieu du XIIe siècle. Un autre écrivain de ce siècle, l'évêque de Chartres Jean de Salisbury,

---

56. — Voy. aussi la *Notice* de M. Castelnau *sur la vie et les ouvrages de Placentin*, insérée dans le 1er volume des *Mémoires de la Société archéologique de Montpellier*. Toutes les questions relatives au savant fondateur de notre école de droit sont remarquablement élucidées dans ces deux ouvrages.

[1] « Pervenit ad Sanctum-Ægidium ; quumque infirmaretur, »pertransiit usque ad Montempessulanum : ibi aliquandiu com-»moratus, cum medicis expendit et quod habebat et quod non »habebat. » S. Bernard. epist. 307, ann. 1153.

assure, de son côté, que de son temps on se rendait en foule à Montpellier et à Salerne pour y apprendre la médecine, et qu'on en revenait chargé de mots barbares ; d'où l'on pourrait induire, ce semble, que l'enseignement y était donné par des médecins juifs ou arabes. Gilles de Corbeil, à son tour, qui fut, comme on le rapporte, médecin de Philippe-Auguste, voulant faire l'éloge de Richard, un de ses contemporains, dit que, « sans l'éclat que ce vieillard répandait à Montpellier par » ses lumières, la gloire de la médecine serait depuis » long-temps éclipsée »[1] : témoignage parfaitement conforme à l'opinion de ceux qui, non contents de soutenir le droit d'aînesse de notre école de médecine, voient en elle, à une certaine époque, l'unique institution de ce genre dans toute la France. « Montpellier est la source » de l'art médical », dit encore, au commencement du XIII<sup>e</sup> siècle, le moine Césaire d'Heisterbach [2].

L'enseignement de la médecine aurait donc commencé

---

[1] « Quo Pessulanus nisi mons auctore niteret,
» Jam dudum physicæ laus ecclipsata fuisset,
» Qui vetulo canos profert de pectore sensus
» Richardus, senior plusquam ætate senili. »
Ægid. corbol., *De virtut. et laud. medicam. composit.*

[2] « Ubi fons est artis physicæ. » Cæsar. cisterc. *Illustr. mirac. et histor. memorab.*, lib. VII, cap. 25.

à Montpellier avant celui du droit, et il y daterait, comme ce dernier, de la domination des Guillems. Il n'est guère possible, eu égard à la rareté des documents, d'en fixer l'origine d'une manière précise et mathématiquement exacte. Mais l'influence juive et arabe dont nous parlions plus haut lui est certainement venue en aide, si même il n'appartient pas à cette influence d'en revendiquer l'initiative. Quant aux Guillems, nul doute qu'ils n'aient protégé cet enseignement à l'égal de celui du droit. Guillem VIII, notamment, lui accorda toutes ses sympathies. Il nous reste de lui une déclaration célèbre, où les défenseurs de la liberté d'enseignement auraient pu naguère trouver un argument à leur usage, déclaration par laquelle, tout en prohibant, au nom de l'équité et de la justice, le monopole d'une science « si excellente », il en favorise de tous ses efforts le développement régulier dans les écoles [1]. Nos seigneurs tenaient un

---

[1] Nous donnerons *in extenso*, eu égard à son importance, le texte original de cette déclaration : « In nomine Domini nostri »Jesu Christi, anno ab Incarnatione ejusdem MCLXXX, mense »januarii. Ego Guillelmus, gratia Dei Montispessulani dominus, »filius Mathildis duccisse, proprio motu ductus et spontanea »voluntate, fide bona et sine fraude, cum hac carta, ob bonum »publicum et commune proficuum, et utilitatem mei et tocius »Montispessulani et universe terre mee, dono et firmitate per-

rang trop distingué parmi l'aristocratie féodale pour n'avoir pas senti le besoin de maintenir l'honneur de leur nom, en encourageant un progrès scientifique si propre à augmenter leur importance princière et à accroître la valeur de leurs domaines. Aussi concourent-ils, selon la mesure de leurs forces, et avec un zèle tout-à-fait digne de leur grandeur, au mouvement intellectuel du XIIe siècle. Non-seulement ils protègent l'enseignement de la médecine et du droit, mais ils s'associent aux principaux barons du Midi pour accueillir et patroner les troubadours. Un des plus

»petua concedo Domino Deo et vobis, meis probis viris Montis-
»pessulani, presentibus et futuris, et universo populo, quod
»ego, de cetero, prece aliqua vel precio, seu sollicitatione
»alicujus persone, non dabo concessionem seu prerogativam
»aliquam alicui persone, quod unus solus tantummodo legat,
»seu scolas regat in Montepessulano in facultate fisice discipline,
»quia acerbum est nimium et contra fas et pium uni soli dare
»et concedere monopolium in tam excellenti scientia; et quoniam
»equitas hoc fieri prohibent et justicia, uni soli in posterum nulla-
»tenus dabo. Et ideo mando, volo, laudo atque concedo in per-
»petuum quod omnes homines quicumque sint, vel undecumque
»sint, sine aliqua interpellatione regant scolas de fisica in
»Montepessulano. Qui regere scolas de fisica voluerint, et ple-
»nam facultatem, licentiam et potestatem inde eis stabilitate
»dono et concedo perpetua. Hoc totum sic laudo et approbo
»irrevocabiliter, et injungo omni successori meo quod contra
»hoc ulterius non sit ausus venire.» *Mémorial des Nobles*, fol. 96.

renommés entre ces poètes, Bernard de Ventadour, fait hommage de ses vers, et même, dit-on, de son cœur, à la fille de Guillem VI, la belle Azalaïs [1]. Un autre, non moins fameux, Arnaud de Marveil, après un assez long séjour à Béziers, trouve un asile à la cour de nos seigneurs contre les susceptibilités jalouses d'un rival puissant [2], et soupire dans nos murs sa dolente chanson :

« Bien doucés étaient mes pensées....... »

Il y demeura long-temps; il y mourut même, selon toute apparence, inconsolable et jeune encore, emportant avec lui la satisfaction bien rare parmi les adeptes de la *gaie science* de n'avoir aimé et chanté qu'une seule dame [3]. Si l'on en croyait les auteurs de l'*Histoire générale de Languedoc*, le troubadour Foulques de Marseille, qui joua plus tard comme évêque de Toulouse un rôle capital dans la croisade anti-albigeoise,

[1] Adélaïde, selon d'autres; elle avait épousé le vicomte de Ventadour Ebles III. Voy. ap. Fauriel, *Histoire de la poésie provençale*, II, 23 sq., quelques-unes des pièces composées par ce Bernard en l'honneur d'Azalaïs ou d'Adélaïde de Montpellier.

[2] Contre le roi d'Aragon Alphonse I$^{er}$.

[3] La vicomtesse de Béziers Adélaïde, femme du vicomte Roger-Taillefer, et fille du comte de Toulouse Raymond V, surnommée *la comtesse de Burlatz*, parce qu'elle était née dans le château de ce nom.

et à qui sa politique orgueilleuse et dure valut le surnom si étrangement caractéristique d'*évêque des diables*, serait venu, à son tour, durant sa jeunesse, fêter à Montpellier la première femme de Guillem VIII, Eudoxie Comnène. Montpellier, tout en protestant contre l'hérésie, ne répudia jamais le progrès intellectuel du XII⁰ siècle. Il n'est pas jusqu'à son clergé qui n'ait pris une part active à cette renaissance littéraire [1]. Une de nos plus remarquables créations épiques, le roman si connu de Pierre de Provence et de la belle Maguelone, est l'ouvrage d'un de nos chanoines [2].

[1] L'évêque de Maguelone Galtier, par exemple, avant de partir pour la Palestine, d'où, selon toute probabilité, il ne revint pas, publiait, en les accompagnant d'une lettre que nous avons encore, les *Fleurs des psaumes* recueillies par Lietbert. Voy. Mabillon, *Vetera analecta*, pag. 464 ; Paris 1723, in-fol. Cf. Mss. de la Bibliothèque de la Faculté de médecine de Montpellier, N° 50 du catalogue.

[2] Bernard de Tréviers, l'auteur de la *Chronique épiscopale* en vers latins citée par Arnaud de Verdale, et de l'inscription qui se lit encore au-dessus de la grande porte de la cathédrale de Maguelone. — L'imagination des critiques s'est souvent mise à la torture pour trouver le sens du roman en question. Bernard de Tréviers l'aurait composé, selon Gariel (*Idée de la ville de Montpellier*, p. 78), afin d'exciter les nobles dames à la piété et à la charité, et il aurait eu pour but immédiat de recommander aux largesses d'une comtesse de Melgueil le vieil hôpital de St.-Pierre et St.-Paul de Maguelone fondé naguère par sa maison.

# INTRODUCTION.

La splendeur de Montpellier date donc des Guillems, ses premiers seigneurs. Simples chevaliers à la fin du X° siècle, les Guillems deviennent, à partir du siècle suivant, de puissants princes. Ils agrandissent peu à peu leurs domaines, se créent des vassaux, reçoivent des hommages et des serments de fidélité, bâtissent des églises, fondent des hôpitaux, dotent des monastères. Leur infatigable activité ne se renferme pas

Dans ce système, le héros du chanoine-troubadour, Pierre de Provence, ne serait autre que le comte Pierre de Melgueil, qui fit à l'Église de Rome, dans la personne de Grégoire VII, la donation de 1085, et qui, eu égard aux alliances et aux diverses fortunes de sa famille, semblait appartenir à la Provence aussi bien qu'au comté de Melgueil. Sous le nom et les traits de la belle Maguelone, par suite, il faudrait voir sa femme la comtesse Adalmude ou Adelmonde (Gariel, ibid., p. 129). Cette pensée n'est pas déraisonnable, et M. Jules Renouvier s'y est en partie associé en disant, à la page 27 de son *Mémoire archéologique sur Maguelone*, que Bernard de Tréviers avait voulu célébrer dans son roman les donations que firent, en 1079, à l'Église de Maguelone le comte Pierre de Melgueil et sa femme Adalmude. Le roman du vieux chanoine, écrit au XII° siècle dans le dialecte communément appelé *provençal*, fut ensuite, au XIV°, selon une tradition généralement admise, retouché et arrangé par Pétrarque, pendant qu'il faisait son droit à Montpellier, et ce serait, de l'avis de Raynouard et de Fauriel, au célèbre poète italien que l'on devrait en attribuer la rédaction définitive. Aucun roman, du reste, n'a été plus populaire.

dans ces soins intérieurs. Il leur faut de lointains voyages, de longues expéditions : ils vont faire la croisade, soit au-delà des mers, soit au-delà des Pyrénées ; ils s'illustrent sur les champs de bataille de la Palestine, occupent des fiefs en Espagne, siègent aux cortès de Catalogne. Protecteurs des papes, ils sont, à leur tour, les protégés du Saint-Siége, ce qui ne les empêche pas de se qualifier *seigneurs par la grâce de Dieu*. Comme tels, ils font des règlements ayant force de lois, concluent des traités de commerce, pa-

Traduit dans toutes les langues de l'Europe, sans excepter la langue grecque, il figure encore aujourd'hui en France, quoique déplorablement mutilé, dans la *Bibliothèque bleue*. L'original en subsistait au XVe siècle, et il servit alors de type à la traduction actuellement répandue sous le titre de « Ystoire du »chevalier Pierre, fils du comte de Provence, et de la belle »Maguelone, fille du roi de Naples. » La plus ancienne édition de cette *Ystoire* aurait été, selon Raynouard, imprimée à Lyon, et elle porterait ainsi elle-même sa date : « Et fut mis en cestui »languaige l'an mil CCCCLVII. » Le roman dont il s'agit se vend sous cette forme à toutes les foires, et se lit dans toutes les chaumières. Une pareille popularité, indépendamment du mérite intrinsèque de l'ouvrage, suffirait à établir la réputation d'un pays. — Ce n'est pas néanmoins l'unique production littéraire qu'ait à revendiquer notre clergé. Un autre chanoine de Maguelone, Deudes de Prades, nous a laissé également vingt-deux petits poèmes et un traité complet sur les oiseaux chasseurs (*dels auzels cassadors*) en 3600 vers. Il vivait au commencement du XIIIe siècle.

tronent d'une manière unique l'enseignement du droit et de la médecine, accueillent et honorent les troubadours. Rien ne leur manque, ni les distinctions nobiliaires, ni les grandes alliances, ni les gloires scientifiques, ni les faveurs de l'Église. Ils obtiennent nombre de bulles, accomplissent maintes chevaleries, recueillent l'admiration des docteurs et des poëtes, épousent des princesses de Bourgogne et de Constantinople. Y a-t-il lieu de s'étonner, après cela, qu'on les ait fait descendre de Charlemagne, et qu'on ait généalogiquement rattaché à leur maison presque toutes les dynasties européennes?

Montpellier, sous les Guillems, n'a donc pas été sans jouir d'une certaine splendeur. L'éclat de sa vieille civilisation rejaillit sur leur race. Son importance, soit religieuse, soit scientifique, soit commerciale, remonte jusqu'à eux. Jusqu'à eux aussi remontent la diversité de ses juridictions, la liaison intime de ses destinées à celles de l'Aragon, ses impérissables sympathies pour l'Espagne. Dans les annales des Guillems pivotent comme les racines de notre histoire locale durant les XIIIe et XIVe siècles. Nos institutions communales elles-mêmes ont là leur berceau, et tirent de là souvent leur explication.

A tous ces titres, il était indispensable de faire précéder l'histoire de la Commune de Montpellier de cet aperçu sur l'histoire de la Seigneurie des Guillems. L'une devait servir de préface à l'autre. Sans épuiser les détails relatifs à nos premiers seigneurs [1], il convenait d'en formuler au moins l'ensemble, et de mettre en relief les principaux traits. Cette base essentielle une fois posée, nous comprendrons mieux ce qui va suivre.

[1] On trouvera ces détails au complet dans le 1er volume de l'*Histoire de Montpellier* de d'Aigrefeuille, et dans la *Notice sur les Guillems*, insérée par M. Pegat dans le Tom. Ier des *Mémoires de la Société archéologique de Montpellier*.

# HISTOIRE

DE LA

# COMMUNE DE MONTPELLIER.

## I.

CARACTÈRE ET IMPORTANCE DE LA COMMUNE DE MONTPELLIER.
SOURCES DE SON HISTOIRE.

La Commune dont nous allons étudier l'histoire a été sans contredit une des plus remarquables. Française par le sol et les instincts, espagnole par habitude et par raison, elle se révèle comme un des types les plus curieux du genre auquel elle appartient. Il en est très-peu dont l'importance ait égalé la sienne; il n'en est aucune dont le développement offre plus d'intérêt et d'originalité. C'est une vraie république sous un chef héréditaire, une république seigneuriale, en quelque sorte, où toutes les idées, toutes les passions, toutes les influences qui constituaient la vie du moyen-âge ont trouvé place. Derrière les remparts de cette Commune se sont passées de grandes choses ; dans sa modeste enceinte se sont agitées de graves questions. Là s'est librement gouvernée durant plus de deux siècles une société à part ; là s'est mu tout un petit monde, avec ses principes à lui, ses lois, ses coutumes spéciales, son organisation propre.

Quelque originalité, cependant, et quelque importance qu'ait eues au moyen-âge la Commune de Montpellier, son histoire est encore à faire. Les hommes même les plus doctes ne la connaissent généralement que par d'Aigrefeuille. L'ouvrage de d'Aigrefeuille [1] accuse assurément beaucoup de recherches. L'excellent chanoine a analysé consciencieusement les chartes, et mis scrupuleusement à contribution les anciennes archives. Mais il a écrit plutôt une chronique qu'une histoire proprement dite. Il n'a rien formulé, rien systématisé. En procédant année par année, et presque mois par mois, en ajoutant des faits à des faits, sans travailler à les dégager les uns des autres, sans se préoccuper de leur valeur intrinsèque ou relative, sans nul souci de la critique ni du style, il n'a construit qu'un disgracieux, quoique très-solide et très-utile échafaudage. Non-seulement son livre est loin d'être une œuvre d'art, mais, quelque labeur qu'il lui ait coûté et quelque respect qu'il mérite, il n'a même pas

[1] *Histoire de la ville de Montpellier*, 2 vol. in-fol., Montpellier 1737 et 1739.

toujours l'avantage, assez ordinaire aux livres de ce genre, d'épargner aux savants de fastidieuses investigations. Car les textes, pour la plupart, n'y sont point ou y sont mal cités, et les renvois aux documents originaux s'y trouvent indiqués d'une manière inexacte, quand ils ne sont pas complètement omis; de sorte que toute vérification, outre qu'elle n'est possible que sur les lieux mêmes, est toujours difficile. Ménard, lui non plus, n'a pas écrit, à proprement parler, l'histoire de Nimes; son récit, quoique bien supérieur à celui de d'Aigrefeuille, n'est guère plus philosophique. Mais il a donné sous le titre de *Preuves*, à la fin de chaque volume, les matériaux d'une véritable histoire de Nimes, à l'aide desquels on peut, n'importe où, rédiger cette histoire. L'honnête Ménard ne s'est pas contenté de lire les chartes pour son usage personnel; il les a éditées avec la science d'un Bénédictin. Si d'Aigrefeuille avait pris le même soin, notre travail eût été considérablement simplifié.

Nous ne regardons pas comme perdu, néanmoins, le temps que nous avons employé à reconnaître les pièces de l'échafaudage du négligent chanoine. Il y a un immense profit à manier l'un après l'autre tous les parchemins d'une Commune. La vue de ces parchemins, à elle seule, instruit beaucoup; on y puise des leçons infiniment préférables à celles que donnerait un livre. Nous serions presque tenté, sous ce rapport, de remercier d'Aigrefeuille. En nous obligeant à refaire son travail et à chercher nous-même les textes qui avaient servi de base à sa chronique, il nous a mis sur la voie pour en découvrir de nouveaux, et il nous a fourni, par suite, l'occasion de contempler de nos yeux bien des richesses dont jusque-là nous soupçonnions tout au plus l'existence. Le grand Chartrier de nos Archives municipales surtout est un trésor tout-à-fait rare. On pourrait y souhaiter un classement plus méthodique. Celui que nous a légué le moyen-âge, et auquel répond l'inventaire dressé en 1662 par le docteur Pierre Louvet, est aujourd'hui insuffisant. Il est même irrationnel ; car il n'est disposé ni par ordre de matières ni par ordre de dates, et il serait vivement à desirer que l'Administration locale voulût bien s'occuper d'une refonte en ce sens. Même avec leur défectueux classement toutefois, les Archives municipales de Montpellier offrent d'incalculables ressources pour l'histoire de notre ancienne Commune. Que d'importantes copies sont consignées dans leurs vieux registres! Que de précieux originaux gisent dans leurs cassettes vermoulues! Là reposent les bulles des papes, les ordonnances des rois, les concessions seigneuriales, les actes de toute sorte concernant la Commune durant plus de trois cents ans, et entre autres la charte authentique de nos *Coutumes*, octroyée ou plutôt acceptée, le 15 août 1204, par le roi Pierre d'Aragon.

Cet exemplaire original de la charte du 15 août 1204 n'est pas, du reste, le seul texte que nous en ayons.

Outre cette rédaction officielle, écrite dans l'idiome des lois d'alors sur deux rouleaux de parchemin, le *Petit Thalamus* en renferme une traduction romane non moins célèbre et plus répandue autrefois que l'original lui-même. Notre Société archéologique, dans l'édition qu'elle a donnée, en 1840, du *Petit Thalamus*, a réuni les deux textes, et en cela elle a agi sagement; car, si le premier texte a le mérite d'avoir fait autorité dans nos tribunaux, l'autre a celui d'avoir été populaire. Ce mérite, il le partage avec l'ensemble du registre auquel il appartient. Le *Petit Thalamus*, par la spécialité de son contenu, est le plus populaire de nos anciens registres municipaux. Établissements, serments, chronique, calendrier, aussi bien que la charte du 15 août 1204 avec ses annexes, tout en lui porte le cachet d'une complète publicité. Il existe, sous ce rapport, une différence notable entre le *Grand* et le *Petit Thalamus*. Le *Grand Thalamus*, eu égard à la nature des documents couchés sur ses feuilles, priviléges municipaux, concessions apostoliques et royales, règlements de haute administration, rédigés presque toujours dans la langue savante de l'Église et de la diplomatie, devait être d'un usage moins vulgaire dans notre ancienne Commune que le *Petit Thalamus*, où on lisait dans un idiome accessible à tous la *coutume* quotidiennement suivie, les statuts consulaires en vigueur, la formule des serments exigibles, non-seulement des magistrats à leur entrée en exercice, mais jusqu'à des simples chefs et artisans des corporations industrielles. Le *Grand Thalamus*, à ce titre, se consultait comme un répertoire, le *Petit Thalamus* comme un manuel. Également précieux l'un et l'autre aujourd'hui pour l'histoire de notre Commune, ils n'avaient pas autrefois parmi nous une égale popularité.

Cette popularité s'attachait moins encore au *Livre Noir*, magnifique in-folio du XIIIe siècle, ainsi désigné à cause de sa couverture noirâtre : bien que ce recueil fût capital, surtout par sa première partie, pour les franchises de nos bourgeois, son parfait état de conservation semblerait indiquer un assez rare maniement.

Les deux *Thalamus* et le *Livre Noir* sont les trois principaux registres auxquels doit recourir quiconque veut étudier dans ses sources l'histoire de la Commune de Montpellier ; ils renferment, concurremment avec les cent trente-cinq cassettes et les trente-six tiroirs du grand chartrier, les matériaux indispensables de cette histoire. Il faut y joindre certaines parties du *Mémorial des Nobles*, pour ce qui regarde les origines de la Commune sous les Guillems, le manuscrit de l'ancien *Cérémonial consulaire*, celui du *Thalamus des ouvriers de la Commune-clôture*, et quelques actes disséminés dans l'armoire *dorée*. Ce n'est qu'après avoir déchiffré tout cela, qu'après s'être nourri de la substance de ces vieux documents, et avoir respiré, par surcroît, leur poussière, qu'on peut reconstruire scientifiquement l'édifice de l'ancienne Commune de Montpellier. Quelque pénible que soit ce travail de reconstruction, nous n'avons pas craint de l'entreprendre, et nous allons en soumettre au lecteur le résultat. Nous le lui soumettrons avec toute la conscience qui a présidé à nos recherches, heureux de pouvoir payer ainsi notre tribut de gratitude à une ville que nous aimons comme une seconde patrie. La richesse presque unique des Archives municipales de Montpellier ne nous a pas empêché, du reste, de fouiller partout ailleurs. Les manuscrits, soit de la Bibliothèque Nationale, soit des Archives Nationales de Paris, et ceux des Archives départementales de l'Hérault, nous ont fourni divers documents. Le *Cartulaire* 22 de la Bibliothèque Nationale, par exemple, qui n'est, malgré son titre, qu'un des anciens Thalamus montpelliérains transporté là, on ne sait ni quand ni comment, nous a procuré plusieurs pièces du plus haut intérêt. Aucun registre ne le lui dispute en importance pour les vieux règlements de nos corporations industrielles, et sa chronique est infiniment plus complète que ne l'est celle des autres recueils du même genre. Il est regrettable que les éditeurs du *Petit Thalamus* n'aient pas eu connaissance de ce précieux manuscrit, dont Raynouard a fait un si grand usage pour son *Lexique*. Ils y auraient trouvé des matériaux jusqu'ici peu connus, auxquels ils n'eussent pas manqué d'assigner une place, ne fût-ce que sous forme d'appendice. Nous ne saurions trop recommander ce cartulaire à l'attention de quiconque voudrait publier une seconde édition du *Petit Thalamus*. Nous conseillerions aussi, en pareil cas, de tenir un peu plus compte que ne l'ont fait les auteurs de la première, du manuscrit sur deux colonnes, en caractères minuscules, provenant du fonds Joubert, et coté à la même Bibliothèque *Supplément français 42*, quoique ne renfermant en réalité pas un mot de français. Il y a là, sinon des documents nouveaux, du moins des textes romans en plus grand nombre que n'en offrent les deux manuscrits du *Petit Thalamus* conservés, soit dans nos Archives municipales, soit à la Bibliothèque de notre Faculté de médecine.

Pour ce qui est des Archives départementales de l'Hérault, une des mines les plus fécondes qui se présentaient à notre exploration, nous y avons analysé avec fruit la *Collection inédite* de D. Pacotte, le recueil des *Lettres patentes de la Sénéchaussée de Nimes*, et les six volumes du *Cartulaire de Maguelone*. Ce dernier nous a principalement servi pour la partie religieuse de notre travail. Cette partie devra également quelques textes à l'ancien *Bullaire de Maguelone*, au registre des *Lettres royaux concernant l'Évêché de Maguelone*, et au *Livre des priviléges du Chapitre de Maguelone*. Pour la partie scientifique proprement dite, afférente à l'histoire de nos anciennes écoles, nous avons consulté utilement le *Livre des priviléges de l'Université de médecine de Montpellier*, déposé depuis une soixantaine d'années aux Archives de l'Hérault, et le *Livre des Recteurs*, relatif à notre Université de droit, que M. le conseiller de Massilian a bien voulu, avec son obligeance habituelle, mettre à notre disposition [1].

Telles sont les principales sources manuscrites de l'*Histoire de la Commune de Montpellier*. Quant aux sources imprimées, elles sont beaucoup plus restreintes. On ne peut guère citer en ce genre, après l'ouvrage de d'Aigrefeuille, que les Publications de notre Société archéologique. Car l'*Histoire générale de Languedoc* des Bénédictins consacre à peine çà et là quelques pages à la Commune objet de nos études, et encore s'y préoccupe-t-elle infiniment plus des seigneurs que de la Commune elle-même. Il en est à peu près ainsi, sous d'autres rapports, de Gariel et d'Astruc, dans leurs recherches respectives sur les évêques de Maguelone et sur la Faculté de médecine de Montpellier. La Société archéologique de Montpellier, la première, a compris

[1] Nous saisirons cette occasion pour remercier toutes les personnes qui, préposées à la garde des dépôts publics, ont bien voulu nous en faciliter l'accès et en mettre à notre portée les trésors. De ce nombre sont : — à Paris, le savant directeur de la Bibliothèque Nationale M. Naudet et l'excellent M. Claude, toujours si complaisant pour en communiquer les manuscrits, notre ancien maître M. Michelet, chef de la Section historique aux Archives Nationales, et MM. Dessalles et de Stadler des mêmes archives ; — à Montpellier, MM. Thomas et Desmazes, archivistes de la Préfecture et de la Mairie, et MM. les bibliothécaires Blanc et Kühnholtz. Qu'ils agréent les uns et les autres l'expression de notre vive reconnaissance.

l'importance de la Commune dont nous nous occupons. Nous lui sommes redevables d'une édition *princeps* du *Petit Thalamus*, accompagnée d'une bonne *Introduction*. Nous lui devons aussi d'intéressants *Mémoires*, dont nous avons déjà mentionné les uns, et dont nous citerons les autres à mesure que l'occasion s'en présentera.

Nous bornerons là ces indications bibliographiques, sauf à les compléter chemin faisant. Nous avons cru devoir les donner tout d'abord, afin que, si fantaisie vient à quelqu'un de se livrer à des recherches sérieuses sur le sujet que nous traitons, il puisse immédiatement se mettre à l'œuvre et profiter sans hésitation de notre expérience personnelle. Il n'est pas toujours facile de s'orienter dans l'étude d'une question historique avec des documents vulgaires. A plus forte raison n'est-ce point aisé quand il faut recourir à des textes enfouis dans de poudreuses archives. Connaissant à l'avance les sources de l'histoire soumise au contrôle de sa critique, le lecteur appréciera mieux nos efforts, et nous suivra avec d'autant plus d'attention dans les développements d'un sujet nouveau pour lui. Nous pouvons dès-lors entrer en matière, et retracer les origines de la Commune dont cet ouvrage a pour but d'explorer les divers aspects.

## II.

**ORIGINES DE LA COMMUNE DE MONTPELLIER. SES PREMIERS DÉVELOPPEMENTS SOUS LES GUILLEMS.**

L'origine de la Commune de Montpellier remonte au XII<sup>e</sup> siècle. Alors régnait partout, comme on sait, une prodigieuse passion pour les libertés bourgeoises ; partout les habitants des villes s'exerçaient à les conquérir. Cette conquête s'effectuait diversement selon les localités, les humeurs, les circonstances : mais elle ne s'en accomplissait pas moins par toute l'Europe occidentale. Les gens de Montpellier s'associèrent à cet élan universel : en 1141, à la suite d'évènements mal connus, ils se soulevèrent contre leur seigneur Guillem VI. C'était un homme, pourtant, d'une exquise bravoure et d'une rare vertu. Il avait fait la croisade de Jérusalem, et en avait rapporté de précieuses reliques ; il avait aussi guerroyé contre les Infidèles en Espagne, où il pouvait revendiquer une part glorieuse à la prise de Saragosse ; plus tard, il devait s'enrôler, sous la bannière de S. Bernard, dans la chaste milice de Citeaux [1]. Guillem VI n'était donc ni un homme méchant, ni un homme méprisable; mais c'était un féodal, et il n'en fallait pas davantage pour mettre en goût de révolte une population avide de liberté. Or, un jour de l'année 1141, le peuple de Montpellier se souleva, violent et impétueux comme les flots de la mer ; il s'insurgea plein de rancune et d'audace. Vainement Guillem VI aurait entrepris de l'apaiser : qu'aurait-il fait seul contre tous? Il se retira au château de Lattes, et pendant deux ans ne reparut point dans sa ville seigneuriale [2].

Pendant deux ans! Quel parti ne durent pas tirer de cette absence les habitants de Montpellier! Ce fut alors vraisemblablement qu'ils s'organisèrent en commune. Nous manquons de détails sur ce fait : mais les résultats parlent trop haut pour qu'on puisse le contester. Quand, après une absence de deux ans, Guillem VI voulut reprendre possession de Montpellier, il lui fallut employer, avec les armes spirituelles de l'Église, le double secours du comte de Barcelone et de la république de Gênes [3]. Il lui fallut se livrer à toutes les opérations d'un siége régulièrement conduit, et, une fois rentré dans sa ville reconquise, y bâtir une grosse tour, sorte de cita-

---

[1] Voy. Introduction, p. xxvi sq.

[2] « En l'an de M e C e XLI, giteron lós homes de Montpellier »En Guillem de Montpellier de la vila, et anet sen a Latas, e »duret la batalla II ans. » *Petit Thalamus*, p, 329.

[3] *Pet. Thal.*, ibid., et *Mémorial des Nobles*, fol. 11 v°.

delle où il pût se réfugier désormais en cas d'émeute [1]. Malgré les héroïques qualités de Guillem VI, la population ne l'accepta de nouveau pour seigneur qu'au prix de certaines concessions : elle l'accepta, terrifiée par les foudres de Rome, et harcelée par une flotte et une armée victorieuses; elle l'accepta afin de s'abréger les horreurs d'une famine [2].

Guillem VI rentra dans Montpellier, grâce à ces puissants auxiliaires, et il s'y abrita derrière les murs d'une forteresse. Mais notre ville n'en était pas moins initiée à la vie communale. Dans diverses bulles d'Innocent II il est expressément question de *consuls* dirigeant et encourageant nos bourgeois [3], ce qui ne saurait laisser le moindre doute sur le caractère du mouvement de 1141.

[1] « Els coms de Barsalona basti la torre de Montpellier. » *Pet. Thal.* ibid.

[2] « Et adoncs valian X favas 1 den. » *Pet. Thal.* ibid.

[3] « In illos qui *consules* appellantur », écrit en cette occasion Innocent II à Guillem VI, « et eos qui hujus malitie capita sunt, »eorumque fautores, excommunicationis sententiam promul-»gavimus. *Consulatum* vero de quo presumunt, et judiciariam »potestatem, absque tua tuorumque successorum voluntate, in »ipsa villa non eos habere permittimus, sed omnino interdici-»mus. » Innocent. pap. II epist., ap. *Mém. des Nobles*, fol. 11 v°. — Le même pape écrit à peu près dans les mêmes termes à l'archevêque de Narbone : « In illos qui ipsius loci *consules* »appellantur, et alios omnes qui tante malitie capita esse nos-»cuntur, excommunicationis sententiam promulgavimus..... » Ibid., fol. 12; Cf. Gariel, *Ser. Præs.*, I, 181.

Il paraîtrait, du reste, que les vicaires de Montpellier ne furent pas étrangers à ce mouvement. Le pape Célestin II, successeur immédiat d'Innocent II, désigne parmi les instigateurs de la sédition « certains traîtres », du nom d'*Aimoin*, qui avaient cherché asile dans le voisinage, d'où ils essayaient de rallumer la guerre [1], et qui semblent avoir appartenu à la branche cadette de la maison des Guillems [2]. Aucun autre document n'explique cette particularité. Mais il ne serait pas impossible que nos vicaires eussent vu dans le soulèvement de 1141 une occasion de supplanter leurs aînés

[1] « Dilectus filius noster Guillelmus Montispessulani, sicut »vos ignorare non credimus », écrit-il à l'archevêque de Narbone et à ses suffragants, « villam suam per Dei gratiam re-»cuperavit, et maxima pars hominum ejusdem ville ad ipsius »fidelitatem rediit. Nunc autem, sicut accepimus, quidam pro-»ditores ipsius, Aimuini videlicet, cum quibusdam complicibus »suis in vestris episcopatibus commorantes, pacem perturbare »et guerram ei facere machinantur. Quia igitur proditores et »pacis violatores ecclesiastica sunt coercendi justitia, per pre-»sentia vobis scripta mandamus ut parochianos vestros ne ipsos »contra eumdem dominum suum retinere presumant districtius »moneatis. » Cœlest. pap. II epist., ap. *Mém. des Nobles*.

[2] Le nom d'*Aimoin* était très-commun dans la branche des vicaires de Montpellier. Un Guillem Aimoin prend possession du vicariat en 1119, lors du départ de son père Bernard Guillem pour Jérusalem, et est ensuite confirmé dans cette possession, en 1139, par Guillem VI, ainsi que ses frères Gaucelm de Claret et Raymond Aimoin. Ce Guillem Aimoin, à son tour, a pour fils un autre Raymond Aimoin. Voy. *Mém. des Nobles*, fol. 57, 58, 59 et 61.

et d'arriver à la seigneurie. La liberté a trop souvent servi de masque à des ambitions de ce genre. Que de manœuvres plus criminelles encore ne couvre-t-elle pas de nos jours !

Quoi qu'il en soit de cette connivence des vicaires, et à quelque classe qu'aient appartenu les meneurs du soulèvement de 1141, la Commune de Montpellier remonte évidemment jusque-là [1]. Il y aurait donc erreur à ne faire dater notre régime communal que de 1204, époque de l'avènement de la dynastie seigneuriale des rois d'Aragon et de la rédaction définitive de nos *coutumes*. La Commune de Montpellier est de beaucoup antérieure à ce double fait. Guillem VI, dès 1143, est obligé de compter avec elle. En supprimant le consulat, dont le titre républicain lui porte ombrage, il ne peut s'empêcher de reconnaître une magistrature municipale équivalente. Que représentent, en effet, les *nobiles viri*, les *probi et legales viri*, les *consiliarii communitatis* de nos vieux actes, sinon, avec une qualification

[1] Elle remonterait plus haut, si l'on prenait à la lettre le titre de *burgensis* donné par Guillem V, en 1113, à un certain Faidit, de ses fidèles, dans une charte transcrite au fol. 65 v° du *Mémorial des Nobles*, ou si l'on voulait découvrir les ancêtres de nos consuls dans les *nobiles viri Montispessulani* dont il est parlé, en 1121, dans le testament de ce seigneur. Mais qui oserait affirmer qu'il en doive être ainsi ? Alors même que la Commune de Montpellier aurait pris naissance avant 1141, il n'en demeurerait pas moins établi que le soulèvement populaire de cette année-là est le premier fait connu de son histoire.

différente, les successeurs des consuls de 1141? La charte communale de Montpellier, il est vrai, n'est pas encore écrite. Mais, écrite ou non, elle existe dès-lors en puissance; le principe sur lequel elle doit reposer ne trouve déjà plus de contradicteurs. La Commune, issue du mouvement populaire de 1141, fait tranquillement son chemin; elle perce çà et là dans l'histoire sous l'enveloppe seigneuriale. En 1180, par exemple, une querelle éclate entre Guillem VIII et quelques-uns de ses *bourgeois* [1], Raymond Lambert, Guillem Adalguier, Guillem Olric et Géraud Atbrand. Un seigneur, aux beaux jours de l'omnipotence féodale, eût tranché d'un mot la question la plus épineuse. Guillem VIII, moins absolu, et astreint par le progrès des idées à certains ménagements, permet aux évêques de Maguelone et de Lodève de s'interposer comme arbitres, en compagnie de huit autres personnes, entre lui et ses adversaires. Il se borne, malgré sa fierté, à exposer ses griefs *contre lesdits bourgeois* [2]. Il ne vide pas lui-même le différend; il ne juge pas, ne décide pas en dernier ressort. Ce sont les arbitres qui résolvent la difficulté par la bouche des deux évêques. Ils la résolvent en faveur de Guillem VIII, si l'on veut. Mais toutes les formes judiciaires sont observées; les droits de chacune des parties sont si bien sauvegardés, que les bourgeois, condamnés

[1] « Habuit controversiam cum suis burgensibus. » *Mém. des Nobles*, fol. 72 v°.

[2] « Adversus memoratos burgenses. » Ibid.

par la sentence arbitrale, peuvent donner eux-mêmes leur approbation à cette sentence [1]. Ce n'est pas là, certes, la manière de procéder d'un pouvoir absolu. Ajoutons que tout ceci se passe « sous le portique du »château seigneurial, et *en présence d'une grande multi-* »*tude de peuple* [2]. »

Nos bourgeois sont donc déjà puissants et respectés en 1180 ; ils agissent d'égal à égal avec Guillem VIII. Un peu plus tard, en 1185, la Commune de Montpellier figure dans un traité de commerce conclu entre Guillem VIII et la ville d'Agde [3] ; elle figure aussi, en 1187, dans le privilége octroyé à nos marchands pour la principauté de Tyr par Conrad de Montferrat [4] ; il est mention d'elle ensuite, en 1196, dans une déclaration du même Guillem VIII relative à la commune-clôture ; sans compter qu'à diverses reprises le fier seigneur ne peut se dispenser de recourir à l'avis de ses *prud'hommes*

---

[1] « Nos sponte », ainsi s'expriment les bourgeois intéressés, « hoc arbitrium, sicut prescriptum est, suscipimus, et ipsum »approbamus, et ratum firmumque habemus in perpetuum. » Ibid.

[2] « In porticu, juxta cameram castelli, et in presentia »magne multitudinis populi Montispessulani. » Ibid.

[3] Voy. *Mém. des Nobles*, fol. 155.

[4] « Dono et concedo in perpetuum.... *pro communi burgen-* » *sium Montispessulani*,....... » y dit expressément Conrad de Montferrat. Voy. *Histoire des actes et délibérations du corps et du conseil de la municipalité de Marseille*, par MM. Méry et Guindon, Tom. I<sup>er</sup>, p. 190.

et de les appeler dans son conseil ¹. Si elle n'a pas encore le degré d'importance qu'elle acquerra bientôt, elle a, du moins, pour elle le fruit de ses labeurs et la certitude de sa force; son existence est à la fois un fait et un droit.

Ce fait et ce droit, la Commune de Montpellier ne les tenait pas du hasard, comme on pourrait le croire. Le vent, nous l'avons dit, était alors partout à la liberté et aux réformes politiques. Notre Commune, en se formant révolutionnairement, imitait les grandes communes du Nord, et dans le Midi même elle ne manquait pas d'excitations. Les habitants de Nîmes, par exemple, avaient obtenu, en 1124, de leur seigneur le vicomte Bernard Atton IV une renonciation expresse à toutes *quêstes* et *toltes*. Ils avaient payé cette renonciation, il est vrai, quatre mille sous melgoriens ² ; mais un accord authentique en assurait la perpétuité ³. Lorsqu'ensuite le vicomte Bernard Atton V avait voulu, après la mort de son père, selon le vœu formellement exprimé dans le testament de celui-ci, se mettre en possession de ses domaines, il lui avait fallu faire le siége du Château des Arènes. Cela s'était passé en 1130. Et alors

---

¹ Voy. *Pet. Thal.*, p. 127 et 137. — Voy. aussi la charte du 8 avril 1204, que nous publions, d'après le *Mémorial des Nobles*, dans la Note II de l'*Appendice* de ce volume, relative à l'ancienneté de la coutume de Montpellier.

² Environ 4,000 francs d'aujourd'hui.

³ Voy. Ménard, *Hist. de Nîmes*, I, Pr. 31.

même que Bernard Atton V fut parvenu à conquérir son héritage, il ne put s'y maintenir, comme le prouvent diverses chartes, qu'à force de concessions, parmi lesquelles dut être l'établissement d'un consulat, puisque ce consulat figure dans un acte de 1144 [1]. Arles et Béziers eurent également des consuls à partir de 1131. On en trouve aussi à Avignon en 1146, et à Narbone en 1148.

Notre révolte contre Guillem VI, en 1141, n'est donc pas un fait isolé, un simple accident. Elle se rattache à un vaste ensemble, à un grand mouvement populaire, qui, vers le milieu du XII° siècle, avait lieu partout contre le pouvoir seigneurial, et témoignait partout du réveil de la liberté. Montpellier, sous ce rapport, ne commença pas ; Montpellier se mit à l'unisson.

Nos pères, en 1141, n'allèrent sans doute pas aussi loin que les habitants de Béziers en 1167 : ils ne souillèrent pas, comme eux, leur victoire en immolant leur seigneur [2]. Mais cette victoire, pour n'avoir pas été sanglante, n'en est pas moins incontestable. Guillem VI

---

[1] Voy. Ménard, ibid.

[2] Le vicomte de Béziers Raymond-Trencavel Ier périt, en 1167, comme on sait, sous le poignard des bourgeois de sa ville seigneuriale, en plein jour et dans une église, pendant une solennité religieuse. C'étaient de rudes hommes que ces bourgeois du Midi. Il y avait long-temps qu'ils osaient se poser en face de l'aristocratie féodale. Cette aristocratie, il est vrai, n'avait jamais eu chez nous, comme elle n'a jamais eu, du reste, dans les pays de droit écrit, des racines bien profondes.

est obligé, dès la première explosion de la colère du peuple, de courir s'enfermer dans son château de Lattes, et durant deux ans il ne reparaît pas dans sa ville seigneuriale. Quand ensuite il y revient, au bout de cet intervalle, ce n'est qu'avec le secours d'une armée catalane, appuyée de la marine de Gênes et des foudres de Rome. Il faut même, indépendamment de tous ces moyens, une intervention directe du Ciel pour l'aider à triompher de la tempête populaire. On aperçut au firmament, dit une légende, un peu avant le jour, et au-dessus du sanctuaire vénéré de Notre-Dame des Tables, douze étoiles en forme de couronne, d'où semblaient jaillir des flammes et dégoutter du sang. A cette soudaine apparition, la grande cloche sonna, on cria de tout côté au miracle ; on crut voir dans ce phénomène inattendu une menace des douze Apôtres ou un signe de la Vierge-Mère irritée contre sa ville en révolte, et on prit immédiatement la résolution de prévenir, en faisant la paix, un châtiment divin [1].

En 1143 donc, après deux ans de réflexion, les têtes de nos bourgeois étaient encore bien montées, bien exaltées, puisqu'il était besoin à la fois d'un siége régulier, des anathèmes pontificaux, d'une famine et d'un miracle pour ramener un peu de calme au sein de l'héritière de la tranquille Maguelone. Et encore, l'avons-nous dit, ce peu de calme fut-il assez chèrement

---

[1] Gariel, *Idée de la ville de Montpellier*, Antiquités, p. 103.

acheté par les concessions de Guillem VI. Le pieux seigneur, l'illustre croisé dut promettre, en ressaisissant son fief, de respecter les droits et les conquêtes de la Commune, sans quoi la forteresse qu'il éleva eût été impuissante, selon toute apparence, à l'abriter contre de nouvelles fureurs. Nous verrons bientôt cette même forteresse disparaître à la suite d'un autre mouvement populaire.

Nous voulons parler de la Révolution montpelliéraine de 1204. Mais avant de nous en occuper, il est indispensable que le lecteur sache au milieu de quelles circonstances elle s'est produite.

## III.

AVÈNEMENT DES ROIS D'ARAGON A LA SEIGNEURIE DE MONT-
PELLIER. — ASPECT ÉMINEMMENT RÉPUBLICAIN DE LA
COMMUNE.

Bien que la Commune de Montpellier ait pris naissance au XII$^e$ siècle, et que son histoire remonte d'une manière certaine jusqu'à l'année 1141, c'est seulement à dater du XIII$^e$ siècle, néanmoins, qu'on peut en suivre le développement sans interruption. Il se passe alors pour elle un fait des plus graves. L'influence espagnole, si puissante déjà sous la dynastie des Guillems, s'installe triomphante dans le château seigneurial avec les rois d'Aragon, et les habitants de la cité, en échange de l'appui qu'ils accordent au nouveau pouvoir, lui imposent une charte écrite, où se lisent les garanties les plus explicites de leurs droits. La Commune de Montpellier, à partir de ce jour-là, fonctionne régulièrement; elle a ses annales à elle, ses magistrats librement élus, ses registres consulaires, son sceau, son trésor, son beffroi; elle est pourvue de toutes ses armes, et prête à entrer en lutte contre quiconque l'attaquera.

Examinons successivement les deux faces de ce double fait; voyons comment s'est accomplie, d'une part, la substitution des rois d'Aragon aux Guillems dans la Seigneurie de Montpellier, et au milieu de quelles circonstances, d'autre part, fut rédigée la charte que nous venons de mentionner.

Le point de départ de cet examen nous est fourni par le testament de Guillem VIII.

Lorsque Guillem VIII mourut, en 1202 ou 1203, ce fut, nous l'avons dit [1], après avoir déshérité, en faveur des fils d'Agnès de Castille, la fille d'Eudoxie Comnène [2], et désigné pour lui succéder dans la Seigneurie de Montpellier l'aîné de ces fils, qu'on est convenu d'appeler Guillem IX. Guillem IX n'étant pas encore majeur, son père le plaça sous la tutelle d'une commission de quinze bourgeois, espèce de conseil de régence pris parmi les habitants de sa ville seigneuriale, et dont l'autorité devait subsister tant que le jeune seigneur n'aurait pas atteint l'âge de vingt-cinq ans. Les membres de ce conseil furent investis de la haute admi-

[1] Voy. Introduction, p. LVIII sq.

[2] La fille d'Eudoxie *l'impératrice*, comme Marie se qualifie elle-même dans une charte de 1207. Ce petit orgueil généalogique fait penser au surnom de *filz l'emperesse* que prenait au XII° siècle un prince normand.

nistration de la Seigneurie [1] : l'évêque d'Agde, ainsi que l'évêque et le prévôt de Maguelone, à qui Guillem VIII confia par son testament la garde et la défense de sa famille et de ses domaines, eurent même à les consulter dans toutes les affaires, sous peine de voir leur privilége méconnu. Les quinze bourgeois directeurs reçurent plein pouvoir de nommer et de changer le bayle à volonté ; il leur fut enjoint d'examiner chaque mois ses comptes ; ils durent se compléter par eux-mêmes, en cas de décès de l'un d'entre eux ; ils possédèrent, en un mot, toutes les attributions de la souveraineté [2].

---

[1] Le *Mémorial des Nobles*, fol. 49 v°, les énumère dans l'ordre suivant : Bernard Lambert et Raymond Lambert, son fils, Pierre de Conques et son fils Guillaume, Raymond Atbrand, Raymond Lambert son neveu, maître Gui, Guillaume de Sauzet, Jacques Lombard, Hugues Polverelle, Guillaume de Pierre, Pierre de la Porte, Bérenger de Conques, Pierre Lucien et Guillaume de Mèze.

[2] Guillem VIII, après avoir chargé son héritier de payer ses dettes, « consilio dictorum quindecim virorum », ajoute dans son testament du 4 novembre 1202 : « Filios meos, et uxorem »meam, et totam terram meam, et potestativum, et bailiam, »et administrationem omnium rerum ad me pertinentium, »et fructuum et obventionum, et districtionum et justitiarum, »et omnium aliarum rerum ad me pertinentium, committo, »dimitto et relinquo predictis quindecim probis viris, homi- »nibus meis, donec filius meus Guillelmus perveniat ad vige- »simum quintum annum etatis sue,...... ipsosque quindecim »probos homines, cum infantibus meis, et uxore, et tota terra »mea, et omnes alios homines meos dimitto in protectione et

Moyennant cette large part faite aux représentants de la Commune dans l'administration, Guillem IX put entrer en jouissance de l'héritage paternel, à l'exclusion de sa sœur Marie.

Cette fille d'Eudoxie, quoique l'aînée de toute la famille, n'était appelée à la succession seigneuriale qu'après les six fils d'Agnès. Son tour, par conséquent, risquait fort de ne jamais venir. Guillem VIII, il est vrai, lui avait maintenu la priorité sur les deux filles

»custodia et defensione domini Raimundi, fratris mei, Agathen-
»sis episcopi, et domini Guillelmi, Magalonensis episcopi, et
»Guidonis, Magalonensis prepositi, ita quod isti tres jam dicti
»nullam habeant administrationem, nec ullum principium in ad-
»ministratione, sed quando opus fuerit, et ipsi supradicti quin-
»decim cognoverint expedire, veniant in adjutorium dictorum
»quindecim virorum ad negotia explicanda et expedienda ville
»Montispessulani, sed consilium dictorum trium nullo loco vel
»tempore aliquam habeat necessitatem....... Et constituo ut
»predicti quindecim viri unum, et neminem alium, de probis
»hominibus Montispessulani constituant bajulum, et mutent,
»prout eis visum fuerit expedire filio meo et utilitati Montis-
»pessulani..... Quicquid autem filius meus Guillelmus vel ei
»substituti infra vigesimum quintum annum etatis sue consilio
»et assensu dictorum quindecim virorum fecerint, ratum et
»firmum semper habeatur, ac si esset viginti quinque anno-
»rum...... Si aliquis de supradictis quindecim viris ab hac
»luce migraverit, in locum mortui liceat superstitibus alium
»substituere. Specialiter autem injungo filio meo domino Mon-
»tispessulani ut paterna affectione probos homines Montispessu-
»lani predictos et omnes alios in omnibus et per omnia diligat,
»et istis quindecim credat, et omnia negotia sua consilio eorum

d'Agnès, par un reste de justice et de pudeur auquel il n'eût peut-être point renoncé sans péril. Mais elle n'en devait pas moins, tant que vivraient ses frères du second lit, ou tant qu'ils seraient en état de recueillir, à tour de rôle, la succession paternelle, se contenter de deux cents marcs d'argent, de ses parures et de son mobilier. Encore ce modeste avoir n'amoindrissait-il en rien la part légitime de ses frères. Marie avait reçu davantage de la générosité d'un époux, et se l'était

»tractet et peragat..... Et volo quod bajulus Montispessulani »redditus meos accipiat, et singulis mensibus computum reddat »quindecim viris, et ipse bajulus cum aliis predictis viris bis in »anno computum reddat de omnibus redditibus meis domino »episcopo Agathensi, fratri meo, et domino Magalonensi epi- »scopo et preposito..... » *Mém. des Nobles*, fol. 49 v° sq. — Toutes ces dispositions testamentaires ont une très-grande valeur. Guillem VIII y institue une sorte de conseil de régence, pris parmi les bourgeois de Montpellier, et y assigne une large place aux représentants de la Commune dans l'administration des affaires générales. Il y a là comme une transition à ce qui doit s'accomplir en 1204. Les quinze *probi homines*, de leur côté, assistent à la rédaction du testament seigneurial, et en certifient l'authenticité ; après quoi le fils d'Agnès de Castille, Guillem IX, se hâte d'en jurer l'observation sur les saints Évangiles, en présence de l'évêque de Maguelone Guillaume de Fleix et de nombreux témoins, dont l'énumération ne comprend guère moins de cent quatre-vingts noms, et parmi lesquels figurent des médecins, des pelletiers, des épiciers, en compagnie de nobles personnages et de gens d'Église. Tout cela, encore une fois, est de la plus haute importance pour l'histoire de nos institutions municipales.

laissé confisquer à leur profit. Car la tactique constante d'Agnès fut d'exploiter la fille d'Eudoxie, tout en l'éloignant de la cour des Guillems, où sa présence eût été comme un reproche vivant et perpétuel d'adultère. A peine eut-elle atteint sa douzième année, qu'on s'empressa de la marier, en 1194, au vicomte de Marseille Barral, en lui faisant signer une renonciation à ses droits sur la Seigneurie de Montpellier, droits incontestables, puisque, par une déviation formelle de la Loi Salique, en vigueur de temps immémorial dans cette Seigneurie [1], il avait été expressément stipulé, lors de l'union de Guillem VIII avec Eudoxie, que le premier enfant qui naîtrait de cette union, quel que fût son sexe, hériterait de Montpellier. Marie, à ce titre, pouvait régulièrement revendiquer la succession de Guillem VIII. Elle s'imposait donc, en y renonçant, un immense sacrifice. Mais ce sacrifice, quoi qu'il lui en coutât, elle ne craignit point de s'y soumettre pour le bien de la paix. Ce ne fut pas le seul, du reste, qu'on exigea d'elle. Le vicomte Barral étant mort peu de

---

[1] « In dominatione ville Montispessulani et castri de Latis et »omnium castrorum et villarum ad villam Montispessulani per- »tinentium, indubitata et inveterata consuetudo esse dinoscitur »quod nunquam dominium, dominatio, potestativum, juris- »dictio ad feminei sexus personas, superstitibus masculis, »transmittatur. » Second acte de renonciation, de décembre 1197, ap. *Mém. des Nobles*, fol. 82 v°. — Ces paroles sont d'autant plus graves qu'elles se trouvent dans la bouche de Marie elle-même, lors de son mariage avec Bernard de Comminges.

temps après son mariage, et ayant légué à sa jeune veuve une somme de cinq cents marcs d'argent, cette somme devint en partie la proie de la cupide Agnès. Si encore Marie en eût été quitte pour ces blessures! Mais on voulait évidemment l'immoler à la jalousie d'une ambitieuse marâtre. A quinze ans [1], on la contraignit d'accepter pour second époux, en lui arrachant une nouvelle renonciation à ses droits sur la Seigneurie de Montpellier, le comte de Comminges Bernard IV, un des féodaux les plus dépravés de son siècle [2]. Ce Bernard de Comminges, qui, à l'exemple du comte de Toulouse Raymond V, partageait les théories antisociales des Albigeois sur le mariage, n'était guère scrupuleux dans sa conduite. Il avait déjà divorcé avec deux femmes, et ces deux femmes vivaient encore quand Marie devint sa troisième épouse [3]. Elle ne devait pas être la dernière : le comte de Comminges s'en donna

[1] « Sciens et cognoscens me esse etatis quindecim annorum »et amplius. » Ibid.

[2] M. Buchon a écrit par erreur, dans une note annexée au 4ᵉ chapitre de son édition de la Chronique catalane de Bernard d'Esclot, que Marie de Montpellier épousa Bernard de Comminges en premières noces. Le comte de Comminges fut seulement son second mari, comme en fait foi le contrat de 1197 couché sur le *Mémorial des Nobles*, fol. 82, et où il est formellement parlé à plusieurs reprises de la première union de la fille d'Eudoxie Comnène avec Barral de Marseille.

[3] Voy. Çurita, *Anales de la corona de Aragon*, lib. II, cap. 62; Cf. *Hist. gén. de Lang.*, III, Pr. 185.

bientôt une quatrième. La pauvre Marie eut beau faire ; elle fut répudiée, quoique enceinte de son second enfant, et en dépit des efforts d'Innocent III pour la réconcilier avec un mari parjure [1]. Agnès espérait sans doute que la fille de sa rivale, ainsi abreuvée de chagrin, finirait par se réfugier dans un cloître, à l'imitation de sa mère. Mais Marie était douée d'une âme inaccessible à tout découragement et supérieure à toute infortune. Pleine de confiance en Dieu et dans la justice de sa cause, elle prit patience et attendit.

Elle n'attendit pas long-temps. Elle vit, il est vrai, le fils aîné d'Agnès de Castille, Guillem IX, conformément aux dispositions du testament de son père, prêter à l'évêque de Maguelone Guillaume d'Autigniac l'hommage féodal ordinaire aux seigneurs de Montpellier [2], et recevoir lui-même le serment d'obéissance des habitants. Mais une fois qu'Agnès eut épuisé ses trésors en largesses, on se lassa bien vite de sa race. Ce fut l'affaire d'un an ; et au bout de ce terme le principe de la légitimité, si puissant au moyen-âge, ressaisit chez nous son empire. Marie fut relevée de la double renonciation que lui avait arrachée son ambitieuse marâtre en la mariant au vicomte de Marseille et au comte de

[1] Ces efforts sont attestés par trois bulles d'Innocent III, qui sont transcrites tout au long au fol. 16 v° du *Mémorial des Nobles*.

[2] L'acte de cette prestation, inséré dans le *Cartulaire de Maguelone*, Reg. E, fol. 113, est daté du 1er août 1203.

Comminges, et on lui chercha un nouvel époux, capable d'appuyer ses titres et de faire respecter les droits de la Commune. Il ne fallut pas chercher beaucoup. Guillem VIII, en mourant, avait placé sa famille, ses domaines et ses sujets sous le patronage du roi d'Aragon. On regarda de ce côté, et au lieu de demander un époux au roi d'Aragon pour Marie, on le crut propre à devenir lui-même cet époux. Pierre II ayant perdu sa première femme [1], une alliance avec l'héritière des Guillems était de nature à lui sourire. Il avait au suprême degré les goûts aventureux et le caractère entreprenant des Aragonais. Aussi, dès qu'on lui eut parlé de la jeune princesse, accepta-t-il sa main de grand cœur, non qu'il en fût précisément amoureux, l'amour ne préside guère au mariage des rois, mais parce qu'il découvrit dans cette union une haute convenance politique [2]. C'était là, en effet, pour Pierre II une occasion unique d'accroître ses états : il réunissait, de cette manière, à ses domaines de Catalogne la ville de Tortose, et il acquérait, dans le ressort de la Seigneurie de Montpellier, nombre de terres et de châteaux, qui, eu égard à la proximité de son fief du

---

[1] « Este rey Don Pedro fuera primero casado con una muy »hermosa dama, sobrina de conde Fullalquer, de quie huviera »un hijo llamado Don Ramon Beringuel. » Beuter, *Chronica general de España*, 2ᵉ partie, chap. Iᵉʳ.

[2] Il épousa Marie, dit Mariana, « propter ejus principatus »opportunitatem. » Cf. Ramon Muntaner chron., chap. III.

Roussillon et au voisinage de la Provence, où régnait son frère Alphonse, lui offraient d'inappréciables avantages.

Merveilleuse fortune, vraiment, que celle de la maison de Barcelone ! Comme plus tard la maison d'Autriche, elle grandit, pour ainsi dire, par miracle, et ne dut qu'à la voie pacifique d'alliances habilement combinées ce que d'autres n'obtinrent pas toujours par le belliqueux labeur des conquêtes. Ce fut un mariage [1] qui valut au comte de Barcelone Raymond-Bérenger Ier, dit *le Vieux* ou *l'Ancien*, sur le revers français des Pyrénées, le Carcassès, le Razès, le Conserans, le Comminges et une partie du Toulousain. Ce fut un mariage qui valut à son petit-fils Raymond-Bérenger III le comté de Provence, c'est-à-dire la Provence maritime entre la Durance et la Méditerranée, avec le Gévaudan et une portion du Rouergue. Ce fut un mariage également qui donna à Pierre II la Seigneurie de Montpellier. La couronne d'Aragon elle-même se trouva dévolue à cette heureuse maison par un mariage [2]. Aussi la maison de Barcelone apparut-elle bientôt comme le centre des divers états du Midi. Ses princes, au commencement du XIIIe siècle, semblaient imposer leur

---

[1] Un mariage, fortifié de divers actes de vente et de donation, qu'on peut voir dans l'*Appendice* du *Marca Hispanica*, p. 1131, 1133, 1136, 1147, 1153, 1154 et 1159.

[2] Le mariage de Raymond-Bérenger IV avec la fille unique de Ramire le moine, Pétronille.

suprématie à tous nos seigneurs [1] ; ils jouaient parmi eux un rôle analogue, sous beaucoup de rapports, à celui des Capétiens dans la France septentrionale.

Non-seulement Pierre II accrut directement ses domaines et son importance en épousant l'héritière de la Seigneurie de Montpellier, mais, afin de se procurer des alliés de plus, il maria l'aînée des deux filles d'Agnès, qui portait le nom de sa mère, avec le vicomte de Béziers Raymond-Roger II, et fiança sa propre fille Sancia au fils du comte de Narbone. Il excellait, comme on le voit, dans la politique des alliances ; personne n'était plus fidèle aux traditions domestiques.

Ne semble-t-il pas, pourtant, que Pierre II, avant d'épouser l'héritière des Guillems, aurait dû préalablement faire annuler l'union naguère contractée par Marie avec Bernard de Comminges? Cette formalité était d'autant moins à négliger pour lui que le comte de Comminges vivait encore, et que Marie en avait eu deux filles. Mais le roi d'Aragon ne se donna pas cette peine. Le mariage de Marie avec Bernard de Comminges lui parut sans doute annulé par le fait seul de la répudiation. Peut-être aussi ne fut-il pas fâché de pouvoir se réserver à lui-même un moyen de rompre avec sa nouvelle épouse, le cas échéant. Marie, quoiqu'elle n'eût

---

[1] Maîtres du comté de Provence et de la Seu-d'Urgel, du Roussillon, de la Cerdagne et de Montpellier, ils étaient, de plus, suzerains du Béarn, du Bigorre, de l'Armagnac et du Carcassès.

encore que vingt-deux ans, était plus riche que belle. Pierre ne l'ignorait pas, et qu'il se soit ou non ménagé à l'avance cette issue, nous le verrons bientôt, dégoûté de la fille d'Eudoxie, prétexter son mariage avec le comte de Comminges dans le but de divorcer avec elle.

Pour le moment, le roi d'Aragon avait intérêt à épouser Marie. Il l'épousa le 15 juin 1204 [1]. Le prix de cette union fut la Seigneurie de Montpellier [2] avec ses dépendances, c'est-à-dire une vingtaine de terres ou de châteaux des environs, Lattes, Montferrier, Castelnau, Castries, Loupian, Aumelas, le Pouget, Popian, Montbazin, Frontignan, Montarnaud, Vendémian, Tressan, Saint-Pargoire, Paulhan, Cournonsec, Mireval, Pignan, Saint-Georges, et en général, ajoute le contrat, tout ce que Guillem VIII avait ou devait avoir de l'Hérault au Vidourle [3]. Que de motifs

---

[1] Consulter, pour la fixation de cette date, la Note II de l'*Appendice* de ce volume. C'est par erreur que M. Buchon dans son édition de la Chronique de Bernard d'Esclot mentionne le mariage dont il s'agit comme ayant eu lieu *à Rome*. Il fut célébré à Montpellier, et Marie n'alla à Rome que beaucoup plus tard.

[2] La *Seigneurie* de Montpellier, et non pas le *Comté* ou la *Vicomté* de Montpellier. Montpellier n'a jamais eu que des *Seigneurs* et des *Vicaires*, qui ne se sont, à aucune époque, qualifiés *Comtes* ni *Vicomtes*. Cette remarque est importante, eu égard à la confusion où sont tombés sur l'emploi de ces titres la plupart des historiens modernes.

[3] *Gr. Thal.*, fol. 1, et *Livre Noir*, fol. 17; Cf. d'Achéry, *Spicileg.* III, 565 in-fol. — Les dépendances de la Seigneurie de

de tentation pour un prince cupide ! Pierre n'hésita nullement à jurer « sur les saints Évangiles de Dieu » qu'il ne se séparerait jamais de Marie, qu'il n'aurait pas d'autre femme tant qu'elle vivrait, et qu'il lui serait toujours fidèle [1]. Marie était payée pour réclamer de pareilles garanties. Mais, vaines paroles ! Pierre II était le digne fils de ce volage Alphonse II d'Aragon, qui avait si étrangement déçu autrefois les espérances d'Eudoxie. Malgré l'imposant cérémonial de son serment de fidélité à toujours, jamais peut-être il n'y eut d'époux plus infidèle. Son mariage avec Marie fut surtout une affaire d'intérêt. Il l'accomplit, selon Guillaume de Puylaurens, avec l'intention ambitieuse de dominer, au moyen de sa femme, sur Montpellier [2].

Il voulut, qui plus est, dominer sans retard. Quinze jours à peine après son mariage, on le rencontre prêtant à l'évêque de Maguelone, suzerain immédiat de la Seigneurie de Montpellier, l'hommage féodal consacré par

Montpellier sont énumérées à peu près dans le même ordre dans l'acte de renonciation de décembre 1197, ap. *Mém. des Nobles*, fol. 82 v°, et Gariel, *Ser. Præs.*, I, 254.

[1] « Promitto tibi Marie stipulanti quod nunquam te viventem »dimittam, nec aliam quamlibet superinducam ;.... et quod te »Mariam uxorem meam nullo modo decipiam juro super hec »sancta Dei quatuor Evangelia. » *Gr. Thal.*, fol. 1, et *Livre Noir*, fol. 17 ; Cf. d'Achéry, *Spicileg.* III, 565 in-fol.

[2] « Quod autem fecit ambitione dominandi in Montepessulano »per eam. » Guillelm. de Pod. Laurent. Hist. Albigens. ap. *Script. rer. gallic. et francic.*, XIX, 201.

la coutume. Le procès-verbal de cette cérémonie est daté du 1ᵉʳ juillet 1204, et indique qu'elle eut lieu dans l'église Notre-Dame [1]. Selon d'autres documents, Pierre n'aurait même pas attendu ce jour-là pour s'entendre avec nos bourgeois, et aurait arrêté, de concert avec eux, dès son arrivée, les bases de la charte communale qu'il devait signer deux mois plus tard [2]. A défaut du témoignage explicite de la charte dont il s'agit, un acte authentique du 15 juin 1204, rédigé dans la maison de la milice du Temple, aux portes de Montpellier, vraisemblablement au sortir de la chapelle où le mariage venait de se faire, ne permettrait pas le moindre doute à cet égard. Il est curieux de remarquer avec quel soin le nouveau seigneur s'efforce d'y capter la bienveillance

[1] « In communi colloquio », porte textuellement le procès-verbal. Voy. *Hist. gén. de Lang.*, III, Pr. 201. La copie de ce procès-verbal conservée aux Archives Nationales, Section historique, Carton J, 340, N° 14, porte la date du 15ᵉ jour avant les kalendes de juillet, ce qui, en indiquant une leçon vicieuse dans le texte des Bénédictins, rendrait cet acte tout-à-fait contemporain du mariage en question.

[2] Pierre avoue lui-même dans cette charte avoir concerté ce qu'il accomplit actuellement, c'est-à-dire le 15 août 1204, dans la maison de la milice du Temple de Montpellier, lors de son mariage. Il existe en effet dans nos Archives municipales un acte du 15 juin 1204 dressé dans le cimetière de la maison de la milice du Temple de Montpellier, qu'il est presque impossible de ne pas regarder comme une sorte de préambule de la charte communale du 15 août. Voy. Gr. Chartr., Arm. B, Cass. VIII et XXII; Cf. *Gr. Thal.*, fol. 2, et *Livre Noir*, fol. 18.

et les sympathies bourgeoises. Il a peur, on dirait, que sa proie ne lui échappe, il la guette d'un œil jaloux. Non-seulement il promet de conserver, d'accord avec sa femme, « toutes les bonnes coutumes et tous les bons »usages de la Commune », mais il autorise sept prud'-hommes spécialement élus dans ce but, à accroître et à modifier, comme ils jugeront devoir le faire pour le bien public, ce qui parmi ces coutumes et usages leur paraîtra susceptible d'extension ou de réforme, l'approuvant séance tenante, et s'engageant sous la foi du serment à le ratifier quand on voudra. Il s'oblige, en outre, en son nom et au nom de ses successeurs les rois d'Aragon, à laisser librement trafiquer dans toute l'étendue de ses domaines les gens de Montpellier, les affriandant ainsi par l'appât du gain [1]. Personne n'a jamais mieux joué son rôle, ni mieux amadoué son monde. Et cela, qu'on ne l'oublie pas, le 15 juin 1204, quelques instants après la célébration du mariage, en sortant de l'église, et avant tout autre soin. Pour Pierre II, évidemment, l'affaire capitale était de confisquer à son profit l'héritage des Guillems. Marie n'était dans sa pensée qu'un instrument, le mariage qu'une voie pacifique, au service de cette ambition.

Le succès ne pouvait faire défaut à une pareille tactique. La seule chose capable de nuire au roi d'Aragon eût été sa qualité d'étranger ; mais nos bourgeois, qui

---

[1] Charte du 15 juin 1204, ap. Arch. mun., ibid.

avaient mis l'affaire en train, ne regardaient pas cette circonstance comme un obstacle. De trop longues et trop constantes relations rattachaient Montpellier à l'Espagne pour qu'on en voulût à Pierre II de son origine espagnole. Son titre de roi d'Aragon, loin d'être un empêchement, rendait, au contraire, sa domination desirable : elle laissait entrevoir aux habitants de Montpellier de nouveaux débouchés pour leur commerce et un surcroît de puissance, dont leurs intérêts, comme leur orgueil, devaient naturellement s'arranger. On pouvait, d'ailleurs, au moyen d'un contrat bien en règle, prévenir les inconvénients ou les dangers d'une alliance avec l'Aragon et ne lui emprunter que ses avantages. Pierre se trouvait dans une position à tout accepter, et Marie elle-même, eu égard à la condition inférieure que lui avaient faite son père et sa marâtre, ne paraissait pas devoir se montrer récalcitrante. Les habitants de Montpellier, ensuite, n'avaient aucune raison de tenir à la race d'Agnès; ils éprouvaient pour elle plus de répugnance que de sympathie. Il serait très-difficile, vu la pénurie de documents, d'articuler aujourd'hui d'une manière précise les griefs auxquels purent alors donner lieu les procédés de Guillem IX. Mais on ne s'aperçoit pas que la translation de la Seigneurie ait offert beaucoup de résistance. Le fils aîné d'Agnès, durant le court espace de sa domination, doit s'être rendu bien impopulaire, pour avoir fait une chute si rapide.

Les révolutions, il est vrai, ont toujours eu la prérogative de la vitesse. Il n'y a pas trop à s'étonner que la puissance d'un petit seigneur du XIIIe siècle se soit écroulée en quelques mois, quand, au XIXe siècle, deux ou trois jours suffisent à renverser le trône des plus fiers monarques. Qui pouvait se flatter dans nos communes d'autrefois de lutter efficacement contre la multitude? Qui avait alors, plus qu'aujourd'hui, le privilége de braver la volonté des masses, et d'affronter victorieusement les tempêtes politiques? La postérité d'Agnès, illégitime devant Dieu, l'était aussi aux yeux du peuple. Condamnée par l'autorité toute-puissante d'Innocent III, elle n'avait guère lieu de compter sur l'absolution de la foule dans un pays où les décisions du Saint-Siége faisaient loi. Le verdict de l'Église, qui l'avait frappée à mort, dut la livrer sans espoir de salut aux vengeances et au mépris populaires.

Guillem IX tomba donc, et Pierre II prit sa place. Le roi d'Aragon, en vertu de son mariage avec la fille d'Eudoxie Comnène, fut appelé, en 1204, par le vœu général des habitants, à la Seigneurie de Montpellier. Nos bourgeois, non contents de cette exécution, proscrivirent immédiatement les principaux partisans du régime déchu, afin sans doute de n'avoir à craindre ni réaction ni conflit, et, une fois débarrassés des fils d'Agnès, ils s'occupèrent d'asseoir les bases d'un système plus libéral [1]. Ils exigèrent que le roi d'Aragon,

[1] La plupart des fils d'Agnès de Castille, une fois bannis de

avant d'entrer en possession de la Seigneurie de Montpellier, jurât, la main sur les saints Évangiles, et en présence du peuple, de respecter à toujours l'indépendance et les priviléges de la Commune. Ils présentèrent aux deux époux une charte en 123 articles, élaborée, selon toute apparence, à loisir, et renfermant tout un code de lois politiques et civiles. Les nouveaux seigneurs, à qui déjà vraisemblablement cette charte avait été soumise, et qui peut-être même n'étaient pas étrangers à sa rédaction, ne purent se dispenser de la sanctionner. Pierre la revêtit le premier de son approbation, publiquement et solennellement, en pleine assemblée du

Montpellier, suivirent leur beau-frère Pierre II dans son royaume d'Aragon, où l'un d'eux, Bernard Guillem, devint sous Jayme I$^{er}$ le chef d'une nombreuse famille, et ajouta à son nom celui d'Entença, qu'il tenait de sa femme. Cette famille remplit plusieurs postes éminents, et joua un assez grand rôle; elle prit notamment une part très-active à la lutte de l'Espagne chrétienne contre les populations mauresques et aux expéditions des Aragonais en Sicile. La descendance masculine de Bernard Guillem d'Entença s'étant éteinte, par la suite, dans la personne de son petit-fils Gombaud Guillem d'Entença, qui mourut en Grèce, ne laissant que deux filles, le comte d'Urgel Ermengaud de Cabrera, oncle maternel de ces deux princesses, fit épouser, en 1314, à Thereza d'Entença, l'aînée d'entre elles, l'infant d'Aragon Alonzo, plus tard Alphonse IV. De ce mariage naquit Constantia, qui, en 1325, fut fiancée au seigneur de Montpellier Jayme III, le dernier des rois de Majorque, de sorte qu'au bout de trois générations le sang des deux branches issues de Guillem VIII finit par se confondre.

peuple, dans la vaste nef de Notre-Dame des Tables [1].
Il l'approuva et lui prêta serment le jour même de l'Assomption, le 15 août 1204 [2]. Il comptait ce jour-là juste deux mois de mariage. Voulait-il, en choisissant un pareil jour pour cette double cérémonie, témoigner, d'accord avec les habitants, de sa piété et de sa reconnaissance envers la Reine du ciel? Ou bien ne faudrait-il pas voir dans ce choix une marque de courtoisie, de la part de nos bourgeois, à l'adresse de la reine d'Aragon, dont ils se seraient proposé de célébrer ainsi la fête? Ce qu'il y a de certain, c'est que les nouveaux seigneurs, tout en ayant l'air d'octroyer quelque chose, subirent en réalité les exigences populaires, c'est que pour la charte en question l'initiative appartenait à la Commune.

Cette charte, du reste, ne renfermait pas une législation précisément neuve. Sur beaucoup de points, ce n'était qu'une rédaction ou même une simple compilation de *coutumes* déjà anciennes [3]. Montpellier avait

[1] « In ecclesia Beate Marie de Tabulis, ubi hac specialiter de »causa fere totus populus Montispessulani ad commune collo- »quium convenerat. » Charte du 15 août 1204, ap. Arch. mun., Arm. H, Cass. VII, N° 51 bis. Cf. *Pet. Thal.*, p. 56.

[2] Marie en fit autant le 28 août de la même année, « in camera »castelli Montispessulani » (ibid.), ce qui donnerait à croire qu'elle n'accompagnait pas le roi Pierre, le 15 août, à Notre-Dame des Tables.

[3] De là le titre de *Coutumes de Montpellier*, qu'on est convenu de donner à la charte du 15 août 1204. Cette charte fut primi-

des *coutumes* depuis long-temps ; les actes de la seigneurie des Guillems conservés dans nos Archives ne permettent pas d'en douter. Par-dessus l'antique *substratum* de la loi romaine, généralement en vigueur dans le Midi, s'étaient implantés chez nous, comme dans nombre d'autres villes [1], des usages propres, plus spécialement en rapport avec les mœurs de nos aïeux et les besoins de la localité [2]. Ces usages, écrits ou non, fai-

tivement écrite en latin, d'où on la traduisit en langue romane à l'usage du peuple. L'original, dont il existe diverses copies, se conserve dans nos Archives municipales : il n'occupe pas moins de deux grands rouleaux de parchemin, unis entre eux par un lien de peau, auquel est appendu le sceau en plomb du roi Pierre. Son texte, publié par d'Aigrefeuille, en 1737, a été reproduit, en 1840, avec de légères variantes, par les éditeurs du *Petit Thalamus*, en regard de la traduction contenue dans ce registre. Consulter sur l'antériorité de ses dispositions la Note III de l'*Appendice* de ce volume.

[1] Comme à Narbone, entre autres, comme à Saint-Gilles, comme à Perpignan. — M. Massot, qui a édité en 1848 dans les Mémoires de la Société archéologique de Montpellier la *Coutume de Perpignan*, a dit d'excellentes choses sur la manière dont se formait une *coutume* au moyen-âge. Voy. p. xxxiii de son Introduction.

[2] Aussi notre législation locale est-elle toute pleine des souvenirs de la législation romaine. Il suffit, pour s'en convaincre, de jeter les yeux sur les articles 39, 41, 57, 59, 65, 72, 74, 75, 76, 78, 79 et 94 de la charte du 15 août 1204. Cette charte s'en réfère constamment à la loi romaine, elle l'invoque à chaque pas, la cite même quelquefois textuellement, comme dans son article 65, par exemple, sans compter qu'elle y

saient, d'assez longue date, autorité. Les Guillems eux-mêmes les avaient maintes fois reconnus, et leur avaient souvent obéi. Pierre et Marie, à leur tour, les reconnaissaient et promettaient de leur obéir. La charte qu'ils signèrent et jurèrent d'observer en 1204 ne doit donc pas être considérée comme une création, selon le vrai sens de ce mot. En réalité elle ne créait point, elle enregistrait plutôt, elle développait, elle complétait. Les nouveaux seigneurs, en lui donnant leur sanction, tenaient les engagements de leurs prédécesseurs à l'égard des bourgeois de Montpellier, et faisaient honneur à leurs propres engagements envers ces mêmes bourgeois. C'était une espèce de *déclaration de droits* qu'ils acceptaient, et conformément à laquelle ils promettaient de gouverner. Il n'y en eut pas moins conquête et progrès pour la Commune. Tout fut alors fini avec l'ancien ordre de choses; une ère nouvelle commença. Les vieux registres seigneuriaux se fermèrent, comme si on avait voulu laisser dormir le passé dans la poussière des archives, et firent place à ceux du Consulat [1].

renvoie pour une foule de cas non prévus. Il en est de même de nos Statuts consulaires. On s'aperçoit, en les parcourant, que leurs auteurs ont un respect tout spécial pour la pratique du droit romain.

[1] Le *Mémorial des Nobles* s'arrête en effet à cette époque. Nos aïeux, en ouvrant et en fermant ce registre avec l'histoire des Guillems, ont voulu sans doute transmettre aux âges futurs des souvenirs qui leur étaient chers. Mais ce qui prouverait

Tel est le vrai caractère de la Révolution montpelliéraine de 1204. Changement dynastique dans le personnel de la Seigneurie par la substitution des rois d'Aragon aux Guillems, à l'aide du mariage de Pierre et de Marie ; rédaction et acceptation d'une charte bourgeoise, favorable aux libertés et aux progrès de la Commune : voilà, en résumé, à quoi aboutit cette révolution ; révolution pacifique, sous certains rapports, et où il ne paraît point que le sang ait coulé, mais révolution des plus importantes néanmoins, puisqu'elle indique la fin d'un système et le commencement d'un autre, puisqu'elle forme comme une ligne de démarcation entre le passé et l'avenir.

Montpellier est donc désormais en possession d'une charte communale ; sa *coutume* est solennellement reconnue, et on peut lui ouvrir les feuillets des divers

---

qu'ils entendaient en même temps rompre avec le passé et inaugurer une ère nouvelle, c'est qu'ils mirent alors en train de nouveaux registres. « Aysso es lo comessamen del Cossolat », est-il écrit en tête de nos listes consulaires, au folio 71 du *Petit Thalamus*, sous la rubrique de l'année 1204. « Anno »Dominice Incarnationis MCCIIII », porte également le folio 84 du *Grand Thalamus*, « fuerunt *primi* consules, etc. » Pour le *Grand Thalamus* donc, comme pour le *Petit Thalamus*, le Consulat commence régulièrement à Montpellier en 1204. Les anciennes qualifications de *nobiles viri*, de *probi et legales viri*, de *consiliarii communitatis*, reparaissent bien encore quelquefois dans les chartes à partir de là ; mais l'expression désormais dominante, et qui sera bientôt officielle, est celle de *consuls*.

*Thalamus.* Ce n'est pas ici le lieu d'examiner cette *coutume :* nous ferions ainsi perdre au lecteur le fil des évènements ; nous préférons consacrer un chapitre spécial à l'étude de ce monument de notre vieille législation. Bornons-nous à constater pour l'instant qu'à partir du 15 août 1204, les positions sont franches : les bourgeois savent dorénavant à quoi s'en tenir sur l'étendue de leurs droits et de leurs devoirs, le seigneur sait ce qu'il doit revendiquer et respecter. Tant pis maintenant pour qui voudrait amoindrir ou exagérer les rôles ! Il faut voir comme on traite d'égal à égal avec le roi d'Aragon. A-t-il besoin d'argent? Les *consuls,* — car dès-lors le mot reparaît, ce vilain mot naguère l'épouvantail de Guillem VI, — les consuls lui en prêtent au nom de la Commune. Mais en échange de ce service, et pour représenter en quelque sorte la valeur de la somme prêtée, Pierre et Marie sont contraints de leur garantir le droit de réformer et d'établir tout ce qu'ils jugeront devoir être établi ou réformé pour le bien public. Ils sont obligés, qui plus est, de leur garantir ce droit par écrit, et d'en faire un article additionnel de la charte de la Commune [1]. Droit immense, au

---

[1] Cette disposition se présente sous un double aspect dans nos registres municipaux. Avant de la rencontrer comme article additionnel de la charte du 15 août 1204 dans le statut complémentaire du 13 juin 1205, page 60 du *Petit Thalamus,* on la trouve déjà formellement énoncée dans une charte du 1er mars de la même année, transcrite à deux reprises sur le *Grand*

moyen duquel nos consuls vont devenir tout-à-fait les maîtres! Car pour la justification de quelle mesure ne pourra-t-on pas invoquer le bien public?

Autre conquête. Un peu plus tard, Pierre veut recourir à un nouvel emprunt. La Commune, toujours riche quand il s'agit d'accroître ses libertés, prête encore. Mais sait-on ce qu'elle exige en compensation? Elle se fait remettre, à titre de gage, *la ville de Montpellier*, et plusieurs châteaux, parmi lesquels figure celui de Lattes, cette redoutable forteresse, autrefois l'asile de Guillem VI[1]. En réalité, c'était

*Thalamus*, fol. 2 et 69, et reproduite sur le *Livre Noir*, fol. 18. « Dono preterea », y dit le roi d'Aragon, en s'adressant à nos consuls, « et concedo vobis et toti universitati Montis-»pessulani quod vos duodecim probi homines electi ad consu-»lendum communitatem Montispessulani, presentes et futuri, »habeatis plenam potestatem statuendi, distringendi et corri-»gendi ea omnia que visa vobis fuerint pertinere ad utilitatem »communitatis Montispessulani, et quod villa Montispessulani »muretur et muniatur. » — Si l'on pouvait mettre en doute les circonstances au milieu desquelles a été rédigée la charte royale du 1er mars 1205, il suffirait de remarquer qu'immédiatement à sa suite est couchée sur les deux registres précités une autre charte de même date, où l'emprunt dont il s'agit est expressément avoué et reconnu par le roi Pierre : la connexion intime des deux chartes ainsi juxtaposées est incontestable.

[1] Charte du 4 juillet 1206, ap. Arch. mun., Arm. A., Cass. IV, N° 2, *Gr. Thal.*, fol. 3 v°, et *Livre Noir*, fol. 19 v°; Cf. Acte de 1227, ibid., fol. 24 et 38.— La charte dont il s'agit est conçue de manière à faire croire que Pierre d'Aragon donnait aux consuls de Montpellier hypothèque sur tous les domaines de sa femme.

dépouiller totalement le roi d'Aragon, c'était rendre illusoire sa seigneurie. La Commune de Montpellier devenait dès-lors une véritable république. Mais n'importe : Pierre avait besoin d'argent ; il promit, livra ce qu'on voulut. Puis, s'étant aperçu qu'on lui avait effectivement tout enlevé, et que son autorité seigneuriale n'était plus qu'une fiction, il essaya de reprendre. Vaine tentative ! À la première parole un peu hautaine émanée de sa bouche, on courut aux armes, et ce ne fut pas trop de l'intervention des évêques de la province et du légat Pierre de Castelnau pour arrêter la guerre [1]. Le roi d'Aragon, quoi qu'il eût sur le cœur, se vit obligé de promettre sur l'Évangile qu'il ne rentrerait ni à pied ni à cheval dans les domaines précédemment livrés en gage, sans avoir remboursé la Commune [2]. En définitive, il renonçait de la sorte au

---

[1] Voy. ap. *Hist. gén. de Lang.*, III, Pr. 204, l'accord conclu à Villeneuve, le 27 octobre 1206, entre le roi d'Aragon et les habitants de Montpellier. L'original de ce précieux document se conserve dans le grand Chartrier de nos Archives municipales, Arm. A, Cass. IV, N° 3, où se trouve aussi la ratification qu'en fit Innocent III. Cette double pièce a été transcrite sur le *Grand Thalamus*, fol. 4, et sur le *Livre Noir*, fol. 20. Il en existe également une copie dans le *Cartulaire de Maguelone*, Reg. D, fol. 308. Cf. Baluz. *Innocent. pap. III epist.* II, 804, et *Gall. Christ.*, VI, Instrum. 363.

[2] « Promitto, per stipulationem vallatam vinculo sacramenti, »quod ego eques vel pedes, vel ullo alio modo qui dici vel »excogitari possit, non ingrediar villam Montispessulani sive

pouvoir seigneurial, et s'excluait lui-même à tout jamais; car il manquait d'argent pour acquitter ses dettes. Les consuls, en l'absence du seigneur, allaient être tout-puissants; ils allaient être d'autant plus puissants qu'ils ne devaient pas tarder à obtenir la suppression de la tour construite, en 1143, sous Guillem VI. Ce fut Marie qui, en 1207, octroya cette nouvelle faveur à la Commune, et la Commune eut soin de stipuler que cette tour ne pourrait être rebâtie par aucun seigneur [1].

Nos bourgeois se dévouèrent, il paraîtrait, avec une ardeur frénétique à la destruction de cet instrument de despotisme. Innocent III leur reproche dans une de ses lettres d'avoir tout nivelé jusqu'aux fondements, et de s'être acharnés, par signe de mépris, à la dispersion des matériaux [2]. Non-seulement ils rasèrent la tour du

» municipium, vel aliquod de illis castris vel munitionibus
» que universitati Montispessulani sunt jure pignoris obligata,
» donec a nexu pignoris tam villa Montispessulani quam alia
» castella ad jus dicti pignoris pertinentia fuerint liberata. Et
» ita juro per hec sancta quatuor Evangelia. » Serment du 26 octobre 1206, ap. Arch. mun., Arm. A, Cass. IV, N° 3 bis. *Gr. Thal.*, fol. 6, et *Livre Noir*, fol. 22; Cf. *Hist. gén. de Lang.*, III, Pr. 206.

[1] « Quod nunquam aliquo tempore ipsa vel aliquis dominus » Montispessulani possit turrim vel fortiam aliquam facere vel » habere ibi. » Concession du 6 août 1207, ap. Arch. mun., Arm. A, Cass. IV, N° 7, *Gr. Thal.*, fol. 6, et *Livre Noir*, fol. 22; Cf. Gariel, *Ser. Præs.*, I, 278.

[2] « Castrum quod ibidem habebat (regina Aragonum) fun-

château de Montpellier, mais ils abîmèrent aussi le château de Lattes [1], de peur sans doute que Pierre ne s'y abritât, comme jadis Guillem VI. Aussi le roi d'Aragon conçut-il pour nos bourgeois une antipathie des plus vives [2], et ne se montra-t-il pas très-empressé de reparaître dans sa ville seigneuriale : il se trouvait, d'ailleurs, nous l'avons dit, dans l'impossibilité de payer ses dettes, et la guerre des Albigeois absorbait toutes ses forces. Le pouvoir de nos consuls n'eut, en conséquence, plus de rival; notre Commune s'administra tout-à-fait républicainement.

Oui, tout-à-fait républicainement. A voir Montpellier durant les deux derniers siècles, et à considérer l'espèce de culte professé par la bonne ville à l'égard de la monarchie depuis le règne de Louis XIII, on ne soupçonnerait guère qu'elle a eu autrefois une organisation toute démocratique. C'est là, pourtant, une vérité incontestable. Il est même certain que peu de communes en France ont eu, au moyen-âge, des mœurs et des institutions plus complètement républicaines. Non-seulement nos consuls devaient intervenir

» ditus diruerunt ( homines Montispessulani ), inde lapides et » cæmenta, in majoris contemptus opprobrium, asportantes. » Baluz. *Innocent. pap. III epist.* II, 749.

[1] « Præterea castrum de Latis, quod multis inhabitabatur » hominibus, partim ruina, partim incendio destruxerunt; » pluribus ejusdem loci hominibus interfectis. » Ibid.

[2] « Propter quod non potuit eos diligere unquam. » Gesta Comit. Barcinon., ap. *Marca Hispanica*, p. 553.

auprès du seigneur dans toutes les affaires où se trouvait engagé le bien public, mais ils avaient pour mission expresse d'exiger de lui qu'il eût à se conformer toujours au droit [1]. Il y a dans notre ancienne législation municipale tels articles qui n'ont été rendus exécutoires qu'après avoir été revêtus de l'approbation du peuple [2]. Malheur à quiconque s'avisait d'enfreindre les priviléges de la Commune! Vers la fin du XIV° siècle encore, le duc Louis d'Anjou, frère de Charles V, pour avoir voulu percevoir un impôt sans le consentement de nos bourgeois, eut à supporter une révolte furieuse. On lui signifia qu'on ne lui obéirait pas; et sur sa persistance à maintenir ses prétentions, on ne craignit point d'en appeler au glaive et de massacrer ses propres représentants.

Voilà ce qui eut lieu chez nous vers la fin du XIV° siècle. Au commencement du XIII°, les choses ne vont pas aussi loin; on n'y recule pourtant pas devant une prise d'armes, on ne s'y fait pas faute de recourir aux moyens révolutionnaires. Après avoir renversé la

[1] Nos consuls résistèrent à Jayme Iᵉʳ lui-même, lorsqu'il se permit, en 1254, de les citer à comparaître devant lui à Barcelone, comme en fait foi le *Cartulaire de Maguelone*, Reg. E, fol. 145.

[2] Voy. ap. *Pet. Thal.* les établissements du 26 janvier 1285, du 18 avril 1288, du 21 mars 1293, du 25 janvier 1336, du 1ᵉʳ février 1367, des 6 mai et 18 novembre 1368, des 1ᵉʳ avril et 6 juillet 1394, du 27 avril 1407, du 2 mai 1411, du 13 mars 1412, du 22 mars 1413, du 4 mai 1415, et du 13 janvier 1445.

branche masculine des vieux Guillems, et traité de puissance à puissance avec le roi d'Aragon, on ferme au nouveau seigneur l'entrée de sa seigneurie, on le chasse de ses châteaux, sans épargner le sang de ses *hommes* [1], on le met au défi de se servir de son autorité. Et on ne se borne pas à le dépouiller, lui prince d'origine étrangère et Montpelliérain par adoption ; mais on dépouille Marie elle-même de ses prérogatives les plus précieuses. Sous prétexte que Pierre a engagé les domaines de sa femme, on la prive des revenus de ses terres et de ses châteaux pendant si long-temps que les intérêts perçus par les prêteurs excèdent, à la fin, le capital de la somme prêtée [2]. Les bourgeois, durant tout

[1] Qui etiam (homines Montispessulani) de quodam castro »ipsius reginæ carissimum in Christo filium nostrum illustrem »regem Aragonum expulerunt,.... pluribus ejusdem loci homi- »nibus interfectis. » Baluz. *Innocent pap. III epist.* II, 749.

[2] « Redditus loci ejusdem (Montispessulani), castrorum et »villarum in districtu Montispessulani existentium ad eamdem »reginam de jure spectantes, eisdem (burgensibus) a viro suo »illustri rege Aragonum titulo pignoris obligatos, contra justi- »tiam detinent, et ei reddere contradicunt, quum ipsa pignoris »obligatio, utpote de re dotali, de jure robur non habuerit fir- »mitatis.... Tanto tempore ipsarum rerum redditus percepe- »runt, quod non solum extenuatum est debitum, verum etiam »non modicam summam pecunie restituere tenentur. » Ibid. — La lettre d'Innocent III à l'abbé de Saint-Paul de Narbone et au prieur de Fontfroide, d'où est tiré ce texte, porte la date de 1213. En 1213 donc, c'est-à-dire l'année même où il mourut sur le champ de bataille de Muret, le roi Pierre n'avait pas

ce temps-là, portent hardiment la main sur les droits de la Seigneurie, instituent notaires et consuls, contre l'agrément de la reine, font faire les bans et les proclamations au nom de la Commune [1]. Ils sont les vrais souverains, ils sont tout-puissants.

Aussi les consuls institués par eux jouent-ils, à cette époque de notre histoire, un rôle des plus caractérisés. Il suffit de parcourir nos *Thalamus* pour sentir partout la trace de leur action. Investis, par le cours naturel des évènements, de la mission difficile de rédiger de nouveaux statuts et de modifier les anciens, selon les circonstances et les besoins de la Commune, ils s'en acquittent avec toute l'ardeur et toute la latitude que comporte une pareille tâche. Nous aurons occasion, en traitant de notre vieille organisation municipale, d'analyser les principaux règlements issus de l'initiative consulaire, et il ressortira clairement de cette analyse qu'à partir de l'exclusion de Pierre

encore acquitté sa dette envers la Commune de Montpellier, et, partant, nos bourgeois continuaient à se gouverner par eux-mêmes.

[1] « Ad jura dominii manibus suis extensis, notarium et consules »in Montepessulano fecerunt, contra voluntatem ipsius (reginæ), »et, in damnum ejus, pisces vendi fecerunt in locis aliis quam »consuetum fuerit ab antiquo, nomine consulum, et non reginæ, »facientes banna et edicta proponi. » Ibid. — On pourrait citer cette lettre presque tout entière : rien n'établit mieux la souveraineté de nos consuls et l'indépendance de nos bourgeois au commencement du XIII° siècle.

d'Aragon jusqu'à ce que son fils, devenu homme, ait pu saisir lui-même le sceptre seigneurial, c'est-à-dire pendant toute la croisade contre les Albigeois et au-delà, la Commune de Montpellier, par l'organe de ses consuls, s'est régie démocratiquement. Les consuls y ont alors exercé le pouvoir, sans que ni Pierre, ni Marie, ni Jayme leur aient fait la moindre concurrence, et leur autorité, quoique successivement amoindrie dans la suite, n'y a jamais disparu, néanmoins, durant le cours des XIII<sup>e</sup> et XIV<sup>e</sup> siècles. Il importe de bien se convaincre de ce double fait, et, pour en apprécier toute la gravité, il est indispensable de l'étudier tout d'abord à sa source. Il ne suffit pas d'avoir recherché dans quelles conjonctures fut rédigée et acceptée la charte du 15 août 1204, ni d'en avoir indiqué d'une manière générale les conséquences ; il faut en énumérer le contenu, et voir jusqu'à quel point elle était de nature à favoriser le développement de la forme politique que nous signalons.

# IV.

### GRANDE CHARTE DE MONTPELLIER.

La charte du 15 août 1204 est la base de nos franchises et le pivot de notre existence communale. Elle renferme aussi nos plus anciennes *coutumes*. Les traditions du temps des Guillems sont là : on n'a même pas toujours pris la peine de les rajeunir ; on leur a le plus souvent conservé leur vieille enveloppe. Témoin les vingt-huit premiers articles du monument dont il s'agit. En comparant le texte original de ces premiers articles avec l'acte intitulé *Carta de consuetudine dominorum Montispessulani*, transcrit au folio 94 v° du *Mémorial des Nobles*, on demeure fermement convaincu que la charte du 15 août 1204 s'est bornée à reproduire dans bien des cas et à enregistrer, en les complétant, d'anciennes formules de la Commune primitive. Les deux textes dont nous parlons ne diffèrent entre eux que par des variantes. L'un, pourtant, date, selon toute apparence, de la seigneurie de Guillem VIII.

Il ne nous est pas parvenu en entier ; la copie que nous en signalons s'interrompt brusquement au milieu d'une phrase, d'où il résulte qu'on ne saurait dire jusqu'où se prolongeait sa ressemblance avec l'autre. Mais la comparaison attentive des deux textes n'en est pas moins féconde en déductions : elle constate l'antiquité de nos coutumes en général, et établit, pour le fait particulier dont il est question, la présence de formules déjà anciennes dans la charte du 15 août 1204. Combien d'exemples du même genre ne pourrait-on pas mentionner, si la compilation de 1204, en rendant inutiles les formules antérieures, ne les avait condamnées à un éternel oubli !

Voici le début de notre Constitution du 15 août 1204. Afin de conserver à cette grande charte montpelliéraine son vrai caractère, nous la traduisons littéralement [1].

« Au nom de Notre Seigneur Jésus-Christ. Amen. — Telles
» sont les coutumes et libertés de la ville de Montpellier.
» Art. 1ᵉʳ. — Montpellier n'a qu'un seigneur, — un seul, —
» et celui-ci, par la faveur de Dieu, régit son peuple et son fief
» de la manière suivante : il s'applique avec beaucoup de soin
» à choisir le bayle de Montpellier parmi les gens les plus sages
» et les plus capables de la ville, après en avoir conféré avec les
» prud'hommes de ladite ville. Ce bayle n'est soumis à aucun
» autre bayle, ni tenu de lui rendre compte ou de le consulter
» pour rien ; mais il doit rendre compte au délégué du sei-

[1] Nous traduisons d'après le double texte latin et roman de l'édition du *Petit Thalamus*. Nous avons suivi ce texte pour toute cette analyse.

» gneur. A ce bayle de Montpellier doivent obéissance et sou-
» mission tous les autres bayles, même ceux de Lattes et de
» Castelnau. Et avec le bayle le seigneur élit pour officiers de sa
» cour des habitants probes et sages, qu'il rétribue, comme le
» bayle, de ses deniers, assez largement pour que, quittant
» toutes leurs affaires personnelles, ils s'attachent à la cour, et
» rendent tous les jours assidûment la justice. Bayle et officiers
» promettent au seigneur, en présence du peuple, avec serment
» sur les saints Évangiles, de ne jamais accepter, ni par eux-
» mêmes ni par l'intermédiaire de personne, des dons ou des
» présents de qui que ce soit, et de ne prêter l'oreille, pendant
» toute la durée de leurs fonctions, à aucune offre de ce genre,
» venant des parties intéressées. Ils jurent aussi d'examiner et
» de terminer toute espèce de procès légalement et consciencieu-
» sement, suivant la jurisprudence de la cour, en faisant droit
» à chacun indistinctement, soit riche, soit pauvre. »

Tel est le début de la charte du 15 août 1204. La préoccupation capitale des parties contractantes est, on le voit, de pourvoir à l'administration régulière de la justice. Montpellier est déjà une ville de droit : le génie de l'école de Placentin se reflète dans sa constitution et s'y montre en première ligne. Avant toute autre chose seigneur et bourgeois sentent le besoin de stipuler en faveur de leurs intérêts respectifs, et ils leur donnent pour base le droit. Le seigneur commence par poser le sien ; il le pose d'abord contre les anciens vicaires, en constatant son unité. Depuis le rachat des priviléges de ces derniers par Guillem VIII, il n'a plus de copartageant ; il est seul maître. Mais il est maître à la condition indispensable de faire bonne et pleine justice à chacun. Les bourgeois de Montpellier, en échange de la fidélité qu'ils reconnaissent lui devoir, entendent ne pas être soumis au régime de l'arbitraire, et, afin d'être plus sûrs du maintien de leurs libertés, imposent au seigneur l'obligation de prendre ses juges parmi eux. Le seigneur ne perd pas pour cela son droit d'initiative ; il choisit lui-même les juges à son gré ; mais il ne peut les choisir que parmi les intéressés, et en exigeant des citoyens sur lesquels s'arrête son choix les garanties les plus entières de moralité et de capacité. Il faut être habitant de Montpellier et jouir d'une réputation sans tache pour obtenir l'honneur de rendre la justice. Et il ne suffit pas, pour parvenir à cet honneur insigne, de plaire au seigneur ; il faut aussi convenir aux représentants de la Commune. Le seigneur, pour rendre le choix du bayle définitif, a besoin de l'assentiment des prud'hommes, c'est-à-dire des consuls. Le bayle ainsi nommé n'est sous la dépendance d'aucun autre bayle : l'orgueil de nos bourgeois ne manque pas d'enregistrer cette clause dans la charte. Il ne doit de comptes qu'au seigneur ou à son délégué, à son lieutenant, comme on dira bientôt ; il étend, au contraire, sa juridiction sur tous les autres bayles, même sur ceux de Lattes et de Castelnau. De concert avec le seigneur, il élit les officiers de sa cour : concert bien naturel, le bayle de Montpellier étant le chef de la justice dans tout le ressort de la Seigneurie, et le seigneur, de son côté, subvenant à tous les frais. N'est-il pas légitime, dès-lors, qu'ils s'entendent pour le choix des juges secondaires ? Plus tard, dans moins de vingt ans, l'intervention des consuls sera requise pour ce dernier choix. Mais, en 1204, la Commune n'a pas encore élevé ses prétentions jusque-là ; elle se contente de donner son avis dans le choix du bayle, abandonnant ensuite à celui-ci et au seigneur le choix des juges subalternes.

L'article 2 de la charte du 15 août 1204 n'est pas moins favorable aux consuls :

Art. 2. — « Tout ce que fait le bayle, le seigneur le tient à
» tout jamais pour accompli. »

Le bayle étant l'expression du choix combiné du seigneur et des consuls, il suit de là que ceux-ci exercent par moitié, conjointement avec le seigneur, le droit de souveraineté quant à la justice.

Les articles 3 et 4, en complétant l'article 1ᵉʳ au point de vue des garanties à exiger des juges, témoignent du précoce amour de nos ancêtres pour l'égalité de tous devant la loi.

Art. 3. — « Lorsqu'on se présente pour plaider, la cour,
» après la prestation du serment de calomnie [1], interroge au

[1] Le serment de calomnie était prêté autrefois, au commencement d'un procès, par le demandeur, le défendeur et même les avocats. Il consistait, de la part de celui qui intentait ou défendait le procès, à jurer qu'il ne le faisait point en vue de calomnier son adversaire, mais seulement parce qu'il croyait sa cause bonne. Ce serment a été aboli par la suite, pour obvier, selon Rebuffi, au parjure devenu trop fréquent.

» moyen d'un nouveau serment chacune des parties, et leur
» demande si elles n'auraient pas donné ou promis quelque
» somme d'argent au bayle, au juge ou à quelqu'un de leurs
» officiers. »

Art. 4. — « Le seigneur, dans les conseils et les jugements,
» comme dans sa cour, se sert d'hommes honnêtes et estimés,
» qui aiment la justice et la miséricorde, et ne s'en laissent
» détourner ni par prière ni par argent, ni par dons ni par
» présents, ni par amitié ni par inimitié. Le seigneur administre
» les affaires de Montpellier avec ses prud'hommes de Mont-
» pellier surtout. »

Nouvelle preuve de l'importance de nos consuls. Nouveau gage, de la part du seigneur, de son respect pour eux et de sa ferme intention de gouverner d'accord avec eux. Voici, à l'article 5, des assurances analogues concernant tous les bourgeois en général.

Art. 5. — « Le seigneur de Montpellier et ses prédécesseurs
» ont aimé leurs *hommes* ; ils les ont gardés et protégés de tout
» leur pouvoir ; ils n'ont jamais cherché ni les occasions ni les
» moyens de leur faire perdre ce qu'ils possédaient en biens
» meubles ou immeubles, à moins qu'ils n'eussent encouru ce
» châtiment par leur conduite personnelle. Et toutes les fois que
» les *hommes* de Montpellier se sont accrus et ont grandi en
» argent, domaines ou autrement, le seigneur s'en est réjoui, et
» a aidé à leur accroissement et à leur agrandissement. Aussi
» les *hommes* de Montpellier étalent-ils avec joie leurs richesses
» et les montrent-ils publiquement sans crainte. Leurs richesses
» et leurs possessions font retour à ceux à qui ils les laissent par
» testament ou donation, et parviennent à leurs légitimes suc-
» cesseurs, sans nul obstacle ou empêchement du seigneur, sans
» qu'il veuille en rien prendre, rien s'en approprier, rien changer
» à leur destination. »

Remarquons en passant ce tribut de reconnaissance payé à l'administration des Guillems. Il renferme une leçon très-adroite à l'adresse du roi d'Aragon, et témoigne explicitement de la prospérité de Montpellier au commencement du XIII⁰ siècle. Cet article est emprunté presque mot pour mot au fragment du *Mémorial des Nobles* dont nous parlions tout-à-l'heure. La formule en est identiquement la même, à quelques variantes près.

Cette dernière observation s'appliquera pareillement à l'article 6, relatif au serment du bayle et des officiers de sa cour.

Art. 6. — « Le bayle et ses officiers prêtent le serment sui-
» vant : Moi, qui suis votre *homme*, je vous jure, à vous qui
» êtes seigneur de Montpellier, que, pendant tout le temps que
» j'aurai la baylie et l'administration de la ville ou de la cour de
» Montpellier [1], je ferai raison et justice à toutes personnes
» en général et en particulier, quelles qu'elles soient et d'où
» qu'elles viennent, qui ont ou qui auront procès par-devant
» moi ou par-devant ladite cour, selon les coutumes et
» usages expressément en vigueur, et, à défaut des usages
» et coutumes de la cour, selon les dispositions du droit [2],
» sans haine ni faveur, sans aucune considération d'affec-
» tion, de parenté, d'affinité, de voisinage, suivant ce qui
» me paraîtra le meilleur et ce que ma conscience me dictera de
» préférable. Je n'accepterai jamais, soit directement, soit indi-
» rectement, ni argent, ni autre chose, ni promesse, ni service
» de ceux qui plaident ou plaideront par-devant moi ou par-

[1] C'est-à-dire pendant un an, comme on le verra à l'art. 120.
[2] Du droit romain.

» devant la cour, non plus que de personne en leur nom, à propos
» de leur procès. Je ne recevrai directement ou indirectement
» aucune amende judiciaire, ni rien de semblable, avant la
» fin d'une cause, ni avant que le créancier ou le demandeur ait
» été remboursé ou satisfait. Je prendrai et j'aurai avec moi des
» assesseurs bons et capables, selon ce qui me paraîtra le plus
» convenable ; dans toutes les causes auxquelles j'assisterai, je
» prononcerai des jugements conformes à la loi, et je tiendrai
» secret tout ce qui sera dit dans les conseils et les délibérations
» propres à éclairer la sentence. — Je garderai et observerai
» toutes ces choses de bonne foi, sans dol ni fraude, ni mal-engin,
» suivant la fidélité que je dois au seigneur de Montpellier, et
» suivant l'obligation qui m'est prescrite de faire observer dans
» toutes les affaires litigieuses la coutume et le droit. Je le jure
» à toujours, voulant que rien ne puisse me relever de ce
» serment. Que Dieu et ces saints Évangiles que je touche me
» soient en aide ! »

Tel est le serment qu'aux termes de la charte du
15 août 1204 doivent prêter le bayle et les officiers de
sa cour, à leur entrée en fonctions. La formule en est
ancienne ; elle figure déjà dans le *Mémorial des Nobles*
avec la date de 1190. Grande et magnifique formule,
qui peint une époque et une société ! Elles n'étaient
donc pas si modernes en 1204 ces coutumes de Montpellier, puisqu'il est question d'elles dans une formule
expressément datée de 1190, et antérieure vraisemblablement à cette date. Les auteurs de la charte du
15 août 1204 ne croient pouvoir mieux faire que de
transcrire presque textuellement l'ancienne rédaction,
où se trouve comme encadrée la vieille formule de

serment des officiers de justice. Ils acceptent en entier cette formule et cette rédaction, rendant ainsi un hommage public et solennel à l'œuvre des Guillems.

Mais voici une disposition plus antique encore, selon toute apparence :

Art. 7. — « Le seigneur de Montpellier ne prend jamais de
» bayle parmi les Juifs. »

Guillem V, en 1121, avait fait dans son testament une déclaration de ce genre. « Qu'aucun Juif ne soit bayle » de Montpellier », avaient répété en 1172 Guillem VII, et en 1202 Guillem VIII. Toutes ces prohibitions déposent en faveur de l'importance des Juifs dans la Seigneurie de Montpellier, et prouvent en même temps l'antipathie traditionnelle des Chrétiens à leur égard. Cette antipathie n'était pas personnelle à la population de Montpellier. « Les Juifs », dit l'acte d'amnistie de Jayme Ier du 10 décembre 1258, « sont sous le joug de » la servitude dans presque toutes les terres des princes » chrétiens, en expiation des outrages dont ils ont » abreuvé le Créateur du Monde[1]. » Pour les peuples chrétiens du moyen-âge, les fils d'Israël n'avaient pas cessé d'être les descendants des bourreaux du Christ, et on éprouvait envers eux un sentiment de répulsion

---

[1] « Judei fere in terris omnibus christianorum principum » subjacent servituti, cui eos nostri et sui coutumelia Creatoris » addixit. » Arch. mun., Arm. A, Cass. IV, N° 7 quater, et *Gr. Thal.*, fol. 47 v° sq.

à peine concevable aujourd'hui. De là l'obligation alors imposée aux Juifs de porter un costume particulier ou tout au moins une marque distinctive sur leurs vêtements. De là les nécessités humiliantes qui pesaient sur eux de temps immémorial. Un vieux tarif soumet tout Juif qui abordera sur la plage située en face de Montpellier, ou qui en sortira, à un droit de péage de trois sous, homme ou femme, et toute Juive enceinte à un droit de péage de six sous, taxe identique à celle que payaient dans le même cas les Sarrazins [1]. Cette taxe était perçue au profit de l'évêque de Maguelone, en sa qualité de comte de Melgueil. Le tarif qui la règle paraît être de la première partie du XIVe siècle; mais l'existence du droit de péage dont il s'agit est beaucoup plus ancienne. Il en est fait mention dès le XIIe siècle [2]. A Marmande et à Condom, de même, les Juifs ne pouvaient passer sans acquitter un droit de péage proportionnel [3]. Récemment encore à Ingolstadt,

[1] Arch. dép., *Cartulaire de Maguelone*, Reg. C, fol. 195. — Trois sous et six sous en monnaie melgorienne équivalent à trois francs et à six francs environ de la monnaie d'aujourd'hui.

[2] Voy. *Mémorial des Nobles*, fol. 24.

[3] « Un Juif ou une Juive non enceinte passant par Condom
» payera huit deniers tournois; et, si la Juive est enceinte, elle
» payera seize deniers tournois.... L'étranger qui aura acheté
» quelque part un Sarrazin ou une Sarrazine payera pour
» chacun d'eux huit deniers pour la première fois qu'il les
» fera passer par Condom, après les avoir achetés. » Pancarte ou tarif des droits du péage que le Chapitre de l'Église cathédrale

en Bavière, les Juifs n'avaient pas discontinué d'être, vis-à-vis de la douane, assimilés au plus immonde des animaux, comme ils l'étaient presque par toute l'Allemagne autrefois [1].

On comprend maintenant le sens de l'article 7 de la charte du 15 août 1204 : « Le seigneur de Montpellier ne prend jamais de bayle parmi les Juifs. » Le législateur, en prononçant cette exclusion, ne se place point dans l'exception ; il est au contraire dans la

de Condom a droit de prendre dans la ville et juridiction de Condom, conforme à la transaction passée entre le Chapitre et la communauté de Condom le 13 avril 1506, ap. *Feuille d'annonces de Condom* du mardi 24 décembre 1833, p. 3. — « Et en tout »Juif passant par la ville établit dix deniers de péage, s'il passe »par l'eau, et s'il passe par terre quatre deniers ;.... si la »Juive est enceinte, huit deniers. » *Statuts et priviléges de la ville de Marmande*, donnés en 1190 par Richard-Cœur-de-Lion. — A Saint-Symphorien d'Ozon, en Dauphiné, un Juif à pied payait quatre deniers pour son passage ; un Juif à cheval et une Juive enceinte payaient le double.

[1] « Sur tout porc et sur tout Juif il sera perçu, à la sortie de »la ville, un droit de 8 kreutzers par tête ; à l'entrée de la »ville, 1 kreutzer, s'ils arrivent par terre, 7 kreutzers, s'ils »arrivent par eau, et en outre un demi-kreutzer par livre, à »titre d'accise. » Tarif de la douane d'Ingolstadt, article *Bétail et Bestiaux*, ap. *Univers* du 11 février 1849. — Nous aimons à croire, pour l'honneur de l'humanité, que cet article était tombé depuis long-temps en désuétude lorsque le contre-coup du mouvement populaire de 1848 l'a fait disparaître. Mais sa persistance jusqu'à notre époque, ne fût-ce que sur le papier, n'en est pas moins digne d'attention.

règle. Le comte de Toulouse Raymond VI, pour avoir voulu, vers le même temps, confier à des Juifs les emplois publics, fut mis au ban de la société chrétienne.

Art. 8. — « Dans la cour du bayle, les légistes ne défendent
» que leurs causes propres. S'ils en ont quelqu'une, un légiste
» pourra leur être opposé. Il n'y a d'avocats que du consen-
» tement des parties. Le seigneur appelle, quand il le veut,
» des jurisconsultes dans les conseils; mais dans les procès il
» doit toujours recourir à un juge. »

Ceci caractérise la cour du bayle : la justice y est sommaire, les parties y exposent elles-mêmes leurs griefs. Voilà pourquoi il n'y est pas besoin d'avocats, pourquoi les légistes n'y interviennent que dans leurs propres causes. L'ordinaire à la cour du bayle est de se passer d'eux, mais sans qu'il y ait obligation pourtant de s'en passer. Il n'y a pas d'avocats désignés d'office; seulement, quand un légiste a une affaire devant la cour, on lui oppose un autre légiste, de peur, vraisemblablement, qu'au moyen de sa science technique il ne remporte une victoire trop facile sur un adversaire moins capable. Par la même raison, selon toute apparence, le seigneur, bien qu'ayant droit d'appeler des jurisconsultes dans ses conseils pour s'éclairer de leurs lumières, est contraint, comme ses sujets, en matière de procédure de se servir d'un juge. Nouvelle preuve de la prédominance dans la charte du 15 août 1204 du principe d'égalité devant la loi.

Art. 9. — « La cour rejette et punit les faux de toute
» espèce. »

Les faux poids, par conséquent, les fausses mesures, les fausses monnaies, tout aussi bien que les faux actes et les faux témoignages. Mais de quelle peine les punit-elle? La Coutume ne s'expliquant pas là-dessus, il est naturel de croire qu'on appliquait, selon les divers cas, la pénalité prescrite par le droit romain. Le droit romain faisait loi à défaut du droit coutumier.

Art. 10. — « Les *renoviers* ou usuriers, qui prêtent deniers
» pour deniers, ne sont pas reçus en témoignage. »

Remarquons ce mot *renovier* synonyme d'*usurier*; il a dû être importé chez nous à la suite de nos relations avec l'Espagne sous les derniers Guillems : c'est le *renovero* des Espagnols francisé. La sévérité de la peine infligée au délit qu'il représente témoigne combien ce délit était antipathique au caractère de nos bourgeois. Une population hostile aux Juifs ne pouvait être amie des usuriers.

L'honnête et loyale population ! En même temps qu'elle repoussait par l'organe de ses législateurs tout individu, comme tout acte, proscrit par la justice divine et humaine, elle se faisait donner par le pouvoir seigneurial les garanties les plus expresses de liberté :

Art. 11. — « Le seigneur ou la cour ne doivent s'immiscer
» dans les querelles particulières que lorsqu'il aura été porté
» plainte par les intéressés. »

Les bourgeois sont donc libres de s'arranger entre eux à l'amiable, en cas de contestation ; l'autorité n'a rien à y voir ; elle n'intervient que sur leur demande.

L'article suivant n'est pas moins explicite en faveur de la liberté individuelle.

Art. 12. — « Les hommes de Montpellier peuvent, quand
» ils le veulent, vendre tous leurs biens, en emporter le prix
» avec eux, et s'en aller où il leur plaît, sans empêchement.
» Le seigneur doit leur donner un sauf-conduit pour eux, leur
» fortune et leur famille, par toute l'étendue de sa terre et de sa
» domination. Le seigneur et son bayle sont tenus d'accorder
» sans contradiction l'investiture à l'acquéreur, pour toutes les
» ventes que les hommes de Montpellier voudraient faire des
» biens sur lesquels le seigneur a droit de lods, à moins que
» ledit seigneur ne veuille user de son droit de prélation. »

Art. 13. — « Quand un père, en mariant sa fille ou ses
» filles, les dote, soit en argent, soit en biens-fonds, ou leur
» baille en apanage quelque somme ou quelque immeuble,
» celles-ci n'ont plus rien à prétendre ensuite sur les biens
» paternels, à moins que le père ne le leur lègue par testa-
» ment. Si le père a en sus un fils et une fille, et meurt
» intestat, sans les avoir pourvus ni mariés, ses biens font
» retour par égale portion au fils et à la fille non pourvus ni
» mariés. Quelqu'une des filles mariées et pourvues par le père
» meurt-elle sans testament et sans enfants ; ses biens font
» retour en commun à tous ses frères survivants, en l'absence
» du père déjà mort. Est-ce au contraire le fils ou la fille
» non pourvus ni mariés qui viennent à mourir sans testament
» et sans enfants ; les biens de l'un des deux font retour à
» l'autre, et, en cas de mort du non marié, aux filles mariées
» ou à leurs héritiers. Chaque personne pourtant peut disposer

» librement de son droit. Le même règlement s'applique aux
» biens maternels. »

Après avoir ainsi statué sur les successions ordinaires, la Coutume statue d'une manière spéciale sur celles des répondants ou cautions.

Art. 14. — « Les héritiers ou enfants des répondants ne sont
» pas tenus après leur décès pour l'engagement contracté par
» ceux-ci, à moins qu'une action n'ait été intentée au répon-
» dant de son vivant, ou qu'une plainte n'ait été portée à la
» cour au sujet de l'engagement. »

Cet article est en opposition formelle avec le droit écrit, qui oblige l'héritier du répondant à satisfaire aux engagements de celui qu'il représente. La Coutume de Montpellier aurait-elle pour but de remédier à l'abus des engagements en les rendant plus précaires? Ou bien voudrait-elle donner au fils plus de liberté, en ne l'assujétissant pas aux servitudes qu'il plairait à son père de lui léguer? Ou bien encore serait-ce pure commisération envers le pauvre bourgeois qui s'engage pour faire office d'ami?

Art. 15. — « Quiconque achète à Montpellier une maison ou
» un terrain vacant, donne au seigneur pour droit d'aliénation
» le *quint* ou la cinquième partie du prix de l'achat, en ce sens
» que, si le vendeur a reçu cent sous, l'acheteur donne au sei-
» gneur vingt-cinq sous [1]. Mais il est fait sur cette taxe une
» remise considérable.

[1] Ce ne devrait être que vingt sous régulièrement. Mais le *quint* est compté ici comme partie intégrante du prix principal :

Ici le droit du seigneur fait son apparition. Il faut bien que le seigneur paie ses officiers. Une administration politique, si peu étendue qu'elle soit, nécessite beaucoup de frais. Seulement, le seigneur se réserve de dispenser d'une partie de la taxe. Dans cette dispense consistent ses faveurs, faveurs forcées, si l'on veut, puisqu'il promet d'abaisser le tarif légal. Mais ne faut-il pas offrir quelque aliment à l'amour-propre du seigneur? Les droits plus honorifiques que lucratifs inscrits à côté de son nom dans la charte du 15 août 1204 n'ont pas d'autre destination. L'article 16 en fournit un second exemple :

Art. 16. — «. Dans les baux à ferme, le seigneur a un » droit de six pour cent, mais il en remet une partie. Ce droit » est dû par le propriétaire de l'immeuble affermé. »

Tout-à-l'heure c'était à l'acheteur à payer le droit seigneurial ; maintenant c'est au propriétaire. La raison est la même dans les deux cas ; la Coutume fait payer le possesseur, celui à qui la chose reste. Il n'en est pas ainsi dans l'article suivant ; le contenu dira pourquoi.

Art. 17. — « S'il a été fait clameur en la cour, à propos » d'argent ou de quelque bien-meuble, par suite du refus d'un » débiteur d'acquitter une dette, le débiteur convaincu ou con- » damné doit rembourser au créancier la dette tout entière, et

25 est le cinquième de 125. — Avons-nous besoin d'ajouter encore qu'il s'agit de sous melgoriens, équivalant chacun à environ un franc de notre monnaie actuelle?

» de plus payer à la cour, à titre de justice ou d'amende, un
» tiers en sus de la dette; c'est-à-dire que, si, par exemple, le
» créancier obtient soixante sous, le débiteur qui n'a pas voulu
» payer avant la citation est contraint de donner vingt sous pour
» la justice, sur lesquels cependant il est fait une remise. Mais
» le créancier qui rentre dans son argent ne donne rien à la
» cour. Cela est ainsi établi afin que personne ne retienne le
» bien d'autrui. Si toutefois quelqu'un a porté plainte à la cour
» sur le compte d'un débiteur, sans avoir préalablement requis
» celui-ci de payer, et s'il n'a pas tenu au débiteur de satis-
» faire, le débiteur dans ce cas-là n'a pas d'amende à payer.
» De même, si quelqu'un a offert ouvertement à son créancier
» l'argent qu'il lui doit, et s'il a été au pouvoir de celui-ci de
» le recevoir, sans qu'il l'ait fait néanmoins, le créancier aura
» beau porter ensuite clameur devant la cour à cause de cet
» argent, le débiteur n'aura nulle amende à payer. »

Inutile de s'arrêter sur cet article; il porte avec lui son commentaire.

Art. 18. — « La cour instruit et juge à ses dépens les procès
» intentés devant elle touchant les biens-fonds, sans rien per-
» cevoir ni exiger, soit du défendeur, soit du demandeur. Nul
» plaideur n'y fait de consignation, à moins qu'il ne soit che-
» valier, et alors la consignation est obligatoire. »

La justice est donc, aux termes de la Coutume, expressément gratuite à Montpellier : le seigneur y rétribue les juges. Mais pourquoi, dira-t-on, le chevalier s'y trouve-t-il placé, à son détriment, en dehors du droit commun? A cause de la facilité que lui donne sa position pour échapper à la rigueur de la loi. Le chevalier, par ses alliances et les moyens d'action dont il dispose en vertu de son rang, pourrait se moquer de la sentence des juges. La Coutume y pourvoit, en l'obligeant à donner des gages : ces gages lui seront rendus, s'il gagne son procès ; s'il le perd, ils répondront à défaut de sa personne, et le pauvre, le faible ne sera pas sacrifié. En réalité donc, l'inégalité ici n'est qu'apparente, et si elle existe tant soit peu, c'est afin de rétablir l'équilibre dans les positions respectives des plaideurs, et d'offrir des garanties certaines à la justice.

Art. 19. — « Les iniques interdits de pain, de vin, de foin
» et de toutes choses sont formellement exclus de Montpellier.
» Il est permis à toute personne d'y faire ses affaires et d'y
» exercer sa profession, quelle qu'elle soit, sans interdiction. »

Disposition très-libérale, aussi libérale qu'elle pouvait l'être au moyen-âge, et dont, malgré les progrès de la civilisation, nos mœurs modernes n'ont guère surpassé la sagesse. Montpellier s'y annonce comme une ville d'asile, ne repoussant personne, accueillant tout le monde, offrant à quiconque vient s'établir dans son enceinte sécurité et protection. Liberté individuelle, liberté de l'industrie, liberté du commerce, liberté de l'enseignement même, toutes les libertés civiles sont contenues dans cet article, qui rappelle et complète la déclaration de Guillem VIII prohibant, en 1181, le monopole de la science médicale.

Art. 20. — « Une chose dérobée ailleurs, découverte à
» Montpellier et saisie par la cour, appartient pour un tiers au
» seigneur, si elle n'est la propriété d'aucun habitant de la

» ville; les deux autres tiers en sont restitués à l'étranger
» à qui elle a été prise, et qui prouve son droit de possession.
» Mais si le possesseur de la chose ou un de ses délégués
» dénonce le fait et fournit cette preuve à la cour, avant qu'elle
» ait eu connaissance du larcin, il recouvre le tout intégrale-
» ment. S'agit-il de vols commis à Montpellier, et au préjudice
» des hommes de Montpellier, le seigneur et les officiers de la
» cour n'ont rien à prétendre, jusqu'à ce qu'il ait été donné
» satisfaction à la victime du larcin; ils se bornent alors à
» punir les voleurs. »

Ceci est beaucoup moins large; l'esprit local s'y montre trop. Le seigneur, ne pouvant se créer assez de ressources avec les bourgeois de sa ville seigneuriale, se dédommage aux dépens de l'étranger, sous prétexte de se faire payer sa peine et son droit. Mais un pareil article est naturellement condamné à tomber de bonne heure en désuétude; il admet une distinction contraire aux intérêts du commerce et de la vraie liberté. Le suivant est plus conforme à la dignité humaine :

Art. 24. — « Si quelqu'un a, par hasard, acheté d'un
» voleur ou de celui qui n'en était pas le maître, une chose
» quelconque dérobée, ravie ou appartenant à autrui, exposée
» publiquement en vente, la croyant de bonne foi la propriété
» du vendeur, et si ensuite le vrai maître de la chose survient
» et prouve qu'elle était à lui, ce dernier, après avoir reçu le
» serment de l'acheteur, attestant qu'il ne savait pas que ce fût
» une chose dérobée ou appartenant à autrui, et qu'il ne peut
» en indiquer le vendeur, restitue à l'acheteur seulement les
» déboursés, et reprend sa chose. »

Ce qu'il faut signaler ici surtout, c'est la puissance

du serment. Le législateur respecte la parole à l'égal de la propriété.

Art. 22. — « La femme mariée ou l'homme marié pris en
» flagrant délit d'adultère, ou qui, nonobstant la défense à eux
» faite par la cour, en cas de mauvais bruits, d'habiter seuls
» avec le compagnon ou la compagne de leur crime une même
» maison, persistent témérairement à demeurer ensemble, sont
» condamnés à courir nus par la ville, avec leur complice, la
» femme devant, et à être fouettés, cette double peine leur
» tenant lieu de toute autre. »

Ici encore le législateur a foi en l'homme. Il laisse à sa honte personnelle et au sentiment public le soin de le châtier. Un pareil châtiment, néanmoins, ne surpassait-il pas le délit en scandale?—Ce mode si pittoresque de punir l'adultère se retrouve, au moyen-âge, dans beaucoup de localités, en Roussillon notamment.

Art. 23. — « La cour ne prend connaissance ni de tous les
» outrages, ni de toutes les insultes qui ne consistent qu'en
» paroles, à moins que les personnes offensées ne portent
» expressément plainte. Mais la cour intervient d'elle-même
» lorsque quelqu'un en injurie un autre, en l'appelant *méchant*
» *serf*, ou *traître*, ou *voleur-fieffé*, ou *parjure*, ou *meretrix*,
» s'il s'agit d'une femme mariée ou d'une veuve, et si l'on ne
» peut fournir la preuve de cette dernière qualification. La cour
» intervient encore si l'on reproche à un homme ou à une femme
» d'avoir été *fustigés* judiciairement, ou si l'on appelle *sarrazin*
» ou *juif* un chrétien ou une chrétienne issus de famille juive
» ou sarrazine. Ces outrages équivalant presque à des coups et
» à des blessures, la cour les apprécie selon la qualité et la
» dignité des personnes. Si donc quelqu'un les a proférés en

» tout ou en partie, il sera déclaré coupable d'injures, et paiera
» pour amende à la cour tout autant, ni plus ni moins, qu'il
» aura dû payer par jugement ou par composition à l'injurié.
» Mais la cour pourra faire sur cette amende la remise qu'elle
» voudra. Si c'est une personne de condition infime qui a traité
» de la sorte un prud'homme, et si elle n'a pas de quoi payer,
» elle satisfera corporellement. »

Singuliers traits de mœurs! Il fallait que les injures mentionnées dans cet article parussent bien odieuses à nos bourgeois du XIII$^e$ siècle, pour que la justice n'attendît pas la plainte des offensés. Ces injures sont caractéristiques : *méchant serf*, *traître*, *voleur-fieffé*, *parjure*, *sarrazin*, *juif*. Ceci vient à l'appui de ce que nous disions à propos de l'article 7. Nos pères regardaient comme infame d'être assimilés aux Juifs, alors même qu'ils descendaient de familles juives. Une semblable assimilation était placée chez eux sur la même ligne que l'accusation de servage, de trahison, de vol, de parjure. Quel crime que d'appeler *méchant serf* un bourgeois de Montpellier! Comme son orgueil se révoltait à ce gros mot! Quoi de plus humiliant aussi pour un prud'homme que de s'entendre qualifier de *voleur*, de *traître*, de *parjure!* Nos vieilles susceptibilités bourgeoises parlent haut dans cet article. La femme n'y apparaît pas moins fière que l'homme : le surnom seul de *meretrix*, quand il lui est jeté au visage, est de nature à faire condamner son auteur, si on ne le justifie. Mais comment justifier cette sorte d'accusation sans aggraver le scandale, comme tout-à-l'heure en sévissant contre l'adultère? Les injures dont il s'agit équivalent, de plus, devant la Coutume, à des coups et à des blessures : elles constituent, en effet, tout autant de blessures morales, chose considérable dans une société jalouse de sa dignité jusqu'à l'excès. Ce n'est pas trop, pour les punir, des châtiments corporels, à défaut d'argent, au risque de blesser la dignité humaine dans un autre sens. Mais ne nous étonnons pas de cette espèce de contradiction ; la loi du talion domine toute pénalité dans les sociétés primitives. Elle se manifeste avec toute sa rigueur dans l'article 24 :

Art. 24. — « Les homicides et les autres crimes qui empor-
» tent avec eux la peine du sang sont punis selon l'arbitrage et
» le jugement du seigneur et des sages-hommes. »

La cour ordinaire n'est plus réputée suffisante pour l'application de la peine capitale. Le seigneur juge directement avec le concours d'un jury pris parmi les hommes les plus sages et les plus éclairés, au nombre desquels siègent, selon toute apparence, les jurisconsultes et les docteurs les plus éminents de notre École de droit.

La charte du 15 août 1204 ne se fait pas remarquer, du reste, par un ordre bien méthodique dans le classement des matières. Elle passe sans la moindre transition de l'homicide à la vente du bois :

Art. 25. — « Les charges de bois ou fagots portés à Mont-
» pellier, mais non vendus, ne doivent ni *usage* ni *péage*. »

La conséquence naturelle de cette disposition, c'est que le bois vendu était passible des droits indiqués. La Coutume favorise le propriétaire.

Puis, sans plus de logique, le législateur revient aux formes de la procédure judiciaire :

Art. 26. — « Quand il s'agit de choses mobilières, on ajoute » foi à la déposition d'un seul témoin légal, idoine et connu, » jusqu'à la valeur de cent sous. »

La modicité de la somme et l'aptitude du témoin faisaient recevoir son témoignage, malgré l'axiôme : « *Unus testis, nullus testis; vox unius, vox nullius.* »

Art. 27. — « En toute circonstance, la déposition de deux » témoins légaux et idoines est admise. »

Admise et indispensable, selon la maxime vulgaire : « *In ore duorum stet omne verbum.* » Ceci est la règle ; l'exception précède. Mais dans cette règle ne rentrent pas les testaments, comme on le verra aux articles 53, 56 et 58.

Ensuite, toujours sans ordre ni transition :

Art. 28. — « La vaisselle, soit d'or, soit d'argent, fabriquée » à Montpellier, doit être uniquement d'or et d'argent fins. »

Cette prescription fait autant d'honneur à l'antique probité de nos bourgeois qu'elle recommande leur industrie. Les orfèvres du reste de la France se sont mis là-dessus en général assez tard à l'unisson avec ceux de Montpellier, qui ont dans cette voie une avance de plusieurs siècles. — Cet article de la grande charte montpelliéraine est textuellement emprunté à la Coutume octroyée par les Guillems antérieurement à la domination des rois d'Aragon ; il termine, dans le *Mémorial des Nobles*, la troisième partie du fragment qui nous est parvenu de cette Coutume primitive.

Art. 29. — « Tous les métiers et toutes les boutiques d'arti-
» sans, cantonnés jusqu'ici dans divers lieux de Montpellier,
» doivent toujours demeurer dans ces mêmes lieux, sans pouvoir
» être transférés ailleurs, excepté pourtant la Poissonnerie, qui
» doit être changée de place, mais pour une seule fois, et sans
» nuire aux possesseurs actuels des maisons et des tables de
» ladite Poissonnerie. Le nombre des métiers et des boutiques
» peut s'accroître, néanmoins, et s'étendre dans les rues du
» voisinage. »

Ces derniers mots renferment, sous une autre forme, une nouvelle interdiction du monopole. Le personnel d'une même industrie n'est pas limité ; on lui permet de grandir indéfiniment, et, à défaut d'espace dans les rues qui lui sont spécialement affectées, on l'autorise à refluer dans les rues voisines. Quant au cantonnement de chaque industrie dans certains quartiers, on le rencontre presque partout au moyen-âge, et il a lieu aujourd'hui encore à nos grandes foires, à celle de Beaucaire, par exemple. Il s'explique par la commodité qu'y trouvaient les acheteurs, par le besoin d'une surveillance active, et par l'existence d'un lien de fraternité autrefois très-fort entre ouvriers d'une même profession. Montpellier, comme beaucoup d'anciennes villes, est redevable à ce cantonnement du nom de plusieurs de ses rues. Pour ce qui est de la Poissonnerie, il était question en 1204 de la changer de place. Mais les consuls, n'ayant pas encore de résolution arrêtée sur ce changement, se bornent ici à consacrer le principe, sauf à fixer ensuite l'emplacement du nouveau marché. Ils ne tardèrent pas à prendre un parti à cet égard. Il résulte d'un acte de 1212, conservé dans nos Archives municipales, qu'ils concédèrent, cette année-là, à certains particuliers le sol nécessaire à la construction de la nouvelle Poissonnerie, moyennant une redevance annuelle de trente-cinq francs à titre d'*usage*, et de cinquante-deux livres melgoriennes comme droit d'entrée.

Art. 30. — « Le seigneur de Montpellier, ni personne par son
» ordre, ne doit, sans le consentement et la volonté de la victime
» ou de son héritier, accorder de sauf-conduit ou de sauvegarde
» à aucun homme, chevalier, clerc ou de toute autre condition,
» qui se serait, soit directement, soit indirectement, rendu cou-
» pable d'attaque, de blessure, d'assassinat, de spoliation ou
» d'outrage corporel, avec violence, envers quelque habitant de
» Montpellier de l'un ou de l'autre sexe. Si l'offenseur entre dans la
» ville de Montpellier sans cette sauvegarde librement consentie,
» les offensés ont plein pouvoir de se venger à son égard, et ils
» n'ont, qui plus est, aucune satisfaction à donner au seigneur,
» à sa cour ou à l'offenseur lui-même pour les dommages dont
» ce dernier ou ses complices se trouveraient avoir à souffrir
» par suite de cette vengeance; leurs héritiers n'ont d'autre res-
» ponsabilité que celle qu'implique de droit leur titre à la suc-
» cession. Mais avant d'exercer ladite vengeance, les offensés ou

» leurs héritiers doivent porter plainte au seigneur ou à la cour,
» et déclarer la qualité de l'offense, avec le nom de l'offenseur,
» en présence de témoins ou par acte notarié, afin que la chose
» ne puisse être révoquée en doute.

» Le pèlerin que le seul motif de dévotion amène au sanctuaire
» de Notre-Dame peut séjourner avec sûreté dans la ville durant
» deux jours et deux nuits, et s'en retourner de même le troi-
» sième jour, à moins qu'il n'ait pris, blessé, tué ou corporel-
» lement outragé quelque personne de Montpellier, ou qu'il n'ait
» été banni de la ville. Pour de tels gens point de sauf-conduit. »

Cet article nous reporte aux habitudes des temps barbares. Il renferme une reconnaissance explicite du droit de justice individuelle, et il étend ce droit très-loin, tout en le réglant. Il témoigne aussi de l'importance qu'avait déjà acquise, comme but de pèlerinage, l'église Notre-Dame des Tables, au commencement du XIIIe siècle. La disposition concernant les bannis n'est pas moins remarquable : les nouveaux seigneurs et les bourgeois ont évidemment peur qu'ils ne remettent le pied dans la ville, sous prétexte de dévotion ; en leur en fermant les portes, ils ratifient l'arrêt lancé contre la postérité d'Agnès de Castille et ses partisans.

Art. 31. — « Si un étranger a confié à quelqu'un de l'or, de
» l'argent ou autres valeurs, comme prêt ou comme dépôt, a
» mis son avoir en société avec quelqu'un, ou exerce lui-même
» quelque métier, soit comme chef, soit comme ouvrier, il doit
» avoir sûreté et protection pour tout ce qu'il possède, en temps
» de paix et en temps de guerre. Il en est de même du fils, du
» neveu ou d'un subordonné quelconque que l'étranger envoie
» en apprentissage à Montpellier. »

Garantie précieuse, dont le commerce profita, et qui dut influer sur l'avenir de notre ville. Les encouragements prodigués par les Guillems aux marchands du dehors la commandaient : le roi d'Aragon, en arrivant à la seigneurie, ne pouvait faire moins que ses prédécesseurs.

Art. 32. — « Toute personne, quelle qu'elle soit et d'où qu'elle
» soit, peut, en temps de paix et en temps de guerre, entrer en
» sûreté avec sa fortune à Montpellier, y séjourner et en sortir
» sans opposition, et sa fortune, même en son absence, doit y
» être également en sûreté, en temps de paix et en temps de
» guerre, à moins que cette personne ne soit trouvée coupable
» par sa propre faute. Si cependant les gens de Montpellier, après
» avoir éprouvé quelque dommage ou quelque injure dans la
» ville ou dans l'endroit d'où est cette personne, n'ont pu s'y faire
» rendre ni justice ni raison, la cour doit enjoindre aux hommes
» dudit lieu de sortir de Montpellier avec leur fortune, et après
» leur retraite il est permis aux gens de Montpellier qui ont reçu
» l'offense de faire saisie et de se venger sur la personne et sur
» les biens des hommes dudit lieu, là où le déni de justice se
» sera manifesté, et où le malfaiteur se sera retiré avec son
» méfait. »

Nous voyons ici une consécration solennelle du droit de représailles. L'étranger honnête est traité à Montpellier en ami et en frère ; mais l'étranger prévaricateur y est un ennemi contre lequel s'arment nos bourgeois, jusqu'à envelopper ses compatriotes dans sa disgrâce. Les délits de l'étranger ne sont pas réputés personnels ; ils sont en quelque sorte nationaux, et peuvent devenir le prétexte d'une collision, d'une guerre de population à population. La Coutume de Montpellier ne dit plus, comme la loi romaine : *hostis vel peregrinus ;* mais elle est encore profondément empreinte de l'esprit d'individualité et de morcellement répandu parmi les petites sociétés féodales du moyen-âge.

Art. 33. — « Si un étranger, noble, ecclésiastique ou de toute
» autre condition, se trouve débiteur de quelque habitant de Mont-
» pellier, celui-ci, après avoir porté plainte à la cour pour être
» payé, peut, à défaut de satisfaction de la part du débiteur, le
» contraindre dans sa personne et dans ses biens, sans que ni
» le créancier, ni ceux qui lui prêtent assistance soient tenus à
» rien envers le seigneur, envers la cour, ou même envers le
» débiteur. Les ecclésiastiques, néanmoins, ne peuvent pas être
» contraints dans leur personne, mais seulement dans leurs biens,
» sauf le droit et l'autorité de l'évêque de Maguelone sur les clercs
» de son évêché et sur leurs biens. »

Voilà Montpellier déclaré ville d'arrêt. La loi des Douze-Tables reconnaissait au créancier un privilége analogue. Le créancier, pourtant, n'a pas tout-à-fait les mêmes droits si le débiteur est clerc ; il ne peut alors le contraindre personnellement. L'autorité de l'évêque de Maguelone est expressément réservée par cet article [1]. L'article suivant a également pour but de prévenir de fâcheux conflits de juridiction.

[1] Cet article a été parfaitement commenté et discuté par le professeur Jean-Edmond Serres, en 1758, dans son livre intitulé : *Explication des articles du statut municipal de la ville de Montpellier qui sont encore en usage.* Le lecteur n'y trouvera pas moins de 75 pages sur ce seul point.

Art. 34. — « Les hommes du ressort judiciaire du comté de
» Melgueil, ayant contracté quelque dette ou commis quelque
» délit dans la ville de Montpellier, doivent y répondre si on les
» y trouve, et les hommes de Montpellier, en pareille circon-
» stance, sont soumis à la juridiction du comté de Melgueil. Si
» l'emprunt a été contracté ou le délit commis hors de la ville,
» le demandeur doit suivre de part et d'autre la juridiction du
» coupable. En cas de déni de justice, celui qui a souffert l'injure
» ou le dommage pourra recourir à la saisie, après avoir fait la
» déclaration indiquée plus haut [1], la cour se ménageant le droit
» de contrainte. »

Les habitants du comté de Melgueil sont donc assimilés aux clercs : les habitants de Montpellier, en cas de déni de justice, peuvent saisir leurs biens, mais non leurs personnes.

Art. 35. — « Si quelque cheptelier ou débiteur, soit indigène,
» soit étranger, s'enfuit de la ville de Montpellier, son créancier
» ou le représentant de celui-ci peut l'arrêter et le retenir dans
» les fers jusqu'à ce qu'il satisfasse. Si le débiteur a pris la fuite
» sans le consentement de ses créanciers, le seigneur ne doit ni
» permettre ni souffrir qu'il revienne sans le consentement de
» ces mêmes créanciers ; il ne doit pas, non plus, lui octroyer
» de sauvegarde, avec ou sans argent, jusqu'à ce qu'il leur ait
» donné satisfaction, et tous ses biens doivent leur être dis-
» tribués au sou la livre, sauf l'action privilégiée accordée
» par la loi [2]. Nulle charte, nul privilége, nulle sauvegarde
» obtenue ou à obtenir ne sauraient préjudicier en rien à ces
» dispositions. »

Ceci encore rappelle la loi des Douze-Tables.

[1] Voy. article 30.
[2] C'est-à-dire sauf la préférence due aux créances hypothécaires.

Art. 36. — « Les débiteurs insolvables doivent être livrés à
» leurs créanciers chrétiens, à la charge pour ceux-ci de ne pas
» leur faire quitter la ville. Les créanciers ne sont tenus de leur
» rien donner, à moins qu'ils n'aient pas de quoi vivre ; il est
» pourvu à leur nourriture, dans ce dernier cas, par arbitrage
» de la cour. Si les débiteurs, pourtant, sont devenus insol-
» vables par accident, et sans qu'il y ait de leur faute, c'est à la
» cour à décider s'il convient de les livrer à leurs créanciers. »

Ainsi donc, le droit de contrainte par corps à l'égard du débiteur est restreint aux créanciers chrétiens. Les créanciers juifs, et c'était sans doute alors le plus grand nombre, en sont exclus. Ce droit n'autorise pas, non plus, le créancier à transférer la personne du débiteur partout où il voudra : la cour a besoin d'en surveiller l'exercice, et pour cela elle entend avoir les intéressés sous sa main. Le créancier ne peut entraîner le débiteur hors de Montpellier ; il doit le nourrir, s'il est sans ressources, et il appartient à la cour de fixer la ration, comme il appartient à la cour aussi de voir s'il n'y a pas lieu, en cas de non culpabilité du débiteur, de priver le créancier de son droit de contrainte par corps.

Art. 37. — « Si les débiteurs ont des biens et ne paient pas,
» de bonne foi et sans fraude, dans l'espace de deux mois après
» la chose jugée, leurs biens doivent être saisis et vendus par
» autorité de la cour, sinon par la cour elle-même, et le prix
» de la vente tout entier doit être distribué en paiement entre
» tous les créanciers, proportionnellement à ce qui est dû à
» chacun d'eux, sauf l'action privilégiée accordée par la loi.
» Personne ne sera tenu d'éviction des biens saisis et vendus, si
» ce n'est le débiteur et son héritier. »

Ce délai de deux mois octroyé au débiteur, et emprunté à l'ancien droit romain, est le délai légal. Mais l'article 72, nous le verrons bientôt, conférera au juge le pouvoir de l'étendre à volonté.

Art. 38. — « Quiconque a droit d'appui sur la partie infé-
» rieure d'un mur peut bâtir librement en la partie supérieure
» et en obscurcir les vues, sauf à indemniser d'une manière pro-
» portionnelle son voisin. Mais personne ne peut faire dans un
» mur une fenêtre sous les toits; et si elle a été faite, elle doit
» être fermée, à moins qu'il n'en ait été convenu autrement [1]. »

Règlement de servitude urbaine et de mur mitoyen. Il montre une fois de plus combien tout est mêlé dans la charte du 15 août 1204.

Art. 39. — « La femme qui cautionne pour autrui est vala-
» blement obligée dans les cas où les lois lui permettent de le faire.
» Car, selon les lois, l'intercession de la femme est valable quand
» celle-ci s'oblige sciemment envers un créancier dans l'igno-
» rance, quand elle donne, quand elle dispose de ce qui lui ap-
» partient en propre, quand elle renonce à son privilége, quand
» elle se dessaisit d'un gage ou d'une hypothèque, quand elle
» cautionne une seconde fois au bout de deux ans, quand par
» acte public elle confesse en présence de trois témoins avoir reçu
» quelque somme d'argent, quand il est question de liberté, quand
» il s'agit de dot; la femme s'oblige valablement enfin lorsque,
» exerçant une industrie ou un commerce, elle intercède à leur
» occasion ou du consentement de son mari. »

Le législateur prouve dans cet article qu'il pratique

[1] Cet article a été élucidé par le professeur Jean-Edmond Serres, p. 82 sq. de son livre déjà mentionné.

la loi romaine. Le sénatus-consulte-velléien y est nettement mis en scène.

Art. 40. — « En fait d'immeubles, leur vente n'est pas
» annulée, alors même qu'il y a déception pour plus de la moitié
» du juste prix. Mais en fait de meubles, quand il y a déception
» pour plus de la moitié du prix, la vente est complètement
» annulée, ou bien l'acquéreur ajoute un supplément. »

Sous certains rapports, cette décision ne favorise pas la propriété ; mais elle prévient, en revanche, la fraude commerciale. Peut-être craignait-on qu'en autorisant l'annulation des ventes d'immeubles, à une époque où les révolutions politiques et les changements monétaires faisaient varier si souvent la valeur des choses, il ne s'ensuivît un bouleversement fâcheux. La terre étant alors la base matérielle des sociétés, le moindre ébranlement de cette base eût menacé l'existence de l'ordre établi.

Art. 41. — « Le débiteur qui a donné un gage n'est pas tenu
» de le racheter, à moins de convention contraire, le gage fût-il
» au-dessous de la valeur de la dette. Le créancier ne peut, de
» son côté, retenir ce gage pour une autre dette. Mais, au bout
» de trois ans, il peut, d'autorité de justice, vendre l'immeuble
» et se payer, à moins que le débiteur, en ayant reçu avis, ne
» veuille payer lui-même, ou que les conventions ne s'y opposent. Quant à l'éviction du gage vendu, le débiteur seul et
» son héritier en sont responsables, et personne autre. Si c'est
» un meuble qui a été livré en gage, le créancier peut le vendre
» au bout de l'année, à moins que le débiteur, préalablement
» averti, ne paie. »

Cet article, dans plusieurs de ses dispositions, rappelle encore le droit romain ; il en mitige toutefois la rigueur, en donnant au débiteur le choix de payer lui-même ou de laisser vendre son gage.

Art. 42. — « En fait d'achat, d'hypothèque ou de retour,
» celui qui est le premier, et qui s'est muni de l'investiture du
» maître, est préféré, sauf l'action privilégiée accordée par
» la loi. »

Aux termes de cet article, ce n'est pas la priorité de la prise de possession qui confère le droit, c'est la priorité de l'acte autorisant cette prise de possession.

Art. 43. — « Si quelqu'un se confesse débiteur en présence
» de son créancier ou du mandataire de celui-ci, la confession
» est valable, alors même qu'elle ne serait pas faite devant la
» justice. En cas de doute au sujet de la procuration du manda-
» taire, on doit s'en tenir au serment du demandeur et du man-
» dataire, sans recourir à la preuve par témoins. La même
» chose sera strictement observée pour toutes les confessions
» faites en dehors de la justice, excepté en matière criminelle. »

Toujours même foi en l'homme ; toujours même respect du serment. En matière criminelle, par exception, l'aveu du prévenu n'est pas suffisant pour le faire condamner : c'est que sa vie n'appartient pas à lui seul, mais à la société tout entière.

Art. 44. — « On peut appeler de la sentence de la cour
» du bayle, pendant le délai légal, au seigneur ou à celui que
» le seigneur aura établi pour cela. Le seigneur ou son délégué
» doit alors rechercher avec soin s'il y a dans ses possessions
» quelque jurisconsulte qui n'ait conseillé aucune des parties
» ou qui n'ait pas assisté au premier jugement ; puis, avec ce

» jurisconsulte, informer et terminer la cause. Si cependant il
» ne trouve aucun jurisconsulte remplissant ces conditions, il
» peut s'adresser à des juges du dehors, et il doit terminer avec
» eux l'affaire à ses propres dépens, et moyennant le moins de
» frais possible. L'appelant qui obtient gain de cause ne con-
» tribue pas à ces frais; mais celui qui perd le procès les a
» à sa charge, et les paie aussi modérés qu'il est permis à la
» cour de les lui faire. La cour toutefois ne peut les exiger avant
» la fin du jugement d'appel. »

La justice en première instance est gratuite; l'appel, au contraire, est rétribué par la partie perdante, afin d'en prévenir l'abus. Quand donc on ne veut pas aventurer son argent, on doit être bien sûr de son droit avant d'interjeter appel. Il n'y a pas encore, en 1204, de cour d'appel régulièrement organisée : le seigneur la compose exprès chaque fois parmi les légistes étrangers à la cour du bayle. Mais il y en aura une bientôt, quand le seigneur, en considération de ses absences multipliées et des nombreuses affaires sur lesquelles il ne comptait pas d'abord, éprouvera le besoin d'avoir un lieutenant servi par des officiers à poste fixe.

Art. 45. — « Un plaideur qui, le procès pendant, se pré-
» tendrait grevé, lésé ou amoindri dans son droit, peut porter
» plainte au seigneur contre les officiers de sa cour en général et
» en particulier, et le seigneur doit, sans retard et sans frais,
» commettre lui-même un autre juge pour instruire et terminer
» l'affaire. »

Encore une garantie de bonne justice, encore un sacrifice exigé du seigneur. L'article 46 renchérit là-dessus.

Art. 46. — « Si quelqu'un, dans tout le ressort ou district de
» Montpellier, donne au seigneur un conseil manifestement
» perfide, par suite ou à l'occasion duquel un tiers éprouve un
» dommage ou une injure, le mauvais conseiller est tenu à une
» réparation complète du dommage ou de l'injure, et il est, de
» plus, à la merci du seigneur. Non-seulement le seigneur ne
» doit point le cacher, mais il est obligé de découvrir sur-le-
» champ le mauvais conseiller, de même que le mauvais conseil,
» à celui qui a eu à souffrir le dommage ou l'injure. »

Le législateur ne dit rien des droits de la victime sur le mauvais conseiller. Mais quand même elle n'en aurait eu aucuns, n'était-ce pas déjà un châtiment pour le mauvais conseiller que de se voir à la merci du seigneur, et condamné à une réparation complète envers l'offensé? Si une pareille loi ne coupait pas court au machiavélisme, elle lui imposait, on en conviendra, de fortes entraves. A ce titre, elle honore le seigneur et les bourgeois de Montpellier.

Art. 47. — « Tous priviléges et concessions par écrit accordés
» contre la raison à des Juifs ou à des Chrétiens sont et seront
» toujours nuls et regardés comme non avenus. »

S'il restait encore l'ombre d'un doute sur la prédominance du principe d'égalité devant la loi et sur la suprématie de l'intérêt général dans la charte du 15 août 1204, il s'évanouirait à la lecture de cet article.

Art. 48. « Tout habitant de Montpellier est exempt du droit
» de leude et de coupe pour sa maison ou son terrain, de quelque
» prix qu'il soit, grand ou petit. Le bayle de Montpellier doit
» lui donner l'investiture de ladite maison ou dudit terrain, sauf

» son conseil, si le seigneur y a droit de lods. Les chanoines de
» l'Église de Maguelone possédant à Montpellier une maison de
» la valeur d'au moins dix sous, sont exempts, eux aussi, des
» droits de coupe et de leude. De même, tous les moines de
» l'ordre de Cîteaux et leurs *hommes*, qu'ils aient ou n'aient
» pas de maison, sont dispensés de payer les droits de coupe et
» de leude dans toute la Seigneurie de Montpellier. »

Les droits de coupe et de leude se percevaient au profit du seigneur. Le roi d'Aragon, en les remettant aux habitants de Montpellier, se montre donc généreux ; mais il ne l'est qu'en apparence, et subit en réalité la pression des bourgeois. Les chanoines de Maguelone et les moines de la congrégation de Cîteaux sont compris, on le remarquera, dans la même faveur. C'est que, à part leur prérogative cléricale, les chanoines de Maguelone possédant maison à Montpellier ont des intérêts analogues à ceux des bourgeois, et que le roi Pierre n'est pas fâché de faire sa cour au clergé. Quant aux religieux cisterciens, ils jouissaient depuis plus d'un demi-siècle de l'exemption du droit de leude ; on ne pouvait guère, et on ne voulait pas, d'ailleurs, la leur enlever ; la charte du 15 août 1204 leur maintient le *statu quo*.

Art. 49. — « Alors même que pendant long-temps on n'au-
» rait point payé de censive pour une maison ou pour un
» domaine relevant du seigneur de Montpellier ou de ses féaux,
» le péril d'incursion n'a pas lieu ; on doit seulement solder
» l'arriéré. »

Autre concession du roi Pierre : il s'engage à ne pas

exploiter pour lui-même le péril d'incursion, c'est-à-dire le droit de retour au seigneur en cas de non paiement. Les bourgeois, tout en restant soumis à l'obligation d'acquitter les censives, peuvent impunément, et sans encourir la confiscation, prendre leur temps pour cela.

Art. 50. — « L'habitant de Montpellier n'est tenu de plaider
» ni devant la cour de Lattes ni devant celle de Castelnau
» pour choses mobiliaires ou en action personnelle, non plus
» que l'habitant de Lattes et de Castelnau n'est tenu de le faire
» en pareil cas devant la cour de Montpellier. »

Cet article est du même genre que l'article 34 relatif aux habitants de Melgueil. Il suppose, comme lui, un accord, un traité convenu entre les bourgeois de Montpellier et ceux des diverses localités du voisinage, afin de simplifier l'administration judiciaire. En cas de procès, le demandeur doit généralement actionner le coupable devant la juridiction de celui-ci. Or, la juridiction de l'habitant de Montpellier, c'est la cour du bayle de Montpellier; celle de l'habitant de Lattes, la cour du bayle de Lattes; celle de l'habitant de Castelnau, la cour du bayle de Castelnau. Mais, en vertu du présent article, on peut faire autrement.

Art. 51. — « Chaque particulier, pour son usage propre ou
» pour un besoin public, peut prendre du sable dans les rivières
» et les terres vacantes, et y laver et faire sécher des draps,
» sans que personne puisse l'en empêcher, sous prétexte, soit
» d'acquisition de ce droit, soit de longue possession. »

Reconnaissance pure et simple d'un droit naturel,

bonne à enregistrer pourtant, de peur qu'il ne vienne fantaisie au seigneur de se l'approprier ou d'en exploiter le bénéfice. Il en est de même de l'article suivant :

Art. 52. — « La pêche est publique. »

Il est curieux de voir nos bourgeois prendre ainsi leurs précautions successivement contre l'éventualité de prétentions rivales. Ils inscrivent dans cette charte toutes leurs franchises, toutes leurs libertés, même les moins contestables, une à une, sans ordre logique, sans méthode, ne se préoccupant nullement de la forme, mais uniquement du fond. L'envie pourrait naître au roi d'Aragon de confisquer à son profit leurs immunités. Le besoin d'argent fait faire tant de vilaines choses! Ils préviennent une pareille tentation, et, assignant des limites certaines à la puissance seigneuriale, sauvegardent en détail tous leurs droits communaux, sans en oublier aucun, sans craindre de se répéter, s'y reprenant à deux et trois fois. Ce n'est ni une œuvre littéraire ni une œuvre philosophique qu'ils élaborent, mais une œuvre politique, d'où doit dépendre leur avenir.

Art. 53. — « Tout testament ou toute manifestation quel-
» conque de dernière volonté entre enfants ou entre parents, de
» même qu'entre étrangers, faite par écrit ou verbalement
» devant trois témoins idoines, est valable, que les témoins
» aient été priés ou non, et en dehors de toute considération de
» solennité. Ces trois témoins suffisent pour en faire la preuve.
» Et si, avant la publication de l'acte, un de ces témoins vient

» à décéder ou à s'absenter, les deux autres, en certifiant de sa » présence, sont regardés comme une preuve suffisante [1]. »

Toujours la même foi à la sincérité de l'homme et à son serment.

Art. 54. — « Le fils ou la fille mariés du consentement de » leur père sont censés émancipés. »

Nous rentrons ici, on le voit, dans la législation municipale domestique.

Art. 55. — « La fille mariée ne peut faire de testament ni » exprimer légalement sa dernière volonté sans le conseil de son » père ou de sa mère, et, à leur défaut, sans celui de ses plus » proches parents. Si elle fait une donation ou un testament en » faveur de son mari ou de quelque autre personne par lui » interposée, sans le conseil de son père, ou de sa mère, ou de » ses proches parents, ce testament ou cette donation doivent » être de nul effet, qu'elle soit majeure ou mineure, peu » importe. Cela s'entend de la fille qui n'a point d'enfants ; car » si elle en a, elle peut tester et faire donation à sa fantaisie, » sans le conseil de ses parents ni de ses proches. Qu'elle soit » mère ou non, cependant, elle peut laisser à son mari le quart » de ses biens, sans le conseil de ses parents ni de ses proches. » Elle peut indistinctement faire à son mari toutes les largesses » et tous les legs qu'elle voudra, pourvu que ses parents ou » ses proches soient présents, ou qu'il soit prouvé, s'ils sont » absents, qu'il n'a pas tenu à eux de se trouver là. »

La première partie de cet article précise et restreint le précédent [2]. Le législateur veut mettre obstacle à la

[1] Jean-Edmond Serres examine en détail cet article dans son *Explication du statut municipal de Montpellier*, p. 88 sq.

[2] Voy. Jean-Edmond Serres, ibid., p. 100 sq.

captation et à la contrainte. L'homme y étant beaucoup moins accessible, la Coutume ne statue à son égard aucune disposition prohibitive.

Art. 56. — « Tout testament fait avec trois témoins, sans
» institution d'héritier, est valable, et un père ainsi qu'une
» mère peuvent laisser à leurs enfants tout ce qu'il leur plaît,
» sans que les enfants aient à se plaindre de la modicité du legs,
» le devoir de ceux-ci étant d'obéir en tout et pour tout à la
» volonté de leurs parents et de se contenter de ce qu'ils veulent
» bien leur laisser, sans demander ni subside ni supplément de
» légitime. »

Il serait difficile de prescrire d'une manière plus impérative le respect dû aux parents. Nos aïeux le considéraient à juste titre comme le soutien de la vie de famille, et comme le fondement de toute société. Combien ne seraient pas allégés les périls des temps actuels, si ce respect n'avait pas faibli !

Art. 57. — « Dans les substitutions, la volonté du défunt
» pubère ou majeur doit être partout et toujours observée,
» sans que l'héritier puisse se prévaloir du bénéfice de la loi
» *Falcidia*. »

C'est-à-dire sans qu'il ait droit de revendiquer le quart des biens du défunt. Obligation lui est imposée par la Coutume de Montpellier, contrairement aux dispositions de la loi *Falcidia*, de se borner à prendre ce qu'on lui donne, quand même on lui donnerait moins du quart de l'héritage complet. La charte du 15 août 1204 invoque ici explicitement les souvenirs de la loi romaine.

Art. 58. — « Si un habitant de Montpellier fait son testament
» ou manifeste sa dernière volonté ailleurs que dans la ville,
» soit en faveur de ses enfants, soit en faveur de personnes
» étrangères à sa famille, l'expression finale de sa volonté doit
» être légitimement prouvée par sept témoins ou au moins par
» cinq témoins, sans qu'il y ait lieu, toutefois, de requérir la
» signature ou la désignation des témoins. »

La présence de sept témoins était jadis exigée pour les testaments, et celle de cinq témoins pour les codicilles, dans les pays de droit romain. La Coutume de Montpellier soumet donc nos bourgeois hors de chez eux à la législation générale. C'est une dérogation aux articles 53 et 56 précédemment rapportés, mais une dérogation qui s'explique par la nécessité de se conformer aux usages du pays où l'on se trouve, et par le besoin d'un témoignage plus imposant lorsque la situation d'un testateur inconnu vis-à-vis de témoins inconnus pourrait permettre à l'erreur ou à la fraude de se glisser. Le législateur, du reste, conséquent avec lui-même, se contente de la présence des témoins et de leur affirmation verbale reçue par-devant notaire ; il n'exige ni leur signature, ni même leur énumération détaillée.

Art. 59. — « Les biens de quiconque meurt intestat doivent
» appartenir aux enfants du défunt, ou, à défaut d'enfants, à
» ses proches. Si le défunt laisse après lui un fils établi et
» pourvu ou une fille mariée de son vivant, tous ses biens doi-
» vent aller aux autres enfants. A défaut d'autres enfants, les
» enfants mariés lui succèdent. Mais les biens paternels revien-
» nent aux plus proches de la ligne paternelle, et, de même,

» les biens maternels aux plus proches de la ligne maternelle,
» les lois ne devant pas être suivies sur ce point. »

La Coutume de Montpellier, de son propre aveu, s'écarte ici du droit écrit. — S'il y avait un ordre et un enchaînement rigoureux dans la charte du 15 août 1204, cet article 59 devrait être placé à la suite de l'article 13, qu'il répète en partie.

Art. 60. — « Le bien-fonds que le testateur a légué pour le
» salut de son âme doit être vendu par le conseil de la cour,
» s'il relève du seigneur de Montpellier; et le prix de la vente
» doit en être ensuite donné conformément à la disposition du
» testateur. Mais les plus proches parents du testateur doivent
» être avertis, et s'ils offrent de bonne foi, et sans fraude ni
» contrariété, une somme égale à celle que propose l'étranger,
» on doit les préférer à tous autres. »

C'est justice : dans un pays où dominent les traditions domestiques, et où la société civile a pour base l'esprit de famille, on tient au domaine des aïeux. Il n'est pas défendu à un père de disposer d'une portion de ce domaine pour œuvres pies; c'est un droit consacré par la liberté individuelle et par les habitudes religieuses. Mais il est permis à un fils ou à un proche parent de racheter cette portion, en remboursant le prix qu'un étranger en donnerait. Le seigneur, de son côté, pousse à la vente; il a intérêt à empêcher l'accumulation des biens de main-morte.

Art. 61. — « Le seigneur de Montpellier n'a point et n'a
» jamais eu droit de *tolte*, *queste*, *prêt forcé* ou exaction quel-

» conque sur les habitants de Montpellier. Il n'a point de droit
» de ce genre actuellement, et il n'en aura pas non plus à
» l'avenir. »

Comme la fierté de nos bourgeois devait jouir en insérant une pareille déclaration ! Non-seulement on refuse expressément au seigneur le droit d'imposer arbitrairement ses hommes présents et à venir, mais on nie de la manière la plus formelle qu'il ait jamais eu ce droit. Cet article 61 est peut-être celui de toute la charte du 15 août 1204 où respire avec le plus d'exaltation et de rudesse l'orgueil natif de nos pères. La contexture brève et tranchée de la négation s'y élève presque jusqu'à l'éloquence.

Art. 62. — « Le seigneur de Montpellier ne peut, ni par lui-
» même ni par l'intermédiaire de son bayle, donner, aliéner ou
» céder son droit de lods sur un domaine qui relève de lui,
» avant la consommation de la vente de ce domaine. La même
» règle oblige quiconque tient ou tiendra quelque chose du
» seigneur de Montpellier. Tout acte contraire sera annulé, et
» demeurera sans effet. »

Cette déclaration complète la précédente, en signalant et en réprimant un abus alors assez commun de la juridiction seigneuriale.

Art. 63. — « Ni le duel judiciaire, ni le jugement par le fer
» rouge ou par l'eau bouillante, ni les autres épreuves réprou-
» vées par le droit canon et par le droit civil, ne sont agréés
» par la cour de Montpellier, si ce n'est du consentement
» des deux parties. »

C'est une restriction apportée à la vieille coutume

barbare, mais ce n'en est pas précisément l'abolition. La charte du 15 août 1204 autorise encore cette forme de procédure, antipathique, comme elle le reconnaît, au droit canon et au droit romain. Elle exige seulement pour son application, ou plutôt pour sa validité, le consentement des parties. Cet article est des plus caractéristiques.

Art. 64. — « Le bayle de Montpellier et les officiers de sa
» cour ne doivent, pendant tout le temps de leurs fonctions,
» acheter, ni par eux-mêmes, ni par l'intermédiaire de per-
» sonne, aucun immeuble relevant du seigneur, ni rien faire
» en fraude de cette défense. »

Défense très-sage. Nos juges de la baylie eussent eu sans cela pour faire fortune des facilités uniques, et l'amour du gain, à chaque instant surexcité en eux, eût pu les conduire dans un labyrinthe de prévarications. Le législateur les prémunit contre ce danger, et, en sauvegardant leur vertu, assure à la justice l'impartialité dont elle a besoin.

Art. 65. — « Les gens inconnus ne doivent être ni entendus
» ni reçus en témoignage pour des faits survenus à Montpellier,
» à moins que celui qui les met en avant ne prouve l'innocence
» et la régularité de leur vie. Mais s'il s'agit de faits arrivés hors
» de la ville, ils doivent être reçus en témoignage, sans qu'il
» soit besoin de fournir ladite preuve. Ils doivent être, de même,
» reçus en témoignage, sans que l'innocence et la régularité de
» leur vie soient prouvées, jusqu'à concurrence de la somme de
» cent sous. »

Quand une somme plus considérable est en cause, le

législateur veut des garanties. Jusque-là il compte assez sur la bonne foi ; il préfère, cependant, des témoins connus à des témoins inconnus. Lorsqu'il peut avoir des témoins connus, ce qui a lieu en général pour les faits survenus dans la ville, il se montre difficile à l'égard des autres ; il ne les admet que conditionnellement et sous la responsabilité de celui qui les présente. Mais il se contente de ces derniers, faute des premiers, et sans trop exiger d'eux ; dès qu'il n'y a pas moyen de les remplacer.

Art. 66. — « Permis aux maîtres, quels qu'ils soient, de punir
» correctionnellement les larcins, rapines ou injures domes-
» tiques, sans être tenus de requérir l'intervention de la cour.
» La cour, une fois la punition infligée, ne reçoit pas la plainte
» des coupables. Or, nous entendons par rapines et injures
» domestiques celles qui émanent de l'épouse, des serfs, des
» affranchis, des mercenaires, des fils ou neveux, des disciples
» ou écoliers, des auditeurs, ainsi que de toutes les personnes
» de l'un et de l'autre sexe composant la famille. »

Ici le mot *famille* est pris dans le sens antique, et le maître se trouve investi des droits de l'ancien chef de la *gens* latine. Des droits aussi exorbitants révolteraient nos mœurs actuelles ; mais, au commencement du XIIIe siècle, le rôle du *pater-familias* n'avait pas encore perdu tout prestige. Il n'est pas nécessaire, pour s'expliquer le ton absolu de cet article, de lui assigner une origine plus reculée, que nous inclinerions néanmoins à lui reconnaître. Les Coutumes de Troyes et de Bergerac renferment des dispositions analogues. Le régime féodal, naguère tout-puissant en France, comme dans presque toute l'Europe, avait singulièrement contribué à maintenir, avec les habitudes de la vie domestique dont nous parlions tout-à-l'heure, l'autorité jadis souveraine des chefs de famille. La Coutume de Montpellier accepte pleinement l'exercice de cette autorité; elle l'étend même aux rapports du maître et de l'écolier, ce qui se conçoit, du reste, dans une ville déjà célèbre scientifiquement et toujours ennemie du désordre.

Art. 67. — « Le seigneur et ses féaux ne doivent percevoir
» aucuns droits à raison des biens de leur dépendance donnés,
» légués, laissés, échangés, cédés à propos de mariage, ou
» engagés pour dot à une femme ou à son époux, dans toute
» l'étendue du territoire de Montpellier. Quand celui qui, à ces
» divers titres, fait translation desdits biens, impose à celui
» qui les reçoit la charge de payer une certaine somme d'ar-
» gent, ce dernier, nonobstant cette charge, ne doit acquitter
» aucuns droits s'il est héritier naturel du translateur, c'est-
» à-dire s'il est du nombre de ses enfants, de ses père et
» mère, de ses frères, de ses neveux, ou si, quoique étranger
» à la famille du translateur, il est institué son héritier, ou bien
» encore si le translateur lui enjoint de donner une somme
» quelconque pour le salut de son âme. Dans les autres cas,
» celui qui reçoit les biens du translateur doit payer le droit
» de lods proportionnellement à la somme qu'il est chargé de
» rembourser. »

Disposition très-favorable aux transactions domestiques, et tout-à-fait conforme à l'esprit de l'article précédent. Le législateur y donne gain de cause à la famille contre le seigneur.

Art. 68. — « Si des joueurs se prêtent mutuellement de l'ar-
» gent, le prêteur n'a aucune action contre le créancier ni contre
» son répondant, et n'est pas reçu à porter plainte. Mais s'il a
» des gages en mains, il peut les retenir pour se payer. »

La loyauté de nos joueurs modernes jugera sévèrement cette prescription. Mais la Coutume de Montpellier veut avant toute chose remédier à une passion démoralisante. Il s'agit ici de jeux illicites, de ces terribles jeux de hasard qui ruinent les existences les mieux affermies, et occasionnent de si affreuses catastrophes. Celui qui prête de l'argent pour de tels jeux se fait le complice de tout le mal qu'ils entraînent. Le législateur, en le punissant, sauvegarde la société.

Art. 69. — « La demande de l'usure de deniers pour deniers
» est nulle et doit être rejetée, à moins que l'emprunteur n'ait
» promis par serment de la payer. Il est alors de droit commun
» que, soit à l'égard des Chrétiens, soit à l'égard des Juifs, le
» serment soit gardé. »

Nouvelle preuve de la sainteté du serment chez nos aïeux. Le serment fait en quelque sorte violence à la loi.

Art. 70. — « La cour ne connaît du péril d'incursion ou de
» la peine conventionnelle que lorsqu'il y a eu serment. »

Même respect pour la parole jurée.

Art. 71. — « On ne donnera ni libelle conventionnel ni délai
» de vingt jours. Les accusés doivent répondre le lendemain de
» la déposition de la plainte, ou après l'information du juge. »

L'instance, à la cour du bayle de Montpellier, s'introduit verbalement et sans assignation écrite. On n'y accorde point le délai de vingt ou trente jours indiqué par la loi romaine ; la cour juge dès le lendemain, si elle veut ; la justice y est sommaire et expéditive.

Art. 72. — «. Les condamnés n'ont pas droit à un délai de » quatre mois. Le juge fixe lui-même comme il l'entend la durée » du délai. »

La charte du 15 août 1204 se met ici en opposition avec la loi des Douze-Tables, qui octroyait au débiteur quatre mois de délai. L'article 37, nous l'avons vu plus haut, a déjà réduit ce délai à deux mois ; l'article 72 confère au juge le pouvoir de le réduire encore ou de l'étendre à volonté.

Art. 73. — « Le créancier a le choix d'attaquer les répondants » avant ou après les débiteurs. »

Ce choix aggrave singulièrement la position des répondants. La conséquence d'une telle latitude donnée au créancier est qu'on ne doit répondre pour quelqu'un qu'à bon escient.

Art. 74. — « Les répondants sont obligés de payer, sans » pouvoir invoquer à leur secours l'Épître de l'empereur » Adrien. »

Encore un appel négatif à la loi romaine. Selon l'Épître ou la Constitution d'Adrien, le répondant attaqué pouvait demander que l'action lui fût commune avec les autres répondants, afin que tous les répondants contribuassent, chacun pour sa part, au paiement de la dette. La charte du 15 août 1204 enlève au répondant cette faculté. Le créancier, d'après elle, s'en prend à celui des répondants qu'il préfère, et peut l'obliger à payer seul toute la dette. Une pareille législation était-elle favorable ou nuisible dans une ville de commerce? C'est ce qu'il est permis de se, demander. Elle habituait, tout au moins, à ne pas répondre à la légère, et à ne pas engager témérairement sa parole; elle rendait, par suite, la parole elle-même plus respectable ; elle augmentait le culte du serment.

Art. 75. — « La donation entre vifs, quoique non pourvue » des documents prescrits par la loi, est valable indéfiniment et » universellement. »

Le droit romain exigeait, au contraire, ces documents à l'appui de la donation. La Coutume de Montpellier s'en passe. Elle relève si bien la valeur morale du serment que la parole lui tient lieu d'écritures. Elle le dit expressément dans l'article qui suit :

Art. 76. — « Toutes les conventions pour lesquelles les lois » requièrent une rédaction écrite sont valables par la seule » parole. »

Nouveau démenti donné au droit romain. Quelle profonde différence donc entre la société romaine, qui en justice ne procédait que par écrit, et cette

société montpelliéraine tellement confiante dans la parole de ses membres qu'elle semble faire fi de l'écriture devant la cour du bayle ! Le simple aveu des parties suffit chez elle pour terminer toute contestation, sans qu'elle redoute le moindre parjure des hommes les plus intéressés. Ce fait est le plus beau témoignage que l'histoire ait conservé à la louange de nos aïeux. On doit être fier de compter pour ancêtres les bourgeois d'une commune si libre et si loyale !......
Mais aussi noblesse oblige.

Art. 77. — « En vertu de la législation municipale, toute » sentence définitive est valide, alors même qu'elle n'aurait pas » été écrite. »

La Coutume de Montpellier est en cela très-conséquente avec elle-même : dès l'instant que la parole a tant d'importance dans la bouche des plaideurs, pourquoi ne ferait-elle pas également autorité dans celle du juge ? L'abus, néanmoins, se trouvait à côté de cette prescription, et une foule de procès pouvaient en découler. Aussi exigea-t-on bientôt que les sentences fussent déposées par écrit dans les registres du greffe de la cour du bayle.

Art. 78. — « L'assignation est donnée aux parties selon la » volonté du juge, sans délais solennels, et sans écritures. »

Toujours même système ; toujours même déviation du droit romain, qui imposait la nécessité des écritures, et fixait la durée solennelle ou obligée des délais.

Art. 79. — « Qu'on n'observe pas les délais marqués ; que la » prudence et la sagesse du juge les abrègent librement. »

Encore une protestation contre la lettre du droit romain. La charte du 15 août 1204 craindrait, en s'y conformant, de voir un procès se prolonger au-delà du temps indispensable pour le terminer. Elle invite le juge à en finir au plus vite.

Art. 80. — « Le juge doit interroger les témoins, mais sans » rien leur suggérer. »

S'il leur suggérait quelque chose, il s'exposerait à nuire à l'une ou à l'autre des parties, et son ministère deviendrait suspect. Le juge doit demeurer neutre, tout en aidant la vérité à se produire au grand jour.

Art. 81. — « L'absence de l'avocat n'est pas une raison pour » retarder les débats d'une cause. »

C'est que, comme on l'a vu par l'article 8, à la cour du bayle on ne se sert guère d'avocat. La justice s'y rendant sommairement, les parties elles-mêmes suffisent aux débats. La présence des avocats dans un procès n'est pas de nature à l'abréger, et le législateur veut abréger autant que possible. Il n'exclut pas les avocats, s'il plaît aux parties de recourir à leur talent ; mais il les veut exacts, assidus, soumis au juge ; il ne veut pas qu'une affaire soit remise ou renvoyée par leur faute.

Art. 82. — « Pour les maisons des propriétaires qui n'ha-» bitent pas Montpellier, on ne doit prendre que la moitié du

» revenu ; le produit de cet impôt est tout entier applicable aux
» besoins de la Commune de Montpellier. »

On se plaint des impôts actuels. Mais quel motif de
plainte n'auraient donc pas eu les propriétaires de ce
temps-là ! La charte du 15 août 1204 assujétit ceux
qui n'habitent pas Montpellier à une contribution annuelle égale à la moitié du revenu de leurs maisons. Que
payaient les propriétaires domiciliés dans la ville ? Rien
ne le dit. Il ne serait pas étonnant toutefois que la
Commune eût exigé davantage des absents : ne les ayant
pas sous la main, elle ne pouvait percevoir d'eux aucun
autre impôt. Elle leur devait, néanmoins, et leur
donnait la même protection qu'aux autres. Peut-être
cherchait-elle à compenser à leur égard par le taux
plus élevé d'une contribution unique les ressources que
lui procuraient en détail les bourgeois proprement dits,
par suite des nécessités inséparables de leur résidence.

Art. 83. — « Quiconque possède ou donne à loyer une maison
» a, ainsi que son fondé de pouvoir, le droit d'en congédier le
» locataire pour venir s'y loger lui-même, à moins qu'une con-
» vention différente ne s'y oppose. Si le locataire n'a pas payé
» le prix de son loyer, ils peuvent l'un et l'autre l'expulser, de
» leur propre autorité, fermer la maison, et retenir en paiement
» tout ce qu'ils y trouvent. »

Cet article s'explique par le précédent. Plus lourdes
sont les charges du propriétaire, plus fort doit être son
droit. Il faut bien, d'ailleurs, ménager au propriétaire
qui n'a pas son domicile à Montpellier les moyens de

venir s'y fixer. Il faut aussi qu'il puisse payer l'impôt. Et comment paierait-il l'impôt, s'il ne touchait pas lui-même ses revenus? La législation s'est considérablement adoucie de nos jours en faveur du locataire. Mais il y aura tout-à-l'heure six siècles et demi entre la charte du 15 août 1204 et nous.

Art. 84. — « Le cheptelier doit payer les droits de leude et
» de coupe, mais seulement selon la mesure du capital qu'il
» possède, ou selon la part qu'il a dans le gain déjà réalisé. »

Article assez obscur et de médiocre intérêt, mais qui n'en atteste pas moins un sentiment de justice distributive très-convenable.

Art. 85. — « Aucun seigneur de Montpellier, ni personne en
» son nom, ne doit contraindre une veuve ou une femme quel-
» conque à se marier, ni se mêler de marier une femme, en
» aucune manière, sans la volonté de cette femme et celle de ses
» amis. »

Il faut, pour bien comprendre toute la valeur de cette défense, se reporter au temps des servitudes féodales, où les seigneurs exerçaient à l'égard de leurs vassaux le droit de mariage, droit généralement reconnu, et quelquefois pratiqué sans délicatesse. L'article en question abolit ce droit, quant au seigneur de Montpellier, et restitue, par suite, à la femme la jouissance de toute sa liberté personnelle.

Art. 86. — « Mais la fille qui n'a jamais été mariée ne peut se
» colloquer en mariage sans le conseil, soit de ses père et mère,
» soit de ses parents ou tuteurs. Celui qui entreprendrait de

» l'épouser sans ce conseil serait livré à la merci du seigneur,
» lui et tous ses biens. »

Non-seulement le seigneur n'a pas le pouvoir de marier une femme malgré elle, mais il a mission de punir l'homme qui épouserait une femme malgré ses parents. La femme et la famille rentrent pleinement dans leurs droits, et le seigneur, qui plus est, jure de les protéger.

Art. 87. — « Il doit y avoir égalité dans les setiers, émines
» et autres mesures : le setier et l'émine de sel ou de son ne doi-
» vent être ni plus ni moins grands que le setier ou l'émine de
» blé. L'égalité doit aussi être observée, comme elle l'a été
» anciennement, pour les marcs, onces, livres et autres poids,
» pour les cannes et aunes, pour le poids du fer ou quintal, de
» même que pour le poids de l'or ou de l'argent. Le soin de
» veiller au maintien de cette égalité sera confié à deux pru-
» d'hommes, qui deux fois chaque année inspecteront tous les
» poids et mesures. »

Règlement de police infiniment utile dans une ville de commerce comme Montpellier. Le principe d'égalité ne pouvait, dans une commune du genre de la nôtre, laisser en dehors de son action la boutique du marchand.

Art. 88. — « Pour l'étranger qui fraude ou refuse de s'exé-
» cuter, quant au paiement des droits de leude, aucune peine,
» aucun péril d'incursion ; qu'il restitue seulement l'arriéré.
» Mais si un habitant de Montpellier, après en avoir été requis,
» néglige d'acquitter ces mêmes droits, il paiera le double. »

Ceci n'est pas précisément contraire à l'égalité. L'étranger ne connaît point les usages de la ville, et ne saurait être, par conséquent, regardé comme bien coupable pour ne pas s'y être conformé. Le péril d'incursion aboutissant, d'ailleurs, à la confiscation des biens, que lui confisquerait-on s'il n'a rien? On se contente de lui faire payer tout ce qu'il doit. Mais l'habitant de Montpellier est sans excuse : il connaît la Coutume, et ne peut, en sa qualité de bourgeois, légitimement se soustraire aux charges publiques.

Art. 89. — « Le seigneur de Montpellier a droit, de la part
» des hommes de cette ville présents et futurs, au service d'host
» et de chevauchée, mais seulement pour raison des maléfices et
» injures dirigés contre les habitants, la Seigneurie ou le territoire
» de ladite ville, dont l'auteur refuserait de donner satisfaction.
» Les hommes de Montpellier font alors la chevauchée, selon
» l'usage antique et ordinaire. »

Le droit au service d'host et de chevauchée était le droit auquel les seigneurs du moyen-âge tenaient le plus : leur importance militaire reposait en lui. La charte du 15 août 1204 accorde ce droit au roi d'Aragon, mais à la charge de ne s'en servir que pour les affaires de la Seigneurie et de la Commune de Montpellier. Elle ne reconnaît ni à Pierre ni à ses successeurs la faculté d'entraîner nos bourgeois dans des guerres lointaines. Nos bourgeois s'astreignent au service militaire pour défendre leurs intérêts propres, non pour venir en aide à l'ambition seigneuriale. Cette distinction résume tout un système politique.

Art. 90. — « Le seigneur ne perçoit aucun péage dans tout le
» territoire de Montpellier. »

La Commune est en train de faire des conditions au seigneur. Après avoir inscrit ses réserves pour le service d'host et de chevauchée, elle s'affranchit de tout péage qui serait de nature à entraver son commerce et à nuire à son développement. Elle prive par là le seigneur d'une partie de ses revenus, mais elle se donne à elle-même des garanties précieuses d'indépendance. Les denrées et les marchandises de toute sorte peuvent librement circuler dans toute l'étendue de la Seigneurie.

Art. 91. — « Les pactes, conventions et renonciations que les
» filles font à leurs père et mère, ou à leur père seul, ou à leur
» mère après le décès de leur père, touchant leurs biens ou ceux
» de leurs parents, lorsqu'on les marie, même avant l'âge de
» vingt-cinq ans, sont toujours valables, pourvu toutefois que
» ces actes aient été confirmés par serment. En tout autre cas,
» l'âge de vingt-cinq ans est exigé, soit pour les hommes, soit
» pour les femmes, conformément au droit écrit. »

La Coutume, sciemment ou à son insu, valide par cet article la double renonciation de Marie de Montpellier au patrimoine des Guillems, lors de ses mariages successifs avec le vicomte Barral de Marseille et le comte Bernard de Comminges ; car la fille d'Eudoxie Comnène se trouvait, à ces deux époques, dans la situation prévue ici. Cet article était déjà en vigueur, il est présumable, sous Guillem VIII, qui l'aura mis à contribution au profit de la postérité d'Agnès de Castille, et les rédacteurs de la charte du 15 août 1204, après avoir renversé l'échafaudage machiavélique basé sur lui, l'auront accepté sans rancune, comme nous les avons vus précédemment en accepter plusieurs autres non moins anciens. En lui maintenant force de loi, malgré la révolution récente, ils relevaient d'autant plus la suprématie bourgeoise, qui n'avait pas craint d'y déroger solennellement.

Art. 92. — « Le seigneur ne doit en aucune occasion arrêter » ou faire arrêter qui que ce soit des habitants de Montpellier » présents et à venir, ou lui refuser de sauf-conduit, non plus que » s'emparer de ses biens, ou empêcher justice et raison de lui » être rendues. Dans tout état de choses, l'ordre judiciaire doit » être observé. Les bannis, pourtant, sont exclus de cette règle. »

Le seigneur s'interdit les voies de fait, et garantit à nos bourgeois de la manière la plus explicite leur liberté individuelle. Il leur signe une sorte de bill d'*habeas corpus*; il s'impose l'obligation rigoureuse de n'employer à leur égard que les formes judiciaires. La seule exception à cette règle concerne les bannis, et elle est visiblement dirigée contre les partisans de Guillem IX et d'Agnès de Castille, les soutiens les plus compromis de la dynastie seigneuriale déchue. Les bourgeois de Montpellier, comme le roi d'Aragon, ont intérêt à ne pas les laisser rentrer dans la ville. L'article 30 déjà leur avait fermé les portes du sanctuaire de Notre-Dame des Tables.

Art. 93. — « Le témoin qui, lors de la rédaction d'un testa- » ment ou d'un contrat, jouissait d'une bonne réputation devien- » drait ensuite infame, qu'il n'en serait pas moins cru, à raison » de ce testament ou de ce contrat, comme un bon et loyal » témoin. »

Pour ne pas entraver l'action de la justice, et conformément au principe généralement admis que la validité d'un acte ne doit jamais recevoir d'atteinte des évènements imprévus postérieurs à cet acte et indépendants de sa confection. Le législateur semble ici vouloir réparer une omission.

Art. 94. — « L'étranger qui se mariera dans la ville de Mont-
» pellier, et qui prendra la résolution de s'y établir, sera exempt
» durant un an et un jour des services de chevauchée, d'host et
» de guet. »

La charte du 15 août 1204 accorde, selon toute apparence, cet avantage à l'étranger, comme elle lui en a déjà accordé divers autres, afin de l'attirer et de le retenir dans l'enceinte de la ville. L'article que nous traduisons a, du reste, presque l'air d'avoir été calqué sur le texte du Deutéronome relatif à un usage du même genre pratiqué chez les Hébreux [1].

Art. 95. — « Il est ordonné que des prud'hommes, gens de
» bien et bourgeois de Montpellier, seront élus avec serment
» pour estimer, en qualité d'arbitres assermentés, les biens et
» les ressources de tous les habitants, et déclarer dans quelle
» proportion chacun devra subvenir à la construction des mu-
» railles de la ville. Ces prud'hommes pourront réduire ou
» augmenter la part d'impôt de chacun des contribuables, comme

---

[1] « Quum acceperit homo nuper uxorem, non procedet ad
» bellum, nec ei quippiam necessitatis injungetur publicæ; sed
» vacabit absque culpa domi suæ, ut uno anno lætetur cum
» uxore sua. » *Deuteron.*, cap. XXIV, vers. 5.

» ils croiront devoir le faire de bonne foi, selon l'exiguité, la
» médiocrité ou l'opulence des divers patrimoines. Ils seront
» élus avec serment par quatorze bourgeois, dont deux de
» chaque échelle, qui jureront tous les quatorze de procéder
» de bonne foi à cette élection. Leurs fonctions seront annuelles ;
» personne d'entre eux ne pourra les conserver plus d'un an,
» et d'autres les remplaceront alors en vertu du même mode
» d'élection. Les prud'hommes ainsi élus par les quatorze devront
» recevoir l'argent destiné à la construction des murailles, et
» l'employer à cet usage, du mieux possible. »

Il résulte de l'ensemble de cet article que les bourgeois de Montpellier s'occupent, en 1204, de clore leur ville de murailles. Il faut bien se mettre en garde contre l'éventualité d'une guerre ou d'une invasion. Toute commune, au moyen-âge, a son enceinte fortifiée. Montpellier, ne voulant pas demeurer en arrière sous ce rapport, et trouvant insuffisants les vieux remparts du temps des Guillems, décide que des prud'hommes seront élus chaque année pour recueillir l'argent nécessaire à la construction d'une muraille complète de clôture, et surveiller l'emploi de cet argent. Ces prud'hommes seront également chargés de répartir l'impôt spécial prélevé pour cet objet, et ils auront plein pouvoir à cet égard. On s'explique, après cela, la garantie du serment exigé d'eux concurremment avec celle de l'élection. Ils s'acquittèrent si louablement de leurs fonctions, que, même l'enceinte de murailles terminée, la Commune crut devoir maintenir leur office.

Art. 96. — « Les constitutions de dots, les donations par
» héritage ou à propos de noces, les libéralités faites lors des
» épousailles ne marchent point à pas égaux. Ces divers actes
» puisent toute leur force, au gré des collateurs, dans le con-
» sentement des deux parties ou d'une seule partie. »

Addition complémentaire à l'article 56. Nouveau gage de liberté.

Art. 97. — « Point de monopole d'aucun genre, point d'ex-
» torsion, point de *queste*. »

Autre addition à l'article 19. Ces divers articles ont pour but d'empêcher l'arbitraire seigneurial.

Art. 98. — « Aux fours et moulins, on observera la mesure
» que les prud'hommes jugeront convenable de prescrire. »

Ceci s'explique par l'habitude que l'on avait à Montpellier de faire cuire autrefois son pain au four banal. Il existait dans la ville un certain nombre de fours, dont quelques-uns ont laissé leur nom à plusieurs de nos rues, et où les bourgeois de chaque quartier envoyaient leur pain. Ces fours publics étaient sous la juridiction des consuls. Mais les consuls, ne pouvant y avoir toujours la main par eux-mêmes, en déléguaient la surveillance. L'article 98 enjoint aux consuls de fixer le prix que l'on doit payer à ces fours, et interdit en même temps à quiconque aura la charge d'y faire cuire le pain de rien demander de plus. Les consuls, s'acquittant de leur mission, publièrent en 1212 un règlement par lequel ils tarifèrent à deux deniers et une obole, monnaie melgorienne, chaque setier de farine sorti du four, et rendu sur la table du bourgeois de Montpellier [1].

Art. 99. — « Personne n'est forcé de prendre contre son gré
» des lettres marquées du sceau de la ville. Si quelqu'un en prend
» volontairement, il donnera six deniers pour les lettres, et
» quatre deniers pour le sceau de cire. Un prud'homme de la
» ville tiendra seul les lettres et le sceau, après avoir prêté
» serment à la Commune. »

La Commune n'a pas tort de faire payer son sceau, puisqu'on le recherche. Mais il importe de prévenir des abus qui seraient de nature à la compromettre. Elle confie la garde du sceau à un honnête bourgeois incapable de le déshonorer.

Art. 100. — « Le débiteur ou le malfaiteur étranger peut
» être détenu, soit par son créancier, soit par quiconque a reçu
» de lui quelque dommage, lorsqu'il est soupçonné de vouloir
» fuir, et qu'il refuse de se présenter à la cour. Si, l'ayant fait
» conduire à la cour, son détenteur ne peut rien obtenir de lui,
» le détenu n'est pas admis à se plaindre du détenteur ni de ses
» aides, quand le détenteur se purge par le serment de calomnie.
» Mais de cette règle sont exceptés, comme il a été dit, les
» hommes du comté de Melgueil et les clercs. »

Cet article devrait logiquement se trouver annexé à l'article 33, qui déclare Montpellier ville d'arrêt. Mais, nous l'avons déjà remarqué plus d'une fois, il n'y a aucun ordre dans la charte du 15 août 1204. Aussi le

[1] Arch. mun., Arm. F, Cass. VII, N° 10, et *Livre Noir*, fol. 6.

rédacteur est-il obligé de rappeler par manière d'exception les articles 33 et 34.

Art. 101. — « Achat ou vente n'est valable qu'autant qu'il y
» a eu paumée, paiement partiel ou complet du prix convenu,
» ou tradition de la chose objet du marché. »

Il est encore d'usage entre gens de nos campagnes de se toucher la main à la suite d'une convention mutuellement arrêtée. Cet usage était universel autrefois. Le rédacteur de la charte du 15 août 1204 le met en première ligne ; car il représente un engagement d'honneur.

Art. 102. — « Quiconque a donné des arrhes les perd, s'il
» vient à se désister. Quiconque en a reçu les rend au double,
» s'il se désiste. »

Pourquoi, dira-t-on peut-être, cette distinction introduite par la Coutume entre le vendeur et l'acheteur? C'est que le vendeur, étant mieux renseigné que l'acheteur sur la valeur réelle de la chose en vente, s'engage avec pleine connaissance de cause. Il est donc moins excusable en procédant à la légère.

Art. 103. — « Les notaires présents ou futurs ne seront con-
» traints en aucun lieu ni en aucun temps, sous aucun prétexte
» ni dans aucune circonstance, de révéler au seigneur, ou à la
» cour, ou à qui que ce soit, hormis le cas où il s'agirait de
» rendre témoignage en justice, les notes, écritures ou simples
» paroles faites ou dites secrètement devant eux. »

Précaution indispensable contre l'inquisition seigneuriale. Elle élève la profession du notaire à la hauteur d'un sacerdoce, et convertit sa maison comme en un sanctuaire où les familles peuvent mettre en dépôt leurs intérêts les plus précieux, sans qu'un pouvoir jaloux et indiscret se risque à en violer l'asile.

Art. 104. — « Dans aucun endroit du marché il ne sera vendu
» de viande de bouc ou de cabri, ni de viande de bête morte,
» malade ou ladre donnée pour saine, non plus que de viande
» de bête qui, quoique vivante, ne voudrait pas manger. Il est
» également défendu de vendre pour du mouton de la chair de
» brebis ou de bélier, et pour du porc de la chair de truie. En
» cas de contravention, le vendeur rendra à l'acheteur le double
» du prix qu'il en aura reçu. Il n'est pas plus permis de vendre
» dans l'enceinte de Montpellier de la chair de bête morte, ma-
» lade ou non-née, qu'il n'est permis de vendre sur le lieu même
» de la boucherie de la chair de brebis, de mouton, d'agneau,
» de porc, de bœuf, de truie ou de vache. »

Ce règlement de police témoigne, par le seul fait de son insertion dans la charte du 15 août 1204, de la sollicitude de notre autorité municipale pour la santé publique. Il prévient, de plus, la fraude, et donne des armes à l'acheteur trompé contre la mauvaise foi du vendeur.

Art. 105. — « Dans le cas où l'on ouvrirait de nouvelles
» portes de ville, soit dans la partie ancienne, soit dans la
» partie neuve du mur d'enceinte de Montpellier, on n'aurait
» rien à payer pour cela au seigneur, quelque nombreuses que
» fussent ces portes. »

Encore une précaution contre les empiètements de l'autorité seigneuriale. La distinction mentionnée ici, touchant la partie ancienne et la partie neuve du mur d'enceinte, indique, à ne pas s'y méprendre, l'existence d'une portion de ce mur dès le temps des Guillems. La Commune n'avait donc qu'à le compléter, et elle se réservait par cet article la faculté d'en multiplier les ouvertures. Elle n'avait pas tort d'inscrire cette réserve parmi ses priviléges, comme l'établissent les embarras qu'éprouvèrent les évêques de Maguelone, quand ils voulurent, en 1260, pratiquer une nouvelle porte près de leur palais. Jayme I<sup>er</sup> leur contesta ce droit, et il fallut toute la solennité d'une sentence arbitrale pour les mettre en possession de cette nouvelle porte, si nécessaire, néanmoins, pour communiquer de leur palais de la Salle-l'Évêque avec l'église Saint-Denis, alors construite sur l'emplacement de l'un des bastions de notre Citadelle.

Art. 106. — « Si un étranger devant hommage pour quelque » domaine à un autre seigneur vient se fixer à Montpellier, il » est ensuite libre de cet hommage, pourvu toutefois qu'il » désempare audit seigneur le domaine qui relevait de lui. »

Ce texte, rapproché de plusieurs autres déjà cités, fait de Montpellier une ville d'asile dans toute la force du terme.

Art. 107. — « Le seigneur de Montpellier ou son bayle ne » doit en aucune façon vendre les justices de sa cour. »

Faut-il entendre ici par *justices* les amendes judiciaires ou la justice proprement dite? Nous nous prononcerions volontiers pour le premier sens ; mais dans les deux cas cet article est un de ceux auxquels devaient tenir le plus nos bourgeois.

Art. 108. — « Quiconque, profitant du bénéfice de la loi,
» ajourne une cause à neuf mois, afin de pouvoir produire ses
» témoins, doit déclarer en particulier les noms de ceux-ci à la
» cour, qui, de son côté, est obligée de les inscrire sur ses
» registres. Si, au jour marqué pour la cause, il ne produit
» aucun des témoins inscrits, toute production de témoins lui
» est refusée. »

Le principal but du législateur est de donner pleine facilité aux parties. Dans une ville de commerce comme Montpellier, les témoins appelés à déposer en justice peuvent être occupés à de lointains voyages, quand arrivent les débats d'une cause, avec les habitudes expéditives de la cour du bayle surtout. La Coutume accorde neuf mois pour les produire ; mais en même temps elle impose aux parties l'obligation de déclarer leurs noms, de peur, sans doute, que les parties, se ravisant, ne se permettent de fâcheuses variations.

Art. 109. — « Le bayle de Montpellier perçoit seulement les
» justices de la cour et les droits de lods du seigneur. Le bayle
» ainsi chargé de percevoir dans la ville les revenus du seigneur
» doit être nécessairement un homme de Montpellier. »

La Commune fait ici la part financière du bayle, et délimite clairement les recettes seigneuriales. En contraignant le seigneur pour la seconde fois à prendre toujours le bayle, comme tous les autres fonctionnaires, parmi les bourgeois de Montpellier, elle montre par cette répétition qu'elle veut être obéie, et qu'elle est fermement résolue à s'administrer par elle-même.

Art. 110. — « L'étranger ne peut teindre à Montpellier » aucuns draps de laine avec la graine de petit-houx, ni en toute » autre couleur; il ne doit y vendre en détail que les draps » qu'il portera à son cou. »

Le drapier étranger à la ville est donc admis chez nous uniquement comme colporteur. Cet article aurait tout l'air d'avoir été ajouté après coup, dans le but d'introduire une dérogation pour un genre spécial d'industrie aux empêchements relatés plus haut contre les monopoles, si l'on ne rencontrait parmi les Établissements du *Petit Thalamus*, sous la date de 1181, un règlement analogue de Guillem VIII, délibéré en conseil du bayle et des prud'hommes [1]. Les bourgeois de Montpellier tenaient beaucoup à se réserver le privilége de la teinture écarlate et de la vente, soit en gros, soit en détail, des étoffes ou des draps de cette couleur; car on voit les consuls statuer à deux reprises différentes, en 1226 et 1251, sur le même sujet et dans le même sens [2]. Le nom de *Draperie-Rouge*, demeuré à l'une de

---

[1] Voy. *Pet. Thal.*, p. 137.

[2] Seulement, les consuls par le règlement de 1226 étendent le privilége aux étrangers qui auraient cinq ans de séjour légal à Montpellier, ou qui y auraient épousé depuis deux ans une femme de la ville. Ces étrangers doivent alors être traités comme bourgeois, après avoir prêté serment de fidélité au seigneur.

nos anciennes rues, et divers documents de nos Archives témoignent de l'importance de cette branche d'industrie dans la vieille Commune.

Art. 111. — « Qu'aucun drap blanc de laine ne soit teint en
» rouge-garance, de manière à garder cette première couleur;
» qu'on lui donne sa couleur définitive au moyen de la graine
» de petit-houx. »

L'insistance du législateur et la formule technique de cette prescription confirment ce que nous venons de dire au sujet du développement de la draperie rouge-écarlate dans la Commune de Montpellier, au commencement du XIIIe siècle.

Art. 112. — « Personne ne doit exiger ou recevoir pour son
» propre compte, ni permettre à sa femme ou à sa famille
» d'exiger ou de recevoir quoi que ce soit à titre de *rêve;* les
» habitants de Montpellier présents et à venir ne sont soumis à
» aucun droit de *rêve.* »

Le règlement de 1251 s'écarte encore davantage de l'ancienne sévérité : il ne prescrit plus les cinq ans de séjour, et n'exige plus qu'on ait épousé une femme de Montpellier; il impose simplement l'obligation de deux ans de résidence, sans se préoccuper de la question de mariage, et admet à l'exercice de l'industrie privilégiée tout individu qui, ayant franchi les limites de ce délai, sera possesseur d'une fortune de trois cents livres melgoriennes, et s'engagera à demeurer dans la ville pendant dix ans. Tout étranger remplissant ces conditions est déclaré apte, par le statut de 1251, à se livrer à l'industrie de la *teinture en graine*, après avoir obtenu, toutefois, l'autorisation des consuls, du conseil et des gardes du métier. Voy. *Pet. Thal.*, p. 138 et 139.

Le droit de *rêve* se percevait sur les objets d'importation et d'exportation. Les bourgeois de Montpellier, en s'en déclarant exempts, se ménagent un privilège de plus.

Art. 113. — « Les aveux, les attestations, les transactions » et tous les actes faits devant des arbitres ont la même valeur » que s'ils avaient lieu devant la cour. »

Vraisemblablement pour simplifier le travail des juges et réduire le nombre des procès.

Art. 114. — « Nul ne sera contraint de recevoir et d'héberger » des hôtes malgré lui. »

Encore une franchise que s'adjugent nos bourgeois : ils n'oublient aucun de leurs intérêts.

Art. 115. — « Lorsqu'un habitant ou un étranger meurt à » Montpellier sans testament, et qu'il ne se présente aucun » parent à qui ses biens appartiennent de droit, ces biens doivent » être confiés en dépôt à des hommes honnêtes et sûrs, et gardés » par eux durant un an et un jour, afin que, si pendant cet in- » tervalle quelqu'un vient les réclamer, y ayant droit, ils lui » soient rendus. Autrement lesdits biens seront remis au fisc, à » la charge pourtant de les restituer ensuite à qui de droit. »

Disposition toute naturelle : on devait attendre cette justice des auteurs de la charte du 15 août 1204, le droit de propriété étant sacré à leurs yeux.

Art. 116. — « L'homme condamné pour injure paiera à la » cour, à titre d'amende judiciaire, tout autant, ni plus ni » moins, qu'il aura été astreint à payer par sentence ou par » composition à celui qu'il avait injurié. La cour, cependant, » fera là-dessus une remise, comme elle l'entendra. »

Le rédacteur, on le voit, est en train de compléter son œuvre; il revient successivement sur les choses déjà réglées, répare une à une ses omissions, sans plus d'ordre ni de méthode qu'il n'en a mis dans son premier travail. Il s'aperçoit, en se relisant lui-même, qu'il a oublié de statuer sur une amende judiciaire, et vite il ajoute un article pour combler cette lacune. Il en est ainsi de presque toute la dernière partie de la charte du 15 août 1204.

Art. 117. — « Quand les intérêts d'une somme prêtée auront
» atteint le chiffre du capital, ils ne pourront plus s'accroître,
» malgré la longueur du temps. Ils auraient beau avoir été pro-
» mis par serment, il n'en sera pas accordé davantage en jus-
» tice, soit aux Juifs, soit aux Chrétiens; car tel est le maximum
» fixé par le présent statut. »

Il fallait bien, après avoir flétri les usuriers, leur infliger une peine matérielle; il est des gens que toutes les peines morales du monde ne sauraient émouvoir. L'article 117 a aussi pour but d'empêcher l'accumulation de toutes les fortunes dans les mêmes mains, et il fait appel, pour cela, aux grands remèdes; il va jusqu'à annuler d'avance un serment régulièrement prêté. Pour quiconque s'est pénétré de l'esprit du législateur et connaît son profond respect pour la parole jurée, il y a là l'indice d'une terrible nécessité.

Art. 118. — « Tous ceux qui sont et seront chargés de faire
» rentrer ou de percevoir les revenus du seigneur jureront de
» les percevoir fidèlement, de ne rien prendre au-delà de ce qui

» sera dû, et de n'accepter aucun service par manière de rému-
» nération personnelle à propos de cette charge. »

Cette obligation d'un nouveau serment imposée aux receveurs des revenus seigneuriaux, rapprochée de l'annulation du serment du débiteur, qui pourrait, sans l'article précédent, avoir quelquefois à rendre plus du double de ce qu'il a emprunté, fait d'autant plus ressortir la peine infligée à l'usurier. Ce rapprochement, médité ou fortuit, renferme une double leçon de désintéressement et d'équité.

Art. 119. — « Les immeubles dotaux de la femme, si la
» femme vient à mourir la première, demeurent en la jouissance
» et possession du mari, durant toute la vie de ce dernier, hors
» le cas de stipulation contraire. »

Cette coutume est restée en vigueur à Montpellier jusqu'à une époque voisine de la nôtre. Elle avait sa source dans le principe de complète communauté et d'indissoluble solidarité qui, aux yeux d'une société essentiellement chrétienne, était inhérent au lien conjugal.

Art. 120. — « Le bayle, le sous-bayle, le juge ou le vicaire
» ne doivent siéger à la cour que pendant une année, et ils ne
» peuvent rentrer dans les mêmes offices qu'au bout de
» deux ans. »

Sans doute pour empêcher ces offices de devenir l'apanage exclusif de quelques privilégiés, et afin d'arriver, conséquemment, à une justice distributive plus impartiale. Avec le peu de lumières qu'avait dans nos anciennes communes la masse de la population, le pouvoir tendait toujours à se concentrer dans les mêmes mains, eu égard à la rareté des sujets vraiment capables de gérer les emplois publics : témoin nos listes consulaires, soit du *Grand*, soit du *Petit Thalamus*, où reparaissent périodiquement les mêmes noms. La Commune de Montpellier, quoique mieux pourvue que beaucoup d'autres sous ce rapport, par suite de sa prérogative de chef-lieu d'université, n'a pas pour les exigences de l'administration plus d'hommes qu'il ne lui en faut. Mais, tout en se ménageant la faculté de réélire par intervalles les fonctionnaires dont elle aura apprécié les services, elle ne veut pas que l'envie leur vienne de s'approprier leur magistrature, et elle assigne un délai à leur réélection.

Une pensée analogue préside à la rédaction de l'article suivant :

Art. 121. — « Il est statué que les douze prud'hommes de
» Montpellier, déjà élus pour servir de conseil à la Commune,
» jureront d'appuyer de leur loyal conseil celui que le seigneur
» aura mis à sa place pour l'administration de la Seigneurie,
» et que celui-ci, de son côté, requerra et suivra leur conseil
» pour tout ce qui regardera la Commune et la Seigneurie de
» Montpellier. Ces douze prud'hommes ne pourront être pris au
» nombre de plusieurs dans une même maison, et ils ne reste-
» ront en charge que pendant une année, à la fin de laquelle ils
» en éliront eux-mêmes douze autres, après avoir prêté serment
» de faire cette élection de bonne foi. Les nouveaux élus seront
» tenus de tout point au même serment, et le lieutenant du sei-
» gneur élira avec leur conseil le bayle de la cour, quand le
» seigneur se trouvera absent de Montpellier. »

Ce statut, il est facile de le voir, est un statut fondamental : il a pour but d'organiser et de perpétuer le consulat, et il formule à ce sujet un premier mode d'élection, dont nous aurons bientôt à constater le perfectionnement. Le seigneur s'y réserve de la façon la plus expresse la création d'un lieutenant chargé de le représenter pendant son absence, et détermine les rapports que ce lieutenant devra avoir avec les consuls et avec le bayle.

C'est par là que finit, à proprement parler, la charte du 15 août 1204. Ce qui vient après offre un intérêt tout-à-fait général, et, quoique très-grave encore assurément, se distingue surtout par sa valeur d'ensemble et par la force de sanction qui en résulte pour tout le reste.

Art. 122. — « Les présentes coutumes n'obligent que pour » l'avenir, et n'engagent nullement pour le passé, excepté seu- » lement celles qui parmi elles sont déjà anciennes ; celles-là » conserveront toute leur autorité pour le passé. »

Cette déclaration vient à l'appui de ce que nous disions plus haut relativement au mélange de dispositions anciennes et nouvelles dans la charte du 15 août 1204. Le législateur y atteste lui-même les emprunts faits au passé, et bien qu'il ne désigne pas individuellement ces emprunts, nous en avons signalé un assez grand nombre dans la première partie de cette charte pour qu'on ne puisse douter de l'existence de beaucoup d'autres. Les coutumes en vigueur dès le temps des Guillems figurent pour une bonne par tdans la charte dont il s'agit.

Art. 123. — « Le seigneur de Montpellier promettra, en
» outre, avec serment, de rendre et faire rendre justice à tous
» et à chacun de ceux qui plaideront ou devront plaider en sa
» cour, au pauvre comme au riche, selon les usages et coutumes
» ci-dessus relatés, et, à leur défaut, selon la discipline du droit [1].
» Le bayle, le sous-bayle, le juge, le vicaire, le greffier et tous
» les officiers de la cour présents et à venir prêteront le même
» serment, en y ajoutant les particularités contenues dans la for-
» mule prescrite pour chacun d'eux. Tous les avocats présents
» et à venir, excepté les *légistes*, jugeront également de con-
» seiller de bonne foi et de défendre de leur mieux les parties
» pour lesquelles ils exerceront leur ministère, comme aussi
» de ne recevoir d'argent ou de promesse que de la partie pour
» qui ils plaideront. Tous les conseillers que la cour voudra s'ad-
» joindre prêteront, excepté ceux qui l'auraient déjà fait, le
» même serment que lesdits juge, bayle, sous-bayle, sous-juge
» ou vicaire. Mais personne, encore une fois, ne doit siéger plus
» d'un an à la cour. »

Le serment, telle est la prescription finale de la charte du 15 août 1204. Cette prescription est universelle : depuis le seigneur jusqu'au simple avocat, tous ceux qui prennent une part quelconque à l'administration de la justice sont astreints au serment. Le législateur ne voit rien de plus sacré, rien de plus propre à assurer le maintien de son œuvre et le règne de la loi au sein d'une population esclave, comme l'était la nôtre, de la parole jurée.

[1] Du droit romain, comme nous l'avons déjà remarqué.

Aussi la charte du 15 août 1204, dans les divers textes que nous en avons, se termine-t-elle par un serment. Ce serment, solennel entre tous, est celui du roi et de la reine d'Aragon, dépositaires de l'autorité seigneuriale. Nous le traduirons comme nous avons traduit ce qui précède. Il a dû suivre immédiatement la promulgation de la Coutume à laquelle il est annexé; car il s'y rattache d'une manière intime.

« Et moi, Pierre, par la grâce de Dieu roi d'Aragon, comte
» de Barcelone et seigneur de Montpellier, vues, ouïes et dili-
» gemment examinées toutes les choses ci-dessus dites, après en
» avoir pleinement délibéré et avoir pris conseil de beaucoup
» de prud'hommes, sachant et connaissant que toutes ces choses
» regardent mon utilité propre et celle de la Commune de Mont-
» pellier tout entière, en vertu de ma volonté libre et person-
» nelle, je les approuve, établis et confirme à toujours, les
» garantissant à tous les habitants de Montpellier présents et à
» venir, en mon nom et au nom de tous mes successeurs dans la
» Seigneurie. Je promets à toute la Commune de Montpellier de
» tenir et observer toutes ces choses, et de ne jamais y manquer.
» Je m'engage, de plus, à les faire perpétuellement observer, et
» à ne pas souffrir que quelqu'un y manque. Je veux et ordonne
» que la cour de Montpellier juge selon les susdites coutumes,
» garde ces coutumes inviolablement et constamment, et, à leur
» défaut, se conforme au droit écrit.

» Mais j'excepte de tout ceci tous ceux que j'ai bannis de
» Montpellier et du terriroire jadis possédé par Guillem, fils de
» la duchesse Mathilde, naguère seigneur de Montpellier, parce
» que, connaissant leurs fautes, j'ai juré, à la prière du peuple
» de Montpellier, en arrivant à la Seigneurie de cette ville, de
» ne jamais laisser rentrer ces hommes ni à Montpellier ni sur le
» territoire de la Seigneurie.

»Je mande, en outre, et enjoins à la reine mon épouse d'ap-
» prouver et de confirmer avec moi ou sans moi, mais de la
» même manière, à la requête du peuple de Montpellier, toutes
» les susdites choses et chacune d'elles, à la charge pour tous
» les hommes de Montpellier de les confirmer, eux aussi, et de
» s'engager par serment à les observer.

» Je ratifie de bonne foi et de science certaine, en mon nom
» et au nom de mes successeurs, toutes les choses enregistrées
» ci-dessus, selon le serment que j'ai prêté sur les saints Évan-
» giles, dans la maison de la milice du Temple, en acquérant le
» territoire de Montpellier, d'approuver et d'observer les usages
» et coutumes de cette ville, sans jamais pouvoir les violer sous
» aucun prétexte. Et, pour plus grande stabilité de toutes ces
» choses, j'ordonne que la présente charte et toutes les expé-
» ditions ou traductions qui en seraient faites soient revêtues de
» mon sceau en plomb.

» Fait et approuvé dans l'église Notre-Dame des Tables, où
» presque tout le peuple de Montpellier s'est réuni pour cela
» en assemblée communale, l'an de l'Incarnation du Seigneur
» 1204, au mois d'août, et le jour de l'Assomption de S<sup>te</sup> Marie;
» — en présence des témoins Gui, prévôt de Maguelone, Gau-
» celin, chanoine, Assalit de Goza, Guillem de Durfort, Ber-
» nard Anselin de Marseille, Pierre de Bizanques,..... et d'une
» foule d'autres, si nombreux que presque toute l'église en
» était pleine. Fait et signé par Bernard de la Porte, notaire
» public de la cour. »

Suit l'approbation de Marie de Montpellier, conçue absolument dans les mêmes termes que celle de Pierre d'Aragon, et sans autre modification que les variantes indispensables. Elle porte la date du 28 août de la même année, et fut donnée, selon le texte, *in camera castelli Montispessulani.*

Ainsi se termine la grande charte de Montpellier, précieux document, base de nos franchises et de nos libertés, où sont nettement délimitées, de crainte de conflit, les prérogatives du seigneur et celles de la Commune, et où le droit romain trouve dans le droit coutumier un rival souvent heureux. La charte du 15 août 1204 n'est pas seulement une profession de foi politique et un code civil, mais aussi un tableau dans lequel se dessinent avec une rare vérité les traits du caractère montpelliérain : c'est une sorte de panorama vivant, où l'on voit se produire sous leurs aspects les plus divers les instincts, les tendances, les sentiments, les volontés, les passions de nos aïeux. A tous ces titres, elle méritait une étude approfondie. La charte du 15 août 1204 ainsi analysée, il nous reste à en résumer l'esprit général, en en groupant les principes fondamentaux dans un aperçu synthétique où trouveront place les développements particuliers qu'elle a successivement reçus, et qui nous permettra de reconstruire par la pensée l'édifice administratif de notre ancienne Commune.

## V.

ANCIENNES JURIDICTIONS DE MONTPELLIER. — PRÉDOMINANCE DU CONSULAT.

La première chose qui frappe l'attention, quand on parcourt la charte du 15 août 1204, c'est que deux autorités, deux juridictions s'exerçaient alors simultanément à Montpellier, celle du seigneur et celle de la Commune, l'une spécialement représentée par la cour du bayle, l'autre par le consulat. Nous ne parlons pas de celle de l'évêque de Maguelone, toujours subsistante, néanmoins, dans l'ancien bourg de Montpelliéret, où elle continua de se déployer jusqu'à la fin du XIIIe siècle. Cette juridiction épiscopale ne fut guère qu'une cause de conflit, et tout ce qu'il y aurait à en dire, ou à peu près, consisterait à répéter ce que nous allons formuler touchant la Seigneurie du roi d'Aragon. En somme, il n'y avait à Montpellier, au commencement du XIIIe siècle, que deux autorités en présence : celle du seigneur, roi ou évêque, peu importe, et celle de la Commune.

Jetons d'abord un coup-d'œil sur l'autorité seigneuriale : cette priorité lui appartient par droit d'aînesse.

Les rois d'Aragon, une fois parvenus à la Seigneurie de Montpellier, héritèrent de tous les avantages féodaux des Guillems : c'est un fait attesté par de nombreux documents [1] ; et, comme la plupart des seigneurs de ce temps-là, ils déléguèrent immédiatement leur autorité

[1] Les derniers feuillets du *Mémorial des Nobles*, notamment, sont pleins de reconnaissances féodales relatives aux châteaux de Popian, de Jacou, de Saint-Jean de Védas, de Pignan, de Montarnaud, de Montferrier, de Montbazin, d'Aumelas, de Castries, etc., qui embrassent tout le XIIIe siècle, et qui presque toutes renferment l'indication d'un serment de fidélité et d'une prestation d'hommage en faveur des rois d'Aragon. Ces diverses reconnaissances, transcrites vraisemblablement à dessein sur le *Mémorial des Nobles*, comme ayant trait à la continuation non interrompue de l'ancien état de choses, montrent d'une manière évidente que les rois d'Aragon, en leur qualité de seigneurs de Montpellier, occupèrent durant tout le XIIIe siècle, à l'égard des petits châtelains du voisinage de notre ville, la position de *suzerains*. Ce mot ne se trouve pas précisément dans les reconnaissances en question ; mais celui de *vassal*, qui représente une idée correspondante, s'y lit à chaque instant. L'évêque de Béziers Pons de Saint-Just est obligé, en 1280, pour devenir acquéreur du château de Castries et de ses dépendances, d'obtenir l'assentiment de Jayme II, qui, en l'accordant, ne manque pas de réserver tous ses droits seigneuriaux. (Voy. *Mémorial des Nobles*, fol. 208.) Les rois d'Aragon héritèrent, qui plus est, des droits qu'avaient eus les Guillems sur la fabrication de la monnaie melgorienne. Dans un acte du 22 juin 1248, transcrit au folio 199 du *Mémorial des*

judiciaire à un tribunal, qu'ils investirent d'attributions très-amples. Ce tribunal, connu sous le nom de *Baylie*, ou de cour du bayle, ne fut pas une institution nouvelle : il existait déjà au commencement du XII° siècle [1], et les Guillems l'avaient constamment maintenu depuis lors. Ils avaient même statué, à diverses reprises, à son égard, et en avaient expressément exclu les Juifs et les Sarrazins [2]. Les rois d'Aragon conservèrent le tribunal du bayle, et réitérèrent l'exclusion. Ils s'engagèrent, seulement, à choisir le bayle parmi les habitants de Montpellier les plus recommandables, et à consulter pour ce choix les prud'hommes, c'est-à-dire

*Nobles*, l'évêque de Maguelone Bernard de Mèze reconnaît expressément à Jayme I⁰ʳ l'ancien droit de trois deniers par livre dont avaient joui sur cette monnaie les vieux seigneurs; et non-seulement il lui reconnaît cet ancien droit, mais il lui concède quatre autres deniers sur les dix qu'il percevait, lui évêque de Maguelone, comme comte de Melgueil.

[1] Il est fait mention du bayle de Montpellier, dès 1104, dans une charte de la Seigneurie de Guillem V, publiée par les auteurs de l'*Histoire générale de Languedoc*, II, Pr. 361. « Raymundus, episcopus nemausensis, et Bernardus, frater ejus », y est-il dit, « demandabant ut *bailli* essent per ipsos. »

[2] « Prohibeo ab heredibus meis, qui Montempessulanum ha-
» bebunt », est-il écrit dans le testament de Guillem V, à la date de 1121, ap. *Hist. gén. de Lang.*, II, Pr. 416, « ne aliquam
» bailiam neque dominationem donent in Montepessulano alicui
» Judeo vel Sarraceno. » — La même prohibition est reproduite dans le testament de Guillem VII, en 1172, et dans celui de Guillem VIII, en 1202.

les consuls de la Commune [1]. Afin de prévenir, pourtant, une périlleuse concentration de l'autorité dans une seule famille ou dans quelques familles privilégiées, et d'éviter la confusion des pouvoirs, ils décrétèrent qu'aucun des consuls sortant de charge ne serait nommé bayle, et qu'aucun bayle, à l'expiration de sa magistrature, ne deviendrait consul. Le bayle de Montpellier était, comme les consuls, élu annuellement ; il connaissait du civil et du criminel dans toute l'étendue de la Seigneurie ; les bayles particuliers, ceux de Lattes et de Castelnau nommément, relevaient de sa juridiction [2]. Il faisait choix, pour l'aider dans ses fonctions, d'un juge, d'un sous-bayle, d'un sous-juge, d'un vicaire ou viguier, et de son assesseur, qui, avec un notaire ou greffier, formaient tous ensemble une seule et même cour, divisée en trois siéges distincts, dont le premier, celui de l'ordre le plus élevé, s'appelait la cour du bayle et du juge, le second la cour du sous-bayle et du sous-juge, le troisième, enfin, la cour du vicaire et de l'assesseur [3].

[1] « De sapientioribus et legalibus hominibus suis ( dominus ) » faciat bajulum Montispessulani, de hominibus tantum ejusdem » ville, communicato consilio proborum hominum ipsius ville. » Charte du 15 août 1204, art. 1ᵉʳ, ap. *Pet. Thal.*, p. 2.

[2] « Cui etiam bajulo omnes bajuli alii, et etiam illi de Latis » et de Castro-Novo obedire, et sub ejus examine de jure » respondere debent. » Ibid. ; Cf. Charte de Jayme II du 18 juin 1287, ap. Arch. mun., Arm. A, Cass. IV, N° 7 quater.

[3] Dans les formules de serment transcrites au *Mémorial des*

Tel était le tribunal qui, renouvelé chaque année à la Saint-Jean [1], représentait, à Montpellier, les droits de justice du seigneur. Ce tribunal jugeait d'après la coutume locale, et, au défaut de celle-ci, selon la loi romaine; il n'admettait d'avocats que du consentement des parties; on appelait de ses sentences à la cour du gouverneur.

Cette dernière cour n'est pas aussi ancienne chez nous, à beaucoup près, que celle du bayle. C'est ce qui nous porte à n'en parler qu'en second lieu, bien qu'elle ait tenu hiérarchiquement la première place dans l'exercice de la juridiction seigneuriale. Il n'en est aucunement fait mention sous les Guillems, et elle aura pris naissance, suivant toute probabilité, postérieurement à leur domination. Les Guillems, qui résidaient personnellement au sein de leur seigneurie depuis qu'ils n'allaient plus à la croisade, qui avaient même fini par absorber en eux la puissance des vicaires, comme une dangereuse ou inutile superfétation, n'avaient pas besoin d'intermédiaire pour communiquer avec leurs sujets; ils pré-

*Nobles*, fol. 94 et 95, le bayle est nommé *major bajulus*, le sous-bayle *secundus bajulus*, le juge *judex curiæ*. Chacun de ces magistrats a déjà sa formule propre de serment en 1190; nouvelle preuve que la cour du bayle était en pleine vigueur dès le temps des Guillems.

[1] « Bajulus, sub-bajulus, judex vel vicarius non debet in curia » stare, nisi per annum. » Charte du 15 août 1204, art. 120, ap. *Pet. Thal.*, p. 52; Cf. Charte du 10 décembre 1258, ap. Arch. mun., Arm. A, Cass. IV, N° 7 quater.

féraient les gouverner par eux-mêmes, et leur intimer directement leurs ordres. Mais il n'en fut pas ainsi des rois d'Aragon. Forcés, à cause du manque d'unité de leurs possessions, de se partager entre des populations séparées les unes des autres par d'assez grandes distances, il leur fallait se faire remplacer auprès d'elles. La Seigneurie de Montpellier, surtout, eu égard à son peu d'étendue par rapport au comté de Roussillon et au royaume d'Aragon, ne pouvait avoir la prétention de garder chez elle constamment le roi Pierre ou le roi Jayme, presque toujours occupés, d'ailleurs, de guerres lointaines. Ses habitants, au lieu d'attirer ou de retenir ces princes, semblaient, au contraire, prendre à tâche de les écarter, comme nous l'avons observé déjà à propos des querelles de Pierre II avec nos bourgeois. Ces rois-seigneurs, ainsi tenus systématiquement à l'écart, durent sentir la nécessité, sous peine de voir périmer leurs droits, de se faire représenter au centre de leur seigneurie par un fonctionnaire en permanence, toujours à portée de correspondre, soit avec eux, soit avec leurs sujets. De là, sans doute, l'origine de nos anciens gouverneurs, appelés, dans le principe, lieutenants du roi. Il est question de ces lieutenants d'une manière explicite dans un statut consulaire du 12 juin 1225[1]; mais leur existence remonte vraisemblablement plus

[1] Archiv. municip., *Livre Noir*, fol. 10, et Archiv. National., Sect. hist., Carton J, 339, N° 23, fol. 13. — Voy. nos Pièces justificatives.

haut. La charte organique du 15 août 1204 et la Coutume complémentaire du 13 juin 1205 indiquent déjà comme accomplie, ou prévoient du moins comme très-prochaine leur création [1]. Naturellement, le seigneur, dont ils tenaient la place, d'après l'étymologie même de leur nom, n'était pas obligé, comme pour le bayle, de les choisir toujours parmi les habitants de Montpellier. On ne pouvait guère lui enlever la faculté de prendre ses hommes de confiance où bon lui semblait. Aussi rencontre-t-on sur la liste de ces officiers des Catalans, des Majorquins, des Basques, de même que plus tard on y rencontre des Français. En sa qualité de représentant du seigneur et de dépositaire de ses droits, le lieutenant royal avait, par une conséquence facile à saisir, la haute main dans toutes les affaires de la Seigneurie, sans en excepter l'administration judiciaire. On appelait à lui des sentences de la cour du bayle, comme on en eût appelé au seigneur lui-même. Le lieutenant royal se trouvait donc dans l'obligation d'avoir, lui aussi, sa cour, à l'instar du bayle, pour contrôler les actes de ce magistrat. Cette cour se composait d'un juge spécial ou juge-mage (*judex major*), d'un avocat, d'un procureur et d'un notaire ou greffier, et réunissait en elle, malgré la simplicité de son organisation, tous les caractères d'une cour suprême. Elle ne perdit jamais complètement cet avantage. Postérieurement à 1349 même, quand la

[1] Voy. *Pet. Thal.*, p. 24, 52 et 64.

Seigneurie de Montpellier eut été rattachée au domaine direct de la couronne de France, le sénéchal de Beaucaire et de Nimes n'eut rien à voir dans les décisions de notre cour du bayle, et on continua, comme précédemment, d'appeler de cette cour à celle du gouverneur [1]. La seule juridiction dont cette dernière ait eu à reconnaître alors la supériorité, fut celle du parlement de Toulouse.

Ce que les cours du gouverneur et du bayle étaient à la portion de la ville soumise aux rois d'Aragon, la

---

[1] Plus d'un demi-siècle encore après la réunion de la Seigneurie de Montpellier au domaine de la couronne de France, Charles VI, par des lettres-patentes du 28 avril 1404, couchées sur le *Grand Thalamus*, fol. 181, défendait au sénéchal de Beaucaire de connaître des causes déjà jugées dans la cour du bayle de Montpellier, et ordonnait expressément que l'appel en fût réservé, comme par le passé, au gouverneur de notre ville. D'autres lettres du parlement de Paris, datées du 12 avril 1445, et transcrites également sur le *Grand Thalamus*, fol. 182, consacrent le même principe, en énonçant d'une manière formelle que le sénéchal de Beaucaire n'a aucune juridiction, soit ordinaire, soit extraordinaire, à exercer dans le ressort de Montpellier. Lorsqu'il arrivait au sénéchal de Beaucaire de tenir ses assises à Montpellier, comme il les tenait aussi de temps à autre à Nimes, à Aiguesmortes, à Sommières, à Anduze, à Alais, à Uzès, à Bagnols, etc., c'était pour y juger d'autres affaires que celles qu'avait déjà jugées le bayle. Voy. Ménard, *Hist. de Nismes*, II, 18. — La compétence judiciaire de la cour du gouverneur de Montpellier s'est confondue, à partir de 1552, dans celle du présidial, institué par Henri II.

cour du recteur l'était à l'autre portion, dépendante, comme on sait, des évêques de Maguelone. Le recteur remplissait les fonctions de chef de la justice dans Montpelliéret, au même titre que le bayle les exerçait dans Montpellier : d'où est venu l'usage de désigner par les noms de *Rectorie* et de *Baylie* nos deux anciens ressorts seigneuriaux [1], les juridictions judiciaires respectives des évêques de Maguelone et des rois d'Aragon.

[1] *Ressorts* est le mot propre ; car la juridiction de ces deux cours n'était pas, comme on pourrait le croire, concentrée dans les murs de la ville. La Baylie et la Rectorie embrassaient au-dehors une portion assez considérable de la campagne environnante. Qu'on se figure une ligne partant du pont qui traverse le Merdanson, à l'entrée du chemin de Nimes et à côté du bureau actuel de l'octroi, du pont autrefois dit *des Augustins* ou *du Saint-Esprit*, à cause du couvent et de l'hôpital de ce nom situés l'un et l'autre dans le voisinage, descendant ensuite le cours du Merdanson jusqu'à Sauret, puis remontant celui du Lez, dans la direction de Montferrier, et passant par les Matelles, Celleneuve, le Terral, côtoyant de là le territoire de Mireval, de Villeneuve, de Lattes, pour aboutir de nouveau à Montpellier, et on aura une idée à peu près exacte de l'étendue du ressort extérieur de la Baylie. — Le ressort extérieur de la Rectorie, par contre, décrivait une courbe qui, partant de la porte de Lattes (cette porte coupait autrefois, vis-à-vis de la rue du faubourg de ce nom, la place actuelle de la Comédie), s'échappait, par derrière le couvent des Frères-Mineurs, vers le ruisseau des *Aiguarelles* jusqu'à la fontaine de Lattes et au Pont-Juvénal, pour continuer ensuite par le chemin de Saint-Marcel et la croix de Pomessargues, les fourches de Soriech ; les garennes de Grammont et l'ancienne métairie des Sœurs de

Voilà pour le pouvoir seigneurial ; voilà du moins ce qu'il importe d'établir tout d'abord, quant à ce pouvoir, sauf à y revenir plus tard. Arrivons maintenant à l'autorité communale.

Cette autorité se résume dans le consulat : c'est dire qu'elle n'est pas moins souveraine que l'autre. On se rappelle comment, de concession en concession, Pierre et Marie en vinrent jusqu'à s'annihiler et jusqu'à

Saint-Gilles, d'où elle allait rejoindre, à Sauret et au pont des Augustins, le long du Merdanson, le district de la baylie. — Quant au ressort intérieur de ces deux juridictions, il avait pour limites, de chaque côté, les limites mêmes qui séparaient Montpellier et Montpelliéret, c'est-à-dire les rues Pyla-Saint-Gély, de la Vieille-Aiguillerie, du Collége, de la Monnaie, de Sainte-Foy et du Gouvernement. Tout ce qui, à gauche de cette ligne, appartenait à Montpelliéret, appartenait aussi à la cour du recteur, qui siégeait à la Salle-l'Évêque. Tout ce qui s'étendait à droite, au contraire, c'est-à-dire la portion de la ville la plus considérable, le vrai Montpellier, relevait de la cour du bayle. — Ces deux tribunaux, les plus anciens de notre ville, subsistèrent concurremment jusqu'au milieu du XVI⁰ siècle. La rectorie, antérieurement à cette époque, fut, il est vrai, momentanément subordonnée à la baylie, en 1372, lors de l'occupation du roi de Navarre Charles-le-Mauvais. (Voy. *Gr. Thal.*, fol. 143.) Mais cette subordination ne fut que passagère, et les choses rentrèrent bientôt dans le même état. Sous le règne de Henri II seulement, et à partir de 1552, la cour du bayle et celle du recteur se confondirent à tout jamais, pour n'en former plus qu'une, qui prit le nom de *Viguerie*. — Il y avait, du reste, cette différence entre le bayle et le recteur, que le bayle était annuel, et le recteur nommé à vie.

céder la partie la plus précieuse de leurs prérogatives à nos magistrats municipaux. Ces magistrats primitivement n'avaient pas l'importance qu'ils eurent dans la suite, sans aucun doute, l'importance que leur valurent les absences et les faiblesses multipliées d'un roi ambitieux. Mais une charte très-ancienne, on ne saurait le méconnaître, posait, cependant, les bases de leur grandeur, et menait droit à leur règne. La charte dont nous parlons porte la date des calendes de mars 1204, vieux style, désignation équivalente à notre 1$^{er}$ mars 1205. Pierre y accorde explicitement aux consuls de Montpellier *présents et futurs* « plein pouvoir de statuer, »réformer et corriger, toutes les fois et selon qu'ils »croiront utile à la Commune de le faire [1]. » Avec une pareille autorisation, on va loin, on devient aisément le maître. Quoi qu'on fasse, on est toujours en droit d'invoquer l'utilité de la Commune. Il n'y a rien d'élastique comme une concession de ce genre.

Nos consuls en tirèrent parti. On chercherait vainement désormais dans tout Montpellier une autorité

---

[1] « Dono et concedo vobis », telles sont les propres paroles de Pierre d'Aragon s'adressant à nos consuls, « quod vos duodecim » probi homines electi ad consulendum Communitatem Montis- » pessulani, presentes et futuri, habeatis plenam potestatem » statuendi, distringendi et corrigendi ea omnia que vobis visa » fuerint pertinere ad utilitatem Communitatis Montispessulani. » Charte du 1$^{er}$ mars 1204, ap. Arch. mun., *Gr. Thal.*, fol. 2, et *Livre Noir*, fol. 18.

au-dessus de la leur. Leur omnipotence n'épargna pas même le pouvoir seigneurial. On les voit, le 1<sup>er</sup> août 1223, par exemple, modifiant certaines dispositions de l'année précédente, statuer souverainement sur l'élection du bayle et sur celle de ses officiers, sur le serment qu'ils doivent prêter, sur leur manière de procéder en justice ; sur l'expédition des divers actes de la baylie, la durée des fonctions de son notaire, les conditions à remplir pour devenir notaire, et les honoraires du notaire, l'incompatibilité de la profession de notaire et de celle d'avocat, comme aussi de celle d'avocat et de celle d'étudiant en droit ; sur l'aptitude nécessaire pour plaider, les garanties à exiger de ceux qui plaident; sur la police des tribunaux, enfin, en général et en particulier [1]. Nos consuls, en statuant de la sorte, se conduisent en vrais dominateurs.

Remarquons, dès à présent, ce soin minutieux de nos consuls à définir et à régler tout ce qui touche la procédure. La charte du 15 août 1204 elle-même, nous nous en souvenons, est pleine de droit. On en peut dire autant des divers autres statuts transcrits sur nos vieux registres municipaux, et destinés à la continuer ou à la compléter. Montpellier est alors, dans toute la force du terme, une ville de droit : les traditions

---

[1] Archiv. munic., *Livre Noir*, fol. 7 sq., et Archiv. National., Sect. hist., Cart. J, 339, N° 23, fol. 10 v° sq. ; Cf. *Pet. Thal.*, p. 80 sq.

de l'école de Placentin lui ont imprimé ce caractère. Il n'est peut-être pas de cité dans toute la France où l'esprit des légistes ait exercé un pareil empire au commencement du XIII⁰ siècle. Montpellier, bien avant la grande époque jurisprudentielle de S. Louis, a une organisation judiciaire arrêtée [1]. En parcourant, soit notre charte du 15 août 1204, soit nos statuts consulaires du 1ᵉʳ août 1223, on distingue déjà le germe des ordonnances royales de 1254 et de 1256 [2].

Les statuts du 12 juin 1225 nous montrent également nos consuls occupés à faire acte de législateurs : « Afin de régir et de gouverner la Commune »de Montpellier », y disent-ils, « après avoir imploré la »grâce et la faveur divines, à la suite d'une conscien- »cieuse délibération, et avec l'assentiment de nos con- »seillers et des consuls de métiers, nous arrêtons et »promulguons les règlements ci-joints, comme devant »valoir à perpétuité, nonobstant les coutumes ou statuts »quelconques qui, en tout ou en partie, pourraient »paraître les contredire ou les entraver. » Ainsi débutent nos consuls dans les statuts du 12 juin 1225,

[1] Jayme Iᵉʳ avait sans doute en vue cette priorité, lorsque, rendant hommage à la supériorité judiciaire de la cour du bayle de Montpellier, il proclamait, dans son règlement du 4 février 1237, à propos de cette cour, « quod inter alias circa juris et »causarum examinationem dici potest merito prefulgere. » Arch. mun., *Gr. Thal.*, fol. 36, et *Livre Noir*, fol. 45 ; Cf. Gariel, *Ser. Præs.*, I, 350.

[2] Cf. Laurière, *Ordonnances des rois de France*, I, 65 et 77.

ne laissant par là aucune prise au moindre doute, ni même au plus léger soupçon, relativement à la souveraineté de leur pouvoir, procédant sans arrière-pensée, sans réticence, sans restriction. Et sur quoi porte leur décision? Sur le bayle, sur le lieutenant du roi d'Aragon, et sur les autres officiers dépositaires des droits seigneuriaux. « Celui qui tiendra la » place du seigneur-roi dans ce pays », prononcent-ils résolument, « jurera entre les mains des consuls, en »entrant en fonctions, de leur dire la vérité sans »fraude, toutes les fois que les consuls lui demande- »ront s'il n'a rien promis à personne de Montpellier »relativement à l'élection du bayle, à la nomination »des officiers publics, à l'administration ou à la gestion »des affaires dans lesquelles se trouve engagée l'uti- »lité commune de la ville et de la seigneurie; et s'il »répond avoir fait quelque promesse de cette nature, »les consuls et la cour l'obligeront impérieusement à »la rétracter. Celui qui aura donné la promesse et »ceux qui l'auront reçue seront ensuite privés et »évincés perpétuellement, en vertu de la présente »constitution, de tout office de la cour et du consulat »de Montpellier [1]. »

Ainsi s'expriment nos consuls, jaloux de soustraire l'élection du bayle aux intrigues du lieutenant du roi

[1] Statuts consulaires du 12 juin 1225, ap. Arch. mun., *Livre Noir*, fol. 10, et Arch. Nat., Sect. hist., Cart. J, 339, N° 23, fol. 13.

d'Aragon. Ils vont jusqu'à annuler, par cette même constitution du 12 juin 1225, certaine *coutume* précédemment promulguée, en vertu de laquelle un jurisconsulte ou le juge de la cour du bayle étaient toujours tenus d'assister à la réception des témoins admis à déposer en justice; ils abandonnent ce soin au notaire de la même cour, la présence du juge devant être désormais purement facultative. Puis, ils y déterminent les honoraires des avocats, et y prescrivent qu'en cas de contravention ceux-ci seront à tout jamais exclus et publiquement dénoncés dans la maison consulaire, ainsi que les officiers du bayle en pareille circonstance. Il y arrêtent la formule du serment que devront prêter les légistes et décrétistes, c'est-à-dire les gradués en droit civil et en droit canon, sous peine de ne pouvoir rien faire en justice, ni comme conseillers, ni comme avocats [1].

Les consuls de Montpellier, dans tous ces statuts du 12 juin 1225, agissent visiblement en maîtres. Le nom du bayle y figure à la fin, il est vrai, mais autant, selon toute apparence, pour attester l'obligation où s'est trouvé le représentant de la justice seigneuriale d'en jurer l'exécution fidèle, que pour leur donner force de loi. Les bourgeois de la Commune ont, en réalité, par l'organe de leurs mandataires, imposé ce nouveau joug au roi d'Aragon.

[1] Statuts consulaires du 12 juin 1225, ibid.

Dix ans après, on voit, de même, les consuls de Montpellier, dans le but, sans doute, de soustraire l'innocent aux périls de la calomnie, prononcer la peine du talion contre tout dénonciateur ou délateur convaincu de mensonge [1]. Quelques mois plus tard, ils ordonnent souverainement sur le partage des biens communs entre majeurs et mineurs, *nonobstant le droit écrit*, sur le châtiment à infliger à une femme qui épouse frauduleusement un mineur à l'insu de ses parents ou tuteurs, sur celui qu'encourent ceux qui transportent leurs causes hors de Montpellier, pour les soumettre à un tribunal étranger [2]. En 1244, encore, au milieu des conquêtes de Jayme Ier, leur puissance n'a rien perdu de ses glorieuses prérogatives. « On pour- »rait dire, et avec raison », écrivent-ils dans le préam- bule d'un nouveau statut, assez semblable à un décret, « que l'utilité des coutumes et franchises de »Montpellier n'a nul besoin d'être mise en lumière, eu »égard à son évidence, puisque ce sont elles qui ont »rendu à leur liberté en quelque sorte naturelle tous »les habitants de Montpellier, et que le soin et la »surveillance de ces mêmes franchises et coutumes, »bien qu'appartenant à tout le monde, sont dévolus,

---

[1] Statut consulaire du 1er juin 1235, ap. Arch. mun., *Livre Noir*, fol. 11, et Arch. Nat., Sect. hist., Cart. J, 339, N° 23, fol. 14.

[2] Statuts consulaires du 6 janvier 1235 vieux style, 1236 nouveau style, ap. Arch. mun. et Arch. Nat., ibid.

»cependant, d'une manière spéciale aux consuls, à
»qui a été donné et accordé plein pouvoir de régler,
»de corriger et de réformer tout ce qui leur paraîtra
»susceptible de règlement, de réforme ou de correc-
»tion, dans l'intérêt de la Commune [1]. » En 1244
donc, nos consuls ne regardaient pas leur mission
constituante comme achevée; ils se croyaient toujours
investis du droit de pourvoir aux nécessités et au
gouvernement de la Commune.

Il nous serait facile de multiplier les citations ;
mais nous ne ferions qu'ajouter à des preuves déjà
surabondantes : la souveraineté de nos consuls, durant
toute la première partie du XIII<sup>e</sup> siècle, est presque
un axiome historique.

Si cette souveraineté se déployait avec tant de suite
pour des intérêts de premier ordre, au risque de
froisser les susceptibilités seigneuriales, à plus forte
raison ne demeurait-elle pas désarmée dans toutes les
affaires naturellement dévolues à sa compétence. Ne
nous étonnons donc pas de voir nos consuls statuer,
à divers intervalles, sur les dettes, les propriétés, les
transactions, les arbitrages, les testaments, les injures,
les appels, les donations, les emprunts, le luxe [2].
Ne nous étonnons pas de les voir, s'occupant avec une

[1] Statut consulaire du 18 mars 1243 (1244), ap. Arch. mun.
et Arch. Nat., ibid.

[2] Voy. *Pet. Thal.*, p. 132-124-133—70, 76 et 139—141,
142, 144 et 145 ; Cf. *Gr. Thal.*, fol. 49 et 50.

minutieuse attention de la police, faire des règlements sur les vendanges et l'entrée du vin, sur les cris publics, les poids et mesures, la pureté ou la sophistication des denrées, la vente du poisson, la boucherie, la boulangerie [1]. Non-seulement ils en font sur le droit de fournage [2] ; mais ils vont jusqu'à peser ou faire peser les pains en vente chez les boulangers, et, quand ils les reconnaissent trop légers, ils les retiennent pour les distribuer aux pauvres [3]. Car c'est un pouvoir essentiellement charitable que celui de nos consuls ; c'est une magistrature empreinte, au plus haut degré, d'un caractère moralisateur. Ils interdisent, en 1292, le métier de tavernier ou de cabaretier, parce que les tavernes servaient de lieux de rendez-vous à des gens mal famés [4].

---

[1] Établissements de 1232, 1253 et 1400, ap. *Pet. Thal.*, p. 125, 126 et 131 ; Cf. statut consulaire du 6 juin 1347, ap. Mss. de la Bibliothèque Nationale, *Cartulaire de Montpellier*.

[2] En fixant le prix à payer au fournier pour la cuisson du pain (statut du 17 décembre 1212, ap. Arch. mun., *Livre Noir*, fol. 6 ; Cf. Arm. F, Cass. VII, N° 10), et en revendiquant, au nom de la Commune, le monopole des fours de Montpellier (règlement du 17 septembre 1232, ap. *Gr. Thal.*, fol 28 v° ; Cf. Arm. F, Cass. VII, N°s 9 et 9 bis).

[3] Lettres de Jayme II, du 15 décembre 1282, ap. Arch. mun., Arm. B, Cass. XVI, N° 7 bis ; lettres de Philippe-le-Long, du 8 mai 1319, ibid., N° 1, et mandement du sénéchal de Beaucaire du 6 février 1323, ibid., N° 2.

[4] Arch. mun., Arm. B, Cass. XVI, N° 7 ; Cf. *Pet. Thal.*, p. 139.

L'autorité de nos consuls n'est pas, d'ailleurs, emprisonnée dans l'enceinte de la cité soumise à leurs statuts. Ils sont en possession du privilége de choisir et de révoquer les « capitaines du commerce » préposés à la surveillance des intérêts locaux dans les foires et marchés publics, par toute la France, jusqu'au fond de la Champagne et de la Flandre [1]. Ils ont aussi le droit de nommer et de destituer les prud'hommes chargés de représenter la Commune dans les divers ports ou comptoirs de la Méditerranée [2]. Leur action suit patiemment la trace des bourgeois, quelque part qu'ils aillent, prête à leur porter secours au besoin, prête à faire respecter et à défendre, en cas d'attaque, leurs marchandises et leur honneur, toujours attentive, toujours présente, n'imposant d'autres limites à son dévouement que les limites mêmes du monde.

On comprend sans peine quels dangers offrait pour les rois-seigneurs une pareille puissance. Aussi s'appliquèrent-ils généralement, selon la mesure de leurs forces, à entretenir avec elle des relations de bon voi-

[1] Plusieurs chartes de la Cassette VIII de l'Armoire A de nos Archives municipales leur reconnaissent ce privilége, notamment les chartes N°ˢ 1, 2, 5, 6, 7, 9, 10, 12 et 13. — Cf. lettres de Louis X, du 9 janvier 1315, ibid., Arm. G, Cass. VI, N° 14; et lettres de Charles VI, du 30 janvier 1404, ibid., Arm. C, Cass. VII, N° 4. — Voy. également, à l'année 1317, la chronique manuscrite du *Cartulaire de Montpellier* conservé à la Bibliothèque Nationale de Paris.

[2] Arch. mun., Arm. A, Cass. XIII, N° 4.

sinage. Nos consuls, du reste, ne leur refusaient pas, de leur côté, les marques de déférence dues à leur haute position hiérarchique [1] : la paix et l'ordre, d'où dépendait la prospérité de la Commune, étaient à ce prix. Tout en statuant sur le compte du bayle et du lieutenant du roi, tout en circonscrivant leur influence dans les bornes assez restreintes de son cercle légitime, ils ne faisaient nulle difficulté de leur reconnaître l'apparente supériorité que leur assurait primitivement la charte du 15 août 1204. Loin d'eux la prétention, par exemple, de décliner la juridiction judiciaire de la cour du bayle; il fallait bien que la justice se rendît. Loin d'eux, par suite, celle de contester au lieutenant du roi son droit d'appel, ou d'empêcher les habitants de recourir à son tribunal, en cas de déni de justice de la part de la cour du bayle. Tout le monde avait intérêt à vouloir le règne de la loi. Ils laissèrent également les officiers de la cour du bayle accomplir, au nom du seigneur de Montpellier, les ventes et aliénations concernant les domaines seigneuriaux situés dans la ville et ses dépen-

[1] Si l'on veut connaître au juste comment se trouvaient respectivement limitées les juridictions de Montpellier au moyen-âge, et quels liens les unissaient, on n'a qu'à jeter les yeux sur l'extrait d'une procédure de l'année 1364, que nous publions parmi nos Pièces justificatives, d'après une charte de la Cassette VII de l'Armoire H de nos Archives municipales. La ligne de démarcation y est tracée par les consuls eux-mêmes, et leur syndic l'y donne, en leur nom, comme très-ancienne.

dances. Leur autorité n'avait rien à y perdre : le respect des engagements mutuels en facilitait, au contraire, l'exercice; et les mesures souveraines qu'ils décrétaient, soit à l'égard des officiers de la cour du bayle, soit à l'égard des officiers de la cour du lieutenant-royal, ne pouvaient que rehausser leur propre importance. Quand ils promulguaient sur le bayle et les officiers de sa cour les règlements indiqués plus haut, quand ils infligeaient aux délinquants la peine de la privation perpétuelle de leur office et celle de la flétrissure publique en conseil-général de la Commune [1], qui ne les eût regardés comme supérieurs en puissance effective aux magistrats dont ils humiliaient ainsi l'orgueil? N'intervenaient-ils pas, d'ailleurs, de concert avec le roi ou son lieutenant, dans l'élection du bayle [2] ? Et le lieutenant-royal lui-même, le représentant le plus élevé des droits seigneuriaux, ne prêtait-il pas serment en présence des consuls [3] ?

Les consuls furent donc, en somme, à Montpellier, durant toute la première partie du XIII<sup>e</sup> siècle, les vrais souverains. A leur pouvoir venaient aboutir tous les autres pouvoirs; le pouvoir seigneurial lui-même, quoi qu'il pût faire pour éluder leur empire, subissait fata-

---

[1] Statuts consulaires du 12 juin 1225, déjà cités.

[2] Voy., sur la manière dont avait lieu à Montpellier l'élection du bayle, la Note IV de l'*Appendice* de ce volume.

[3] Il le prêtait encore au XIV<sup>e</sup> siècle, comme l'établit un acte du 19 novembre 1308, conservé dans nos Archives municipales, Arm. C, Cass. II, N° 3.

lement le joug de leur suprématie. Mais cette suprématie n'était, après tout, ne nous y trompons pas, que celle du peuple, que celle de la Commune. La suprématie de la Commune se déployant librement partout, jusque dans les retranchements les mieux défendus de la Seigneurie, tel est le grand fait, le fait saillant de l'histoire de Montpellier pendant la première période de la domination espagnole. La vraie force, la vraie puissance, la vraie souveraineté résident chez nous, au commencement du XIIIe siècle, dans l'élément populaire. Montpellier offre alors l'aspect d'une ville tout-à-fait libre, d'une Commune vraiment indépendante, à l'instar des grandes cités italiennes du même temps ; Montpellier est alors une sorte de république sous un seigneur. L'examen auquel nous venons de nous livrer, sur le caractère et l'étendue de ses diverses juridictions, le prouve. Le tableau que nous allons esquisser de ses opérations intérieures le mettra encore plus en évidence.

## VI.

LA COMMUNE EN ACTION. — TABLEAU GÉNÉRAL ET JEU ORDINAIRE DE SES INSTITUTIONS. — DÉMOCRATIE MONTPELLIÉRAINE.

S'il est un point digne d'intérêt dans l'histoire de la Commune de Montpellier, c'est le tableau de son organisation intérieure à partir du commencement du XIII<sup>e</sup> siècle. Quel énergique mécanisme n'y a-t-il pas là ! Que de merveilleux détails ! La devise de nos modernes républiques n'a reçu nulle part une plus remarquable application ni un plus sincère développement. La Commune de Montpellier nous offre, dès le moyen-âge, le modèle accompli de la liberté, de l'égalité et de la fraternité les plus vraies [1] : elle a l'Évangile pour régulateur, l'Église pour tutrice et pour patronne.

[1] Nous ne parlons point ici, bien entendu, de la liberté religieuse. Le moyen-âge ne l'admettait pas. L'Église étant alors inséparablement liée à l'État et ne formant qu'un seul corps avec lui, on ne comprenait nullement la possibilité d'un système religieux en dehors du dogme catholique. On chercherait inutilement dans toute l'Europe chrétienne de ce temps-là un pays qui ait fait exception sous ce rapport.

Veut-on se former une idée exacte de l'économie de ce petit monde, voici d'abord le principe qui en fait le fondement et en résume l'esprit : Tout par le peuple, tout au nom du peuple. Dans la Commune de Montpellier chaque bourgeois a son rôle, chaque citoyen sa part de pouvoir; car la souveraineté y appartient au peuple. Quand la cloche de Notre-Dame des Tables l'appelle sur la place publique, le peuple montpelliérain quitte bien vite son travail pour les affaires de la Commune. Il se rassemble, tantôt en armes, tantôt sans armes, selon qu'il s'agit de repousser un péril imminent ou de se prononcer sur une question d'intérêt général. Ou bien, il va assister à l'élection de ses nouveaux consuls. Que disons-nous assister? Il va tenir sa place, occuper son rang dans cette élection; car le peuple de Montpellier ne se contente pas d'une assistance passive aux opérations de la Commune; chaque individu chez lui est acteur, et exerce par lui-même sa portion d'autorité. Il est réparti en sept classes, en sept catégories, suivant la diversité des professions, en sept échelles, comme on parlait au moyen-âge [1]. Cette répartition atteste déjà parmi nous, pour le noter en passant, et sauf à y revenir, la présence d'un principe d'association sérieux et vivace. On s'aperçoit que

---

[1] Analogie avec les sept grands arts de Florence, sans plagiat, pourtant, de la part de Montpellier, puisque les sept grands arts de Florence n'apparaissent que dans la seconde partie du XIII<sup>e</sup> siècle.

nous sommes dans le siècle de l'efflorescence du commerce et de l'industrie, dans le siècle où Étienne Boileau rédigera les *Establissements des métiers de Paris*. Le principe d'association se manifeste alors à la fois au sein des artisans, des ordres religieux et des corporations savantes. Nous ne tarderons pas à voir se fonder, sous les auspices du pape Nicolas IV, l'Université de Montpellier. La Commune dont nous décrivons l'organisation est elle-même un produit de ce principe. Faut-il s'étonner, après cela, si ce même principe se retrouve dans nos sept échelles? Cette répartition, d'ailleurs, n'est ni fortuite ni arbitraire. Il y a sept échelles à Montpellier, parce qu'il y a sept jours dans la semaine. Toutes les semaines, chaque échelle, successivement, monte la garde aux portes de la ville, ou fait le guet sur les murailles. Car Montpellier, au XIII° siècle, est enclos de murailles, à la manière de la plupart des villes du moyen-âge. Montpellier a sa ligne d'enceinte, ses tours, ses fossés et, par conséquent, ses portes, qu'il faut garder nuit et jour, en cas d'attaque ou de surprise. Ce système de clôture, dont il ne reste plus aujourd'hui que des débris épars, subsistait encore presque dans son entier il n'y a pas bien long-temps [1].

---

[1] Il était assez bien conservé en 1687; et voici en quels termes l'auteur anonyme d'un *Panégyrique de Montpellier*, prononcé au Collége des Jésuites de cette ville, le caractérisait et le décrivait alors : « Quid de ipso mœnium ambitu, quid de » ædium, quibus urbs constat, structura dicam? Surgunt

Mais à quoi bon un pareil système sans l'œil et la main de l'homme? Aussi nos bourgeois se relayaient-ils pour le protéger et le défendre : tout bourgeois, au moyen-âge, était soldat. Cette défense constituait pour nos ancêtres un service analogue, sous certains rapports, à celui de la garde nationale actuelle. La situation de leur ville près de la mer leur en faisait un devoir et une obligation. L'époque des courses des Sarrazins n'était pas encore oubliée ; d'autres envahisseurs pouvaient venir après eux. Et du côté de la terre Montpellier n'avait pas moins à redouter ; la guerre était si fréquente alors ! Il y avait si peu de sécurité, surtout pour une commune catholique en quelque sorte perdue en pays albigeois ! Ne fallait-il pas *guetter* constamment ? Ne fallait-il pas se tenir sans cesse sur le qui-vive ? Ne fallait-il pas ajouter à l'avantage dispendieux d'un ensemble régulier de fortifications la présence continuelle des citoyens aux portes et sur les murs ? Voilà pourquoi la masse de nos bourgeois était répartie, au moyen-âge, en sept échelles ; pourquoi il y avait autant d'échelles qu'il y a de jours dans la semaine ; pourquoi un statut consulaire, un *établissement* spécial, le premier des règlements de ce genre couchés sur le *Petit*

---

» enimvero muri quadris fere saxis firmissime compacti, subli-
» mibus turribus distincti, quos hinc extima fossa alta juxta ac
» lata, illinc intimus agger validissimus munit, præter singula
» singulis adjecta portis lunata propugnacula. » *Monspel. civit.*
*Paneg.*, p. 8.

*Thalamus*, assigne à chaque corps de métier son jour et son poste pour la garde de la ville. La Commune de Montpellier devait chercher à vivre, avant toute autre chose ; et elle ne pouvait vivre qu'à cette condition.

Cette répartition, du reste, cette distribution des bourgeois par échelles ne servait pas uniquement à la défense de la cité ; elle servait aussi de base à une foule d'opérations administratives, à l'élection des consuls, notamment, et à celle de la plupart des magistrats municipaux. Voici comment avait lieu l'élection des consuls. Elle se faisait chaque année le 1$^{er}$ mars ; car les nouveaux consuls devaient entrer en charge le premier jour de l'année, et l'année ne commençait pas alors chez nous, comme elle commence aujourd'hui, le 1$^{er}$ janvier, mais le 25 mars, fête de l'Annonciation [1]. Le 1$^{er}$ mars donc, les chefs des divers corps de métiers se réunissaient, au son de la cloche de Notre-Dame des

---

[1] Voy. à ce sujet la Dissertation de M. Thomas, insérée dans l'Introduction du *Petit Thalamus* de la Société Archéologique de Montpellier, pag. XLI sq. Nous avons suivi son système, durant tout le cours de cet ouvrage, en renforçant d'une unité, afin de le mettre en rapport avec le mode de supputation du calendrier moderne, le millésime des faits compris entre le 1$^{er}$ janvier et le 25 mars de chaque année, sans rien changer, toutefois, au chiffre original des chartes ou autres documents cités ou édités, convaincu qu'autant il est bon d'épargner au lecteur par d'utiles réformes de fâcheuses méprises chronologiques, autant il importe, par égard pour la science, de respecter scrupuleusement jusqu'à la lettre des vieux textes.

Tables, à l'Hôtel-de-ville, situé près du Marché aux Herbes, et là chacun d'eux, séance tenante, élisait cinq prud'hommes de son échelle. Les sept échelles donnaient, dans cette proportion, trente-cinq élus. Sur ces trente-cinq on en choisissait sept, un par échelle, qu'on investissait du droit de procéder, avec les douze consuls sortants, à l'élection des douze nouveaux consuls. Les chefs des corps de métiers nommaient, bien entendu, au scrutin; mais c'était le sort, après cela, qui, parmi les trente-cinq prud'hommes primitivement ainsi nommés, désignait les sept électeurs définitifs, appelés à élire les nouveaux consuls, de concert avec les anciens.

Arrêtons-nous un instant sur cette première opération. Il en résulte tout d'abord qu'il y avait dans la Commune de Montpellier deux classes d'électeurs, des électeurs du premier degré et des électeurs du second degré. Les électeurs du premier degré ne nommaient pas directement les consuls, mais seulement les électeurs du second degré, chargés de concourir à leur élection. Ces électeurs du premier degré, en outre, étaient eux-mêmes le produit d'une élection préalable, d'une élection essentiellement populaire, puisque chaque citoyen, chaque bourgeois, dans chaque corps de métier, contribuait de son suffrage personnel au choix du chef convoqué pour représenter ce corps. Système souverainement libéral, qui assurait, non pas simplement à chaque classe, mais à chaque individu, un droit propre de représentation. A part le perfectionnement, ou plutôt la simplification du mode, qu'avons-nous imaginé de plus universel, en fait de suffrage, dans les temps modernes?

On a comparé le régime municipal du moyen-âge au régime municipal romain. Mais pourquoi dans le régime municipal romain ce caractère si étroitement aristocratique, qu'on a blâmé avec juste raison? Pourquoi cette élection des curiales par les curiales, ce recrutement héréditaire de la curie dans la curie? Pourquoi, au contraire, dans nos communes d'autrefois cette organisation si largement démocratique, cette admirable universalité de la représentation? C'est qu'entre le municipe romain et la commune du moyen-âge il y a toute une révolution sociale, la rénovation du monde par le christianisme. Le christianisme, telle est la vraie source de nos libertés. La Commune de Montpellier s'est distinguée entre beaucoup d'autres par son caractère éminemment libéral, parce qu'elle a été éminemment chrétienne. Elle a dû l'être, en effet, d'une manière bien profonde, bien intime, pour résister, comme elle l'a fait, au vent des doctrines albigeoises, quand ces doctrines exerçaient un empire illimité tout autour d'elle. Placée entre Saint-Gilles, où se tenait fréquemment la cour des comtes de Toulouse, les coryphées les plus ardents de l'hérésie, et Béziers, si célèbre par son antagonisme irréligieux, la Commune de Montpellier semble s'efforcer, à mesure que le péril augmente, de resserrer les liens qui l'unissent à l'Église. Elle devient le centre ordinaire des conciles du Midi ; elle ouvre un asile protecteur aux missionnaires et aux légats pontificaux ; elle a pour beffroi celui de Notre-Dame des Tables ; et, comme pour se mettre plus spécialement encore sous la sauvegarde de la Reine du Ciel, elle fait graver son image avec celle de l'Enfant-Jésus sur le sceau du consulat. Elle y joint, qui plus est, cette devise, magnifique symbole de l'inébranlable orthodoxie de ses habitants :

« Virgo Mater, Natum ora
» Ut nos juvet omni hora. »

Suave légende, où se reflète avec un rare bonheur la confiante quiétude de nos aïeux en face du déchaînement des fureurs albigeoises, et dont le rhythme mélodieusement cadencé renferme, dans une formule des plus simples, une prière et une profession de foi ! Ce n'est pas assez pour notre pieuse Commune, quoique ce soit, assurément, déjà beaucoup. Elle donne, en 1211, à l'évêque diocésain de Maguelone le droit d'intervenir, de concert avec les sept électeurs du second degré et les douze consuls sortants, dans la nomination des nouveaux consuls. C'est entre les mains de l'évêque de Maguelone désormais que les douze anciens consuls et les sept électeurs adjoints prêtent serment, avant de procéder au choix des nouveaux magistrats populaires. Ils prêtent serment sur l'Évangile ; ils jurent de n'accorder leurs suffrages qu'à des citoyens d'une honnêteté et d'une vertu incontestables ; ils promettent de ne se laisser guider dans cette décision ni par la haine ni par la faveur. En cas de partage, c'est également la voix de l'évêque de Maguelone qui tranche toute difficulté [1]. Ainsi vont les choses à Montpellier, à partir de 1211. Plus tard, il est vrai, et à dater de 1246, l'intervention de l'évêque dans l'élection de nos consuls fit place à celle du seigneur [2]. Car l'ambitieuse politique des rois d'Aragon travailla constamment à se substituer, dans les affaires de la Commune, aux évêques de Maguelone, et la lutte à laquelle donna lieu cette politique fut en partie cause, comme nous le verrons par la suite, de l'aliénation que firent nos évêques, en 1293, de leurs droits féodaux de propriétaires et de suzerains, au profit des rois de France. Mais alors même que l'intervention des évêques de Maguelone dans l'élection des consuls de Montpellier eut disparu devant

[1] Nous donnons parmi nos Pièces justificatives l'accord du 8 février 1210 (1211), relatif à ce mode d'élection, après en avoir revu avec soin le texte sur les manuscrits des diverses Archives.

[2] Voy. parmi nos Pièces justificatives le règlement du 18 mars 1245 (1246), auquel nous faisons ici allusion. OEuvre de Jayme I$^{er}$, ce règlement est du plus haut intérêt pour le jeu des institutions municipales de la Commune de Montpellier, en même temps qu'il renferme de précieuses indications sur la rivalité de nos seigneurs avec les évêques de Maguelone. On y remarquera avec quel art le pouvoir seigneurial a pris chez nous, au moyen-âge, la place du pouvoir épiscopal.

celle des rois d'Aragon ou des rois de France, les nouveaux magistrats n'en continuèrent pas moins, en entrant en charge, de jurer sur l'Évangile de demeurer toujours fidèles à l'Église, et de protéger en tout et partout le catholicisme. Le Livre des Serments du *Petit Thalamus* contient, à ce sujet, une formule explicite [1].

Ainsi donc, il y a, au XIIIe siècle, dans la Commune de Montpellier, un élément chrétien très-fort, plus fort que dans la plupart des communes du voisinage. Cet élément chrétien a dû contribuer pour beaucoup à l'établissement et aux progrès de l'organisation particulièrement libérale de notre ancienne cité. C'est une vérité devenue vulgaire, à force d'être redite, que le christianisme a été, au moyen-âge, le père de la liberté. La Commune de Montpellier, grâce aux convictions profondément religieuses de ses bourgeois, a vu se développer chez elle, sous les auspices des évêques de Maguelone et des papes, un esprit d'indépendance

---

[1] Selon les éditeurs du *Petit Thalamus*, Introd. p. xxxii, cette formule ne saurait être antérieure à la fin du XVIe siècle. Pourquoi cela? Les consuls de Montpellier ne prêtent-ils pas un serment de ce genre, en 1209, entre les mains du légat Milon, et l'hérésie albigeoise n'était-elle pas propre à faire sentir le besoin d'un pareil serment, tout autant que l'hérésie calvinienne? Le serment dont nous parlons est catégoriquement prescrit dans l'accord du 8 février 1210 (1211), rapporté parmi nos Pièces justificatives, et relatif au rôle de l'évêque de Maguelone dans l'élection des consuls.

extrêmement remarquable pour ces vieux temps, des idées politiques tellement larges, tellement avancées, que nous en sommes nous-mêmes surpris. Le peuple y avait, au point de vue du système électoral, une part très-ample, aussi ample, toute proportion gardée, que celle que lui a faite de nos jours l'adoption du suffrage universel. Seulement, au lieu d'être, comme le sont aujourd'hui, par exemple, les citoyens de la République française, électeurs au même degré, les bourgeois de la Commune de Montpellier se divisaient en électeurs du premier degré et en électeurs du second degré.

Nous ne reviendrons pas sur les électeurs du premier degré. Nous avons suffisamment indiqué la complète égalité d'aptitude des bourgeois de Montpellier à cet égard. Mais il nous reste à dire comment procédaient dans notre ancienne Commune les électeurs du second degré, par rapport à l'élection des consuls ; il nous reste à montrer jusqu'où nos pères poussaient l'horreur de l'intrigue, jusqu'à quel point ils savaient unir la vertu à la liberté, concilier le droit et le devoir.

Les électeurs du second degré, une fois désignés par la double combinaison d'un premier vote au scrutin et d'un premier tirage au sort, choisissaient, à leur tour, immédiatement, et au moyen d'un nouveau scrutin, soixante sujets d'une probité reconnue, et tous de Montpellier, après avoir prêté, eux aussi, serment sur l'Évangile de n'écouter que la voix de la justice et de la conscience, de n'obéir ni à la haine ni à la faveur.

Parmi ces soixante sujets devaient être pris les douze nouveaux consuls. Mais, ici encore, le tirage au sort venait se combiner avec le scrutin, en ce sens que, le scrutin ayant fourni les soixante premiers noms, c'était au tirage au sort à fournir les douze derniers. Or, voici de quelle manière on interrogeait le sort : on préparait pour cela soixante billets entièrement semblables, quant à la forme, parmi lesquels douze seulement portaient, à l'intérieur, une marque particulière, et on enfermait ces soixante billets semblables dans autant de petites boules de cire, de même poids et de même couleur. Les diverses boules étaient ensuite mêlées, et un inconnu ou un enfant en faisait indistinctement la distribution. Cette distribution achevée, on ouvrait les petites boules de cire, et les douze bourgeois qui, sur les soixante élus admis au tirage, se trouvaient avoir rencontré les douze billets marqués d'un signe caractéristique étaient proclamés consuls [1].

Voilà, certes, bien des garanties : deux scrutins, deux tirages au sort, exécutés à divers degrés par des personnes et parmi des personnes différentes, à la suite l'un de l'autre, et ayant également pour but une élection libre, une élection populaire par le suffrage universel [2]. Les magistrats désignés en vertu d'une pareille

[1] Voy., sur l'ancienneté et l'originalité de ce mode d'élection, la Note V de l'*Appendice* de ce volume.

[2] La pratique du suffrage universel eut à subir à Montpellier quelques atteintes, une fois que les rois d'Aragon eurent sub-

combinaison avaient vraiment le droit de se dire les mandataires de la Commune, ils pouvaient légitimement s'enorgueillir du choix de leurs concitoyens. Ce choix était un admirable témoignage en leur faveur. Et quel privilége ne constituait-il pas, en même temps, à leur avantage! Dans une ville habitée ou plutôt visitée à de rares intervalles par le roi-seigneur, les consuls devenaient l'autorité permanente. Le roi-seigneur avait bien, pour tenir sa place, un bayle et un lieutenant-royal; mais ce lieutenant et ce bayle n'étaient supérieurs que de nom aux consuls. Les consuls, nous l'avons démontré, l'emportaient, en réalité, sur eux, et étaient, en définitive, les vrais maîtres. Or, une ville

stitué leur intervention dans l'élection des consuls à celle des évêques de Maguelone. C'est à cette deuxième période qu'appartient l'établissement de 1252, inséré dans le *Petit Thalamus*, p. 98 sq. Le droit d'être électeur du second degré fut restreint, à partir de là, à certains corps de métiers, et chacun de ces corps ne dut plus fournir qu'un nombre déterminé de sujets. Peut-être voulut-on prévenir, par ce nouveau règlement, la prédominance d'un corps de métier sur les autres; peut-être aussi éprouva-t-on le besoin de mettre une digue à de fâcheuses rivalités. Mais alors même pourtant que le droit de suffrage eut subi chez nous cette importante modification, le principe démocratique demeura sauf, puisque, parmi les corps de métiers admis, par le règlement de 1252, à *ruller* ou à *rouler*, c'est-à-dire à prendre part aux honneurs du consulat, figurent explicitement, à coté des changeurs et des drapiers, les mazeliers, les blanquiers, les fustiers et les laboureurs, sans compter diverses autres classes de travailleurs et de petits marchands.

qui choisit ainsi elle-même annuellement ses maîtres, n'est-ce pas, au bout du compte, comme nous le disions plus haut, une ville libre, une république? Peu importe le titre seigneurial dont se targue le roi d'Aragon. Le bourgeois de Montpellier le laisse tranquillement parader sur son cheval de guerre, au milieu du cortége de ses nobles. Le vrai seigneur, celui qui est toujours là et qu'on ne perd jamais de vue, c'est le consul [1]. Son existence n'a rien de princier. La robe rouge et le chaperon noir, une toute petite maison, le plus souvent dans une pauvre rue, un banc à Notre-Dame des Tables : tel est à peu près tout le confortable du consul. Mais il est bien plus populaire, avec cela, bien plus puissant que le roi Pierre ou le roi

[1] Les consuls de Montpellier n'avaient pas le droit, néanmoins, de paraître avec des armes sur le territoire dépendant de l'Église de Maguelone, comme nous l'apprenons de certaines lettres adressées par Philippe-le-Bel au sénéchal de Beaucaire, le mercredi avant le dimanche des Rameaux de l'année 1295 : « Ex parte procuratoris Ecclesie Magalonensis vacantis », lit-on dans ces lettres, « in nostra speciali gardia existentis, nobis » extitit intimatum quod consules Montispessulani et nonnulli » alii in terra ipsius Ecclesie, ubi omnimodam altam et bassam » jurisdictionem habere dicitur Ecclesia supradicta, nituntur » arma portare, *quanquam non fuerint hactenus consueti ibi-* » *dem arma portare.* Quare mandamus vobis quatenus, si est » ita, dictos consules vel quoscumque alios in terra ejusdem » Ecclesie arma portare minime permittatis. » Arch. dép., *Registre des Lettres-royaux concernant l'Évêché de Maguelone*, fol. 82.

Jayme trônant, avec son manteau d'hermine, dans son palais doré.

Sous l'empire d'un pareil système, le peuple, au moins, ne risquait pas de perdre ses droits. Venait-il à être mécontent d'un consul, il en était quitte pour lui laisser finir l'année. Pour un mauvais consul, d'ailleurs, il pouvait y en avoir onze autres bons; car les consuls furent toujours au nombre de douze, tant que subsista chez nous la domination espagnole. En 1389, seulement, ce nombre fut réduit à quatre, pour être bientôt après porté à six, et ne plus varier jusqu'à la fin. Mais le consulat ne fut jamais à Montpellier, dans tous les cas, qu'une magistrature annuelle.

Indépendamment de cette grande magistrature, chargée de pourvoir à tous les intérêts généraux, chaque corps de métier avait aussi, à Montpellier, au moyen-âge, ses consuls particuliers, institution toute naturelle dans une ville où l'organisation du travail servait de base à l'organisation politique. Ils y tenaient la place occupée dans d'autres localités par ce qu'on appelait si aisément alors des *rois* : rois des merciers, rois des arbalêtriers, rois de la basoche, etc. Ces consuls particuliers étaient, à plus forte raison, électifs; les diverses corporations les choisissaient elles-mêmes dans leur sein. Chaque consul de métier veillait spécialement aux besoins de sa corporation propre, et correspondait avec les consuls de la cité, avec les consuls majeurs, comme on disait, pour toutes les affaires concernant sa profession. Ces consuls de métier se faisaient assister dans leurs fonctions par des inspecteurs ou *gardes des métiers*, chargés d'exercer une surveillance active sur les maîtres et sur les simples compagnons ou apprentis.

Montpellier, on le voit, n'avait rien à envier aux autres villes, quant aux associations industrielles. Paris lui-même, au temps de S. Louis, ne lui fut pas supérieur sous ce rapport. Nos *Établissements* consulaires du *Petit Thalamus* forment le pendant de ceux d'Étienne Boileau. Des règles spéciales y sont tracées touchant les relations des ouvriers entre eux et les formes ainsi que les conditions de leur admission à la maîtrise. Car à Montpellier, comme à Paris, il y a hiérarchie pour toutes les carrières. Nos *Établissements* consulaires renferment des statuts particuliers à diverses professions : il y en a pour les boulangers, les drapiers, les teinturiers, les pelletiers, les couteliers, les potiers d'étain [1], etc. Jamais système de libertés locales ne fut plus large ni plus complet.

Un troisième ordre de consuls était celui des consuls de mer, les plus anciens de tous, puisqu'ils datent de

---

[1] Le *Cartulaire* 22 de la Bibliothèque Nationale déjà cité contient des statuts analogues à l'usage des barbiers, des argentiers, des meuniers, des poulaillers ou marchands de volaille, des fabricants de chandelles, des poivriers, des tondeurs de drap, des jupiers, des tailleurs, des cordonniers, des fripiers, des revendeurs, etc.

Guillem V. Ce seigneur les institua, au commencement du XIIᵉ siècle, à son retour de la croisade de Jérusalem. Il avait dû apprendre, durant ce belliqueux pèlerinage, à apprécier les ressources du commerce maritime ; il en encouragea le développement dans ses domaines, et fit tous ses efforts pour accroître l'importance qu'il y avait déjà acquise. Le principal commerce de Montpellier se faisait alors, comme on sait, par le port de Lattes, au moyen duquel notre ville communiquait directement avec la Méditerranée [1]. Ce ne fut que plus tard, et postérieurement au règne de S. Louis, qu'il se fit par Aiguesmortes [2]. Aussi la terre de Lattes avait-elle dans ce temps là une très-grande valeur, et apparaît-elle dans nos vieux actes inséparablement unie à celle de Montpellier. A une époque où ni Aiguesmortes ni

---

[1] Cette communication avait lieu à l'aide des étangs de la plage, en relation directe avec le Lez par l'intermédiaire d'un canal dit *Roubine*. Les marchandises, déchargées en vue de ces étangs, y pénétraient sur des barques, les navires ne pouvant traverser les graux avec leur cargaison, et, une fois rendues de la sorte au port de Lattes, étaient transportées par terre à Montpellier. Pareille manœuvre se pratiquait en sens inverse pour l'exportation. On n'avait pas encore conçu dans ce temps-là le projet d'un canal maritime s'avançant jusque sous les murs de notre ville, car on ignorait l'art de racheter les différences de niveau. Consulter, sur la possibilité d'un pareil canal, le Mémoire publié en 1846 par M. Jules Pagezy.

[2] Voy., sur la route suivie au moyen-âge par le commerce maritime de Montpellier, la Note VI de l'*Appendice* de ce volume.

Sette n'existaient, le port de Lattes, aujourd'hui complètement ensablé, était de nature à rendre d'immenses services à la capitale des Guillems. Remercions nos anciens seigneurs de l'avoir compris. Ils ont considérablement accru, par suite de cela, si même ils n'ont pas fondé, notre commerce maritime; ils ont procuré à Montpellier l'avantage d'une marine propre. Nous verrons bientôt, grâce à eux, Jayme-le-Conquérant s'embarquer, pour son expédition de Majorque, sur une de nos galères [1]. Cette marine montpelliéraine a subsisté long-temps. Au XIV° siècle encore, le roi Jean prenait la défense des intérêts de nos marchands contre les prétentions des trafiquants génois, et Charles V honorait de ses priviléges et de ses faveurs les *nefs* de Montpellier [2].

Nos consuls de mer étaient au nombre de quatre. Guillem V les choisit lui-même, dans le principe,

[1] « La galera en que iva el rey era de Monpeller. » J. Dameto, *Historia general del Reyno Balearico*, lib. II, § 5, p. 210. Une relation contemporaine, intitulée *La vinguda del rey D. Jaume el Conquistador a estas islas* (Mallorca et Minorca) *per el P. Pero Marsili, dominico, son cronista*, dit aussi : « En » nom de Deù entrassen lo rey, e fo en la galea de Montpestler. » Jal, *Archéologie navale*, I, 364. — Antérieurement à Jayme-le-Conquérant, Guillem VII s'était déjà rendu en Espagne sur une galère de Montpellier.

[2] Lettres du roi Jean, des 8 et 26 juillet 1354. — Lettres de Charles V, du 25 juillet 1376, ap. Arch. mun., Arm. C, Cass. XX, N° 9, et Arm. D, Cass. XVIII, N° 34.

parmi « les plus sages et les plus riches » habitants de Montpellier ; mais plus tard la Commune les soumit à une forme d'élection en rapport avec celle des consuls majeurs, dont leur autorité semblait n'être qu'une émanation. Ces derniers désignaient chaque année, la veille du 1er janvier, vingt bourgeois irréprochables, entre lesquels le sort se chargeait ensuite de trouver les futurs consuls de mer. On interrogeait le sort pour l'élection de ces nouveaux magistrats à peu près comme pour celle des consuls majeurs. Les vingt bourgeois désignés se partageaient en quatre séries égales, de cinq membres chacune. On faisait pour chacune de ces séries cinq billets semblables, dont un marqué d'un signe distinctif, et on enfermait ces cinq billets dans autant de petites boules de cire, de même volume et de même couleur. Les boules une fois mêlées, un étranger ou un enfant les distribuait au hasard, et celui des cinq membres de chaque série auquel tombait la boule de cire contenant le billet marqué du signe distinctif était proclamé consul de mer. Les quatre nouveaux magistrats ainsi élus entraient en charge le lendemain, et fonctionnaient jusqu'au 1er janvier de l'année suivante. Ils rendaient leurs comptes aux consuls majeurs, preuve incontestable de la supériorité de ceux-ci. Annuels comme les consuls majeurs, comme eux ils étaient privés de la faculté de se perpétuer dans leur poste ; ils ne pouvaient, aux termes de l'*établissement* de 1258, qui règle d'une manière définitive les formes

170 HISTOIRE DE LA COMMUNE

de leur élection, être réélus qu'au bout de trois ans, à partir du jour où expirait leur magistrature [1].

Pour se faire une idée des attributions de nos consuls de mer, il suffit de consulter la formule du serment qu'ils prêtaient en prenant possession de leur charge. Ils juraient sur les saints Évangiles, en présence des douze consuls majeurs [2], de percevoir fidèlement l'impôt établi sur le transport des marchandises de Lattes à Montpellier et de Montpellier à Lattes, d'en consacrer les revenus à l'entretien de la route de Lattes, ainsi que du Grau et de la Roubine qui mettaient celle-ci, à partir de Lattes, en relation directe avec la Méditerranée ; de veiller, en outre, d'une manière spéciale, dans l'intérêt du commerce, à la sûreté de la navigation [3]. Le produit de l'impôt dont il est ici ques-

---

[1] *Pet. Thal.*, p. 114, et *Gr. Thal.*, fol. 49; Cf. *Pet. Thal.*, p. 275.

[2] Nouvelle marque de leur subordination à l'égard de ces derniers. Comparer, à propos du serment et des attributions des consuls de mer, les textes fournis par les pages 264 et 275 du *Petit Thalamus*, avec les chartes N°˚ 1 et 3 de la Cassette XIII de l'Armoire A de nos Archives municipales.

[3] Quand, plus tard, notre commerce se fit par Aiguesmortes, les consuls de mer eurent mission d'entretenir le *Grau* qui établissait une communication entre Montpellier et ce dernier port. « Cum ad ipsos consules maris », disent les lettres de Philippe de Valois de 1333, ap. Arch. mun., Arm. H, Cass. V, N° 8, « pertineat cura et sollicitudo reparationis gradus per quem » vehuntur et revehuntur mercature de Montepessulano ad

tion n'était sans doute pas très-considérable. Le nom de *mailles* ou d'*oboles de Lattes*, sous lequel il est connu, n'indiquerait pas, du moins, des recettes bien abondantes [1]. Plus difficile, conséquemment, devait être la mission des consuls de mer. Il leur fallait trouver le secret de concilier l'étendue des besoins avec l'exiguité des ressources, et de se surpasser les uns les autres par l'observation de la plus stricte économie. De là l'importance qu'attachait nécessairement la Commune de Montpellier à avoir de bons consuls de mer; de là, peut-être, bien que ces consuls fussent pris le plus ordinairement dans la classe des négociants, l'admission des nobles à cette charge, attestée par nos vieilles listes. Indépendamment de l'honneur annexé à l'exercice du consulat de mer, et propre à en faire rechercher les fonctions, il convenait d'y appeler indistinctement les hommes les plus capables. Les consuls

»Aquasmortuas....» — Le commerce de Montpellier, au reste, n'avait pas attendu l'année 1333 pour prendre la route d'Aigues-mortes, comme on peut le voir dans la Note VI de l'*Appendice* de ce volume.

[1] Il existe dans nos Archives municipales, Arm. B, Cass. XXI, N° 12, deux bulles relatives à la perception de cet impôt: l'une de la 11e année du pontificat de Grégoire IX (1238), et l'autre de la 3e année de celui d'Alexandre IV (1257). Ces deux bulles nous fournissent à peu près les seuls renseignements que nous ayons sur l'histoire des oboles de Lattes. — L'impôt des oboles de Lattes fut remplacé, à partir de 1333, par une nouvelle taxe dite *roubinage* ou *demi-radelle*.

de mer correspondaient avec les délégués du commerce local dans les principaux ports ou comptoirs de la Méditerranée ; ils réprimaient la piraterie, et élaboraient souvent à l'avance les traités que signaient ensuite les consuls majeurs avec les diverses villes maritimes. Pour occuper un pareil poste, il était indispensable, on le comprend, de jouir d'une grande autorité morale, en même temps que d'un certaine réputation d'habileté.

Nous aurons à parler prochainement des traités de commerce conclus par nos consuls, aux XIIIe et XIVe siècles, avec les républiques italiennes et les villes du littoral africain. Nous aurons à enregistrer aussi les priviléges qu'ils obtinrent du grand-maître de Rhodes, du roi de Chypre et de Jérusalem, du roi de Sicile, du doge de Venise et du prince d'Antioche. Bien peu de communes ont eu, au moyen-âge, un commerce aussi actif et aussi étendu que le nôtre. Il serait même vrai de dire que c'est le commerce qui a fondé, sinon à lui seul, du moins en très-grande partie, la splendeur de Montpellier. Nos consuls le reconnaissaient expressément, quand ils disaient, en 1346 : « *Dicta villa mercibus et* »*mercatoribus est fundata* [1]. » Il est notoire et manifeste, ajouterons-nous avec eux, que Montpellier est la clef de la mer de ce côté du continent : « *Notorium et*

---

[1] Protestation des consuls de Montpellier, du 6 mai 1346, ap. Arch. mun., Arm. D, Cass. XII, N° 4.

»*manifestum est quod locus Montispessulani est clavis*
»*maris istius terræ* [1]. »

Voilà pourquoi, outre l'autorité consulaire proprement dite, outre l'autorité des consuls majeurs s'exerçant à distance sur nos divers établissements commerciaux disséminés autour du bassin de la Méditerranée, notre vieille Commune eut encore des officiers plus particulièrement chargés de ses intérêts maritimes, qu'elle appela, à cause de la nature même de leurs fonctions toutes spéciales, consuls de mer, officiers annuels comme les consuls majeurs, élus comme ceux-ci, comme ceux-ci expression libre de la souveraineté populaire, quoique ayant à leur rendre compte de leurs actes, afin qu'il y eût unité dans l'administration.

Mais il ne fallait pas seulement surveiller la mer ; il fallait aussi avoir l'œil sur la défense de la ville en cas d'attaque. Les agressions étaient fréquentes dans ce temps-là. La Commune de Montpellier, avec les avantages de sa position, en avait également les périls. Elle pouvait redouter une invasion, de la part de ses voisines ou du comte de Toulouse, avec autant de raison qu'elle pouvait craindre une descente de corsaires. Il lui importait donc d'avoir son système de fortifications toujours en état. Les Guillems avaient commencé naguère à la doter d'une enceinte de mu-

---

[1] Ibid.; Cf. Note VI de l'*Appendice* de ce volume.

railles, en rapport avec ce besoin [1]. Les rois d'Aragon lui permirent de compléter cette enceinte [2], et elle institua, pour l'entretenir, des « ouvriers de la com- » mune-clôture. » Ces nouveaux magistrats populaires, au nombre de sept, étaient pris annuellement un dans chaque échelle et dans les divers corps de métiers. Ils avaient pour mission de veiller, toujours sous le patronage des consuls majeurs, à l'entretien des murs et des fossés, comme aussi d'ouvrir et de fermer les portes de la ville, soit de jour, soit de nuit. Quand, plus tard, Montpellier, dans un but de défense et de sécurité plus parfaites, créa tout à l'entour de son enceinte fortifiée

---

[1] Guillem VIII, après avoir divisé la ville de Montpellier en sept échelles, lui avait accordé, en 1196, entre autres priviléges, celui de se clore d'une nouvelle ceinture de murailles. L'acte de cette concession se lit sur les feuillets 58 et 59 du *Grand Thalamus*, indépendamment de l'expédition qui s'en trouve dans la cassette VIII de l'armoire B de notre G<sup>d</sup> Chartrier municipal. Il a été analysé par Gariel dans le *Series Præsulum*, I, 244, et publié *in extenso* par MM. Renouvier et Ricard, à la page 105 de leur curieux Mémoire sur les *Maîtres de pierre et autres artistes gothiques de Montpellier*.

[2] Cette nouvelle enceinte n'était pas encore achevée lors de l'avènement des rois d'Aragon à la Seigneurie de Montpellier, comme le prouve l'article 95 de la charte du 15 août 1204, et comme l'établissent, concurremment avec deux autres chartes de novembre 1204 (Arch. mun., Arm. B, Cass. VIII, N° 2, et *Gr. Thal.*, fol. 58) et du 1<sup>er</sup> mars 1205 (*Gr. Thal.*, fol. 2, et *Livre Noir*, fol. 18), les statuts complémentaires du 13 juin 1205, couchés sur la page 66 du *Petit Thalamus*.

un chemin de ronde intérieur dit *des douze pans*, le soin de ce chemin de ronde retomba également sur les ouvriers de la commune-clôture. Tout ce qui pouvait contribuer d'une manière quelconque au repos et au salut de la cité, s'agît-il même d'abattre des arbres ou des édifices pour renforcer la ligne d'enceinte, rentrait dans leurs attributions [1]. Aussi les bourgeois les plus

---

[1] Les fonctions des ouvriers de la commune-clôture sont nettement énumérées dans les lettres de Charles V, du 26 mars 1374, publiées à la page 100 du Tome VI des *Ordonnances des rois de France*, et qui ont pour but d'autoriser ces ouvriers à étendre sur les murailles et les fortifications des faubourgs de Montpellier le droit d'inspection qu'ils exerçaient précédemment sur celles de la ville proprement dite. « Cum ipsi et predeces-
» sores sui in dictis officiis », dit Charles V dans ces lettres,
« tam ex privilegio seu concessione dominorum olim dicte ville,
» quam ex usu antiquissimo, habuerint et habeant jus, potes-
» tatem et auctoritatem custodiendi, tenendi et regendi claves
» portarum principalium et turrium, ac aliorum fortaliciorum,
» murorum et clausure antique dicte ville, ac fossata seu vallata
» a parte exteriori ipsorum murorum facta, et etiam spacia duo-
» decim palmorum dictis muris a parte anteriori, et aliorum duo-
» decim palmorum scame dictorum fossatorum a parte exteriori
» ipsorum contiguorum, in toto circuitu dicte ville; dictasque
» januas claudendi et aperiendi de die et de nocte, prout secun-
» dum occurrenciam vel necessitatem temporum eis videtur
» faciendum; necnon propria auctoritate ipsorum eradicandi,
» diruendi et totaliter amovendi quascumque arbores, edificia et
» alia impedimenta quecumque, si que per quoscumque ibidem
« fieri vel apponi contingat; dictosque muros, turres et fortalicia
» construendi, fortificandi et reparandi; Nos, etc. » — Rappro-

recommandables se faisaient-ils gloire de figurer parmi les ouvriers de la commune-clôture. Sur les listes qui nous restent de ces officiers publics se rencontrent des changeurs, des drapiers, des notaires, des bacheliers ès-lois, parallèlement avec des épiciers et des laboureurs [1].

Merveilleux esprit d'égalité! fraternelle et touchante harmonie! Les honnêtes bourgeois de la Commune de Montpellier pratiquaient d'instinct, il y a six cents ans, des maximes que nous avons la prétention de regarder aujourd'hui comme neuves. La devise de la République française recevait, dès le XIIIe siècle, dans une modeste cité du Midi, sous le patronage des rois d'Aragon et des papes, le plus heureux développement. Et personne ne s'en étonnait, ce qui est encore peut-être plus remarquable. Nos pères trouvaient cela tout naturel; car ils

cher de ce *considérant* les priviléges de 1264 et les règlements de 1284, édités par MM. Renouvier et Ricard, à la suite de leur Mémoire sur les *Maîtres de pierre*, etc., déjà cité. Cf. *Pet. Thal.*, p. 116 et 159.

[1] Il existe dans nos Archives municipales, concernant les ouvriers de la commune-clôture, deux registres importants, l'un intitulé: *Livre des priviléges des ouvriers*, où sont, en effet, consignés leurs priviléges et usages; l'autre connu sous le nom de *Thalamus des ouvriers de la commune-clôture*, et renfermant la plupart des documents relatifs à l'histoire de l'*Œuvre*. C'est dans ce dernier que se trouvent, année par année, à partir de 1258, les listes de ces officiers, auxquelles nous renvoyons. Ils y sont groupés sept par sept, un pour chaque jour de la semaine.

étaient sincèrement et profondément chrétiens. Ils ne s'en tenaient pas, comme nous, à une stérile vénération de l'Évangile ; ils ne se contentaient pas d'en admirer intérieurement les préceptes, ou de leur octroyer par intervalles l'aumône d'un hommage de bon ton ; ils les pratiquaient dans toute leur rigueur ; ils en réalisaient la sublime théorie par leur conduite journalière, convaincus que dans l'intégrité de la foi religieuse repose toute la force des institutions politiques ; et qu'une religion purement sentimentale est impuissante à affermir la stabilité d'un État. De là cette application presque miraculeuse, au sein de la Commune de Montpellier, et en plein moyen-âge, des principes de liberté, d'égalité et de fraternité dont nous sommes si fiers aujourd'hui, et dont, néanmoins, si peu d'entre nous comprennent le vrai sens. Quelle belle, quelle saisissante organisation que celle de notre antique Commune ! Intérêts généraux, intérêts particuliers, tout y a place. Et à peine cette organisation coûte-t-elle quelques sacrifices au trésor public, tant il y a de dévouement chez les individus ! Ces consuls, ces officiers de toute sorte, que nous venons de passer en revue, se trouvent la plupart suffisamment rétribués par l'honneur de représenter le peuple qui les a nommés. Si les ouvriers de la commune-clôture perçoivent quinze florins d'or par an [1], c'est pour les robes qu'ils usent en allant ouvrir

[1] Établ. du 18 novembre 1368, ap. *Pet. Thal.*, p. 168. — Un

et fermer les portes. Il leur est, en outre, accordé annuellement deux torches; mais ils laissent, en sortant de charge, pour l'usage de leurs successeurs, le résidu non brûlé de ces torches [1].

Cet exemple de sévère économie et de parfait désintéressement était donné, du reste, aux ouvriers de la commune-clôture, comme à tous les autres magistrats municipaux, par les consuls majeurs. Les dix livres [2] que recevaient annuellement ces derniers ne faisaient pas même les frais de leur costume [3]. Quand, plus tard, par un acte d'ample justice, on eut porté cette indemnité à quarante livres [4], les consuls, consciencieux jusqu'au scrupule, la réduisirent d'eux-mêmes à trente livres [5].

Ces allocations, ainsi que toutes les dépenses auto-

autre établissement du 13 mars 1412 réduit ces quinze florins d'or (178 fr. 95 cent. d'aujourd'hui) à dix-huit livres petits tournois (129 fr. 60 cent.). Voy. *Pet. Thal.*, p. 178 sq.

[1] Établ. du 13 mars 1412, ap. *Pet. Thal.*, ibid.

[2] Somme équivalente à 72 fr. de notre monnaie actuelle.

[3] « Icelle somme ne souffist pas à paier seulement leur robe » de consulat. » Lettres de Charles VI, du 18 août 1390; ap. Arch. mun., Arm. A, Tiroir XIII, N° 2.

[4] 288 fr. d'aujourd'hui.

[5] 216 fr. — Ce fut Charles VI qui, par les lettres du 18 août 1390 que nous venons de citer, porta à quarante livres l'indemnité de nos consuls ; et ce fut en 1443 que ceux-ci, se trouvant apparemment trop riches eu égard aux malheurs publics, réduisirent d'eux-mêmes cette somme à trente livres petits tournois. — Voy. *Pet. Thal.*, p. 178 sq., et *Cérémonial des consuls*, fol. 3.

risées par la Commune, étaient soldées par le *clavaire*, c'est-à-dire par le trésorier du consulat. Le clavaire rendait ses comptes dans les quinze jours qui suivaient l'expiration de sa gestion ¹.

Mais avec quel argent le clavaire payait-il? Avec quelles ressources alimentait-il sa caisse? Avec le produit de l'impôt, avec ce que donnaient les péages ou octrois, les revenus ordinaires de la ville et les contributions levées sur les habitants. Les consuls majeurs, après avoir pris l'avis du peuple, fixaient le chiffre général de l'impôt ² ; et, hors le cas de pressante nécessité, où les consuls se chargeaient eux-mêmes de ce soin ³, c'étaient ensuite des bourgeois spécialement désignés pour ce travail qui procédaient à la répartition. On les élisait chaque année, au nombre de quatorze, deux par échelle, et on les appelait *los XIV de la capella*, à cause, vraisemblablement, du lieu où ils se réunissaient. Ils juraient, comme les autres magistrats, de

¹ Établ. du 21 mars 1293, ap. *Pet. Thal.*, p. 103; Cf. Établ. du 18 novembre 1368, ibid., p. 168.

² Le roi-seigneur se réservait, néanmoins, le droit de ratifier chaque nouvel impôt établi pour faire face à des dépenses imprévues ou extraordinaires. — Voy., à ce sujet, dans nos Archives municipales, les chartes N⁰ˢ 2 et 3 du Tiroir II de l'Armoire B (1294), ainsi que les chartes N⁰ˢ 3 et 4 du Tiroir X de la même Armoire (1333 et 1346). Voy. également la charte N° 39 de la Cassette VII de l'Armoire G (1339).

³ Archiv. munic., Arm. C, Cass. X, N° 3; Cf. *Gr. Thal.*, fol. 225.

s'acquitter de leurs fonctions sans haine ni préférence pour personne [1].

Nos anciens bourgeois paraissent avoir été très-susceptibles à l'endroit de l'impôt. Ils établissent nettement leurs conditions sur ce point avec le roi d'Aragon dans la charte organique du 15 août 1204 ; ils lui font même la leçon à ce sujet, nous l'avons vu. Lorsque, vers la fin du XIV^e siècle, les rois de France, successeurs des rois d'Aragon, entreprirent d'enlacer Montpellier dans le réseau de leur fiscalité, ils éprouvèrent une résistance des plus énergiques [2]. Ne soyons pas surpris de cette résistance et de cette susceptibilité : elles étaient justes et légitimes. Dans une ville républicainement organisée, comme l'était autrefois la nôtre, l'impôt est une question très-délicate ; il touche à tous les droits et à tous les intérêts [3].

[1] Voy. Pet. Thal., p. 310.
[2] Consulter, dans le Recueil des Mémoires de l'Académie des sciences et lettres de Montpellier, notre récit intitulé : « *Une émeute populaire sous Charles V.* »
[3] De là une cause permanente de conflit. Il y en eut un très-grave, en 1343, sous la seigneurie de Jayme III. « Cum questio » et controversia », lit-on dans un acte du 26 mai de cette année-là, transcrit sur le *Grand Thalamus*, fol. 123, « ventilate fuerint » inter fidelem nostrum procuratorem causarum Montispessulani, » ex una parte, et fideles nostros consules Montispessulani, ex » altera, super eo videlicet quod per dictos consules Montispes- » sulani et eorum procuratorem dicebatur quod si ipsi consules » ville Montispessulani, pro utilitate vel necessitate communi,

Quelque admiration que l'on professe, néanmoins, pour une pareille organisation, on ne peut s'empêcher de lui adresser un reproche: c'est d'être empreinte d'un caractère par trop exclusivement local. Tout fonctionnaire de la Commune, fût-il même simplement notaire, devait être natif de Montpellier, ou avoir habité Montpellier pendant un temps déterminé [1]. Mais ce défaut, hâtons-nous de le reconnaître, n'était pas particulier à notre Commune. Nulle part alors il n'y avait de généralité dans les intérêts. Le caractère exclusif de la Commune de Montpellier doit être imputé à l'époque, et non à nos bourgeois isolément, encore moins à nos institutions.

Le moyen-âge n'en était pas où nous en sommes : il

» populo convocato campana pulsata in loco consueto, ordinassent
» vel ordinare vellent cum populo ibidem, ut moris est, con-
» gregato aliquam talliam, seu collectam, seu quamvis aliam
» contributionem a jure non prohibitam, solvendam et levandam
» inter ipsos habitatores Montispessulani et alios qui de jure seu
» consuetudine ad eam solvendam sunt astricti, id eisdem
» licuisse et licere in futurum, absque eo quod non petiissent
» nec peterent ipsi in posterum licentiam super eo a nobis,
» procuratore nostro contrarium asserente..... » Jayme III transige, en décidant que les consuls fixeront le chiffre de l'impôt en litige, et que son lieutenant le ratifiera. En cas de refus de son lieutenant, il autorise les consuls à passer outre.

[1] Voy. statuts consulaires du 1ᵉʳ août 1223 déjà cités, et établissement du 27 août 1231, ap. *Pet. Thal.*, p. 120 ; Cf. *Gr. Thal.*, fol. 32, et *Livre Noir*, fol. 44.

ne comportait que des républiques locales. Une grande république, une république vraiment française, n'y était point possible : il n'y avait pas encore de France, à proprement parler. Il ne faut pas exiger du moyen-âge plus qu'il ne pouvait donner. Nous lui devons assez de gratitude déjà pour avoir travaillé, comme il l'a fait, à développer dans le monde européen le principe d'association, soit sous la forme religieuse, soit sous la forme intellectuelle, soit sous la forme politique. La Commune de Montpellier, à ce triple point de vue, offre un type des plus piquants. Pour ne rien dire ici de ses associations religieuses, dont on trouvera plus loin l'indication, ni de ses associations savantes, qui ont leur place naturellement marquée dans un chapitre spécial, que peut-on voir de plus avancé, en fait d'associations politiques, que l'organisation administrative dont nous esquissons le tableau? La souveraineté du peuple y apparaît, dès le commencement du XIIIe siècle, comme un dogme puissant, universellement admis par tous, universellement pratiqué, à l'exclusion de tout monopole et de tout privilége. Pour peu qu'on veuille jeter les yeux sur les vieux registres de nos Archives, on y aperçoit toutes les classes appelées indistinctement aux fonctions publiques. Les choses sont même disposées de telle sorte, que les citoyens des rangs inférieurs ne peuvent jamais être frustrés de leurs droits; que chaque profession, chaque corps de métier a sa part imprescriptible de représentation. Rien de plus intéressant, comme association politique, rien de plus parfait, au moyen-âge, que la Commune de Montpellier [1].

Bien qu'il y eût encore absence d'idées générales dans les intérêts et dans les esprits, au commencement du XIIIe siècle, l'organisation des communes était, pourtant, un pas considérable dans la voie du progrès social. Montpellier, sous son régime communal, pouvait regarder en pitié le temps où trois juridictions seigneuriales se coudoyaient dans ses rues. Que d'égoïsme, que d'arbitraire dans ce temps-là ! Le régime communal, sans mettre fin tout d'un coup à l'isolement de la ville des Guillems, limitait, du moins, chez elle la tyrannie des caprices féodaux, et y traçait la place de la liberté. Montpellier, grâce à ce régime, parvint, les circonstances aidant, à se constituer en une sorte de république seigneuriale, patronée bien plutôt que gouvernée par les rois d'Aragon et de Majorque. Gouvernée par ses magistrats élus, c'est-à-dire par elle-même, sauvegardée par sa charte particulière, se défendant par ses propres

[1] Aussi voit-on les règlements de cette association politique recherchés jusque par les villes du Nord, à l'égal des franchises de Vézelay. Un cartulaire ou inventaire du Chapitre de Saint-Ladre d'Avallon, déposé dans les Archives départementales de l'Yonne, renferme, au fol. 1er, la mention suivante, dont nous devons la communication à l'obligeance du conservateur de ces Archives, M. Quantin : « Item, super eo quod dux Hugo » (Hugues IV, duc de Bourgogne de 1248 à 1272) « gurpivit con- » suetudines Montispessulani, super quibus observandis, quoad » homines Ecclesie predicte, fuerat controversia magna. »

moyens, la république montpelliéraine puisait dans son éloignement du seigneur et dans sa position maritime de précieuses garanties d'indépendance.

Veut-on savoir quel chemin firent dans cette petite république seigneuriale les traditions démocratiques ; le trait suivant le démontrera. Les consuls ayant imposé d'office, en 1323, certaine contribution sur les habitants, le menu peuple refusa net de la payer, sous prétexte qu'elle n'était pas nécessaire, et que, pour subvenir aux dépenses, les consuls avaient assez, et au-delà, des revenus ordinaires de la ville. Il fallut que le sénéchal de Beaucaire et le lieutenant du roi de Majorque intervinssent, non pas toutefois en qualité de sénéchal ou de lieutenant du roi, mais à l'amiable, en qualité de conciliateurs et d'arbitres. Et que fut-il décidé alors? Que l'opportunité de la contribution en litige serait examinée et discutée par vingt citoyens librement choisis par le peuple, auxquels les consuls soumettraient leurs livres, et qui vérifieraient, avec le montant des dettes de la ville, l'emploi des deniers publics[1]. Parmi ces vingt citoyens figuraient, il est vrai, *les XIV de la chapelle*. Mais on leur adjoignit six autres bourgeois, afin de rendre la représentation populaire plus complète et le travail moins pénible. Ils avaient pour mission, les uns

[1] Accord du 8 janvier 1323 (1324), ap. Arch. mun., Arm. G, Cass. VII, N° 1. — Cette même cassette renferme plus de trente pièces différentes relatives à cette affaire, parmi lesquelles les pièces cotées N° 1 et N° 2 sont particulièrement remarquables.

et les autres, de revoir les comptes des consuls pendant les vingt dernières années, et ils ne devaient consentir à l'établissement de la contribution imposée d'office qu'autant que la caisse du clavaire serait vide. Encore est-il expressément dit, dans le dossier de cette curieuse affaire, que, si l'urgence de la nouvelle contribution ressort clairement de l'examen en question, on déposera l'argent chez un argentier ou changeur, homme de bien, élu périodiquement par les consuls le samedi de chaque semaine, et que la perception de ce nouvel impôt aura lieu par l'intermédiaire de douze bourgeois d'une probité reconnue, dont six seront pris parmi le menu peuple [1].

Voilà ce que décidèrent, en 1324, les habitants de Montpellier; voilà où ils se laissèrent conduire par leur instinct démocratique.

On glisse aisément sur une pareille pente. En 1325, les consuls, assaillis par une sédition furieuse [2], et en

[1] « Ad quam collectam exigendam domini consules [eligant] » duodecim homines probos, videlicet sex de burgensibus, vel » alios quos voluerint, et alios sex de popularibus, suo et totius » Communitatis nomine, qui jurabunt ad quatuor sancta Dei Evan- » gelia nulli inique parcere quovis casu quin singulis collectam » impositam a singulis exigant integraliter juxta posse. » Accord du 8 janvier 1323 (1324), ibid., N° 3. — La vérification prescrite eut lieu; les comptes furent revus à partir de 1303, et le résultat de cette opération se trouve consigné sur un immense rouleau de parchemin, daté de 1326, et coté N° 15, parmi les documents de la même cassette relatifs à la même affaire.

[2] « Aliqui populares dicte ville (Montispessulani) inferioris

proie à des reproches terribles d'abus et de malversation, vont trouver le bayle, et là, en présence de la multitude accusatrice, ils se disent prêts à rendre leurs comptes immédiatement, jour par jour, heure par heure, entre les mains de deux, de trois, de quatre ou de six hommes du peuple que l'on voudra désigner. Ils offrent même de fournir les moyens de scruter l'administration consulaire depuis vingt ou cent ans, de rechercher les torts de ses agents, clavaires et autres, soupçonnés d'avoir porté dommage à la Commune, ou d'avoir dilapidé ses finances [1]. Mais cette satisfaction ne

» conditionis accesserunt, circa numerum mille, infra dictam
» domum (consulatus), clamantes et vociferantes contra dictos
» consules melius esse quod moriamur hic quam in Flandria;
» quod videntes consules dicte ville, timentes ex rumore popu-
» lari imminere periculum in persona et bonis, et timentes de
» seditione dicte ville, ad domum domini Guillelmi Cerverie
» iverunt.... » Requête des consuls de Montpellier, ap. Arch. mun., Arm. G, Cass. VII, N° 7.

[1] « Palam et publice, et in presentia popularium et diver-
» sorum populi Montispessulani in dicta curia (bajuli) congre-
» gatorum, dixerunt quod ipsi domini consules sunt parati
» incontinenter, et de die in diem, et de hora in horam, duos
» vel tres, quatuor vel sex de dictis dicentibus se populares,
» quos magis voluerint et elegerint de se ipsis, facere et creare
» in procuratores seu actores, eo modo et forma quibus melius
» valere poterit, et eisdem dare plenariam potestatem agendi
» contra ipsos dictos dominos consules modernos, si dictis
» dicentibus se populares videtur contra dictos dominos con-
» sules esse agendum, et etiam contra quoscumque alios qui a

suffit pas à la multitude ; elle demande à avoir sa cloche à elle, à s'assembler quand il lui plaira, pour s'entendre sur ses propres intérêts. Les consuls appellent de cette demande au roi de France, comme étant contraire à leurs droits ; ils se mettent sous la sauvegarde de Charles-le-Bel. Ils ont beau faire, néanmoins ; les réclamations populaires l'emportent ; la cloche est accordée [1].

» viginti vel a centum annis citra consules et clavarii fuerunt » de Montepessulano et domus dicti consulatus, et contra quas- » cumque alias personas que dictam domum consulatus dicte » ville dampnificasse dicentur, et dicte domui dampnum intu- » lisse, et domum predictam et bona ejusdem depredasse, male » administrasse, vel usurpasse. » Déclaration des consuls de Montpellier, du 16 décembre 1325, ap. Arch. mun., Arm. G, Cass. VII, N° 8.

[1] Arch. mun., Arm. G, Cass. VII, N°˙ 9, 10, 11, 12, 13 et 19. — Ces récriminations, du reste, et ces défiances populaires n'étaient pas sans quelques motifs. Il résulte de certaines lettres de Charles-le-Bel, de 1327 (N° 17 de la même cassette), que le consulat se transmettait chez nous depuis plusieurs années par influence de coterie, et que des spéculateurs s'en étaient approprié les honneurs, afin de s'enrichir, au grand scandale et préjudice du peuple, auquel ils ne rendaient plus aucun compte. Force fut à la puissance royale et à l'autorité épiscopale d'intervenir de concert pour faire cesser cet abus et rétablir l'harmonie entre le peuple et les consuls. L'acte d'accord et de compromis conclu à ce sujet, par l'intermédiaire du lieutenant du roi de Majorque et de l'évêque de Maguelone, le 5 octobre 1331, est conservé dans nos Archives municipales, Arm. G, Cass. VII, N°˙ 33 et 33 a.

Toutes nos communes du Midi se firent sans doute remarquer, au moyen-âge, par leur esprit démocratique; mais celle de Montpellier semble avoir excellé sous ce rapport. A quoi attribuer cette prééminence? Au système large et complet de nos institutions municipales, d'abord, et ensuite, vraisemblablement, à ce que la conquête de Simon de Montfort nous a épargnés. Un des résultats de cette conquête fut, on le sait, de briser dans le Midi les traditions démocratiques, et de les remplacer par les traditions féodales du Nord. Montpellier ayant eu l'avantage de demeurer en dehors de la prise d'armes albigeoise, il n'est pas étonnant que les anciennes tendances s'y soient maintenues. Le châtiment infligé aux villes hérétiques ne pouvait atteindre la ville fidèle, la cité orthodoxe entre toutes, l'asile inexpugnable du catholicisme et de la liberté.

Rien ne manque à la Commune de Montpellier de tout ce qui, au moyen-âge, constituait une organisation municipale entière et complète. Comme toutes les communes véritablement dignes de ce nom, elle a son hôtel-de-ville, son beffroi, ses archives, son trésor, son sceau, ses armoiries [1]. Mais tout cela porte chez elle une empreinte plus spécialement religieuse que partout ailleurs; on y reconnaît le caractère d'une commune profondément et invariablement catholique. L'image de la Sainte-Vierge et de l'Enfant-Jésus y orne

---

[1] Voy. les Notes VII, VIII et IX de l'*Appendice* de ce volume.

toutes les chartes et y scelle tous les traités; et quand le peuple s'y rassemble, aux jours des solennités politiques, c'est l'église vénérée de Notre-Dame des Tables qui lui sert de lieu de réunion [1]. C'est aussi la cloche de Notre-Dame des Tables qui convoque les bourgeois dans la maison consulaire ou sur la place contiguë à cette maison, pour s'y occuper paisiblement des affaires générales, et prêter à l'autorité le secours de leurs armes, en cas de besoin [2].

Nous indiquions tout-à-l'heure la part faite en 1211 à l'évêque de Maguelone dans l'élection des consuls de Montpellier. Elle révèle chez nos bourgeois du XIIIe siècle une incontestable déférence envers le pouvoir ecclésiastique [3]. Ce pouvoir, il est vrai, méritait

[1] Nos grands actes législatifs furent presque tous promulgués dans cette église. « Acta sunt hec omnia », lit-on au bas de la charte du 15 août 1204, « et laudata in ecclesia Beate Marie de » Tabulis, ubi hac specialiter de causa fere totus populus Mon- » tispessulani ad commune colloquium convenerat. » — « Acta » sunt hec et laudata in ecclesia Beate Marie de Tabulis, in » publico colloquio », est-il écrit également à la suite des articles complémentaires du 29 juin 1221 ; — et à la fin de ceux du 1er août 1223 : « Acta et laudata sunt hec a dominis consu- » libus in ecclesia Beate Marie de Tabulis, in presentia et testi- » monio Berengarii Lamberti, etc., et multorum aliorum, ita » quod fere tota ecclesia erat plena. ». (*Pet. Thal.*, p. 56, 78 et 90.)

[2] Voy. *Pet. Thal.*, p. 117, 157, 165, 167, 170, 171 et 277.

[3] Cette déférence subsistait encore dans le siècle suivant : témoin le statut consulaire du 12 février 1315 (ap. Arch. dép.

d'être respecté. L'évêque de Maguelone, indépendamment de sa haute position spirituelle, pouvait revendiquer des droits de supériorité temporelle dans la ville de Montpellier [1]. Il vivait, d'ailleurs, en parfaite intelligence avec la Commune, et semblait avoir à cœur son bien-être [2]. Soit qu'il eût tendu la main dès l'origine à notre révolution communale, soit qu'il eût simplement subi cette révolution comme une nécessité de

*Cartul. de Mag.*, Reg. E, fol. 60 v°), relatif à l'annulation de certains articles d'un règlement antérieur, comme contraires aux libertés de l'Église.

[1] « Ad quem cura populi spiritualiter pertinet, et superior » temporalis dominatio indubitanter spectat. » Accord du 8 février 1210 (1211) déjà cité.

[2] « Cordi semper nobis est augere Communitatem Montispes- » sulani », dit l'évêque Bernard de Mèze dans une transaction du 5 novembre 1216. « Et quoniam », ajoute-t-il, « iniquitatis » semen et discordie posset oriri in villa Montispessulani, si » curia nostra de Montepessulano alio jure regeretur quam curia » domini de Montepessulano regitur, ne tale quid evenire possit, » volumus quod curia nostra de Montepessulano judicet causas » que deveniunt ad eam, per appellationem factam a curia » domini Montispessulani ad nos vel ad curiam nostram, secun- » dum consuetudines in curia ipsius domini observatas, pro- » mittentes per nos et successores nostros quod dictas causas » appellationum juxta consuetudines vestras » (l'évêque s'adresse aux consuls) « presentes et futuras faciemus in curia nostra de » Montepessulano tractari et diffiniri. In ceteris vero causis que » in curia nostra de Montepessulano principaliter agitabuntur, » volumus recipi consuetudines vestras, exceptis, etc. » Arch. mun., *Gr. Thal.*, fol. 9 sq., et *Livre Noir*, fol. 26 sq.

l'époque, ce qu'il n'est guère possible de déterminer aujourd'hui, eu égard à l'absence de documents, il était loin de se montrer hostile à son développement. Le prévôt du Chapitre de Maguelone, le second personnage du clergé diocésain, figure dans les diverses promulgations de nos Coutumes. Or, comment expliquer sa présence à de pareils actes, si l'évêque, dont il était le vicaire et le représentant, les eût condamnés? Comment accorder le rôle qu'assignèrent au prélat dans l'élection des consuls les bourgeois eux-mêmes avec une opposition tant soit peu systématique ou un mauvais vouloir quelconque de l'autorité épiscopale? Ce rôle ne témoignerait-il pas, au contraire, sinon d'une franche participation du pouvoir religieux dans l'œuvre de l'affranchissement communal, d'une adhésion formelle de ce pouvoir, tout au moins, au nouvel état de choses? Alors même que l'évêque-seigneur ne se fût pas senti poussé par instinct vers ce nouvel état de choses, et qu'au fond il n'eût pas éprouvé de bien vives sympathies pour notre organisation municipale, la sagesse lui faisait un devoir de l'accepter comme un évènement irrévocable, de peur de compromettre par une résistance intempestive sa haute position, et de lancer ainsi une population essentiellement dévouée au Saint-Siége dans les bras de l'hérésie. L'hérésie, dans ce temps-là, exerçait tant de ravages autour de Montpellier! En laissant librement s'accomplir dans cette ville la révolution communale, et en prenant place dans la nouvelle organisation, l'évêque-seigneur conservait à l'Église une terre traditionnellement fidèle, et sauvait la supériorité de sa propre juridiction.

Telle dut être la politique de l'évêque de Maguelone. Son opposition n'aurait pas réussi, vraisemblablement, à arrêter la marche ascendante de la Commune de Montpellier. Le pape Innocent II lui-même avait eu beaucoup de peine à vaincre la répugnance de notre population pour l'autorité de Guillem VI; il n'en était venu à bout que de concert avec le comte de Barcelone et avec le secours des galères génoises.

Mais rappeler la part que firent en 1211 les bourgeois de Montpellier à l'évêque de Maguelone dans l'élection de leurs consuls, ce n'est pas seulement rendre hommage à la sagesse de l'un et à la piété des autres, c'est payer, en même temps, un juste tribut d'éloge à l'esprit éminemment progressif de notre ancienne Commune. La vie municipale n'est pas, comme on pourrait le croire, demeurée stationnaire chez nous, au moyen-âge; elle s'y est, au contraire, singulièrement développée et perfectionnée, à l'ombre de la domination espagnole. Sans reproduire ici les faits déjà cités à propos du pouvoir constituant de nos consuls et des tendances démocratiques de nos aïeux, il suffit de jeter un coup-d'œil sur nos divers *Thalamus* pour voir cette vie grandir postérieurement à la charte fondamentale du 15 août 1204. Le bayle, par exemple, devait être, dans l'origine, d'après cette charte, natif de Montpellier¹. Les statuts consulaires du 1ᵉʳ août 1223 modifièrent cette disposition, en exigeant simplement dix ans de résidence de ce magistrat, et cette importante modification fut appliquée à tous les officiers de sa cour. Les mêmes statuts du 1ᵉʳ août 1223 admirent les consuls à participer à l'élection du sous-bayle, du juge et du sous-juge, ainsi qu'à celle du notaire ou greffier de la baylie, bien que primitivement ces diverses élections fussent le privilége exclusif du seigneur et du bayle². Aux termes de la charte du 15 août 1204, encore, les bayles de Lattes et de Castelnau relevaient de celui de Montpellier³. Jayme II, en 1287, les affranchit de cette dépendance pour toutes les affaires purement relatives à leur localité⁴. Et à partir de là, au lieu d'appeler des bayles de Castelnau et de Lattes au bayle de Montpellier, on en appela au lieutenant du roi.

L'élection des consuls majeurs elle-même n'apparaît pas dans la charte du 15 août 1204 avec l'ensemble de garanties et le caractère d'universalité que nous lui avons reconnus. Les douze consuls sortants y nomment

¹ Charte du 15 août 1204, art. 1ᵉʳ, ap. *Pet. Thal.*, p. 2.

² Statuts consulaires du 1ᵉʳ août 1223, déjà cités; Cf. charte du 15 août 1204, ibid.

³ Charte du 15 août 1204, ibid.

⁴ « Bajuli Latarum et Castri-Novi non intelligantur esse sub-
» jecti bajulo Montispessulani de iis que aguntur coram eis inter
» homines seu habitatores de Latis et de Castro-Novo. » Lettres de Jayme II, du 18 juin 1287, ap. Arch. mun., Arm. A, Cass. IV, N° 7 quater, et *Gr. Thal.*, fol. 81.

seuls leurs douze successeurs [1]. La charte complémentaire du 13 juin 1205 leur adjoint pour cette opération sept électeurs pris parmi les bourgeois de la Commune, un par échelle, mais sans dire en vertu de quel mode seront choisis ces derniers [2]. L'accord du 8 février 1210 (1211) ne le dit pas davantage, et se borne à prescrire le rôle et le droit de l'évêque de Maguelone, quant à l'élection, en y ajoutant la solennité d'un cérémonial. Le mécanisme de notre élection consulaire ne se déploie guère tout entier que dans le règlement du 18 mars 1245 (1246); soit qu'on ait voulu consigner dans ce règlement des usages déjà anciens, mais non encore écrits ; soit qu'on ait senti alors, pour la première fois, le besoin de porter remède, par une prudente complication, à de fâcheux abus [3].

Il en est de même de l'institution des deux syndics que nos consuls élisaient chaque année le 1er avril, et qui avaient pour mission spéciale de poursuivre toutes

[1] Charte du 15 août 1204, art. 121, ap. *Pet. Thal.*, p. 52.

[2] Charte complémentaire du 13 juin 1205, art. 9, ap. *Pet. Thal.*, p. 64.

[3] Le préambule du règlement dont il s'agit ferait plutôt croire à cette dernière supposition. « Nos », y dit Jayme Ier, « utilitati » Montispessulani et consulatus ejusdem providere cupientes, *et* » *electioni consulum congruens remedium imponere affectantes,* » ad preces et instantiam consulum antiquorum et consulum » ministeriorum, super electione duodecim consulum Montis- » pessulani..., in posterum facienda duximus providendum... » Arch. mun., *Gr. Thal.*, fol. 39 et 129, et *Livre Noir*, fol. 49.

les causes de la Commune [1]. Il n'en est pas fait mention dans l'origine, non plus que de l'assesseur et du notaire, chargés par la suite de conduire et d'expédier les affaires courantes du consulat [2]. L'Établissement du 26 janvier 1285 nous paraît être le plus ancien document où il est dit que l'assesseur sera annuel, comme les consuls eux-mêmes, et choisi par eux, à leur entrée en fonctions, sans pouvoir être réélu de trois ans après l'expiration de son mandat [3].

La création postérieure de ces magistratures secondaires s'explique parfaitement, au reste, dans une cité dont les premiers magistrats, issus du suffrage d'une population en général peu lettrée, n'avaient pas toujours la capacité requise pour diriger seuls une grande administration.

Pareille remarque s'appliquerait au conseil secret souvent mentionné dans nos actes municipaux, comme élaborant avec les consuls les divers règlements auxquels le peuple devait ensuite donner son approbation. Ce conseil secret apparaît très-tard relativement; il ne

---

[1] *Pet. Thal.*, p. 113 et 254.

[2] Ibid., p. 101 et 252. — Le notaire ne commence qu'en 1216 à figurer sur les listes consulaires du *Grand Thalamus*, où il est également pour la première fois question de l'assesseur à la date de 1255. Le *Petit Thalamus* enregistre leur nom plus tard encore, et seulement à partir de 1266 pour l'assesseur, et de 1269 pour le notaire.

[3] Ibid., p. 101 sq.

se produit sur la scène que dans la seconde partie du XIII<sup>e</sup> siècle, c'est-à-dire à une époque où la plupart de nos bourgeois, fatigués des dérangements inséparables du régime communal, et blasés sur ses avantages, depuis qu'ils n'avaient plus à redouter les inconvénients contraires, commençaient à prendre en dégoût la vie publique. Si nos consuls, au milieu de ce laisser-aller, avaient, comme aux premiers jours, compté sur tout le monde, il leur serait plusieurs fois arrivé, vraisemblablement, de n'avoir personne à leurs assemblées, ou d'y avoir uniquement les désœuvrés des classes inférieures, inhabiles, soit par position, soit par éducation, à représenter les classes élevées, et qui, d'ailleurs, eussent pu, à leur tour, faire défaut. Force fut alors aux magistrats chefs de la cité, pour maintenir l'équilibre entre les différentes classes, et avoir toujours à leur disposition les têtes et les bras nécessaires au jeu régulier des institutions communales, de s'entourer d'un conseil de *prud'hommes*, expression de la pensée populaire, et investi de la double mission de leur venir en aide par de sages avis dans les délibérations, et de les protéger par le glaive, le cas échéant. Les bourgeois appelés à former ce conseil promirent aux consuls bonne et loyale coopération, s'engagèrent à garder les secrets de la Commune, et jurèrent de se rendre en armes à l'Hôtel-de-ville, au signal de la cloche [1]. Les

---

[1] *Pet. Thal.*, Livre des Serments, p. 253; Cf. ibid., p. 277.

autres bourgeois purent de la sorte librement vaquer à leurs affaires personnelles, sans que les affaires de la Commune eussent à souffrir de leur abstention, et ils en furent quittes pour se réunir de temps en temps sous le porche ou sur la place de l'Hôtel-de-ville, afin de corroborer du signe de leur approbation les règlements discutés par les consuls et les prud'hommes délégués. De là, dans nos anciens actes municipaux, l'intervention successive et distincte, à partir de la fin du XIII° siècle, d'un conseil secret et d'un conseil général, travaillant de concert à l'adoption des *Établissements*, celui-là comme autorité délibérante, celui-ci comme pouvoir consécrateur [1]. De là, la mention

---

[1] Voici divers textes à l'appui du fait de cette double intervention : « Avut diligent cosselh », disent les consuls dans un établissement du 26 janvier 1285, ap. *Pet. Thal.*, p. 101, « motas vegadas ab nostre cosselh secret e cregut, et encaras » de volontat de tot lo pobol de Montpeylier, convocat en la » mayon del cosselh a las clocas, ayssi quan acostumat es, » establem, etc. » — « Havut motas vegadas », disent aussi les consuls dans un établissement du 18 avril 1288, ap. *Pet. Thal.*, p. 117, « diligent cossell e tractament ab nostre secret cossell » cregut et encaras general, en lo qual la universitat de Mont- » peslier era en la maison del cossolat, a la pulsation de las » campanas de la glieisa de Sancta Maria de las Taulas, segon » que acostumat es, ajustada.... » — « Avut premieyramens » diverses conselh », lit-on dans un autre établissement consulaire du 21 mars 1293, ap. *Pet. Thal.*, p. 103, « e grans deli- » berations ab cosselh secret e cregut, et lauzat et confermat » per lo pobol de Montpeylier ajustat en la mayon del conselh

expresse, dans ces mêmes actes, d'assemblées particulières, dites de la *cloche des gens armés*, et d'assemblées

» al son de la cloqua, segon que acostumat es....» — Dans un établissement du 25 février 1336, ibid., p. 157 : « Nos consules » ville Montispessulani, habita deliberatione et consilio pleniori » cum doctoribus et aliis literatis nostri secreti consilii, et mul-» tiplicato diligenti et maturo consilio cum pluribus de melio-» ribus probis viris dicte ville, necnon et convocata et congre-» gata universitate hominum Montispessulani in domo consulatus » dicte ville, ad sonitum duarum campanarum ecclesie Beate » Marie de Tabulis, ut convocari et congregari moris est, et » consuetum extitit ab antiquo, de voluntate, consilio et assensu » dicte universitatis, prout in electionibus est fieri consuetum, » nemine discrepante,... statuimus....» — Dans un établissement du 1er février 1367, ibid., p. 164 : « Nos, cossols de » Montpellier,.... am cosselh de vii bos homes de las vii esca-» las.... elegitz azaysso per lo pobol de la vila et de tots mes-» tiers, apelats per diversas vegadas en lostal del cossolat a las » cloquas dels ii sens maiors de Nostra Dona de Taulas enayssi » cant es acostumat, present et cossentent lo pobol els ditz vii » prohomes,.... fam et azordenam las ordenanssas que se » segon... : » —Enfin, dans un établissement du 27 avril 1407, concernant le bois de Valène : « Nos, cossols de Montpeylier,... » am cosselh dels senhors obriers de la comuna clausura de la » dicha vila de Montpeylier o de la maior partida de los que » son ayssi presens, elegitz ad aysso per lo poble de la vila, e » de tots mestiers apelatz en lostal del cossolat a las cloquas » dels dos seyns maior et meian de Nostra Dona de Taulas en » ayssi quant es acostumat,.... present et cossenten lo poble, » del qual poble tot lo porgue de la mayzo del cossolat era quays » plein, e los dichs obriers ..... » Mêmes formules ou à peu près dans l'établissement somptuaire de 1273, dans le règlepubliques, composées ou devant l'être de l'universalité des bourgeois [1].

Il nous serait facile de multiplier les exemples ; ils abondent dans nos *Thalamus*. Mais nous risquerions, en surchargeant le tableau, de le rendre confus. Une commune, comme celle de Montpellier, où l'élément démocratique s'appuyait toujours sur l'élément religieux, devait être nécessairement progressive. Elle progressait avec ordre et régularité, sans secousse, sans violence, rien que par son droit. Elle progressait d'une manière d'autant plus pacifique et d'autant plus sûre, qu'elle ne fut jamais d'humeur bien conquérante, et que, devançant, par une heureuse intuition, nos formules modernes, elle avait imposé aux rois d'Aragon la promesse de maintenir l'unité et l'indivisibilité de son territoire [2].

---

ment sur la boucherie, du 6 mai 1368, et dans l'ordonnance du 18 novembre de la même année. Voy. *Pet. Thal.*, p. 145, 166 et 168.

[1] *Pet. Thal.*, Livre des Établ. et Livre des Serm., *passim*.

[2] « Ego Petrus, Dei gratia... dominus Montispessulani, per » me, et per Mariam reginam uxorem meam, et per universos » successores nostros,.... firmiter expromitto.... quod cas- » trum et villa Montispessulani, castrum et villa de Latis, et » Castrum-Novum, et omnia castra et ville que cum predicta » Maria regina uxore mea in dotem accepi, sint semper et ma- » neant sub una dominatione et seinhorivo, et ad dominationem » ville Montispessulani inseparabiliter semper pertineant et ma- » neant.... » Charte du 1ᵉʳ mars 1204 (1205), ap. Arch. mun.,

Le progrès de la Commune de Montpellier, conséquemment, était en elle-même : elle pouvait se dévouer tout entière à son propre perfectionnement. Ce fut là son œuvre de prédilection. Nos registres municipaux l'attestent, quelque part qu'on les ouvre ; le *Petit Thalamus* surtout en renferme de nombreuses preuves. A qui serait-il permis de mettre en doute le progrès intérieur de notre vieille Commune, après avoir parcouru dans ce précieux recueil les *Établissements* et les *Serments?* Ces Établissements, qui ne sont autre chose le plus souvent que les statuts consulaires dont nous avons déjà maintes fois parlé, abrégés ou traduits à l'usage du peuple, offrent un incontestable intérêt pour notre histoire. Notre ancienne législation locale est là en très-grande partie ; elle y est dans toute son originalité native ; car les dispositions contenues dans les Établissements du *Petit Thalamus* ne sauraient s'appliquer à toutes les villes ni à toutes les communes indistinctement ; elles sont particulières à Montpellier, elles portent l'empreinte de mœurs et d'habitudes spéciales. Règlements de circonstance, les Établissements du

---

Arm. A, Cass. IV, N° 1-bis, *Gr. Thal.*, fol. 2 et 69, et *Livre Noir*, fol. 18; Cf. *Hist. gén. de Lang.*, III, Pr. 201. — Le roi Pierre avait même été obligé de garantir aux habitants de Montpellier qu'il ne les entraînerait dans aucune des guerres qui auraient lieu hors des limites de la Seigneurie, promesse importante de la part d'un roi d'Aragon. Voy. charte du 15 août 1204, art. 89, ap. *Pet. Thal.*, p. 42.

*Petit Thalamus* apparaissent à l'observateur tant soit peu attentif comme un répertoire unique, comme un vrai journal coutumier rédigé par les consuls dans un but d'administration, et où se laissent prendre, pour ainsi dire, sur le fait les instincts sociaux de nos pères, où se dévoilent leurs perpétuels efforts pour assurer le règne de l'ordre et affermir le bien public [1].

Tels sont aussi le caractère et le but des *Serments*. Les Serments! Quels remarquables débris de notre ancienne organisation communale il y a là! Quelle consolante foi en l'homme, et, par suite, en Dieu, quel immense instinct d'honneur et de moralité ils révèlent! A Montpellier, tout magistrat, tout fonctionnaire, en entrant en charge, est tenu de prêter serment : le serment est une loi universelle, applicable à tous les degrés de la hiérarchie sociale. Chaque magistrature, chaque office, chaque industrie a dans le *Petit Thalamus* sa formule de serment prescrite : depuis les consuls jusqu'aux simples artisans, toutes les classes y figurent au livre des *Serments* [2]. Le seigneur seul fait exception. Mais cela se conçoit : la dynastie aragonaise tout entière est sous l'empire du serment du 15 août 1204. Le roi

[1]. Consulter à ce sujet la Notice dont M. Grasset a fait précéder le texte des Établissements édité par lui dans le *Petit Thalamus*, de concert avec MM. Saint-Paul et Desmazes.

[2] Ce livre a été édité, dans le *Petit Thalamus*, par MM. Blanc et Desmazes. Nous nous bornerons à y renvoyer le lecteur, ainsi qu'à la Notice qui lui sert d'introduction.

Pierre n'a-t-il pas juré solennellement ce jour-là, pour lui et ses successeurs, de respecter *à tout jamais* les coutumes et les franchises du pays [1]? Ses descendants sont donc liés par sa parole; tout au plus ont-ils à confirmer de loin en loin la charte primitive. Il est beau de voir ainsi toute une commune vivre sous la religion du serment, et persévérer sans relâche, de génération en génération, et pendant des siècles, avec une foi indéfectible, dans le culte de la parole librement jurée! C'était par le serment que s'acquérait à Montpellier, au moyen-âge, le droit de cité; par le serment qu'on y acceptait le périlleux honneur d'aller porter devant le pouvoir seigneurial les doléances populaires; par le serment qu'on y obtenait l'autorisation d'exercer un art ou une profession quelconque [2]. Il y aurait, à propos du serment envisagé sous ce dernier aspect, de

[1] Voy. charte du 15 août 1204, ap. *Pet. Thal.*, p. 54, et p. 126 de ce volume.

[2] De là, selon toute apparence, l'habitude du serment aujourd'hui encore pratiquée dans notre Faculté de médecine. Notre ancienne Université de droit avait des traditions analogues. Les statuts rédigés en 1339 par le cardinal Bertrand de Deaux contiennent diverses formules de serment à l'usage du recteur, des conseillers, des docteurs et bacheliers de cette Université; il y en a même pour le bedeau et pour les employés du plus bas étage. Voy. *Liber Rectorum*, fol. 20 sq. — Dans les statuts dressés en 1334 pour le Chapitre de Maguelone, on retrouve aussi la prescription du serment. Voy. Statuts de 1334, *De infirmario*, capit. 24, ap. Arch. dép.

curieux détails à donner sur l'industrie de Montpellier dans ce temps-là. Montpellier avait autrefois le quasi-monopole du vert-de-gris [1] et de certaines teintures, de la teinture écarlate surtout, qu'on y obtenait à l'aide de produits naturels particuliers au terroir [2]. Les vieux documents parlent de ses fabricants de draps [3] et autres

---

[1] D'après le président Philippy, les femmes de Montpellier tenaient particulièrement à ce genre d'industrie : « Nostræ » mulieres Monspelienses », dit-il dans ses *Responsa juris*, « asservant velut castrense peculium et proprium patrimonium » viridem illum pulverem, quem vocant *le verdet ou verd-» de-gris.* »

[2] « Nullus extraneus homo aliquos pannos laneos in Monte-» pessulano tingere potest *in grana* vel in aliquo colore. » Charte du 15 août 1204, art. 110, ap. *Pet. Thal.*, p. 48; Cf. Établissements de janvier 1181, décembre 1226 et juin 1251, ibid., p. 137 et 138. — L'évêque de Maguelone Guillaume Christol s'engage, le 13 septembre 1260, à ne pas établir de teinturerie d'écarlate à Montpellier sans le consentement de Jayme Iᵉʳ. Arch. mun., Arm. A, Cass. XIV, N° 27 ; Cf. *Pet. Thal.*, p. 149 sq.; *Gall. Christ.*, VI, Instrum. 372 sq. ; et Gariel, *Ser. Præs.*, I, 385. — L'écarlate était la plus renommée de nos teintures : on y employait le fruit granuliforme du fragon-piquant ou petit-houx (*ruscus aculeatus*), fort commun dans les environs de notre ville. Un règlement de Jayme Iᵉʳ, du 3 juin 1265 (ap. Arch. mun., Arm. A, Tiroir XVI, N° 3) est relatif à ce genre de teinture.

[3] Il résulterait du règlement de Jayme Iᵉʳ, du 3 juin 1265, que les draps de Montpellier avaient alors moins de valeur que ceux d'Italie et de Marseille : « Panni in Montepessulano tincti », y est-il dit, « appreciantur multo minus, et minore pretio ven-

étoffes de laine, de ses épiciers-droguistes, de ses argentiers ¹ *ouvrant*, avec l'argent, l'or et les pierreries,

» duntur, quam panni qui tinguntur apud Januam, Lucam et
» Massiliam. » — La fabrication et la teinturerie des draps étaient, du reste, une industrie fort ancienne à Montpellier. Guillem V, dès 1121, en fait mention dans son testament, ap. *Hist. gén. de Lang.*, II, Pr. 416.

¹ On comprenait, au moyen-âge, sous le nom d'*argentiers*, comme on comprend aujourd'hui sous celui d'*orfèvres*, tous les ouvriers travaillant l'or, l'argent et les pierreries. On les y appelait aussi *daurados*, *dauraires* et *aneliers*: ces mots reviennent sans cesse dans les chartes du XIII° siècle. Les représentants de cette industrie étaient autrefois nombreux à Montpellier : un acte de 1338 n'en mentionne pas moins de vingt ayant leur domicile dans notre ville. La pureté de leur art était célèbre dans tout le Midi ; les statuts des argentiers d'Avignon la donnent comme règle. « In Montepessulano non
» fiunt vasa argentea vel aurea, nisi fina », dit l'article 28 de la charte du 15 août 1204, ap. *Pet. Thal.*, p. 16. Une autre charte de 1355 parle de « opera argentea que non erant de
» argento fino vocato argento Montispessulani. » *Gr. Thal.*, fol. 133 v°; Cf. *Pet. Thal.*, p. 264 et 299. — On appelait *argent fin* ou *argent de Montpellier* l'argent qui ne renfermait pas plus d'un tiers d'alliage. Cet argent-là était le seul qu'il fût permis de travailler chez nous, de même qu'on n'y pouvait travailler que de l'or à 14 karats au moins. *Gr. Thal.*, fol. 133 v°, et *Pet. Thal.*, p. 264. — Montpellier était renommé, au moyen-âge, par tout le monde pour sa richesse : « *N'en prendroit
» tot l'or qui soit à Montpeillier* », dit un vieux poème, *li Romans de Parise la duchesse*, édit. de M. de Martonne, p. 53. « *Si j'attrape ce mauvais discoureur* », dit aussi le troubadour Sordello, en désignant, selon toute apparence, son

de ses émailleurs [1], de ses affineurs de métaux, de ses potiers d'étain, de ses faiseurs de chandelles, soit de cire, soit de suif, de ses blanquiers ou tanneurs, de ses cordiers [2]. Aujourd'hui encore, nous avons une rue de la Blanquerie, une rue de la Draperie-Rouge, une rue de l'Argenterie, une rue de l'Aiguillerie, une rue de la Barallerie, une rue de la Verrerie [3]; ce qui revient à dire, comme nous l'observions au sujet de l'article 29 de la charte du 15 août 1204, que chaque genre d'industrie avait chez nous, au moyen-âge, son quartier, à l'instar des anciennes villes. Montpellier avait aussi

confrère Pierre Vidal, « *tout l'or de Montpellier ne le garantira pas de mes coups, en eût-il autant de marcs qu'il y a de cailloux à la Crau.* » Voy. Millot, *Hist. litt. des Troub.*, II, 90.

[1] Ces émailleurs fabriquaient des peintures incrustées sur métal, dites *ouvrage de Limoges*. L'*Histoire générale de Languedoc*, IV, 167, mentionne une ordonnance de 1317 relative à une manufacture de ce genre, qui existait alors dans notre ville. Peut-être faudrait-il attribuer à cette manufacture les nombreux ouvrages d'art en émail conservés au moyen-âge dans les trésors de nos églises, et dont quelques-uns notamment figurent dans l'inventaire des reliques et ornements du monastère ou collége de Saint-Benoît et Saint-Germain, édité par MM. Renouvier et Ricard à la suite de leur Mémoire déjà cité sur les *Maîtres de pierre et autres artistes gothiques de Montpellier*.

[2] *Pet. Thal.*, livre des Serments, *passim*.

[3] Ces noms sont très-anciens : une rue de la Draperie figure déjà dans un acte de vente ou d'échange de 1194, transcrit au *Mémorial des Nobles*, fol. 73.

alors ses couteliers [1], chose indispensable là où l'on maniait journellement le scalpel ; ses pelletiers [2], ses tailleurs [3], ses armuriers, ses constructeurs d'arbalètes. Un *règlement du noble jeu de l'arc*, conservé dans nos Archives municipales, renferme les fastes historiques de ce divertissement, de 1411 à 1529, divertissement jadis très-populaire et éminemment utile, soit comme exercice hygiénique, soit comme moyen de défense en cas de guerre ou d'attaque. Il y avait si peu de sécurité, répétons-le, si peu de stabilité dans ce monde d'autrefois !

Admirons donc notre ancienne Commune, qui, à une époque et au milieu d'une société agitées comme celles-là, sut vivre libre sous l'autorité nominale d'un seigneur, et consacrer au développement pacifique et

[1] La coutellerie était autrefois, il paraîtrait, un genre d'industrie très-répandu à Montpellier. On lit dans un établissement du XVI° siècle, ap. *Pet. Thal.*, p. 217, que « *ladicte ville est »jurée de tout temps renommée pour ledit art et mestier de »coutellier.* » Une transaction de 1363 parle aussi des merciers du Plan de Notre-Dame des Tables comme fabriquant des garnitures et des manches de couteaux.

[2] Charles VI, dans ses lettres du dernier jour de juin 1410 conservées dans nos Archives municipales, Arm. A, Cass. XIV, N° 12, rappelle que Montpellier fut jadis habité par « *plusieurs »genz notables et souffisantes personnes, tant changeurs comme »marchans d'espicerie, de drap, de blés, de pelleteries* », etc.

[3] Voy. ap. *Ordonnances des rois de France*, II, 468 sq., les règlements rédigés en 1323 à l'usage de la corporation des tailleurs de Montpellier.

régulier de ses institutions propres un temps que la plupart de ses voisines consumaient en de sanglantes querelles. On en trouverait bien peu alors, si même on ne les cherchait pas en vain, où le zèle religieux et le dévouement à l'Église se soient associés à un progrès politique plus remarquable, où l'esprit chrétien, convenablement entendu, ait avec un égal bonheur, en maintenant et en fécondant la paix, avancé les affaires de la démocratie. Quand la guerre promène partout dans le Midi le ravage et la désolation, la Commune de Montpellier, par une rare prévoyance, se renferme tranquillement en elle-même, préoccupée du soin unique d'étendre, sous les auspices de l'Église, le patrimoine de ses libertés. L'ouragan de l'hérésie a beau gronder à ses portes, elle le brave courageusement; elle s'arme, pour lui résister, de foi et de science, et les fureurs albigeoises viennent se briser contre ses remparts. Carcassone et Béziers sont en proie à la destruction et au massacre; Nimes et Beaucaire subissent le joug de Simon de Montfort et de Louis VIII; la domination des chevaliers du Nord se répand sur la meilleure partie de nos provinces. Montpellier, cependant, demeure fidèle aux traditions méridionales : les troubadours trouvent un asile à l'ombre de ses créneaux; le droit et la médecine continuent à s'enseigner dans ses écoles, sans que la voix des professeurs risque d'y être couverte par le cliquet isdes armes. Partout ailleurs on végète à grand'-peine; ici on vit : on ne vit pas seulement de la vie matérielle, mais de la vie de l'intelligence et du cœur ; on s'occupe même de fêtes et de plaisirs.

Voilà Montpellier au moment le plus critique du moyen-âge. C'est une commune où le développement moral, le développement intellectuel et le développement politique marchent de pair ; une commune à la fois chrétienne, démocratique et savante, type remarquable de l'alliance alors si générale du catholicisme avec les lumières et la liberté ! Cet exemple aurait-il donc été ménagé à dessein par le Maître à qui tout obéit, afin de servir de leçon à l'orgueil moderne? On ne saurait le dire ; mais il y a, certes, là un grave sujet d'enseignement : on y voit ce que peuvent les institutions catholiques pour le progrès régulier de la science et de la démocratie. La Commune de Montpellier s'est distinguée, au moyen-âge, entre toutes les autres par le progrès dont nous parlons, parce qu'elle a été profondément et fermement catholique. Si elle avait cédé aux suggestions de l'hérésie, elle eût eu, peut-être, à déplorer le bouleversement de ses écoles et la confiscation de ses libertés. En demeurant, au contraire, fidèle à l'Église, unique source de la vraie civilisation et de la vraie démocratie, elle a sauvegardé ses propres intérêts. Cette fidélité fit sa force et sa gloire ; elle lui épargna de grands malheurs, et lui procura de grands biens ; elle lui valut la conservation de son existence individuelle et originale, en face d'une conquête irrésistible, ennemie déclarée de tous principes étrangers à ceux de ses chefs. Pendant que les barons du Nord, pour prix de leur victoire sur les Albigeois, s'attribuaient la souveraineté de nos provinces; pendant qu'ils intronisaient dans ces provinces, devenues leur proie, la Coutume de Paris, et s'efforçaient d'y ruiner les vieilles traditions démocratiques, au profit de leurs idées favorites d'aristocratie féodale, la Commune de Montpellier continua, par un insigne privilége, et grâce à son inébranlable orthodoxie, de suivre sa Coutume particulière, et de se gouverner comme elle l'entendait, sous la domination plus apparente que réelle de ses rois-seigneurs.

## VII.

**PHYSIONOMIE TOUTE CATHOLIQUE DE LA COMMUNE DE MONT-PELLIER. — SES RAPPORTS AVEC LE SAINT-SIÉGE.**

Nous venons d'entamer incidemment la question des rapports de la Commune de Montpellier avec l'Église ; question capitale au moyen-âge, et de la solution de laquelle dépendit souvent la fortune d'états de premier ordre. Une question de cette gravité ne saurait se traiter en passant ; elle veut être étudiée à part. Si elle a pu décider autrefois de l'avenir des monarchies les plus puissantes, quelle influence n'a-t-elle pas dû avoir sur les destinées d'une simple ville, placée, pour ainsi dire, dans la main des papes? Reprenons donc séparément cette question, et, au risque de nous répéter un peu, chose inévitable dans un travail de longue haleine, où l'attention du lecteur demande à être aidée, examinons d'une manière spéciale la nature et la suite des relations de la Commune de Montpellier avec le Saint-Siége durant la première période de son existence.

C'est un admirable et sublime spectacle que celui de l'Église, toujours militante ici-bas, et toujours victorieuse de ses ennemis. En vain ils l'accablent de leurs coups ; en vain les passions les plus furieuses se liguant contre elle s'acharnent à sa ruine. L'Église résiste à toutes les attaques, et comme le soleil, qu'elle surpasse en bienfaits, répand des torrents de lumière et de confusion sur ses audacieux adversaires. L'histoire de toutes les hérésies se résume en cette maxime, et, selon la parole du divin Fondateur, il continuera d'en être ainsi jusqu'à la fin des siècles : plus on essaiera de renverser l'édifice apostolique, plus on en constatera la solidité. L'Église de Jésus-Christ ressemble à ces vieux chênes dont les racines s'affermissent dans le sol en raison des tempêtes qui secouent leur feuillage.

Les hardies tentatives des Albigeois en sont une preuve convaincante, et on ne saurait trop louer la Commune de Montpellier de l'avoir compris en leur faisant obstacle. La Commune de Montpellier, par son inébranlable fidélité à l'Église au milieu du déchainement de l'hérésie albigeoise, a donné au monde un grand exemple de foi et de sagesse; elle a montré une rare intelligence de la situation générale et de ses propres intérêts. Partant, elle n'a pas eu à rebrousser chemin, comme tant d'autres, et les sympathies du Saint-Siége, dont elle est demeurée constamment digne, ne lui ont jamais fait défaut. Elles lui ont même porté bonheur, puisqu'elles lui ont permis, ainsi que nous le remarquions dans le chapitre précédent, de poursuivre sans interruption le cours de ses progrès politiques et intellectuels. A une époque où tout le Midi était en feu, où la guerre absorbait toutes les ressources et tenait en suspens tous les esprits, la Commune de Montpellier a pu, grâce à l'appui vigilant de l'Église, ne pas détourner son attention du culte de la liberté et de la science. Non qu'elle soit restée indifférente, cependant, aux malheurs du Languedoc : Béziers et Carcassone, théâtre de si épouvantables catastrophes, se trouvaient trop rapprochés d'elle, et les belliqueuses bandes de Simon de Montfort passaient trop près de ses murailles, quand elles n'y entraient pas, pour qu'elle n'entendît point retentir par intervalles quelque bruit d'armes. Si soigneuse qu'elle fût de s'isoler, les évènements du voisinage durent plus d'une fois alarmer sa quiétude. Mais ils n'étouffèrent pas, du moins, son travail individuel : ses naissantes institutions continuèrent à se développer et ses écoles à se remplir. Sa prospérité intérieure grandit même, à ce qu'il semble, proportionnellement au déclin des villes environnantes. Nombre d'hommes, amis de la paix, vinrent, conviés par son imperturbable tranquillité, chercher un asile dans son enceinte, médecins, jurisconsultes, troubadours, artistes, ouvriers, moines, marchands. Les missionnaires et les légats pontificaux y eurent, eux aussi, leur centre d'action. Et la bonne ville les accueillit tous, leur ouvrit à tous généreusement ses portes, heureuse de pourvoir à leur sûreté. Elle s'enrichit, de la sorte, sans qu'il lui en coûtât rien, et sans prendre aucune peine, des dépouilles de ses voisines ; et quand la croisade contre les Albigeois se fut terminée aux dépens de celles-ci, quand la conquête de Simon de Montfort eut entraîné, avec leur soumission, l'anéantissement de leurs richesses et de leurs libertés respectives, plus libre, pour sa part, et plus florissante, la Commune de Montpellier occupa une des premières places dans nos provinces méridionales. Aussi inscrivit-elle sans trop de répugnance sur ses registres municipaux la victoire des barons du Nord, qui était en même temps celle de l'Église, sa mère et maîtresse.

Depuis le jour, en effet, où le comte Pierre de Melgueil avait fait hommage de ses domaines à Grégoire VII [1], les papes étaient devenus pour Montpellier de vrais chefs, selon le sens le plus complet du mot. Ils avaient délégué l'exercice de leurs droits aux évêques de Maguelone. Mais ils n'en occupaient pas moins dans tout le ressort du comté de Melgueil une très-haute position hiérarchique, et ils venaient de préférence se réfugier sur les terres de ce comté, lorsque les menées turbulentes de leurs sujets italiens ou les ambitieuses tentatives des empereurs les contraignaient à fuir de Rome. Nous l'avons vu pour Gélase II, Innocent II et Alexandre III. Urbain II antérieurement avait sta-

---

[1] Voy. Introduction, p. XVI.

tionné durant cinq jours à Maguelone. De ces relations assidues naquirent, à la longue, une mutuelle entente, un réciproque amour entre le Saint-Siége et Montpellier, et par suite un esprit de solidarité presque sans limites. Témoin l'adoption par notre Commune, au milieu du délire le plus extravagant des passions albigeoises, de l'image de la Sainte-Vierge et de l'Enfant-Jésus pour armoiries, comme si elle avait voulu protester solennellement par cette dévote démonstration contre toute tendance hérétique. Témoin encore le rôle officiellement assigné en 1211 aux évêques de Maguelone dans l'élection de nos consuls. Les prélats que la pieuse Commune honorait de cette extrême confiance étaient, à n'en pas douter, en intime communion avec le Saint-Siége. L'évêque Jean de Montlaur, par exemple, avait assisté, en 1179, au troisième concile œcuménique de Latran, et y avait pris part à la condamnation des Vaudois et des Albigeois. Ce Jean de Montlaur avait une bien belle devise : « *Labora sicut miles Christi.* » Son successeur Guillaume-Raymond, que l'on prétend avoir appartenu à la famille de nos premiers seigneurs [1], se montra profondément pénétré, lui aussi, de l'idée de cette devise. Quelle peine ne se donna-t-il point pour préserver son diocèse de l'invasion des fausses

---

[1] C'est l'opinion de Gariel, ap. *Ser. Præs.*, I, 239 ; mais ce n'est pas celle des Bénédictins, qui dans leur *Histoire générale de Languedoc*, III, 546, Note VIII, § 6, s'efforcent, au contraire, de démentir cette généalogie.

doctrines ! Qui a plus fait que lui pour la réforme des mœurs cléricales ? Sa manière tout apostolique d'interpréter les devoirs du sacerdoce est explicitement formulée dans une séquence rhythmique et dans une espèce de mandement rimé, sortis de sa plume, assure-t-on, et assez curieux pour l'époque [1]. Personne ne poussa plus loin la sagesse des conseils, le soin de la discipline, le sentiment de la décence appliqué au prêtre et au culte. Que dire de Guillaume de Fleix, cet autre évêque de Maguelone qui seconda avec un zèle si éclairé les légats pontificaux dans leurs opérations contre l'hérésie? Ce fut sous son épiscopat que fut dédiée, en 1200, par l'archevêque d'Arles Imbert d'Aiguières, en présence du cardinal Jean de Saint-Paul, du titre de Sainte-Prisca, notre église Sainte-Croix, fondée naguère par Guillem VI, en souvenir de la croisade de Jérusalem [2]. Le plus bel éloge à faire de Guillaume de Fleix serait de rappeler ces paroles inscrites autrefois sur son tombeau : « Il a bien mérité de la religion et du pays [3]. »

[1] Ces deux documents ont été édités par Gariel, dans le *Series Præsulum*, I, 249 sq.

[2] Voy. Introduction, p. xxix, en y rectifiant, néanmoins, comme nous le faisons ici, le nom du cardinal de Sainte-Prisca, mutilé par inadvertance dans la note du bas de cette page; Cf. *Gall. Christ.*, VI, Instrum. 362.

[3] « De religione et de republica bene meritus. » Guill. de Flexio epitaph., ap. Gariel, *Ser. Præs.*, I, 272; Cf. *Gall. Christ.*, VI, 759.

Quiconque voudrait savoir jusqu'où allait, au milieu du relâchement général, la rigidité disciplinaire de nos évêques, n'aurait qu'à interroger l'histoire du B. Bernard-le-Pénitent. On ignore au juste quelles fautes avait commises ce Bernard. Un biographe l'accuse d'avoir participé au meurtre d'un seigneur coupable de violences et d'exactions [1]. Mais il ne paraît pas, du reste, qu'on ait eu à lui reprocher de crime infamant. Il se condamna, néanmoins, de lui-même à une vie de sévère expiation. L'évêque de Maguelone Jean de Montlaur lui prescrivit, sur sa demande, de marcher pieds-nus durant sept ans, de ne jamais porter de linge, d'observer un jeûne particulier de quarante jours avant Noël, de s'abstenir tous les mercredis et tous les samedis de chair et de graisse, excepté les jours de fête solennelle et hors le cas de maladie, de se contenter tous les vendredis ordinaires de pain et de vin, et de ne boire que de l'eau, ce jour-là, pendant le Carême et les Quatre-Temps [2]. La lettre où se lisent ces prescriptions, et par laquelle Jean de Montlaur recommandait l'humble pauvreté de Bernard à tout le clergé de sa juridiction, est datée

---

[1] Voy. Vita B. Bernardi Pœnitent., ap. *Acta SS.* Boll. april., T. II, p. 676.

[2] Echard, ap. *Script. ord. Prædic.*, I, 8, rapporte une pénitence du même genre infligée par S. Dominique à Pons Roger, hérétique albigeois récemment réconcilié à l'Église. Cf. Lacordaire, *Vie de S. Dominique*, 3ᵉ édit., p. 321.

de 1170 [1]. Le très-docile pénitent, loin de rabattre de leur austérité, y ajouta plutôt. Il entreprit trois fois le pèlerinage de la Terre-Sainte, et, après avoir longtemps couru et étonné le monde, finit par se retirer auprès du monastère de Saint-Bertin. Il mourut le 19 avril 1182 [2].

Ceci se passait, qu'on ne l'oublie pas, en pleine corruption albigeoise. Dans un diocèse où l'histoire pouvait enregistrer de pareils faits, évêques et fidèles devaient offrir un spectacle des plus consolants pour l'Église.

Quelle noble attitude aussi que celle du seigneur de Montpellier à la même époque ! Nommer Guillem VIII, n'est-ce pas signaler un des hommes les plus fermement dévoués au Saint-Siége ? Si Guillem VIII eût survécu à ses démêlés avec Innocent III, et eût pu réparer le scandale de son union illégitime avec Agnès, le plus magnifique avenir lui eût été sans doute dévolu. Car le pape n'eût pas manqué, vraisemblablement, de rémunérer son inébranlable fidélité à l'Église romaine, et la Seigneurie de Montpellier, agrandie aux dépens des comtes de Toulouse et des autres princes hérétiques du voisinage, fût alors devenue un des principaux états du Midi.

La papauté tint compte de ce dévouement excep-

[1] Elle a été éditée dans le Recueil hagiographique des Bollandistes, avril, T. II, p. 675.

[2] Voy. *Acta SS.* Boll. april, T. II, p. 676 sq.

tionnel. Innocent III, tout en disséminant ses missionnaires de l'ordre de Cîteaux dans le Languedoc, voulut qu'un de ses légats, ce même cardinal Jean de Saint-Paul, dont nous constations tout-à-l'heure la présence à la consécration de notre église Sainte-Croix, établît sa résidence à Montpellier. Dans la pensée d'Innocent III, le pontife qui apprécia le mieux, peut-être, les périls de l'Église, et qui, avant de les conjurer par le glaive, recourut au système de conversion pacifique le plus large que le moyen-âge ait vu, Montpellier fut, par suite de cette mesure, destiné à devenir le centre et en quelque sorte le quartier-général des opérations catholiques contre l'hérésie. Le cardinal Jean de Saint-Paul devait, sous la protection du seigneur et des magistrats municipaux de cette ville, y exercer, pour ainsi dire, le ministère d'ambassadeur permanent du Saint-Siége dans les provinces albigeoises. Ce plan, qui a échappé à la plupart des historiens modernes, témoigne à la fois de la sagesse de son auteur et de l'orthodoxie non équivoque de nos aïeux. Il explique pourquoi Montpellier apparaît presque toujours en première ligne dans la lutte contre l'hérésie. C'est à Montpellier que l'évêque d'Osma, D. Diego de Azevedo, si célèbre par ses prédications et ses réformes, organise, en 1206, de concert avec S. Dominique, la fameuse campagne évangélisante d'où devait sortir bientôt, comme d'un germe fécond, l'ordre mendiant des Prêcheurs. C'est de Montpellier que part, en 1208, le B. Pierre de Castelnau, naguère archidiacre de Maguelone, pour aller moissonner la palme du martyre sur les bords du Rhône. C'est à Montpellier que vient mourir, en 1209, le légat Milon, l'acteur principal dans la grande scène pénitentielle de Saint-Gilles, où Raymond VI s'humilia tant [1]. C'est à Montpellier encore que l'armée des Croisés, quand l'inutilité des moyens pacifiques de répression a rendu nécessaire contre les Albigeois l'emploi de la force matérielle, stationne et se repose avant de se diriger vers Béziers. Montpellier, durant cette guerre inexpiable, est toujours l'asile des champions de la Foi : missionnaires et soldats se donnent à l'envi rendez-vous dans cette oasis catholique.

Aussi le cardinal Robert de Courçon, lorsqu'il fut question, en 1214, de tenir un concile pour régler certaines affaires communes à l'Église et aux provinces albigeoises, choisit-il de préférence Montpellier. Ce fut à Montpellier qu'il convoqua les évêques, « eu égard » à l'opulence et à la grandeur de cette ville, et à » cause de sa sûreté particulière [2]. » Montpellier était alors, par rôle et par position, comme une citadelle avancée de la Foi, qui semblait défier par ses murailles les efforts conjurés de l'hérésie.

[1] Voy. *Hist. gén. de Lang.*, III, 162 sq.
[2] « Tum propter opulentiam loci et amplitudinem, tum etiam propter securitatem. » Robert. legat. epist. ad Arnald. archiep. Narbon., ap. Labb., *SS. Concil.*, XI, 2331; Cf. Baluz., *Concil. Gall. Narbon.*, p. 40.

Ce concile n'est pas, du reste, le premier qu'ait vu Montpellier. Alexandre III y en avait tenu un dès 1162, où il avait excommunié l'anti-pape Victor III, et lancé l'anathème contre les princes qui négligeraient de se servir de leur autorité pour la répression de l'hérésie. Bien que les actes de ce concile ne nous soient point parvenus, on mentionne comme y ayant assisté les archevêques de Sens, de Tours, d'Aix et de Narbone, avec les évêques d'Auxérre, de Saint-Mâlo, de Nevers, de Térouane, de Toulon et de Maguelone [1].

[1] Voy. Alexandri pap. III epist. ad Omnibon. episc. Veron., ap. Labb., *SS. Concil.*, X, 1410. — Ce concile de 1162 est le premier des conciles de Montpellier enregistrés dans les collections spéciales. Mais, si l'on en croyait les auteurs des *Annales ordinis S. Benedicti*, il y en aurait un plus ancien. Voici en quels termes ils en parlent, à la date de 1134 : « Apud Mon- » tempessulanum habita est hoc anno synodus episcoporum, » III nonas novembris, cui Hugo Rotomagensis, Bernardus » Arelatensis, Arnaldus de Levezo, archiepiscopi et Aposto- » licæ Sedis legati, necnon Raymundus Agathensis et Guillelmus » Arausicensis episcopi, cum Pontio abbate Sancti-Ægidii aliis- » que quamplurimis religiosis viris, interfuere. In illo conventu » actum est de ecclesia Beciani oppidi (Bessan, du diocèse » d'Agde, non loin de Saint-Thibéry), de qua Casæ-Dei monachi » cum Tiberiensibus jam dudum disceptabant..... Investigata » causa, Patres ecclesiam illam Sancto-Tiberio adjudicarunt. » Actum hoc ipso anno apud Montempessulanum : quod Hugo » Rotomagensis archiepiscopus Ademaro abbati litteris suis » testatus est, cum ejus epistola ad Innocentium in *Appendice* » relatis, in quibus totius rei gestæ summam exponit. » *Annales ord. S. Bened.*, VI, 253, et Append. 666 sq.

Un second concile s'était rassemblé dans nos murs, en 1195, sous la présidence de maître Michel, légat de Célestin III : ses règlements concernent la paix publique, l'usure, la discipline cléricale, le costume et la table des prêtres et même des laïques [1]. Mais ces conciles n'avaient pas eu, à beaucoup près, l'importance

---

[1] Citons, comme traits de mœurs, quelques passages de ces règlements : « Quicumque sunt titulo clericalis militiæ insigniti » tonsuram habeant et habitum clericalem; competentibus cal- » ciamentis deinceps utantur; manicas vestimentorum suorum » cotidiano filo non consuant, nec argenti vel alius metalli » laminas ipsis apponant : ludos alearum et taxillorum prorsus » evitent. Illi quoque qui sunt in sacerdotio constituti clausa » semper ferant indumenta, nisi in equitando aliud facere com- » pellantur. Viri quoque clerici sive laïci incisas vestes sive » linguatas ab inferiori parte non habeant; et mulieres vestibus » sumptuosis et proprii corporis longitudinem superflue exce- » dentibus amodo non utantur, sed in habitu honesto et moderato » incedant, qui nec lasciviam notet, nec jactantiam vanitatis » ostendat... Stabilivit præterea legatus idem quod multiplicitas » ferculorum, quæ boni viri sensum obtundit et meliora cogi- » tare non sinit, de clericorum mensa præcipue subtrahatur, et » duobus ferculis carnium vel piscium ad plus, præter vena- » tiones et exenia gratis oblata, contenti, juxta verbum Jesu » Christi, omnes episcopi et clerici attendant ne corda eorum » crapula vel comessationibus aggraventur. » Labb., *SS. Concil.*, X, 1796 sq.; Cf. Baluz., *Concil. Gall. Narbon.*, p. 28 sq. — Voilà donc un concile de Montpellier qui, dès la fin du XII<sup>e</sup> siècle, s'occupe de règlements somptuaires. Ne nous étonnons pas trop, après cela, de rencontrer des prescriptions du même genre dans le *Petit Thalamus*.

de celui dont nous parlons. Convoqué en 1214, il se tint au commencement de l'année suivante, pendant l'octave de l'Épiphanie [1], dans l'église Notre-Dame des Tables. Vingt-huit évêques y siégèrent, à côté des archevêques de Narbone, d'Arles, d'Aix, d'Auch et d'Embrun, sous la présidence du cardinal-légat Pierre de Bénévent, et au milieu d'un grand concours d'abbés, de prélats et de seigneurs. Ce ne fut donc pas un concile purement provincial, mais un concile de plusieurs provinces réunies, un concile quasi national, puisque le Midi, qui s'y trouvait en majorité représenté, formait alors en France une sorte de nation à part. Ce fut en même temps une assemblée politique de la plus haute gravité; car elle prit une résolution décisive pour l'avenir du pays, en adjugeant à Simon de Montfort les conquêtes faites sur les Albigeois, sauf la ratification ultérieure du pape.

Notre concile de 1215 doit être considéré, à ces divers titres, comme un évènement fondamental. Il régla à la fois les affaires de l'Église et celles de la contrée, et prépara ainsi l'œuvre du quatrième concile œcuménique de Latran. Pierre de Vaulx-Cernay a raison de l'appeler « un concile très-célèbre et très-général [2]. »

---

[1] Voy. la Note X de l'*Appendice* de ce volume.

[2] « Celeberrimum et generalissimum concilium. » Petr. Vall. Sern. Hist. Albigens., cap. 80, ap. *Script. rer. gallic. et francic.*, XIX, 100.

Desire-t-on connaître la situation et les mœurs du clergé de nos provinces méridionales au commencement du XIII° siècle, il suffit de consulter les actes de ce concile. Les règlements qu'il prescrit et les réformes qu'il impose sont d'un remarquable intérêt.

« Attendu », disent ces actes, « que la mise inconve-
» nante de certains clercs réguliers et séculiers scanda-
» lise beaucoup les laïques, et que ceux-ci en prennent
» occasion, non-seulement de mépriser les ecclésias-
» tiques, mais de molester l'Église ; voulant pourvoir
» spirituellement et corporellement aux besoins com-
» muns, nous statuons dans le présent synode, ou
» plutôt nous ordonnons d'après les anciens statuts,
» que tout archevêque ou évêque porte la soutane
» longue et un rochet de lin par-dessus, quand il sort à
» pied, et qu'il garde chez lui le même costume, lors-
» qu'il y donne audience publique à des étrangers. —
» Aucun chanoine attaché à une église cathédrale ou à
» une église conventuelle, non plus qu'aucun autre clerc
» investi d'un bénéfice ecclésiastique, ne se servira de
» freins ni d'éperons dorés, ni ne fréquentera les réu-
» nions de femmes ; car il y a souvent là matière à dis-
» solution. — Point d'habits ni de chaussures de couleur
» rouge ou verte. — Le vêtement de dessus, soit de
» laine, soit de fil, sera toujours long et fermé. Tout
» clerc portera la tonsure ronde en forme de couronne.
» Quiconque au bout d'un mois ne se sera pas réformé
» sous ces divers rapports ne sera point admis à lire solen-

» nellement l'épître ou l'évangile dans une église cathé-
» drale, non plus qu'à jouir de bénéfices ecclésiastiques.
» — Défense aux clercs de prêter sur gages ou à usure,
» de se livrer à un commerce quelconque, d'avoir des
» oiseaux de chasse dans leur maison ou d'en porter sur
» le poing. — Défense de recevoir dans aucune église
» des laïques pour chanoines et pour frères, ou de les
» admettre à la prébende canoniale. — Les archevêques
» et évêques conféreront gratuitement les bénéfices ec-
» clésiastiques à des sujets capables, et n'auront auprès
» d'eux que des clercs d'une honnêteté reconnue, qui
» puissent rendre témoignage de leur bonne conduite.
» Ils ne conféreront point les églises paroissiales à des
» jeunes gens ni à de simples minorés. — Les moines
» n'auront rien en propre, pas même avec la permission
» de leur abbé ou prieur ; car ceux-ci ne peuvent accor-
» der une permission de ce genre. Interdiction pour eux,
» comme pour les autres, de la chasse et du commerce.
» Loin d'eux les freins et les éperons dorés ou argentés,
» les selles peintes, les tuniques courtes ou ouvertes par
» devant ou par derrière. La desserte de leur table ap-
» partient aux pauvres. Leur tonsure doit être plus
» large que celle du commun des prêtres. — Les
» chanoines réguliers porteront toujours le surplis,
» hors le cas d'infirmité ou à moins d'autre raison
» grave. Quand ils iront à cheval, ils auront un
» manteau noir fermé et sans fourrures. — Point de
» sacrements ni de sépulture pour les usuriers, non

» plus que pour les excommuniés, sous peine d'ana-
» thème¹. »

Le concile s'occupe ensuite de la paix publique : des intérêts particuliers de l'Église il passe aux intérêts généraux de la société tout entière, de la discipline cléricale à la discipline universelle. « Vu qu'il s'agit », ajoutent les actes, « de l'affaire de Jésus-Christ, l'auteur de la » paix, nous avons cru devoir prescrire certaines mesures » obligatoires pour l'observation de la paix publique. » Quiconque, après en avoir été requis de vive voix ou » autrement par l'archevêque ou par l'évêque diocésain, » refusera de jurer la paix dans la quinzaine, y sera » forcé par la censure ecclésiastique, et sera mis hors la » paix *avec ses hommes*, dans le cas où ceux-ci lui » seraient favorables. Il sera, en conséquence, excom-» munié, et sa terre sera mise sous l'interdit. Sera éga-» lement excommunié quiconque donnera sciemment » asile au violateur de la paix. Les dommages causés à » l'agriculture par les armées seront à la charge des » violateurs de la paix. L'excommunication contre » les violateurs de la paix sera répétée tous les di-» manches, le soir, après vêpres : dans les villes, » villages et châteaux, toutes les cloches sonneront alors » en haine d'eux. »

Puis le concile statue sur les intérêts du commerce. « Nous défendons, avec menace d'anathème, d'établir

¹ Labb., *SS. Concil.*, XI, 103 sq.; Baluz., *Concil. Gall. Narbon.*, p. 40 sq.; Gariel, *Ser. Præs.*, I, 299 sq.

» de nouveaux péages ou d'augmenter les anciens. Si
» des marchands ou d'autres voyageurs viennent à
» éprouver quelque préjudice par violence dans le
» district de celui qui perçoit un péage, le maître du
» péage doit châtier, autant qu'il est en son pouvoir,
» avec l'aide de la paix, l'auteur de la violence. Sinon,
» il sera mis empêchement par censure ecclésiastique et
» autrement à ce qu'il perçoive son péage, jusqu'à
» ce que satisfaction ait été donnée pour le préjudice
» subi. »

Voilà, certes, des règlements caractéristiques. Le commerce, l'agriculture, la paix, telles sont les préoccupations du concile de Montpellier. Ce concile accomplit, sous ce rapport, une œuvre éminemment sociale, un acte de haute civilisation. Le Midi avait alors tant besoin de paix ! A peine avait-il goûté depuis six ans quelques jours de trêve. Six ans de guerre, de guerre presque continuelle, quel sujet de ruine pour l'agriculture et le commerce d'une contrée !

Mais c'est surtout au point de vue de la résistance opposée à l'hérésie que notre concile de 1215 est digne d'attention. Il organise contre les Albigeois, à l'instar du concile d'Avignon de 1209, une espèce de ligue, de confédération provinciale. Car qu'est-ce que l'obligation imposée par lui aux seigneurs des diverses localités de punir les hérétiques et leurs adhérents, dès qu'ils seront dénoncés comme tels, sinon l'indice d'une ligue de ce genre? N'institue-t-il même pas une sorte

DE MONTPELLIER. 227

d'inquisition, en statuant que les archevêques et évêques choisiront sur chaque paroisse, dans les villes et hors des villes, un prêtre et deux ou trois laïques de bonne réputation, pour rechercher les hérétiques et les faire connaître à qui de droit [1]?

Ainsi ordonnait, en janvier 1215, le concile de

[1] « Capitulum statuti Avenionensis concilii innovantes, sub » districti anathematis interminatione præcipimus ut archiepi- » scopus et episcopus in singulis parochiis, tam in civitate quam » extra, unum sacerdotem et duos vel tres bonæ opinionis laicos, » vel plures, si opus fuerit, juramenti religione constringant » quod, si quos ibi repererint hæreticos, fautores, vel recepto- » res, vel defensores eorum, ipsi archiepiscopo vel episcopo, » et consulibus civitatum et dominis locorum, seu bajulis eorum- » dem, cum omni studeant festinantia intimare, ut eos puniant » secundum canonicas et legitimas sanctiones, nihilominus bona » ipsorum omnia confiscantes. Si vero præfati consules et do- » mini locorum, seu bajuli eorumdem, a diœcesanis episcopis » requisiti, in hoc fuerint negligentes vel remissi, seu etiam » contemptores, volumus ut ipsorum personæ excommunica- » tioni et terræ interdicto ecclesiastico supponantur. » Act. concil. Monspel., ann. 1215, ap. Baluz., *Concil. Gall. Narb.*, p. 53; Labb., *SS. Concil.*, XI, 103 et 2332, et Gariel, *Ser. Præs.*, I, 306; Cf. Act. concil. Avenion., ann. 1209, ap. Gariel, ibid., I, 287 sq. — Le concile œcuménique de Latran de 1215 renferme parmi ses canons un article analogue, et le concile de Toulouse de 1229, auquel on s'accorde, en général, à rapporter l'établissement fixe et permanent de l'inquisition, ne fait guère, de son côté, que reproduire presque textuellement, en les complétant, ces mêmes statuts du concile de Montpellier, imitateur lui-même de celui d'Avignon.

Montpellier. Assemblée religieuse et politique à la fois, il soignait avec un égal dévouement les intérêts de l'Église et ceux du monde, alors inséparables. Si la tolérance ne brille pas dans ses prescriptions, la faute en doit être imputée à l'époque. Le XIII° siècle ne concevait pas encore comme possible le divorce de la politique et de la religion. La doctrine « Hors de » l'Église point de salut » y était universellement acceptée, même dans l'ordre temporel ; et pour préserver la vérité catholique de toute atteinte contagieuse, on ne craignait pas d'y prononcer la déchéance du comte de Toulouse et de ses complices, auxiliaires de l'hérésie albigeoise; on n'y reculait pas devant la formation d'une ligue générale destinée à combattre militairement l'erreur, en même temps que l'inquisition lui ferait moralement la guerre.

Les habitants de Montpellier partageaient pleinement cette manière de voir. Loin de condamner des rigueurs qui, eu égard au progrès des esprits, révolteraient aujourd'hui les plus dociles caractères, ils astreignirent leurs consuls à prêter la main aux évêques, et à l'évêque de Maguelone en particulier, « à qui appar- » tenaient », selon les termes d'une récente convention, « le soin spirituel du peuple et la haute domination » temporelle [1]. » Les représentants de la Commune

---

[1] « Ad quem cura populi spiritualiter pertinet, et superior » temporalis dominatio indubitanter spectat. ». Accord du 8 février 1210 (1211) déjà cité.

de Montpellier durent désormais, lors de leur entrée en charge, s'engager par un serment solennel à veiller au maintien de la foi catholique [1]. C'était donner à l'Église les garanties les plus explicites. Aussi voyons-nous le pape Innocent III, si impitoyable envers les

[1] Voy. le Livre des Serments du *Petit Thalamus*. — Les consuls de Montpellier avaient prêté un serment de cette nature, en 1209, entre les mains du légat Milon, comme l'atteste la formule rapportée par Baluze, *Innocent. pap. III Epist.*, II, 370; Gariel, *Ser. Præs.*, I, 283, et d'Achéry, *Spicileg.*, I, 706, in-fol. Les articles suivants de cette formule rentrent tout-à-fait dans l'esprit des canons de notre concile de 1215 : « Si » aliquos potuerimus hæresim prædicare cognoscere, vel facere » conventicula illicita, ipsos persequemur, secundum legitimas » sanctiones, et eorum bona omnia pro posse nostro infiscabimus. » — Judæos ab omni administratione publica seu privata » omnino removebimus, et nullo unquam tempore eosdem.... » ad eamdem administrationem... assumemus,... nec in domibus » suis Christianos vel Christianas ad servitium suum eos per-» mittemus trahere. Et si, contra hanc prohibitionem, habue-» rint vel tenuerint, tam Judæorum quam Christianorum moran-» tiùm cum eis bona omnia infiscabimus. — Item, si quis de » nostro episcopatu propter suos excessus excommunicatus » fuerit, et commonitus ab ecclesiastico judice infra mensem » non satisfecerit, ei centum solidos melgorienses auferemus ; » immo quolibet mense in quo excommunicatus permanserit, » ei summam auferemus præfatam ; si vero solvendo non » fuerit, eum sub banno ponemus.... — Hæc omnia successores » nostros singulis annis faciemus jurare ; si quis autem hæc » jurare noluerit, ipsum tanquam hæreticum habebimus » manifestum, nec ejus judicium seu auctoritas vigorem in » aliquo sortietur. »

ennemis du Saint-Siége, enjoindre à ses légats de respecter durant toute la croisade albigeoise les bourgeois et le territoire de la Commune de Montpellier [1]. Il fit plus encore : la population de Melgueil ayant exprimé le vœu, à la suite de la confiscation exercée en 1215 sur Raymond VI, de ne relever d'aucune autre juridiction que de celle de l'Église, il adjugea ce comté, à titre de fief, aux évêques de Maguelone, avec l'obligation expresse de n'en rien sous-inféoder qu'à leurs seuls diocésains [2]. Cette inféodation fut, il est vrai, chèrement achetée par nos évêques. Si l'on en croyait certaines évaluations, ils auraient déboursé pour cela six mille six cents livres melgoriennes, sans compter une redevance annuelle de vingt marcs d'argent, qu'ils durent payer à la Cour de Rome, et les dépenses qu'entraîna le recouvrement des biens aliénés [3]. Mais si onéreuse que paraisse avoir été pour

[1] Bulle du 27 février 1210, ap. Arch. mun., *Gr. Thal.*, fol. 6, et *Livre Noir*, fol. 22 ; Cf. Baluz., *Innocent. pap. III Epist.*, II, 401, et Gariel, *Ser. Præs.*, I, 285.

[2] Voy. la Note XI de l'*Appendice* de ce volume.

[3] Voy. chronique d'Arnaud de Vérdale, ap. d'Aigrefeuille, *Hist. de Montp.*, II, 436. — Guillaume d'Autigniac fit face à une partie de ces dépenses en vendant à la Commune de Montpellier le bois de Valène et un sixième de ses droits sur la fabrication de la monnaie de Melgueil. Mais les 25,000 sous melgoriens qu'il tira de cette double aliénation ne suffirent pas à couvrir les frais de sa récente acquisition, et ce fût vraisemblablement pour continuer le paiement que son successeur Bernard de Mèze

les évêques de Maguelone la prise de possession du comté de Melgueil, la cession faite par les papes en leur faveur n'en atteste pas moins d'une manière irrécusable les sympathies du Saint-Siège à l'égard de nos aïeux.

Ces sympathies ne furent pas particulières à Innocent III. Honorius III, à peine promu au souverain pontificat, prend, à l'exemple de son glorieux prédécesseur, sous sa protection apostolique la Commune de Montpellier. Il en recommande sans cesse les habitants

---

vendit à Jayme I<sup>er</sup>, en 1218, une autre portion des droits des évêques de Maguelone sur la monnaie melgorienne et sur les châteaux de Frontignan, de Castelnau et de Castries. L'acte de cette dernière vente, couché sur le *Mémorial des Nobles*, fol. 199, porte qu'elle eut lieu « propter magnam necessitatem » dicti comitatus (Melgoriensis) et episcopatus Magalonensis; » et propter debita valde urgentia. » Bernard de Mèze perçut de cette nouvelle aliénation 20,000 sous melgoriens, qui lui servirent à éteindre une partie des dettes de son prédécesseur. « Que viginti millia solidorum », dit-il dans l'acte précité, « persolvimus utiliter et necessario veris creditoribus, quibus » pro dicto comitatu, quem Guillelmus, predecessor noster » bone memorie, propter magnam necessitatem episcopatus, » emit, tenebamur veraciter obligati. » — Le *Cartulaire de Maguelone* renferme aussi diverses quittances relatives à l'acquisition du Comté de Melgueil. On en trouve une notamment au fol. 73 du Registre C, et une autre au fol. 330 du Registre E, précédée d'une lettre d'Innocent III donnant commission à un de ses familiers de lui transmettre par l'intermédiaire du trésorier du Temple les à-comptes versés par l'évêque de Maguelone.

et le territoire, soit à ses légats, soit aux chefs des Croisés; il intercède pour elle auprès du roi de France lui-même, ne laissant échapper aucune occasion de la servir. Nos Archives sont pleines des marques de sa paternelle sollicitude [1].

Il en est de même de Grégoire IX. Touché, dès les premiers jours de son pontificat, de l'inaltérable orthodoxie des bourgeois de Montpellier [2], il les comble de priviléges. Il confirme, en 1227, leur consulat du sceau de sa puissante sanction [3], et défend à qui que ce soit de les frapper d'excommunication ou d'interdit sans motif légitime et sans avis préalable [4]. Il attire sur eux, à

[1] Voy. la Note XII de l'*Appendice* de ce volume.

[2] « Sinceritatem fidei vestre », leur écrit-il le 6 décembre 1227, « quam habetis de profligandis hereticis de partibus Tolosanis » plurimum in Domino commendamus. Cum manifeste appareat » devotionis vestre sinceritas,.... universitatem vestram mo- » nemus et obsecramus in Domino, in remissionem peccaminum » injungentes, quatenus, persistentes in devotione hujusmodi,... » sicut viri catholici et orthodoxe fidei zelatores efficaciter » insistatis. » Arch. mun., Arm. E, Cass. V, liasse 2, N° 1.

[3] « Officium consulatus terre Montispessulani, sicut illud juste » ac pacifice obtinetis, vobis auctoritate apostolica confirmamus, » et presentis scripti patrocinio communimus. » Greg. pap. IX Epist. ad hom. Montisp., ibid., N° 3 ; Cf. *Gr. Thal.*, fol. 58, et *Bull. de Mag.*, fol. 13.

[4] « Auctoritate vobis presentium indulgemus ut nullus in vos » vel terram vestram sine manifesta et rationabili causa, et » competenti monitione premissa, excommunicationis vel inter- » dicti sententiam audeat promulgare. » Greg. pap. IX Epist. ad

maintes reprises, la bienveillance des rois et des princes, des évêques et des inquisiteurs, invitant les uns et les autres, sous peine de lui déplaire personnellement, à les traiter, ainsi que leur Commune, en amis sincères de l'Église romaine [1]. Innocent IV, Alexandre IV,

eosdem, ibid., N° 4. — Cette bulle fut confirmée, en 1363, par Urbain V, comme en fait foi l'expédition conservée dans nos Archives municipales, Arm. E, Cass. V, liasse 5, N° 2.

[1] Arch. mun., Arm. E, Cass. V, liasse 2, N°° 6, 7, 8, 13, 14 et 16. — Les paroles que Grégoire IX adressait à S. Louis, en 1228, en faveur des habitants de Montpellier, méritent d'être citées textuellement : « Serenitatem tuam rogamus et monemus » attente, quatenus eos, ob reverentiam Apostolice Sedis et » nostram, habens propensius commendatos, ita te eis exhibeas » benevolum et propitium, quod preces nostras sibi sentiant « fructuosas. » — Le pape ne recommandait pas leur Commune avec moins d'insistance à Jayme I" : « Serenitatem regiam », lui écrivait-il en 1236, « rogandam duximus attentius et hortan- » dam, quatenus ipsos, consulatum et alia jura sua, pro nostra » et Apostolice Sedis reverentia, taliter habeas commendata, » quod iidem preces nostras sibi sentiant fructuosas. » Et afin de mieux intéresser le roi d'Aragon à leur cause, il chargeait spécialement son légat l'archevêque de Vienne de la défendre auprès de lui. « Cum dilecti filii populus Montispessulani », écrivait-il au même prince l'année suivante, « consulatum suum a clare » memorie Petro rege et carissima in Christo filia nostra illustri » regina Aragonum, parentibus tuis, et postmodum a Serenitate » tua obtinuerint confirmari,.... sinceritatem regiam rogandam » duximus attentius et monendam, quatenus consulatum ipsum » et jura ejus, dummodo viri catholici et non suspecti de fide, vel » alicujus infamie super vitio heretice pravitatis nota respersi, con-

Clément IV se conduisent d'après des principes analogues [1]. Grégoire X, dans son amour pour Montpellier,

» sules assumantur, ob reverentiam Apostolice Sedis et nostram,
» non impedias aliquatenus vel molestes, honore ac jure regio
» in omnibus semper salvis. » — Par une autre bulle, donnée quelques mois après à Viterbe, et qui se trouve également dans nos Archives municipales, Arm. D, Cass. I, N° 8, Grégoire IX enjoint, de plus, à son légat l'archevêque de Vienne de ménager de tous ses efforts les habitants de Montpellier, en remplissant parmi eux ses fonctions d'inquisiteur de la foi.

[1] Innocent IV, par une bulle de la 8ᵉ année de son pontificat, dont il existe une expédition dans nos Archives municipales, Arm. D, Cass. I, N° 4, ordonne, lui aussi, aux inquisiteurs de la foi d'excepter Montpellier des rigueurs de leur ministère, eu égard à la constante orthodoxie de ses habitants et à leur inébranlable dévouement pour l'Église romaine. Le même pape, par une autre bulle de la même année, abolit certains péages récemment institués dans la circonscription de la province de Narbone par divers nobles du pays, au préjudice des habitants de Montpellier. Arch. mun., Arm. E, Cass. V, liasse 2 bis, N° 4. — Alexandre IV, de son côté, par une bulle du 31 janvier 1257, confirme toutes les libertés et toutes les coutumes de la Commune de Montpellier. « Vestra sane nobis devotio intimavit »,
écrit-il en cette occasion à nos consuls, « quod domini Montis-
» pessulani, Magalonensis diocesis, qui fuerunt pro tempore,
» prout ad ipsos spectabat, vobis singulis de universitate vestra
» nonnullas diversas libertates deliberatione provida concesse-
» runt.... Nos itaque, vestris supplicationibus inclinati, quod
» super hoc ab eisdem dominis absque cujusquam prejudicio
» factum est ratum habentes et gratum, illud, necnon rationa-
» biles, antiquas et approbatas consuetudines vestras, sicut
» eas juste ac pacifice obtinetis, auctoritate apostolica confir-

songe à y tenir un concile œcuménique. Ce projet ne fut pas mis à exécution : le concile dont il s'agit se rassembla à Lyon en 1274. Mais il n'en fut pas moins conçu, et un tel fait, certifié par un procès-verbal d'enquête et par plusieurs autres monuments [1], témoigne à lui seul des préférences de Grégoire X. Ce pontife si saint et si intelligent n'aurait pas jeté les yeux sur Montpellier pour la tenue d'un concile général, s'il n'avait été bien sûr de rencontrer dans cette ville une population fermement et profondément dévouée.

La Commune, objet de tant d'affection, ne fut pas ingrate. Outre la redevance annuelle de vingt marcs d'argent due au Saint-Siége par les évêques de Maguelone, en mémoire de l'inféodation du comté de Melgueil,

» mamus. » Arch. mun., Arm. E, Cass. V, liasse 3, N° 4. — Ces précautions réitérées que prennent nos consuls de requérir pour leurs libertés l'approbation du pape dénoteraient qu'ils ne se croyaient plus alors suffisamment en sûreté de la part du roi d'Aragon.

[1] Le procès-verbal en question fut rédigé à la suite d'une enquête entreprise à ce sujet par ordre du pape ; il est déposé dans nos Archives municipales, Arm. E, Cass. V, N° 10. Dans la même Cassette, liasse 4, N° 2 (Cf. ibid., N° 3), existe une bulle du 1er décembre 1272, adressée par Grégoire X « dilectis filiis civibus et populo Montispessulani », et relative au même objet. Le projet de la tenue d'un concile œcuménique à Montpellier est explicitement exposé aussi dans une lettre du 28 septembre 1272, remise de la part du même pape à l'évêque de Maguelone par le prieur du couvent des Dominicains de Marseille, et insérée dans le *Bullaire de Maguelone*, fol. 12.

elle voulut verser annuellement dans le trésor pontifical, et à perpétuité, deux marcs d'or [1]. A perpétuité, c'était beaucoup dire : le temps et les révolutions devaient faire justice de la témérité d'un pareil engagement. Mais si notre Commune a perdu aujourd'hui jusqu'à la trace de cette promesse, elle y est, du moins, demeurée fidèle pendant plus de deux siècles consécutifs [2].

Montpellier vit alors entièrement de la vie catholique.

[1] Le premier paiement de cette redevance annuelle de deux marcs d'or remonte jusqu'au pontificat d'Innocent III, comme le prouve la bulle de ce pape, du 10 avril 1215, conservée dans nos Archives municipales, Arm. F, Cass. V, N° 53, et successivement confirmée depuis par Honorius III, Grégoire IX, Clément IV, Jean XXII et Urbain V. — Les chanoines de Maguelone, à leur tour, payaient annuellement au Saint-Siége trois oboles d'or, ainsi que nous l'apprend une autre bulle de Grégoire IX de 1228, où le pape, s'adressant à ces mêmes chanoines, et leur parlant de la confirmation des priviléges de leur Église, leur dit en propres termes : « Ad indicium autem hujus confir-
» mationis habite et protectionis obtente, tres obolos aureos
» gratis oblatos nobis et successoribus nostris annis singulis
» persolvetis. » Arch. dép., *Livre des privil. de Mag.*, fol. 30 sq.

[2] Cette redevance, connue sous le nom de *censive papale*, fut payée, malgré de fréquentes interruptions, jusque vers la fin du XIV° siècle, et supprimée seulement sous le règne de Charles VII. Diverses bulles de Grégoire IX, d'Innocent IV, d'Alexandre IV, d'Urbain IV, de Grégoire X, de Nicolas IV, de Boniface VIII et de Jean XXII, conservées dans la Cassette V de l'Armoire F de nos Archives municipales, ainsi que plusieurs quittances des mêmes Archives, dont quelques-unes sont transcrites çà et là sur le *Grand Thalamus*, en attestent le paiement

Ses consuls encouragent, de concert avec les évêques, la grande restauration religieuse du XIII<sup>e</sup> siècle. Les Trinitaires viennent à peine d'obtenir du pape l'autorisation de se livrer à l'œuvre de la Rédemption des captifs, qu'ils ont à Montpellier une maison et des biens [1]. Les Dominicains ou Frères-Prêcheurs y sont accueillis avec enthousiasme en 1220 [2], et, cinq ans

périodique. Alors même que la Commune de Montpellier, pour des motifs graves, ne payait point, elle ne reniait pas, néanmoins, sa dette, et les papes, de leur côté, n'abdiquaient pas, non plus, leur droit sur la créance. Le contrat paraît n'avoir été résilié qu'au XV<sup>e</sup> siècle. Il l'aura été sans doute par la force des choses : les deux marcs d'or étant dus comme prix du protectorat pontifical, et ce protectorat s'étant trouvé nécessairement, sinon détruit, du moins considérablement affaibli par l'effet du grand schisme et les progrès du pouvoir royal, la Commune put se croire libre de son ancien engagement envers le Saint-Siége. Les malheurs publics, dont elle eut sa bonne part, l'avaient, d'ailleurs, trop appauvrie, pour qu'elle songeât à faire la généreuse, quand le zèle religieux ne stimulait plus autant sa libéralité.

[1] Gariel (*Ser. Præs.*, 1, 319) rapporte une bulle d'Honorius III, du 6 avril 1217, dont l'original se trouve dans nos Archives municipales, Arm. E, Cass. V, liasse 1 bis, N° 7, et qui atteste que cette maison était dès-lors fondée. Le *Bullaire de Maguelone* renferme, au fol. 10, deux autres bulles du même pape, ayant pour objet d'inviter l'évêque de Maguelone à autoriser les Trinitaires de Montpellier à avoir un cimetière et un oratoire.

[2] Nous indiquons plus loin, dans un de nos derniers chapitres, les circonstances qui ont motivé cet accueil.

après, l'évêque de Maguelone Bernard de Mèze y bénit leur église [1]. Les disciples de S. François s'y établissent, eux aussi, vers la même époque. C'est ensuite un hôpital Saint-Jacques, institué, avec la coopération du roi-seigneur Jayme Ier, par un pieux habitant, Guillaume de Peyre-Fixe [2], en souvenir d'un voyage heureusement accompli au sanctuaire de S. Jacques de Compostelle, dans le but de fournir, selon le sens primitif du mot, une incessante hospitalité aux pèlerins, si nombreux autrefois, et de venir en aide aux hôpitaux déjà existants. Puis, ce sont de riches donations faites à l'hôpital Notre-Dame ou Saint-Éloi par Aigline de Castries et son époux Rostang de Posquières. Il n'est pas jusqu'à nos Écoles qui ne participent à cette glorieuse renaissance catholique. A la requête des évêques de Maguelone, de Lodève, d'Agde et d'Avignon, le cardinal Conrad, alors légat du Saint-Siége contre les Albigeois, donne, en 1220, à l'université de médecine de Montpellier, des statuts empreints de la plus

---

[1] Le *Livre des priviléges du Chapitre de Maguelone*, conservé dans nos Archives départementales, contient, au fol. 31 v°, une confirmation faite par le pape Honorius III de la transaction passée à propos de la construction de cette église entre le prieur des Dominicains de Montpellier et le Chapitre, ainsi que l'évêque de Maguelone.

[2] *Guillelmus de Petra-Fixa*, comme l'appellent les actes latins du temps (Arch. mun., Arm. A, Cass. VII, N°˙ 2 et 5), d'accord avec les auteurs du *Gallia Christiana*.

haute sagesse, gage précieux de l'importance et de l'orthodoxie de cette savante corporation [1].

Montpellier continua d'être long-temps encore la cité des conciles. Quand Honorius III, vers la fin de la croisade contre les Albigeois, enjoignit à l'archevêque de Narbone Arnaud d'écouter les propositions de paix du comte de Toulouse Raymond VII et des autres chefs du parti hérétique, le comte de Foix Roger-Bernard et le vicomte de Béziers Raymond-Trencavel II, ce fut à Montpellier que se rassemblèrent, à cette intention, les évêques et les abbés de la province. Cette assemblée, où la politique n'eut pas moins de part que la religion, se tint en 1224 durant l'octave de l'Assomption, et a toujours figuré au nombre des conciles. Les seigneurs jusqu'alors rebelles y promirent solennellement obéissance et protection à l'Église [2].

Pourquoi ne rangerait-on pas également parmi les conciles la magnifique réunion à laquelle donna lieu, le 25 août 1230, la consécration de Notre-Dame des Tables? Cette basilique si fameuse, et objet de tant de vénération, venait alors d'être agrandie et réparée. Les consuls, interprètes des vœux du peuple, avaient prodigué pour son embellissement les trésors des arts et les ressources de la Commune. Ils avaient ensuite rêvé,

[1] Voy. dans cette Histoire le chapitre spécialement consacré aux anciennes Écoles de Montpellier.
[2] Labb., *SS. Concil.*, XI, 2334; Cf. Baluz., *Concil. Gall. Narbon.*, p. 59 sq.

dans leur orgueil, une pompeuse dédicace, et, afin d'en rehausser l'éclat, ils n'avaient pas craint de s'adresser au pape lui-même. Grégoire IX, touché de cette noble confiance, délégua son bien-aimé fils et vassal l'évêque de Maguelone Bernard de Mèze [1], et celui-ci, au nom du Souverain Pontife, procéda triomphalement à la cérémonie, assisté des archevêques de Narbone, d'Arles et d'Aix, et de bon nombre de leurs suffragants. Les évêques de Tournay, de Riez et de Marseille arrivèrent quelques jours après. Mais la pieuse population n'y perdit rien. La contrariété de ce retard involontaire fut amplement compensée par les décrets d'indulgences que promulguèrent alors les prélats réunis [2], et qui, dans une cité fidèle, comme l'était Montpellier, ne pouvaient manquer de produire une profonde allégresse.

La Commune de Montpellier fut redevable à cette constante fidélité de ses bourgeois et à l'indéfectible sympathie des papes d'échapper pendant bien longtemps aux rigueurs de l'excommunication. Si Innocent III n'avait eu égard qu'à la conduite de son seigneur le roi Pierre d'Aragon, il eût inévitablement fulminé contre elle une sentence d'interdit. Pierre épousait la querelle des ennemis de la Foi, il les soutenait publi-

[1] *Gr. Thal.*, fol 37, et *Livre Noir*, fol. 46 ; Cf. Gariel, *Ser. Præs.*, I, 340.

[2] Ces décrets sont consignés dans le *Grand Thalamus*, fol. 37, et dans le *Livre Noir*, fol. 46.

quement de sa médiation, il les appuyait de ses armes. Il avait eu soin, il est vrai, de mettre ses domaines à l'abri par une donation simulée, en plaçant la Seigneurie de Montpellier avec toutes ses dépendances sous le nom d'un fils de Guillem VIII et d'Agnès de Castille. Mais dans le temps même où il prenait cette précaution il mécontentait plus vivement encore le pape, dont il obsédait l'inébranlable justice par les exigences les plus iniques, pressé qu'il était de divorcer avec Marie. Innocent III ne garda nullement rancune aux habitants de Montpellier pour les tracasseries de leur seigneur. Il connaissait trop bien leurs dispositions personnelles; il savait quel sentiment d'unanime réprobation soulevaient parmi eux les procédés du roi d'Aragon, soit envers l'Église, soit envers une épouse délaissée.

Ces procédés méritent de fixer notre attention. Car ils occupent une place importante dans cette Histoire, et contribuent tout particulièrement, par l'unanimité même de la réprobation dont ils furent frappés, à faire ressortir l'attachement de nos aïeux au Saint-Siége et à la postérité légitime des Guillems. Leur étude aura pour effet de nous ramener aux rois d'Aragon, et de nous mettre en voie d'apprécier successivement les relations des seigneurs de cette dynastie avec la Commune de Montpellier.

## VIII.

LA COMMUNE SOUS LA SEIGNEURIE DE PIERRE D'ARAGON
ET DE MARIE DE MONTPELLIER.

Il était nécessaire, avant de poursuivre l'examen des rapports de la Commune de Montpellier avec les princes de la maison d'Aragon, d'esquisser d'ensemble le tableau de ses principales formes politiques et de décrire sa physionomie religieuse. Quelque sujet qu'on étudie, il convient préalablement de s'orienter. Ce premier coup-d'œil, d'ailleurs, était de nature à piquer l'attention; il devait faire pressentir tout d'abord le caractère spécial et l'originalité native du petit monde dont nous avons entrepris d'analyser l'existence. Nous pouvons, maintenant que nous sommes familiarisés avec sa manière d'être, continuer le récit des évènements qui constituent son histoire.

Ceci nous ramène au roi d'Aragon Pierre II. Nous avons suffisamment parlé plus haut de son mariage avec l'héritière des Guillems, source de ses droits seigneuriaux sur Montpellier; nous craindrions de nous répéter en y insistant. Prince ambitieux, s'il en fut jamais, Pierre avait accepté la main de la fille d'Eudoxie Comnène pour agrandir ses domaines et étendre son pouvoir déjà très-considérable. Une fois en possession de la seigneurie de Montpellier, il conçut, conformément au même système, le projet d'aller se faire couronner à Rome. Nul de ses prédécesseurs n'avait encore porté jusque-là ses prétentions. Pierre, qui dans notre ville se trouvait à moitié chemin de l'Italie, entreprit ce voyage en roi, emmenant parmi son escorte nombre de barons, son oncle Sanche, l'archevêque d'Arles Michel de Moriez et le prévôt de Maguelone Gui de Ventadour. Accueilli par les cardinaux et divers autres nobles personnages, députés à sa rencontre avec le sénateur de Rome, il fut sacré dans la capitale du monde chrétien, le 11 novembre 1204, par l'évêque de Porto, et couronné ensuite de la main même d'Innocent III [1] ; cérémonie aussi importante que solennelle : car Pierre, en se faisant couronner ainsi par le pape, affichait l'intention d'échapper à l'ancienne suzeraineté des rois de France. Une circonstance non moins caractéristique, c'est l'offrande qu'il fit, après ce couronnement, de son royaume d'Aragon au Saint-Siége, se constituant de la sorte le vassal de l'Église romaine, à laquelle il promit de payer annuellement cinquante livres d'or. Mais les Aragonais virent d'assez mauvais œil cet acte

[1] Marie de Montpellier n'assistait point à cette cérémonie ; elle n'alla à Rome que plus tard.

de soumission. Le contraste de la conduite de leur monarque avec celle de ses prédécesseurs, qui avaient pris eux-mêmes la couronne, révolta leur fierté, et sans tenir compte à Pierre II de cette marque d'orthodoxie, dont ils soupçonnaient peut-être la sincérité, ils protestèrent, noblesse et peuple, et lui gardèrent rancune pour avoir abaissé devant la majesté de la tiare leur inflexible orgueil.

Pierre, dont l'ambition paraissait satisfaite, se fût sans doute estimé heureux de pouvoir compenser cette défaveur de ses anciens sujets par les sympathies des bourgeois de Montpellier. Mais les bourgeois de Montpellier, en le choisissant pour seigneur, avaient fait leurs propres affaires, et nous avons dit comment, après avoir progressivement restreint son autorité, ils lui résistèrent quand il voulut parler en maître [1]. Pierre n'aima jamais les bourgeois de Montpellier [2], et ceux-ci ne l'aimèrent pas davantage. Un instant séduits d'abord par ses qualités chevaleresques et par le prestige de sa puissance, où ils voyaient un moyen sûr de secouer le joug des bâtards de Guillem VIII, en établissant la

---

[1] Voy. plus haut, p. 46.

[2] « Quum venisset (dominus rex) apud Montempessulanum, » fuit orta magna dissensio inter ipsum dominum regem et » homines Montispessulani, quibus multa intulit tædia et plu- » rima dedit damna. Ipsi etiam homines dicto domino regi mala » plurima intulerunt; propter quod non potuit eos diligere » unquam. » Gesta Comit. Barcinon., ap. *Marc. Hispan.*, p. 553.

Commune sur une base inébranlable, ils avaient bientôt conçu le plus profond mépris pour un prince qui, sacrifiant le souci de sa dignité à un continuel besoin d'argent, s'annihilait lui-même, au point de s'engager à ne plus mettre le pied dans sa seigneurie, et traitait d'une manière si cruellement inconvenante la vertueuse femme dont émanaient ses droits. Pierre, on se le rappelle, n'avait épousé Marie que par ambition. L'immense dot et la descendance impériale de la fille d'Eudoxie l'avaient surtout déterminé à ce mariage [1]. Il ne fut pas plus tôt en possession de la Seigneurie de Montpellier, qu'infidèle envers la princesse à qui il la devait [2], il se laissa captiver par une autre Marie, nièce et héritière du roi de Jérusalem Amauri. Il fallut tout l'ascendant et toute la fermeté d'Innocent III pour neutraliser ses projets de divorce. Mais Pierre n'en demeura que plus hostile à la riche compagne qu'il s'était donnée par calcul. Ondoyant et capricieux, il n'avait de fixité ni dans le caractère ni dans les affections [3].

Les historiens racontent à ce sujet d'étranges choses.

[1] « Veritat es que lo dit senyor rey En Pere pres per muller e » per regina la dita madona Maria de Muntpestler per la gran » noblesa que havia de llinatge, e per la sua bonesa, e per ço » com sen crexia de Muntpestler e de la baronia, laqual havia » en franchalou. » *Chron. de Ramon Muntaner*, chap. 3.

[2] Voy. la Donation de 1205, ap. d'Achéry, *Spicileg.*, III, 566, in-fol.

[3] « Ell era hom de fembres.... » *Chron. de Jayme I*ᵉʳ, chap. 7; Valence, 1557, fol. 3 v°.

Parmi les dames d'honneur de la reine, disent-ils, une jeune veuve avait tout particulièrement les préférences du roi Pierre : il ressentait pour elle un violent amour, et recherchait ses faveurs avec une assiduité unique. Grave motif de tristesse pour les bourgeois de Montpellier, qu'affligeait le délaissement de leur chère Marie, et qui redoutaient, par suite, l'extinction de sa race. Impuissants à empêcher un scandale public, ils résolurent, au moins, d'en tirer parti, et ils mirent en œuvre, afin d'y parvenir, un stratagème digne d'être signalé. Ils suggérèrent à la dame jusqu'alors rebelle la promesse des concessions desirées. La dame, montpelliéraine par les sympathies, et peut-être aussi par le sang, voulut bien faire cause commune avec eux, et s'exécuta de bonne grâce. Elle accepta effectivement un rendez-vous, mais à condition qu'elle irait trouver le roi sans lumière. Le roi, longtemps éconduit, adhéra à cette réserve, et n'eut garde de se montrer difficile, de peur de déplaire à sa belle maîtresse. Il suivit si scrupuleusement ses prescriptions qu'à l'heure convenue la reine, d'intelligence avec sa dame d'honneur, put aller prendre dans le lit de son époux, sans que ce dernier s'en doutât, la place de l'amante.

Cependant les douze consuls, ajoute-t-on, se mettaient en prière ; ils y restèrent toute la nuit, et le lendemain, aux premières lueurs du jour, se présentèrent tous ensemble dans la chambre conjugale. Était-ce pour constater simplement l'heureuse méprise de leur seigneur? Ne se proposaient-ils pas aussi, en établissant de la sorte leur complicité dans la fraude dont il venait d'être victime, d'obtenir plus aisément le pardon de la reine? Ils pénétrèrent, quoi qu'il en soit, dans la chambre royale, et ils y entrèrent, qui plus est, avec leurs cierges tout allumés, comme pour mieux prouver la mystification. Force fut au roi Pierre de se rendre à l'évidence et de dévorer sa honte. En homme habile, il plaisanta beaucoup de l'aventure, sans jurer, toutefois, qu'on ne l'y prendrait plus [1].

On aurait pu l'y reprendre, en effet. Car ce ne fut pas la seule occasion qu'il eut de se rapprocher de la reine. A quelques jours de là, si l'on en croyait certaine tradition, une seconde entrevue des deux époux aurait eu lieu au château de Mireval. Marie aimait singulièrement le séjour de Mireval, et Pierre, pour sa part, n'affectionnait guère moins celui de Lattes : le plaisir de la chasse et le soin de ses haras l'y conduisaient souvent. Or, de Lattes à Mireval la distance est assez courte. Elle fut franchie dans un accès de gaîté, à la requête d'un bon gentilhomme, et neuf mois après naquit le petit Jayme. Ce jour-là, le roi Pierre, afin de demeurer plus long-temps avec sa femme, la ramena, dit-on, en croupe jusqu'à Montpellier. Grande fut la satisfaction de nos aïeux : le ciel, croyaient-ils, allait, sans nul doute, exaucer leurs prières. Ils

---

[1] Voy. la Note XIII de l'*Appendice* de ce volume.

contemplaient avec un bonheur ineffable la fille des Guillems rentrée en grâce auprès de son époux ; et, se flattant déjà de l'espérance de lui voir un héritier qui assurerait l'avenir de la Seigneurie, ils se pressaient victorieusement à l'entour du couple royal ; naïve et touchante allégresse, dont le souvenir devait se perpétuer chez nous sous la forme d'un des plus poétiques divertissements. Nous verrons bientôt ces joyeux bourgeois de Montpellier, fiers du fils de leur bien-aimée Marie, fêter, dans leur pieuse gratitude, l'anniversaire de ce jour de réconciliation, prélude de la naissance de leur glorieux seigneur Jayme. Ils reproduiront alors dramatiquement la scène inattendue dont ils viennent d'être les témoins, et de cette reproduction, renouvelée par intervalles, sortira notre populaire et gracieuse danse du Chevalet.

L'admiration des bons habitants fut bien plus vive, quand les espérances que leur avait fait concevoir ce double rapprochement se furent changées en certitude. Il n'est sorte de soins qu'à partir de là ils ne se soient efforcés de prodiguer à leur chère Marie. Les principaux personnages de la cité et les grandes dames ne quittèrent plus le palais de Tournemire, où elle se renferma [1] ;

---

[1] « Expletis ad pariendum mensibus, multa quæ ad fidem
» partus faciendam necessaria erant (Maria) præparavit. Itaque
» Mompellerium ingressa, in præclara Tornamirensium domo,
» ipso tempore partus, cunctos civitatis optimates cum uxoribus
» sibi adesse jussit ; ubi, divino opem ferente numine, natus est

et durant la nuit du 1ᵉʳ au 2 février 1208 ils purent y constater la naissance de leur futur seigneur [1].

On distinguait, il y a quelques années, sur notre Plan Pastourel plusieurs arceaux à ogive, que surmontait un bâtiment alors de médiocre apparence, mais splendide autrefois, et aux divers étages duquel se remarquaient de vieux débris gothiques. C'était un reste du palais dont il s'agit. Ils ont disparu depuis, ces derniers vestiges du somptueux édifice qui vit naître le grand *Conquistador*, et sur leur sol essentiellement historique s'élève actuellement une maison de très-vulgaire architecture. Pourquoi faut-il qu'à une époque où les villes les plus insignifiantes professent un culte presque superstitieux pour les reliques de leur passé, celle de Montpellier se soit montrée si indifférente pour la conservation de ce précieux manoir?

Le 2 février est, comme on sait, un des jours les plus saints de l'année chrétienne. C'était dans ce temps-là une fête universellement chômée, et dont la célébration commençait de très-bonne heure. La reine Marie, par

»infans faustus ac perelegans, ipsa nocte kalendarum februa-
» rii...... » Bernard. Gomes., *De vita et rebus gestis Jacobi I*, lib. I, p. 17; Cf. *Chron. de Jayme* Iᵉʳ, liv. I, chap. 4.

[1] Selon la chronique du *Petit Thalamus*, Jayme Iᵉʳ serait né le 1ᵉʳ février 1207. Mais l'année commençant alors à Montpellier le 25 mars, le 1ᵉʳ février 1207 du *Petit Thalamus* correspond à notre 1ᵉʳ février 1208. « Natus est rex Jacobus anno » Domini MCCVIII », dit Guillaume de Puylaurens, ap. *Script. rer. gallic. et francic.*, XIX, 202.

un sentiment tout spécial de tendre dévotion pour sa glorieuse patronne, fit porter immédiatement son fils à l'église, afin qu'il fût, lui aussi, présenté à Celui qui avait accueilli la Présentation de Jésus enfant. On chantait à Notre-Dame des Tables le *Te Deum* de Matines, au moment où le petit prince y entra; et quand ensuite il arriva à Saint-Firmin, — car la reine avait désiré que son fils fût également présenté à l'église paroissiale [1], — on y entonnait le *Benedictus* de Laudes, ce qui passa, aux yeux de tous les assistants et de la reine elle-même, pour un heureux présage [2].

La manière dont les chroniqueurs racontent le baptême de l'enfant royal n'est pas moins digne de remarque. On voulait, disent-ils, lui donner le nom d'un apôtre. Mais il y a douze apôtres; lequel choisir? Le Conseil, régulièrement assemblé, arrêta qu'on exposerait dans l'église Notre-Dame douze cierges d'un poids et d'une longueur identiques : ces cierges porteraient chacun le nom d'un apôtre; on les allumerait tous en même temps, et celui qui brûlerait le dernier donnerait son nom à l'enfant. Ce fut au cierge de S. Jacques qu'échut cet honneur [3]. Le noble fils de Pierre et de Marie s'appela,

---

[1] Notre-Dame des Tables ne fut érigée en paroisse qu'en 1246, comme on le verra plus loin. Jusque-là il y eut seulement deux paroisses à Montpellier : Saint-Firmin et Saint-Denis.

[2] Voy. *Chron. de Jayme* I*er*, liv. I, chap. 4.

[3] « E durans mes la canela de Sent Iacme tres dits de traves » que les altres, e per aço, e per la gracia de Deus, havem nos » nom En Iacme. » *Chron. de Jayme* I*er*, ibid.

en conséquence, *Jacques*, ou *En Jacme*, comme
s'exprime la chronique romane du *Petit Thalamus*, ou
*Don Jayme*, selon la formule espagnole, qui a prévalu[1].
S. Jacques a toujours été le grand saint de l'Espagne :
la célébrité de son sanctuaire de Compostelle et de
l'ordre chevaleresque voué à sa glorification n'est
ignorée de personne. Au milieu d'un siècle de foi et de
pèlerinages, le nom d'un pareil saint, assigné sur les
fonts baptismaux à l'héritier de la couronne d'Aragon,
dut réjouir plus d'un cœur dans la Péninsule. De ce
côté-là surtout se dirigeaient les regards de nos nouveaux
seigneurs. Le roi Pierre, de plus en plus indifférent
envers la reine Marie, malgré le précieux gage de
tendresse qu'elle venait de lui donner, vécut désormais
beaucoup moins dans sa Seigneurie de Montpellier
que dans ses états des Pyrénées. Comme les anciens
Guillems et comme les rois d'Aragon ses prédécesseurs,

[1] La parfaite analogie des deux formules *Don Jayme* et *En Jacme* a été nettement indiquée par le savant critique Pierre de Marca, au chap. 9 du liv. III du *Marca Hispanica*. Tandis qu'en effet *Don* vient de *Dominus*, contracté en *Domnus*, *En* est une abréviation de *Sen*, abrégé lui-même de *Senior*. Le primitif *Sen* se rencontre çà et là dans la chronique du *Petit Thalamus*, précédé du possessif *Mon*, et les deux mots juxta-posés y deviennent par euphonie *Mossen*, appellation étymologiquement semblable au français *Messire* et *Monseigneur*. *En Jacme* et *Don Jayme* signifient donc l'un et l'autre *le seigneur Jayme*. On peut consulter aussi, à ce sujet, le *Lexique roman* de Raynouard, T. III, p. 118, et la *Grammaire romane* du même auteur, p. 133 et 191.

il prit une part active à la croisade contre les Maures ; il assista, en 1212, notamment, à la bataille de Tolosa, où périrent plus de cent mille Infidèles, et en commémoration de laquelle se solennise aujourd'hui encore en Espagne la fête du Triomphe de la Sainte-Croix.

Cette absence prolongée du roi Pierre ne pouvait manquer d'être favorable aux progrès de la Commune de Montpellier. Nos consuls se gardèrent donc bien de s'en plaindre. Pendant ce temps-là, ils élevaient tout doucement et à leur guise l'héritier de la Seigneurie ; ils surveillaient son enfance, la préservaient de tous dangers [1], l'entouraient de soins presque

---

[1] Nous faisons ici allusion à l'histoire de la pierre qui, selon diverses chroniques, aurait été lancée, au moyen d'une ouverture mystérieuse, sur l'enfant royal, par les suggestions malveillantes d'un oncle intéressé à sa mort, et qui n'endommagea que le berceau du petit Jaymé. « Lo rey », dit à ce sujet Bernard d'Esclot, au chapitre 4 de sa Chronique, « havia de honràts » homens en Catalunya e en Arago, qui eren sos parents, e havien » fiança quel rey james no hagues infants, e que la terra roman- » gues a ells. E quant saberen que la dona havia hagut hun » fill, foren ne molt despagats, e pensaren se quel ocisen. » E hun jorn, mentre l'infant dormia al breçol en huna casa, » hac hom feta una trapa endret del breçol, e trames li hom » d'avall sobrel breçol huna gran pedra, per tal que moris. » E plach a Deu que nol tocha, mas dona tal colp al copol del » breçol quel trencha. E no poch hom saber quiu feu ; mas » bes pensa hom que aquells qui eren sos parents lio havien » fet. E la dona conech quel infant havia mal volents, e guarda » lo al millor que poch, e nodrilo molt gint. » Buchon, Chron.

paternels. Aussi, selon la remarque naïve de Ramon Muntaner, le petit Jayme grandit et se développa en un an plus que les autres enfants ne le font en deux ans[1]. Il y avait en lui, au dire de Bernard d'Esclot, l'étoffe du plus bel homme du monde[2].

Qu'il grandisse, le jeune seigneur, qu'il croisse, avec l'aide de Dieu, pour le bonheur et la gloire de la Commune qui le patronne. Nos consuls pareillement grandiront, et ils le méritent : ne sont-ils pas les plus sages qu'il y ait dans un conseil de ville[3] ? Voici, d'ailleurs, venir des jours où l'on aura besoin d'eux. Déjà le bruit des armes retentit partout à l'entour de nos murs ; le meurtre du légat Pierre de Castelnau est vengé par une guerre atroce ; le sang des Albigeois ruisselle, et le roi Pierre lui-même va se faire tuer à Muret[4].

*étrang. du XIII<sup>e</sup> siècle*, p. 571; Cf. Beuter, *Cronica general de España*, 2<sup>e</sup> partie, chap. 1, et *Chronique de Jayme I<sup>er</sup>*, liv. 1, chap. 4.

[1] « E lo dit infant En Iacme crexque et millora mes en un » any que altre no feya de dos anys. » *Chron. de Ramon Muntaner*, chap. 6.

[2] « Aquel rey de Arago En Jaume fo lo pus bell hom del mon. » *Chron. de Bernard d'Esclot*, chap. 12, ap. Buchon, ibid.

[3] « Era cert que per tot lo mon se deya quel pus savi consell » del mon era aquell de Muntpestler. » *Chron. de Ramon Muntaner*, chap. 4.

[4] Le 12 septembre 1213, date parfaitement établie par les Bénédictins dans leur *Histoire générale de Languedoc*, III, 562, Note XVII, § 1. — S. Dominique avait prédit cette mort. Un

Singulier prince ! Type bizarre d'inconséquence et
de contradiction ! Après s'être signalé aux yeux de ses
sujets espagnols par une loi des plus terribles contre
les hérétiques [1], le héros de Tolosa succombe, sur un
champ de bataille français, dans les rangs des ennemis
les plus acharnés de l'Église ; il meurt pour l'hérésie !

Volage de cœur, mobile d'esprit et de croyance, tel
l'histoire représente notre premier seigneur de la maison d'Aragon. Étrange mari, monarque plus étrange
encore, on dirait qu'il vise à l'originalité, qu'il veut
faire à toute force parler de lui. La veille même de la
bataille de Muret, on le voit écrire à une maîtresse : il
lui écrit, selon Guillaume de Puylaurens, que c'est par
amour pour elle qu'il est venu chasser les Français [2].

convers de Cîteaux lui demandant un jour s'il pensait que dût
finir prochainement la malheureuse affaire de l'hérésie albigeoise : Oui, lui répondit le Saint ; mais il y aura auparavant
une grande bataille, où sera versé le sang de beaucoup d'hommes, et où un roi succombera. — Le roi de France ? répliqua le
moine. — Non, répartit S. Dominique, mais un autre, et cela
sous peu. — L'année suivante fut tué le roi d'Aragon. (Thierry
d'Apolda, Acta ampliora S. Dominici, cap. 4, ap. Acta SS. Boll.
aug., I, 573 ; Cf. Lacordaire, Vie de S. Dominique, p. 330.)

[1] Voy. ap. Marc. Hispan., p. 1384, le remarquable document
qui a pour titre : « Constitutio Petri adversus hæreticos. »

[2] Baluze, dans le quatrième livre du Marca Hispanica, faisant suite aux trois premiers livres de Pierre de Marca, interprète le texte de Guillaume de Puylaurens d'une manière plus
favorable au roi d'Aragon. « Ea occasione », dit-il, à propos de
la mort de ce prince à la bataille de Muret, « explicabuntur

Il aurait fait pis encore, d'après la Chronique de son propre fils le roi Jayme [1].

Il faudrait bien se garder, néanmoins, de tout mettre ici sur le compte de l'originalité. Pierre, en embrassant la querelle des hérétiques, se laissait diriger par des intérêts de famille [2]. Le comte de Toulouse Raymond VI avait épousé une de ses sœurs, et lui avait confié le soin de la défendre. Dans la croisade contre les Albigeois, ensuite, il n'y avait pas seulement une question reli-

» verba quædam obscura Guillelmi de Podio-Laurentii, cap. 21, » in quo, loquens de expeditione ista regis Aragonum, ait illum » litteras scripsisse ad *quamdam nobilem uxorem cujusdam* » *nobilis Tolosanæ diocesis*, in quibus ei persuadebat *quod* » *ob amorem ejus ad expellendos de terra Gallicos veniebat.* » Nobilis illa uxor erat Alienora, soror regis, uxor autem » Raimundi comitis Tolosani (Raymond VI), ut docent *Gesta* » *comitum Barcinonensium*, vel forte Sancia, Petri et Alienoræ » soror, nupta filio Raimundi (Raymond VII). Quare, recte » observatum est ab eo qui scripsit *Gesta comitum Barcino-* » *nensium* Petrum venisse *ad partes illas causa præstandi* » *auxilium suis sororibus.* » *Marc. Hispan.*, lib. IV, p. 522. — Cette interprétation est, comme on voit, des plus charitables. Mais est-elle également juste? Comment concilier avec elle le texte si précis de la *Chronique de Jayme I*[er]?

[1] « Aquel dia que füe la batalla es cert que havia jagut ab » una dona, si que nos hoym dir puix a son reboster qui havia » nom Ers,... et de altres qui ho veren per sos ulls, que anch al » Evangeli no poch star de peus, ans se assech a son siti mentre » quel deyen. » *Chronique de Jayme I*[er], liv. I, chap. 8.

[2] Voy. Gesta comit. Barcinon., cap. 24, ap. *Marc. Hispan.*, p. 554.

gieuse à débattre, il y avait aussi une question politique des plus graves : il y allait de l'avenir et de la nationalité de nos provinces; il s'agissait de savoir si le Nord l'emporterait sur le Midi. Cela explique l'opiniâtreté et l'acharnement de la lutte. Le roi Pierre, qui, comme la plupart des chevaliers du moyen-âge, avait de la générosité dans l'âme [1], qui, de plus, aimait la gloire, d'où qu'elle vînt, se trouva naturellement lancé dans cette lutte. Le pape, d'ailleurs, en dépit de ses instantes sollicitations, refusa toujours de consentir à son divorce avec Marie [2]. Il n'en fallait pas tant pour pousser le roi d'Aragon dans le parti des Albigeois. Il se posa en victime, en protecteur et en représentant de la nationalité méridionale, au même titre que son beau-frère le comte de Toulouse, que ses alliés les comtes de Foix et de Comminges, que son vassal le vicomte de Béarn. S'il n'eût écouté que ses convictions, il serait probablement resté neutre. On le voit dans maintes circonstances, à Narbone, à Arles, à Montpellier, s'interposer comme médiateur entre les légats pontificaux et Raymond VI, négocier des trèves, essayer des réconciliations. Les convictions du roi Pierre, si toutefois il en avait, étaient fort peu de chose; la légèreté du troubadour

[1] « E nostre pare lo rey En Pere era lo pus franch rey que » auch fos en Spanya, e cortes, e avinent : si que tant donava » que ses rendes et ses terres ne valien menys. » *Chronique de Jayme I<sup>er</sup>*, liv. I, chap. 5.

[2] Voy. Baluz., *Innocent. pap. III Epist.*, II, 713.

dominait en lui. Mais sa position prépondérante dans le Midi et la nature particulière de ses relations lui imposaient des devoirs politiques qu'il ne pouvait guère décliner. Il se montra fidèle à ces devoirs, il en exagéra même le sentiment, jusqu'à leur sacrifier le respect de sa parole [1]. Ce fut ainsi que le prince qui s'était distingué en Espagne parmi les plus ardents champions de l'Église, en combattant contre les Maures, finit par périr en France à la tête des ennemis de l'Église, destinée très-bizarre, assurément, mais plus digne de pitié que d'anathème, et bien propre à faire goûter aux ambitieux l'avantage qu'ont sur les autres les hommes à principes.

Montpellier ne regretta pas Pierre d'Aragon ; Montpellier ne pouvait regretter l'adversaire de l'Église et l'époux parjure de la fille des Guillems. Nous avons déjà mentionné les tentatives de ce prince auprès du pape pour en obtenir de divorcer avec Marie. Qui pourrait dire tous les mécomptes, toutes les déceptions, toutes les infortunes de cette pauvre Marie ? Pendant que le roi Pierre l'abreuvait de dégoûts et d'humilia-

[1] Pierre, lors de son couronnement à Rome, avait prêté à l'Église le serment d'obéissance le plus explicite. « Profiteor et » polliceor », avait-il dit, « quod semper ero fidelis et obediens » domino papæ Innocentio ejusque catholicis successoribus, et » Ecclesiæ Romanæ, regnumque meum in ipsius obedientia » fideliter conservabo, defendens fidem catholicam, et persequens » hæreticam pravitatem.... » Voy. Gariel, *Ser. Præs.*, 1, 275.

tions, un des fils d'Agnès de Castille, qui, au moyen d'un simulacre de donation [1], avait mis la main sur la Seigneurie de Montpellier, lui contestait ses droits les plus sacrés, et allait jusqu'à l'accuser d'usurpation au tribunal du souverain pontife [2]. Le séjour de Montpellier finit par lui devenir intolérable. Forcée de se soustraire à l'audace sans cesse croissante de ses ennemis, elle se réfugia à Rome, pour y défendre son héritage et son honneur. S'y trouva-t-elle plus heureuse ? Il est difficile de l'affirmer. Sans argent, sans ressources, elle n'eut d'autre consolateur qu'Innocent III. Le saint pape, toujours courageux, toujours énergique quand il s'agissait de venir en aide à la faiblesse opprimée, sauvegarda ses intérêts comme épouse et comme reine. Il enjoignit aux habitants de Montpellier de lui payer au moins la moitié des revenus de ses domaines patrimoniaux [3], ce qui était reconnaître implicitement ses droits sur la Seigneurie en litige, et, tout en ménageant les susceptibilités de Pierre d'Aragon, maintint juridiquement la validité de son mariage [4]. Il appartenait au

[1] Voy. Convention du 24 janvier 1212, ap. d'Achéry, *Spicileg.*, III, 575, in-fol.

[2] Voy. Baluz., *Innocent. pap. III Epist.*, II, 637.

[3] « Medietatem omnium reddituum patrimonii ejus. » Baluz., ibid., II, 749.

[4] « De communi fratrum nostrorum consilio, te ab impetitione » regis super iis quæ in judicium fuere deducta sententialiter » duximus absolvendam. » Baluz., ibid., II, 713. — Nous ne

grand homme qui au début de son éclatant pontificat avait protégé la mère, en intervenant auprès de Guillem VIII en faveur d'Eudoxie Comnène, de se constituer aussi, par un admirable esprit de suite, le défenseur et le soutien de la fille. La Papauté ne pouvait faillir à sa mission.

Marie, d'ailleurs, méritait sous tous les rapports la bienveillance pontificale. Elle était vertueuse autant que femme de son temps [1], et, de plus, elle était reine, elle était mère. Quoiqu'elle n'eût pas son jeune fils avec elle [2], l'auréole de la maternité et du pouvoir

---

saurions trop recommander la lecture de la lettre d'où sont tirées ces paroles à quiconque desirerait connaître à fond les négociations anti-matrimoniales du roi Pierre et la résistance d'Innocent III. L'affaire y est exposée dans tous ses détails avec une précision remarquable.

[1] Innocent III la qualifie « mulier Deum timens, multa præ-» dita honestate », dans une de ses lettres, ap. Baluz., ibid., II, 715. « Aquesta dona », dit Bernard d'Esclot, au chapitre 4 de sa Chronique, « era de molt bona vida e honesta, e plaent » a Deu e al segle. » Buchon, *Chron. étrang. du XIII<sup>e</sup> siècle*, p. 570. Ramon Muntaner, de son côté, appelle la reine d'Aragon « la molt alta madona dona Maria de Muntpestler, qui fo molt » sancta dona e bona a Deus e al mon. » *Chron.*, cap. 2. « Dona » Maria la santa », ajoute Beuter, ap. *Cron. gen. de España*, 2<sup>e</sup> partie, chap. 1<sup>er</sup>. — La *Chronique de Jayme I<sup>er</sup>* confirmerait tous ces témoignages, si l'on pouvait invoquer l'autorité d'un fils faisant l'éloge de sa mère. Voy. liv. I<sup>er</sup>, chap. 6.

[2] Jayme se trouvait entre les mains de Simon de Montfort, à qui son père l'avait confié comme ôtage, dès l'année 1211.

n'en resplendissait pas moins sur son front. Heureuse ou malheureuse, elle fut reconnaissante pour l'asile que lui avait ouvert la sollicitude d'Innocent III ; elle s'y fixa, elle y mourut. Elle se trouva si bien à l'ombre du saint pontificat, qu'elle crut devoir, en mourant, léguer sa place au petit Jayme [1]. Ce cher enfant, ce noble héritier d'une seigneurie si fidèle à l'Église ne pouvait être nulle part plus sûrement que sous la protection de l'Église.

Marie mourut à Rome, le 19 avril 1213 [2], et fut ensevelie, selon ses vœux [3], dans la basilique de Saint-Pierre du Vatican, où divers miracles rendirent hommage à sa sainteté [4]. De mystérieuses rumeurs

---

[1] « Sub sanctissimi patris Innocentii et Ecclesiæ Romanæ pro-
» tectione, defensione atque tutela filium meum et filias meas, et
» omnia bona, et familiam dimitto. » Testam. Mariæ, reg. Arag.,
ap. *Gr. Thal.*, fol. 6 bis, et *Livre Noir*, fol. 23 ; Cf. d'Achéry,
*Spicileg.*, III, 576, in-fol. — Marie avait eu deux filles de son
mariage avec Bernard de Comminges, Mathilde et Pétronille ;
elles figurent toutes les deux dans diverses prestations de serment des 1er, 2 et 6 décembre 1201, ap. *Mém. des Nobles*,
fol. 83 v° sq.

[2] Et non pas en 1218, comme le dit M. Buchon dans une note annexée au chapitre 6 de sa traduction de la Chronique de Ramon Muntaner, et reproduite au chapitre 4 de son édition de la Chronique de Bernard d'Esclot. — La date du 19 avril 1213 est expressément donnée par la Chronique du *Petit Thalamus*, p. 331.

[3] Voy. Testam. Mariæ, reg. Arag., loc. cit.

[4] « Fuit sepulta honorificè in ecclesia S. Petri, juxta altare

accueillirent la nouvelle de sa mort : on parla d'empoisonnement, et le nom du roi Pierre fut accolé à cette vilaine accusation. Peut-être suffisait-il que Pierre n'aimât pas sa femme, et eût vainement cherché, à diverses époques, les moyens de se séparer d'elle, pour qu'on le soupçonnât d'un pareil crime. La publicité des désordres de ce prince et l'indifférence qu'il manifesta lors du trépas de la reine donnaient large prise à la calomnie.

Quoi qu'il en soit de ces bruits sinistres, Pierre ne leur survécut pas long-temps. Il mourut lui-même, comme nous l'avons dit, le 12 septembre 1213, à la bataille de Muret, prodigieuse affaire où l'évènement démentit toutes les prévisions humaines, et où Simon de Montfort, qui n'avait guère plus de quinze cents

» S. Petronillæ, ubi Dominus multa miracula per ejus merita » operatur. » Gesta comit. Barcinon., ap. *Marc. Hispan.*, p. 553. — Beuter rapporte, au sujet de ces miracles, que beaucoup de malades furent guéris en mêlant de la poudre râclée sur la pierre sépulcrale de Marie avec de l'eau ou du vin, et en buvant ensuite cette mixture, « beviendo con vino o con agua de las » raheduras de la piedra de sa sepultura. » *Cron. gen. de España*, 2ᵉ partie, chap. 1ᵉʳ; Cf. *Chron. de Jayme Iᵉʳ*, liv. I, chap. 6. — Les paroles suivantes, empruntées à la légende d'un ancien portrait de la pieuse fille de Guillem VIII, auraient pu, à la rigueur, lui servir d'épitaphe :

« **Ambitio mihi regem virum dedit,**
» **Pia fraus filium, regum maximum,**
» **Sancta mors cœleste regnum.** »

soldats, en tua ou dispersa en un clin d'œil au moins quarante mille. Le petit Jayme perdit donc, à six mois d'intervalle, son père et sa mère, et, bien que fort jeune encore, eut à recueillir une double succession. Il se trouva, avant d'avoir atteint l'âge de six ans, à la fois roi d'Aragon et seigneur de Montpellier.

# APPENDICE.

# NOTES ET ÉCLAIRCISSEMENTS.

I.

#### NOTE SUR LES ANCIENS VICAIRES DE MONTPELLIER.

Il n'est guère possible, eu égard au silence des monuments, de fixer l'époque précise où ont commencé les vicaires de Montpellier. Mais leur origine remonte vraisemblablement au temps de la première croisade. Guillem V, en partant pour la Terre-Sainte, dut déléguer quelqu'un pour l'administration de la Seigneurie de Montpellier durant son absence, et ce sera sans doute cette délégation qui aura servi de base à la puissance de nos vicaires. Ces vicaires, du reste, ne furent pas seulement, comme on l'a dit, les lieutenants des seigneurs; ils jouissaient de droits personnels et indépendants sur les contraintes judiciaires, les donations, les propriétés et les hypothèques; ils percevaient en outre certaines rétributions sur les baux à ferme, la boucherie, les vendanges, les marchés, les fours, le poids public. Ces divers droits sont énumérés dans la charte du 24 janvier 1103 dont nous avons parlé plus haut, et qu'on peut lire dans le *Mémorial des Nobles*, fol. 55 v° sq. Ils sont aussi mentionnés expressément dans une autre charte règlementaire de la même date, transcrite sur le même registre, fol. 56 v°. On peut consulter encore à leur sujet une donation de Bernard Guillem, du 11 mars 1118, et un testament de 1139[1]. Bernard Guillem ne dispose pas simplement dans sa donation de la charge de vicaire et du château vicarial de Montpellier ; il aurait eu aussi, d'après la formule de cet acte, certaine juridiction sur Montpelliéret : « Dono tibi », dit-il, en s'adressant à son fils Guillem Aimoin, « totam vicariam » Montispessulani et totum castrum quod ego habeo in Monte- » pessulano, cum egressione et regressione, et totum quantum » ego habeo subter ecclesiam Sancti Nicholai de Montepessulano, » .... et dono tibi et tuis totam vicariam de Montepestlairet. » Le vicaire possédait donc, de l'aveu de Bernard Guillem lui-même, des droits dans Montpelliéret comme dans Montpellier. En vain voudrait-on voir dans cette formule un *lapsus* ou une erreur de copiste. Bernard Guillem, résumant plus loin ses dispositions, répète qu'il cède à son fils « totam vicariam de » Montepessulano et castrum vicariale, et *vicariam de Monte-* » *pestlairet.* » De pareils mots dans la bouche d'un chevalier partant pour le pèlerinage de Jérusalem ne sauraient être dénués de sens.

Ces droits des vicaires de Montpellier se perpétuèrent jusqu'à la fin du XII° siècle. Guillem VIII les racheta après l'extinction de la descendance masculine de la branche cadette de sa dynastie, qui en avait acquis le monopole. Il les racheta en deux fois, en 1197 et en 1200, par deux actes différents, représentant deux ventes partielles, et transcrits tous les deux au *Mémorial des Nobles*, fol. 63 r° et 64 v°. Il débatusa la première fois pour ce rachat 1500 sous melgoriens, et la seconde fois 11,350 sous de la même monnaie. Alors finit la juridiction des vicaires, et il ne resta désormais dans la ville de Montpellier que deux juridictions féodales en présence, celle des évêques et celle des seigneurs. Aussi à partir de là n'est-il plus

---

[1] *Mémorial des Nobles*, fol. 57 et 58 ; Cf. fol. 60 v°, 63 et 64.

question dans notre histoire de vicariat ni de vicaires. Les documents qui les concernent sont généralement transcrits sur le *Mémorial des Nobles* du fol. 55 au fol. 66. Tout leur passé y est compris dans une vingtaine de pages.

II.

NOTE SUR LE MARIAGE DE PIERRE D'ARAGON ET DE MARIE DE MONTPELLIER.

Selon la Chronique romane du *Petit Thalamus*, éditée par la Société Archéologique de Montpellier, Pierre aurait épousé Marie en juillet 1204. « Et en aquel an, en jull », y est-il dit, « trais lo rei d'Aragon la dona Maria de Montpellier, et espozet » la. » Il y a ici une erreur qu'il importe de rectifier, sous peine de ne rien comprendre à certaines de nos chartes. Comment concilier avec cette date, par exemple, l'acte du mois de juin 1204 conservé dans le grand Chartrier de nos Archives municipales [1], où le roi Pierre figure déjà comme seigneur de Montpellier, et où Marie prend le titre de reine d'Aragon? Cet acte serait-il donc apocryphe, quoique présentant en apparence tous les caractères de la plus rigoureuse authenticité?

L'acte dont il s'agit n'est pas apocryphe, et l'idée d'en suspecter l'authenticité ne viendrait à personne, si les éditeurs du *Petit Thalamus* avaient eu la précaution d'éclaircir cette difficulté. Elle réside tout entière dans une lecture vicieuse de la phrase finale du contrat de mariage de Pierre et de Marie. Cette phrase est ainsi conçue dans la double copie de ce contrat couchée sur le *Grand Thalamus*, fol. 1, et sur le *Livre Noir*, fol. 17 : « Acta sunt hec omnia et laudata in domo Militie

---

[1] Arm. A, Cass. IV, N° 4, et Arm. B, Cass. VIII, N° 1; Cf. *Gr. Thal.*, fol. 2 et 64, et *Livre Noir*, fol. 18.

» Templi site juxta Montempessulanum, post ecclesiam, anno
» Dominice Incarnationis MCCIIII, XVII kal. julii. » — Au lieu
de lire, comme le veut l'usage de toutes les populations latines,
« *Decimo septimo kalendas julii* », ce qui équivaut à notre
15 juin, l'auteur anonyme de la Chronique romane du *Petit
Thalamus* n'aura sans doute fait attention qu'au dernier mot,
et aura, conséquemment, rapporté le mariage des nouveaux
seigneurs de Montpellier au mois de juillet. Méprise assurément
très-pardonnable, et que nous nous abstiendrions de relever, —
tout aussi bien que celle de la variante donnée par le manuscrit
du *Petit Thalamus* de la bibliothèque de notre Faculté de médecine, qui assigne à la fois pour date au même mariage, en
vertu d'une singulière distraction, le mois de mai et le mois de
juillet, — si nous ne nous proposions, en la rectifiant, d'épargner à nos successeurs l'ennui d'avoir à concilier, eux aussi,
des dates au premier abord inconciliables. Cette rectification
faite, toute difficulté s'évanouit; la charte de juin 1204, où le roi
Pierre se qualifie seigneur de Montpellier et Marie reine d'Aragon, s'explique, puisqu'elle peut largement trouver place entre
le 15 juin, jour du mariage des deux époux, et le 30 du même
mois, sans qu'il soit besoin de substituer à cette première date,
avec le manuscrit du *Petit Thalamus* de la bibliothèque de
notre Faculté de médecine, celle du mois de mai.

Ajoutons, afin de préserver de nouvelles hésitations quiconque
s'occupera de notre chronologie locale, que la fixation du mariage de Pierre d'Aragon et de Marie de Montpellier au 15 juin
1204 n'est pas non plus en désaccord, comme on pourrait le
croire à la première vue, avec la charte des calendes de mars
1204 de nos Archives municipales [1], publiée dans l'*Histoire
générale de Languedoc*, III, Pr. 204, où Pierre et Marie s'intitulent également seigneur de Montpellier et reine d'Aragon.

---

[1] Arm. A, Cass. IV, N° 1 bis; Cf. *Gr. Thal.*, fol. 2 et 69, et *Livre Noir*,
fol. 18.

L'année commençait alors chez nous, ainsi que dans une grande partie du Midi, le 25 mars, jour de la fête de l'Annonciation, de sorte que les calendes de mars 1204 de la charte précitée correspondent au 1ᵉʳ mars 1205 du style moderne. Loin donc d'être antérieure au contrat du 15 juin, la charte du 1ᵉʳ mars lui est au contraire postérieure de huit mois et demi. Aussi est-elle insérée dans la rédaction primitive du *Grand Thalamus* et dans le *Livre Noir* après celle de juin 1204 dont nous parlions tout-à-l'heure.

Le mariage de Pierre et de Marie a donc eu lieu, en résumé, selon les termes mêmes du contrat rédigé en cette occasion, non pas à Rome, comme l'a dit par erreur M. Buchon, mais à Montpellier, ou, tout au moins, aux portes et sous les murs de Montpellier, dans la maison du Temple, le 17ᵉ jour avant les calendes de juillet, c'est-à-dire le 15 juin de l'année 1204.

## III.

#### NOTE RELATIVE A UNE RÉDACTION DES COUTUMES DE MONTPELLIER ANTÉRIEURE A LA GRANDE CHARTE DU 15 AOÛT 1204.

L'article 122 de la charte du 15 août 1204 suffirait à lui seul pour établir que Montpellier avait ses coutumes particulières bien avant cette époque. « Hec autem consuetudines », y est-il dit à propos des 121 articles précédents, « in preteritum nullam » vim habeant, nisi ille tantummodo que sunt *antique*, que in » preteritis suam obtineant firmitatem. » Mais il existe de ce fait d'autres preuves qu'il est de notre devoir d'indiquer ici.

La plus ancienne que nous connaissions se trouve dans un acte du 5 septembre 1113, transcrit sur le *Mémorial des Nobles*, fol. 65 v°, et édité par les Bénédictins dans leur *Histoire générale de Languedoc*, II, Pr. 388 : « Notum sit omnibus homi- » nibus », y dit notre Guillem V, « quod avus et pater meus et

» ego Guillelmus Montispessulani talem *consuetudinem* habuimus
» in villa Montispessulani, quod alicui burgensi non liceat
» honorem suum aliqua occasione dare, nec vendere, nec im-
» pignorare militi, vel sancto, vel clerico, nec filiam suam
» liceat in uxorem dare militi cum honore Montispessulani nec
» tocius parrochie Sancti Firmini. Contigit autem quod Faiditus
» burgensis meus dedit filiam suam in uxorem Guillelmo Aimoino,
» filio Bernardi Guillelmi vicarii, et dedit in hereditatem
» filie sue in villa Montispessulani illum furnum quem tenebat
» per manum Bernardi Guillelmi, et unde faciebat ei homi-
» nium et albergum, et in quo habebat Bernardus Guillelmus
» vendedas suas, si venderetur, et consilium, si impignoraretur.
» Huic itaque rei, *quia contra consuetudinem ville Montispes-*
» *sulani facta erat*, nolui assentire, donec Bernardus Guillel-
» mus mihi convenientiam fecit....» Ainsi s'exprime Guillem V,
à la date du 5 septembre 1113. Il est difficile de ne pas voir dans
ses paroles la révélation d'une *coutume* depuis long-temps déjà
en vigueur à Montpellier.

En continuant la lecture du *Mémorial des Nobles*, on
rencontre, au fol. 94 v° de ce registre, et aux feuillets
suivants, trois pièces du plus haut intérêt, desquelles ressort d'une manière irréfragable l'existence de *coutumes* montpelliéraines antérieures à la domination aragonaise, et qui,
après avoir précédé la charte du 15 août 1204, se sont fondues
presque en entier dans cette dernière. Voici la première de ces
trois pièces; nous la transcrivons *in extenso*, afin qu'on puisse
en comparer le texte avec celui de notre grande charte, où on
le retrouve, pour ainsi dire, intact, et dont il constitue les six
premiers articles [1].

[1] Voy., pour cette comparaison, le texte latin de la charte du 15 août
1204, publié par les éditeurs du *Petit Thalamus*, en regard du texte
roman. Nous le suivons toujours dans cette Histoire, préférablement à
celui de d'Aigrefeuille et à celui de M. Giraud, comme plus conforme
aux manuscrits primitifs.

« Carta de consuetudine dominorum Montispessulani, et qua-
» liter debent regere honorem et populum.

» In nomine Domini nostri Jeshu Christi et gloriose Virginis
» Marie.

» Sit manifestum omnibus hominibus hec audientibus, quod
» Montempessulanum in potestate patrum antecessorum Guil-
» lelmi, domini Montispessulani, et in potestate hujus dicti
» Guillelmi, domini Montispessulani, idcirco quum justiciam
» amaverint et misericordiam, crevit Deus et multiplicavit. Et
» in hunc modum regitur et gubernatur Monspessulanus adju-
» torio Dei. *Consuetudo* dominorum Montispessulani est talis
» Unus est solus dominus Montispessulani, qui sic suum,
» Deo favente, regit honorem et populum. Summo studio dat
» operam ut de sapientioribus et dicioribus burgensibus suis
» faciat bajulum Montispessulani; et cum bajulo in curia sua
» statuit curiales probos viros et sapientes; et bajulo et curia-
» libus donat tantum de suo, quod, postpositis universis aliis
» negociis suis, adherent curie et sunt cotidie in curia et justi-
» cia, et promissionem faciunt domino coram populo, per
» sacramentum sanctorum Dei Evangeliorum, quod dona vel
» munera non accipiant ipsi, nec homo neque femina per eos,
» nec in antea spondeatur ipsis vel spondeant ipsi se accepturos
» ab aliqua persona que placitum in curia habeat aliquo tempore
» quamdiu in curia steterint, et legaliter et fideliter per bonam
» fidem, secundum usum curie, tractent et judicent, et exami-
» nent et diffiniant lites et placita, et unicuique velint jus suum
» tam pauperi quam diviti. Hoc totum vero quod bajulus facit,
» dominus pro firmo habet in perpetuum. — Cum conveniunt
» ad placita, factis sacramentis de calumpnia, curia interrogat
» utramque partem per sacramentum si bajulo, vel curiali,
» vel judici propter illud placitum suam dedit vel promisit pec-
» cuniam. — In consiliis et judiciis et in curia sua dominus
» habet viros laude et honestate claros, qui justiciam amant et
» misericordiam, qui prece vel precio, donis vel muneribus,

»amicicia vel inimicicia non deviant a semita justicie et miseri-
» cordie ; et curas et negocia Montispessulani dominus facit pre-
» cipue cum suis probis hominibus Montispessulani. — Dominus
» Montispessulani et antecessores sui amaverunt homines suos ;
» et custodierunt, et salvaverunt in quantum potuerunt, et non
» quesierunt occasiones, neque aliquo modo fecerunt ut suas
» perderent possessiones, averum vel honorem, nisi propria
» culpa hominis. Et si creverunt vel multiplicaverunt homines
» Montispessulani in avero vel honore, in rebus mobilibus vel
» immobilibus, letatus est dominus, et adjuvit eos crescere et
» multiplicare. Et ideo cum gaudio homines suas pandunt divi-
» cias, et palam ostendunt et sine timore; et ita divicie et pos-
» sessiones hominum Montispessulani revertuntur illis quibus
» derelinquunt in suis testamentis vel donant, vel per succes-
» sionem parentibus eveniunt sine omni offensione et impedi-
» mento domini, quod dominus aliquid inde non accipit, neque
» aufert, neque contradicit. »

Telle est *in extenso* la magnifique Déclaration couchée sur le fol. 94 v° du *Mémorial des Nobles*, en tête des documents relatifs à la Baylie. Cette Déclaration ne porte aucune date; mais elle remonte, selon toute probabilité, au temps de Guillem VIII : elle est immédiatement suivie dans le registre seigneurial de la formule ci-jointe, affectée à la prestation de serment du bayle pour l'année 1190:

« Sacramentum fidelitatis et justicie quod facit major bajulus
» Montispessulani Guillelmo domino Montispessulani.

«Anno Dominice Incarnationis MCLXXXX, mense septem-
» bris, ego homo juro tibi domino Guillelmo Montispessulani
» fidelitatem, et quod, quamdiu bailiam seu administracionem
» tuam tenuero, rationem et justiciam servabo et tenebo omni-
» bus subjectis tuis de tuis subjectis, et omnibus quicumque cau-
» sam habent vel habituri sunt coram me vel in curia, secundum
» consuetudinem et mores curie, qui modo certi sunt vel erunt,
» et ubi mores deficient et consuetudines curie, secundum juris

» ordinem, omni odio et gracia et dilectione et parentela et affi-
» nitate et vicinitate penitus exclusis, secundum quod melius
» mihi visum fuerit et conscientia mea michi melius dictaverit;
» et quod neque per me vel per alium, ullo modo, ulla occasione,
» peccuniam vel aliam rem seu promissionem vel aliquod servi-
» cium accipiam ab his qui causam habent vel habituri sunt, oc-
» casione ipsius placiti, vel ab aliis nomine eorum; et quod
» justiciam nec aliquid nomine justicie non accipiam per me vel
» per alium ante finem cause, aut antequam solutum sit vel satis-
» factum creditori vel actori; et quod habebo et accipiam mecum
» bonos et legales assessores, secundum quod melius michi visum
» fuerit. Et celabo ea omnia que in secreto et in consiliis et in
» dictanda sentencia seorsum michi revelabuntur. Hec omnia
» predicta sine dolo et arte et malo ingenio, bona fide, custodiam
» et servabo, ad tuam noticiam et voluntatem, pro posse meo,
» me sciente. Sic Deus me adjuvet et hec sancta Dei Evangelia. »

Grande et large formule, qui à elle seule caractériserait une administration! Ne nous étonnons pas, après cela, si la charte du 15 août 1204 la reproduit mot pour mot. Même largeur dans les formules de serment du sous-bayle et du juge transcrites à la suite dans le *Mémorial des Nobles*, et que nous nous abstiendrons de rapporter ici, eu égard à leur quasi-identité avec celle-ci. Il est évident que Montpellier avait déjà à la fin du XII° siècle une Coutume reconnue et arrêtée, puisque bayle, sous-bayle et juge jurent dès-lors de rendre la justice « secundum *consuetudinem* et mores curie, *qui modo certi sunt* » vel erunt. » La cour du bayle apparaît organisée dès cette époque comme elle le sera en 1204; elle a, en 1190, les mêmes formules que sous les rois d'Aragon.

Veut-on quelque chose de plus encore? Qu'on lise le document ci-après, trancrit au fol. 95 du *Mémorial des Nobles*. On y verra Guillem VIII lui-même donner, sur l'avis des prud'hommes de Montpellier, l'approbation la plus explicite à la législation coutumière en usage de son temps dans notre cour du bayle, et corroborer de son sceau seigneurial des dispositions relativement anciennes, à en juger par les termes de l'acte en question.

« Carta de confirmacione omnium instrumentorum quondam
» scriptorum Montispessulani, quam fecit dominus Guillelmus
» Montispessulani burgensibus atque universitati Montispes-
» sulani.

» Anno MCCI, mense aprilis, VIII idus aprilis, ego Guil-
» lelmus, Dei gratia Montispessulani dominus, filius quondam
» Mathildis duccisse, habito consilio et assensu proborum ho-
» minum Montispessulani, scilicet Bernardi Lamberti bajuli,
» P. de Conchis, G. de Mesoa, R. Atbrandi, R. Lamberti, G.
» Petri, P. Luciani, G. de Salzeto, B. Ecclesie, P. de Porta,
» P. de Monbello, cupiens providere universitati Montispes-
» sulani et tocius jurisdictionis nostre, per me et per omnes
» successores meos, laudo, concedo, et in perpetuum confirmo
» omnes cartas seu omnia instrumenta quecumque vel qualia-
» cumque quondam composuerunt et scripserunt R. Scriptor,
» P. Angeli, Poncius Boga, G. Caiphas, magister Durantus, G.
» de Marcelliano et P. de Valbella, in quibus ipsi testes fuisse
» reperiuntur; nec de cetero in tota jurisdictione nostra instru-
» mentis seu cartis a predictis compositis seu scriptis in curia
» nostra vel extra curiam possit obicere sacramentum ab eis
» non factum vel aliam quamlibet occasionem plusquam aliis
» presentibus notariis qui juraverunt; sed ita firma et rata sint,
» sicut alia scripta et composita a notariis presentibus qui jura-
» verunt vel [in] posterum sunt juraturi. Et instrumenta et cartas
» a predictis facta et scripta in quibus ipsi testes repperiuntur
» auctoritate presentis decreti nostri in perpetuum valitura
» laudamus et confirmamus, et omnibus subjectis nostris pre-
» sentibus et futuris firma et semper valitura statuimus. Et ne
» hoc instrumentum aliis in posterum egeat adminiculis, bulle
» nostre plumbee impositione presentem cartam perpetuo vali-
» turam communimus. »

Il serait, certes, difficile de mieux établir l'existence de coutumes montpelliéraines rédigées antérieurement à la domination des rois d'Aragon; car c'est Guillem VIII lui-même qui, en 1201, vient attester le fait de cette existence. Guillem VIII nomme, qui plus est, les rédacteurs des dispositions coutumières qu'il approuve, et quoiqu'on n'en sache pas davantage sur ces nouveaux décemvirs, l'indication de leur nom n'en est pas moins très-précieuse pour nous. La cour du bayle pouvait dès-lors procéder régulièrement. Montpellier avait des coutumes reconnues, publiques, avouées par l'autorité seigneuriale elle-même.

Mais en quoi consistaient les Coutumes de Montpellier en 1201? Se bornaient-elles à la Déclaration et aux formules de serment que nous citions tout-à-l'heure, et n'en serait-il rien resté de plus? Le *Mémorial des Nobles* renferme encore la réponse à cette question. Immédiatement après la charte de Guillem VIII du 6 avril 1204, on y lit sans transition la pièce suivante, qui n'est autre chose qu'une continuation de la *Carta de consuetudine dominorum Montispessulani* précédemment transcrite, et sur laquelle semble porter d'une manière expresse la confirmation seigneuriale. Cette pièce est trop importante pour ne pas trouver place ici. En servant de complément à la Déclaration et aux formules déjà citées, elle nous montrera ce qu'était la Coutume de Montpellier antérieurement à la charte du 15 août 1204. Nous copions toujours textuellement le *Mémorial des Nobles*.

« Instrumentum de moribus et consuetudinibus Montispes-
» sulani, et qualiter debent regi et servari.
» Hi sunt mores seu consuetudines Montispessulani : Bajulum
» judeum non habet dominus. — In sua curia legiste non manu-
» tenent causas, nisi suas proprias. Et si causas proprias ha-
» buerint, contra eos poterit esse legista. Neque sunt advocati.
» — Et in consiliis dominus habet quando voluerit judicem. —
» Falsitates omnino punit et respuit. — Renovarios sive usura-
» rios, qui denarios pro denariis accomodant, non recipiuntur

» in testimonio. — De discordiis, si proclamationes inde non
» fiunt domino vel curie, non fit mentio. — Homines Montispes-
» sulani, quociescunque voluerint, universa bona sua vendere,
» et precium secum deferre possunt, et abire sine impedimento.
» — Pater qui maritat filiam vel filias suas cum hereditate averi
» vel honoris, vel hereditat eas cum avero vel honore, postea
» non possunt aliquid petere in bonis patris, nisi eis dimiserit.
» Et si pater habet magis unum filium et unam filiam que non
» sit heredata vel maritata, et pater moritur intestatus, bona
» patris intestati revertuntur filio et filie, equis porcionibus. Et
» si moritur aliqua de maritatis filiabus vel heredatis a patre
» sine gadio et heredibus, bona ejus revertuntur ad filium et
» filiam que non fuit maritata vel heredata, equis porcionibus. Et
» si filius vel filia que non fuit maritata vel heredata moriebantur
» sine gadio et sine liberis, bona unius revertantur alteri vel ejus
» heredi. Et si ambo moriebantur sine gadio et sine heredibus,
» bona eorum revertuntur filiabus maritatis vel heredibus ejus.
» Sed tamen unaqueque persona potest facere gadium de suo
» jure. Et eodem modo dicimus de bonis matris. — Heredes seu
» filii fidejussoris non tenentur de fidejussione ab eo facta post
» mortem ejus, nisi clamor factus fuerit curie. — Quicumque
» comparat domum vel solum forte inedificatum in Montepes-
» sulano dat inde pro consilio quintam domino : hoc est, si
» venditor habuerit de precio C solidos, dat emptor domino
» XXV solidos ; sed maxima inde fit remissio. — De pignoribus
» honorum habet dominus de consilio VI solidos ; sed fit inde
» remissio. Sed in pignoribus, ille qui rem immobilem pignori
» supponit, dat consilium. — Si de peccunia seu re mobili clamor
» fuerit in curia, eo quod debitor nolit solvere debitum, debitor
» convictus et condempnatus solvit creditori totum debitum, et
» insuper pro justicia dat curie pro quantitate debiti quasi
» quartam : hoc est, si creditor consequitur LX solidos, debitor
» qui ante clamorem noluit solvere dat pro justicia et cogitur
» dare XX solidos ; sed fit inde remissio. Sed ille cui persolvitur

» peccunia non dat aliquid curie. Et hoc est statutum ideo quod
» aliquis non retineat jus alterius. — Placita que fiunt in curia
» de honoribus curia audit et diffinit suis sumptibus, et aliquid
» inde a reo vel ab actore [non] percipit nec exigit. — Iniqua
» interdicta panis et vini, et feni, et omnium rerum, a Monte-
» pessulano omnino excluduntur; et omnibus passim ibi pro-
» ficere licet, et officium suum exercere legaliter, quodcunque
» sit, sine interdictione. — Si res furtiva, cui furtum alias fac-
» tum est ab extraneis, apud Montempessulanum delata est et
» inventa, si de hominibus Montispessulani non fuerit, tercia
» pars est domini, et duas partes recuperat extraneus, dominus
» rei, qui rem suam probat. Sed si dominus vel nuncius hoc
» ostendit curie antequam sciat curia, totum recuperat in inte-
» grum. Sed in furtis que fiunt in Montepessulano et hominibus
» Montispessulani aliquid inde dominus non accipit, sed personas
» furum punit. — Si quis forte a fure vel a non domino rem
» aliquam furatam vel raptam, bona fide putans esse illius,
» emerit, si postea verus dominus veniens rem esse suam pro-
» baverit, facto sacramento ab emptore quod nescisset furtivam
« et alienam esse, et non possit venditorem exhibere, dominus
» rei restituit emptori solum hoc quod in ea dedit, et rem suam
» recuperat. — Si mulier virum habens, et vir uxorem, cum
» aliquo vel aliqua capti in adulterio fuerint, vel postquam eis
» interdicitur a curia ne insimul soli in domo maneant propter
» malam famam,....... mulier precedens, ambo nudi currunt
» per villam et fustigantur, et in alio non condempnantur. —
» Non omnia convicia et coutumelie que verbis solummodo fiunt
» audiuntur in curia, nisi persone moverint judicem, preter cum
» quis ad contumeliam vocat aliquem malservum, vel prodi-
» torem, vel traditorem, vel furem, vel perjurum, de qua re si
» probare non poterit, et uxoratam vel viduam si vocaverit me-
» retricem. Hec utique convicia, que percussionibus et concus-
» sionibus fere equantur, arbitratur curia pro qualitate et digni-
» tate personarum. Sed si vilis persona dixerit probo homini,

» dat justiciam in verberando corpore suo, si averum non habet.
» — Homicidia, et cetera crimina que penam sanguinis irro-
» gant, pro arbitrio et judicio domini puniuntur. — Troselli
» neque fardelli qui in Montepessulano non venduntur non donant
» neque faciunt aliquod usaticum seu theloneum. — Si quis ad
» contumeliam aliquem Crestianum vel Crestianam de progenie
» Sarracenorum vel Judeorum Sarracenum vel Judeum vocaverit,
» justiciam arbitrio curie donat, facta proclamacione. Si quis
» fustigatum vel fustigatam post justiciam factam appellat,
» arbitrio curie justiciam donat. — Legalis et ydoneus testis
» creditur in rebus mobilibus usque ad C solidos. — Duo legales
» et ydonei testes creduntur de omni facto. — In Montepessulano
» non fiunt vasa argentea vel aurea, nisi fina. — Et si aliquis
» homo vult...... »

Ici s'arrête, au milieu d'une phrase brusquement interrompue, le document si curieux du *Mémorial des Nobles*. Il n'est pas douteux que ce ne soit là la Coutume en vigueur sous Guillem VIII, et d'après laquelle la cour du bayle rendait la justice antérieurement à la charte du 15 août 1204. Il n'est pas douteux, non plus, que cette coutume, dont on ne saurait néanmoins indiquer exactement l'origine, n'ait été mise à contribution par les rédacteurs de cette charte. Elle y est transcrite presque mot pour mot, à la suite de la Déclaration seigneuriale précédemment citée, qui lui sert comme de préface.

Ajoutons que Guillem VIII, dans son testament du 4 novembre 1202, parle d'une ancienne coutume de Montpellier, dont il prescrit pour un cas donné la suppression. « Volo et statuo »,
y dit-il, « pro magno amore et honore et servitio que fecerunt
» michi probi homines Montispessulani, et propter fidelita-
» tem quam michi et antecessoribus meis semper exhibuerunt,
» ut *consuetudo ville Montispessulani*, que *erat* ut major
» XIV annis posset alienare, vel sui decessoris voluntatem
» mutare, prorsus deleatur, et in posterum locum non habeat,
» sed in omnibus spectetur etas XXV annorum sue etatis, sicut

»jus scriptum est, et hec locum habeant in futuris negotiis, sed
» ea que usque ad hoc tempus facta sunt, et pacta, seu pro-
» missa, fiant et expleantur *secundum antiquam consuetudi-*
» *nem*, ut valeant facta preterita et pacta ab his qui habebant
» a XIV annis usque ad XXV annos [1]. »

Marie de Montpellier, elle aussi, en renonçant pour la seconde fois à la Seigneurie, en décembre 1197, lors de son mariage avec Bernard de Comminges, fait appel à la Coutume de sa ville natale : « Sciendum est », dit-elle, « quod si dominus » Guillelmus, pater meus, sine liberis masculis decesserit, » hereditas ejus *jure consuetudinario Montispessulani* ad me » pleno jure devolvitur, tanquam ad filiam primogenitam [2]. »

Il résulte de tout cela que Montpellier avait ses coutumes particulières avant la charte du 15 août 1204, et que cette charte n'a guère fait que réunir et développer des formules déjà anciennes pour la plupart.

La Coutume de Montpellier a dû se former concurremment avec la Commune, et si nous connaissions d'une manière précise l'origine de celle-ci, nous serions également renseignés, selon toute apparence, sur les commencements de la première. Mais qui pourrait indiquer au juste le jour où a pris naissance la Commune de Montpellier ? Qui oserait affirmer qu'elle n'est pas antérieure au mouvement populaire de 1141 dont nous avons parlé ? De ce que le consulat a fait chez nous son apparition à la faveur de ce mouvement, est-il certain que la Commune proprement dite ne remonte pas au-delà ? Est-il certain que l'organisation qu'elle s'est donnée révolutionnairement sous Guillem VI n'ait pas été précédée par une autre organisation pacifiquement issue du régime municipal romain, répandu de temps immémorial dans nombre de villes du voisinage, et dont les débris auraient pu suivre à Montpellier les fugitifs de Maguelone ? Il est impos-

---

[1] Testam. Guill. VIII, ap. *Mémorial des Nobles*, fol. 49 v°.
[2] *Mémorial des Nobles*, fol. 8? v°.

sible de répondre aujourd'hui à ces questions, eu égard au silence de l'histoire. Mais dans la charte du 5 septembre 1113 de Guillem V, que nous citons au commencement de cette Note, on remarque déjà le mot *burgensis* employé simultanément avec le mot *consuetudo*.

Quels qu'aient été, néanmoins, l'époque et le mode de formation de la Coutume de Montpellier, toujours est-il que sa rédaction du 15 août 1204 a joui d'une très-grande vogue. Les villes du Nord elles-mêmes, nous l'avons vu, la recherchaient à l'égal des franchises de Vézelay, et s'estimaient heureuses de pouvoir l'adopter. A plus forte raison devait-il en être ainsi des villes au Midi. Celle de Carcassone, par exemple, s'est bornée à la transcrire pour son usage personnel, avec quelques suppressions ou additions, comme il est facile de s'en assurer en jetant les yeux sur la comparaison des deux textes faite par M. Giraud dans son *Essai sur l'histoire du droit français au moyen-âge*, T. I$^{er}$, Pièces justificatives, p. 47 sq.

IV.

NOTE SUR L'ÉLECTION ET LA RESPONSABILITÉ DU BAYLE.

L'élection du bayle avait lieu à Montpellier de la manière suivante, aux termes de la charte d'amnistie de Jayme I$^{er}$ du 10 décembre 1258. Quand le roi-seigneur se trouvait dans la ville, c'était lui qui nommait le bayle, d'accord avec les consuls. Mais en son absence l'élection était faite par le lieutenant-royal et les consuls réunis. Le lieutenant-royal rassemblait les consuls, pendant les quatre jours qui précédaient la Saint-Jean, dans l'église Notre-Dame du Palais, et là procédait avec eux, les portes fermées, à l'élection du futur bayle, après avoir juré, ainsi que les consuls, de n'obéir qu'aux inspirations de sa conscience et de porter son choix sur un citoyen digne sous tous les rapports de cette haute magistrature. Le lieutenant-royal, prenant l'initiative, proposait un candidat, et si les consuls ne l'agréaient pas, ils en proposaient, à leur tour, un autre ou plusieurs autres. On allait ensuite aux voix, et le candidat qui obtenait la majorité des suffrages, alors même que cette majorité résultait de la moitié des voix des consuls seulement, jointe à la voix du lieutenant du roi, était proclamé bayle séance tenante. A défaut de majorité, c'est-à-dire dans le cas où la moitié des voix des consuls au moins ne se concentrait pas sur un même candidat, qui eût en sus l'assentiment du lieutenant du roi, le lieutenant du roi présentait incontinent aux consuls quatre sujets capables, et les consuls devaient, avant de sortir de l'église, fixer leur choix sur l'un d'eux. Si cette fois-là ils ne pouvaient s'entendre, le lieutenant du roi proclamait bayle, à son gré, l'un des quatre candidats proposés par lui en dernier lieu, et l'instituait au nom du roi-seigneur. Il n'était pas permis au lieutenant du roi, néanmoins, de proposer en même temps le père et le fils, non plus que deux personnes domiciliées dans une même maison, ni deux frères, quoique habitant deux maisons distinctes. Le futur bayle, ainsi nommé, prêtait aussitôt le serment prescrit, et jurait, en outre, de n'avoir fait à aucun des électeurs ni promesse ni présent pour obtenir sa charge, comme aussi de n'avoir influencé personne directement ou indirectement.

Telle était à Montpellier la manière d'élire le bayle. Le bayle, à son tour, choisissait sur-le-champ ses officiers pour toute la durée de ses fonctions. Ces officiers une fois librement désignés par lui, il ne pouvait les changer; il pouvait simplement remplacer ceux d'entre eux qui venaient à mourir, ou que leurs fautes, dans certains cas prévus, obligeaient à se retirer.

On n'a qu'à voir, du reste, pour plus de précision, le texte officiel de la charte d'amnistie du 10 décembre 1258 rapporté parmi nos Pièces justificatives. Nous disons ailleurs au milieu de quelles circonstances Jayme I$^{er}$ donna cette charte.

La charte royale dont il s'agit modifiait certaines dispositions antérieures. Elle modifiait notamment l'article 9 de la Coutume complémentaire du 13 juin 1205, en vertu duquel le lieutenant du roi-seigneur et le bayle devaient prendre l'avis des consuls et adopter leurs décisions dans toutes les affaires concernant, soit la Commune, soit la Seigneurie de Montpellier [1]. Elle modifiait aussi le statut consulaire du 12 juin 1225, qui exigeait que les officiers de la baylie ne fussent pas directement nommés par le bayle, mais par le lieutenant du roi agissant de concert avec les consuls [2].

Un autre statut du 1er août 1223, dans le but d'empêcher la concentration des pouvoirs dans les mêmes mains, avait prescrit un an d'intervalle entre les fonctions de bayle et celles de consul, toutes les fois qu'un même bourgeois s'en trouverait investi [3]. Jayme Ier, prolongeant ce délai, ordonna, en 1268, qu'un bourgeois qui aurait été bayle ne fût apte à le redevenir que quatre ans après l'expiration de sa première magistrature [4]. On ne transigea pas plus à cet égard pour les officiers du bayle que pour le bayle lui-même. Par d'autres Lettres de la même date, Jayme décréta l'incompatibilité des fonctions de juge ou de sous-juge avec celles de professeur ou avec l'exercice d'aucune autre charge judiciaire [5].

Le bayle et ses officiers commettaient-ils quelque faute, ou se trouvaient-ils en butte à quelque accusation; le roi d'Aragon, s'il résidait dans sa seigneurie de Montpellier, informait et

---

[1] Voy. *Pet. Thal.*, p. 64.
[2] Voy. nos Pièces justificatives.
[3] Voy. ibid.
[4] « Nemo qui bajulus curie Montispessulani fuerit possit reverti in »ipsam bajuliam per quatuor annos sequentes. » Lettres royales du 26 octobre 1268, ap. *Gr. Thal.*, fol. 57 et 82; Cf. *Pet. Thal.*, p. 113.
[5] « Nemo qui amodo fuerit judex vel subjudex curie Montispessulani »legat seu regat, vel aliam judicaturam habeat suo officio perdurante. » Lettres royales du 26 octobre 1268, ap. *Gr. Thal.*, fol. 57.

jugeait en personne, ou présidait, du moins, à l'information et au jugement qui avaient lieu sous ses yeux. En cas d'absence, il déléguait quelqu'un pour faire une enquête et prononcer une sentence, comme l'indiquent les Lettres royales de Jayme I<sup>er</sup> du 27 septembre 1272 [1]. Jayme ajoute dans ces Lettres que le bayle, ainsi que ses officiers, sont tenus de lui rendre compte à lui-même ou à son lieutenant : « In predictis tamen » retinemus nobis et nostris », y dit-il catégoriquement, « quod » bajulus et curiales dicte curie nostre Montispessulani teneantur » nobis et successoribus nostris semper, vel cui voluerimus loco » nostri, non obstantibus predictis, de facto ipsius bajulie seu » curie computum et rationem debitam reddere, ut est moris, » seu fieri debet. » Il y ajoute encore qu'en cas de crime de lèse-majesté l'exécution de la sentence sera confiée au bayle et à ses officiers, d'où il résulte que le bayle et ses officiers étaient, comme nous l'avons dit, les représentants de la justice seigneuriale.

Nos bourgeois n'en attachèrent que plus de prix au droit qu'ils avaient d'intervenir par les consuls dans l'élection du bayle. La violation momentanée de ce droit occasionna de la part de ceux-ci dans diverses circonstances des protestations très-énergiques, si bien qu'à l'exemple de Charles VI et de Charles VII, Charles VIII, Louis XII et François I<sup>er</sup> furent obligés de le leur maintenir expressément. Henri II en fit autant la première année de son règne. Puis, exploitant ces susceptibilités jalouses, il vendit à nos consuls, en 1554, tous les priviléges judiciaires de la baylie. Le roi y trouva son compte, car il avait besoin d'argent, et les consuls, de leur côté, n'en furent pas moins satisfaits, puisqu'au lieu d'intervenir simplement, comme par le passé, dans la nomination du bayle, ils se virent désormais investis de ses pouvoirs. Ils rendirent dès-lors, ou firent rendre la justice à la place du bayle dans

[1] Arch. mun., Arm. B, Tiroir II, N° 1.

tout le ressort de Montpellier. Ils acquirent plus que cela encore : la suppression de la Rectorie ayant suivi de très-près celle de la Baylie, ce double changement conduisit à l'établissement d'un viguier, qui réunit dans ses nouvelles attributions nos deux anciennes juridictions seigneuriales, et qui fut pris parmi nos consuls [1]. Henri II, malgré cet abandon, n'en demeura pas moins le maître, et légua son autorité à ses successeurs. Si l'on en doutait, il suffirait de jeter les yeux sur la Déclaration du 10 février 1645, transcrite sur le *Grand Thalamus*, fol. 356, et où la puissance royale parle et commande souverainement à nos consuls. Une Déclaration analogue, du 30 janvier 1657, couchée sur le même registre, fol. 364, établirait non moins rigoureusement le même fait.

## V.

### NOTE SUR L'ANCIENNETÉ ET L'ORIGINALITÉ DU SYSTÈME ÉLECTORAL DE LA COMMUNE DE MONTPELLIER.

Une question se présente naturellement, quand on fixe son attention sur le mode pratiqué dans l'ancienne Commune de Montpellier pour la nomination aux charges municipales, et notamment à celle du consulat. On se demande si la Commune de Montpellier a imaginé la première ou a seulement emprunté cette partie si remarquable de ses institutions. Mais qui pourrait résoudre d'une manière compétente un pareil problème? On ne rencontre rien d'analogue dans les diverses communes voisines de la nôtre, si ce n'est dans celles de Sommières et de Nimes.

Sommières était divisé, au moyen-âge, en quatre quartiers, et avait quatre magistrats municipaux supérieurs, quatre consuls. Ces quatre consuls, avec seize conseillers, annuels

[1] Voy. *Gr. Thal.*, fol. 282 et 290; Cf. Arm. *dorée*, liasse D.

comme eux, y administraient les affaires de la ville. Le temps de leurs fonctions révolu, ils se réunissaient, tous les vingt, et s'adjoignaient douze notables, pris au nombre de trois dans chaque quartier. Ces douze notables ainsi choisis par les magistrats sortants, on introduisait douze enfants dans la salle. Une urne contenait douze boules de cire ; chaque enfant tirait une de ces boules, dans quatre desquelles était renfermée la lettre E, initiale des mots *elector* et *electus*. Les quatre enfants qui mettaient la main sur ces quatre boules désignaient ensuite chacun un notable, qui devenait immédiatement consul.

Les choses se passaient ainsi à Sommières, au XIVe et au XVe siècle. Mais Sommières, vraisemblablement, s'inspira, pour l'idée fondamentale de ce mode, de l'exemple de Montpellier, l'institution de sa Commune étant postérieure à celle de la nôtre.

Nous ne sommes guère mieux renseignés sur les analogies que présentent entre elles certaines habitudes en vigueur dans les Communes de Nîmes et de Montpellier. A Nîmes, d'après une charte de Raymond VI de 1198, publiée dans l'*Histoire générale de Languedoc*, III, Pr. 185, tout le peuple ou la plus grande partie du peuple, sur l'appel du crieur public, nommait, de concert avec le viguier, c'est-à-dire de concert avec le juge seigneurial en premier ressort, cinq sujets capables dans chacun des quatre quartiers de la ville, et les vingt élus provenant de cette émission de suffrages, après avoir juré de faire des choix avantageux à l'intérêt commun, nommaient, à leur tour, quatre consuls, astreints au serment. La ville de Montpellier aurait-elle voulu perfectionner ce mode en usage dans une cité voisine ? Cela ne serait pas absolument impossible. Mais alors pourquoi aurions-nous eu douze consuls plutôt que quatre consuls comme à Nîmes ? Nîmes, il est vrai, indépendamment de ses quatre consuls de la cité, en avait quatre autres pour le Château des Arènes, ce qui lui faisait en réalité huit consuls. Mais 8 ne ressemble pas plus que 4 à 12, quoique s'en rapprochant davantage. Il y a aussi, il est encore vrai, quelques analogies entre le règlement élaboré en 1208 par les bourgeois de la cité de Nimes et les chevaliers du Château des Arènes, relativement à l'élection de leurs consuls [1], et notre règlement consulaire du 8 février 1210 (1211). Mais ces analogies ne constituent pas une identité ni même une ressemblance proprement dite. Aurait-il donc été dans la destinée de la Commune de Montpellier de se modeler sur celle de Nimes en perfectionnant ses emprunts de manière à les déguiser? Nous ne le pensons pas. Les analogies que nous signalons nous paraissent plutôt fortuites que calculées, tant il y a de dissemblances à côté de chacune d'elles. Les deux Communes auront sans doute puisé l'une et l'autre à une source générale, dont la trace se sera perdue.

Si, après cela, et malgré notre opinion, la Commune de Montpellier devait être considérée comme tributaire de celle de Nimes quant à ce premier mode, celle de Nimes, à son tour, devrait être regardée comme tributaire de la nôtre pour la répartition des bourgeois par échelles. Cette répartition existait à Montpellier dès la fin du XII° siècle, et y servait dès-lors aux opérations communales. On ne la voit devenir à Nimes la base des mêmes opérations qu'à partir de 1272 [2]. C'est aussi à partir de 1283 seulement que le tirage au sort est introduit à Nimes, dans l'élection des consuls [3], tandis qu'il était pratiqué à Montpellier dès 1246, comme ce n'est qu'en 1390 également que Nimes commence à recourir à l'usage de nos boules de cire pour la désignation de ses consuls dans l'opération du tirage au sort.

---

[1] Voy. Ménard, *Hist. de Nismes*, I, Pr. 44.
[2] Voy. ibid., I, 353.
[3] Voy. ibid., I, 371 et Pr. 108.

## VI.

**NOTE SUR LA ROUTE SUIVIE, AU MOYEN-AGE, PAR LE COMMERCE MARITIME DE MONTPELLIER, ET SUR L'IMPORTANCE DE CE COMMERCE.**

Le commerce maritime de Montpellier se fit dans le principe par le port de Lattes, au moyen du Lez et des étangs contigus à son embouchure, et ce fut pour l'entretien et la surveillance de cette voie que Guillem V institua, au commencement du XII$^e$ siècle, nos consuls de mer. Mais à dater du milieu du XIII$^e$ siècle, époque de la fondation d'Aiguesmortes, le port de Lattes perdit son ancienne importance, et le commerce de Montpellier se dirigea presque tout entier vers le nouveau port de Saint-Louis, beaucoup plus commode et beaucoup plus sûr. Les graux qui conduisaient de la mer au port de Lattes s'ensablèrent, et, à part de rares exceptions, nos navires, comme nos marchandises, entrèrent et sortirent par Aiguesmortes, de sorte qu'Aiguesmortes ne tarda pas à se voir en possession du privilége exclusif du commerce de la Méditerranée sur toute la côte qui s'étend du Rhône à Narbone.

Cette absorption du commerce de la Méditerranée par Aiguesmortes est nettement indiquée dans les Lettres patentes du roi Jean du 28 avril 1363, insérées au Tome VII de la *Collection de chartes inédites* de D. Pacotte, conservée dans nos Archives départementales. « De voluntate, consilio et consensu tam » regnicolarum, quam civitatum maritimarum infra et extra » regnum existentium », y est-il dit, « pro utilitate publica et » communi, fuit factus, statutus et ordinatus portus Aquarum- » Mortuarum; tempore cujus impositionis fuit actum et conven- » tum, quod a Narbona usque ad Aquas-Mortuas, et a loco de » Leucata usque ad gradum dictum de Passon [1] nullus auderet

[1] On appelait ainsi autrefois le grau par lequel le grand bras du Rhône se jetait à la mer.

»gradum aliquem facere seu aperire, aut navem suam vel aliud
»navigium alicubi applicare, preterquam ad dictum gradum
» Aquarum-Mortuarum. »

La confiscation du commerce maritime sur toute cette plage
en faveur d'Aiguesmortes n'eut pas lieu, néanmoins, tout d'un
coup. Les officiers du roi de France y travaillèrent long-temps,
au scandale des petits ports de second et de troisième ordre et
des seigneurs locaux leurs propriétaires, dont ils achevaient la
ruine. La résistance de ces seigneurs fut si vive que Philippe-
le-Bel se trouva plus d'une fois contraint de céder à leurs réclamations, tout en faisant des vœux intérieurement pour la réus-
site de l'œuvre entreprise par ses agents. On le voit accueillir,
en 1295, par exemple, les plaintes formulées dans ce sens par
l'évêque de Maguelone, et recommander au sénéchal de Beaucaire l'emploi de ménagements à l'égard du prélat dépossédé [1].
« Curiales nostri Aquarum-Mortuarum », écrit-il au même sénéchal, en 1299, « Magalonensem episcopum et gentes suas im-
» pediunt et perturbant indebite, quominus pedagia, leudas,
» proventus et jura hujusmodi in portibus de Vico et de Cornone
» recipere et levare valeat, sicut hactenus facere consuevit,
» tenendoque in dictis locis gradus custodem, qui non permittit
» mercimonia per gradus ipsos intrare vel exire, nec ad eos
» navigia applicare, ut hactenus fieri consuevit, cogens et arc-
» tans hujusmodi navigia ad portum Aquarum-Mortuarum trans-
» ire, relictis portibus seu gradibus antedictis, in ipsorum epi-
» scopi et Ecclesie Magalonensis prejudicium et gravamen. » Et il
prescrit, en conséquence, au sénéchal de Beaucaire de faire à ce
sujet une enquête, et d'accorder satisfaction à l'évêque de Maguelone [2]. Une enquête du même genre avait déjà été ordonnée
sur les réclamations du roi de Majorque, et on peut voir aux
Archives Nationales, Sect. hist., Cart. J, 892, N° 1, un assez

---

[1] Arch. dép., *Reg. des Lettres royaux concern. l'év. de Mag.*, fol. 82.
[2] Ibid., fol. 69.

gros cahier écrit à propos de cette enquête, et tout plein de dépositions du plus haut intérêt par rapport à l'état de notre ancienne navigation.

Il paraîtrait que ni le sénéchal de Beaucaire ni les officiers du port d'Aiguesmortes ne tinrent compte des recommandations royales. Car Philippe-le-Bel reproduit les mêmes doléances et renouvelle les mêmes prescriptions dans d'autres Lettres analogues de 1302 [1]. Mais les agents royaux, qui n'ignoraient pas la pensée intime du monarque, et qui connaissaient la mesure de sa bonne foi, durent faire autant de cas des Lettres de 1302 que de celles de 1295 et de 1299.

Le commerce maritime de Montpellier suivit donc de plus belle la voie d'Aiguesmortes, et nos consuls de mer eurent alors mission d'entretenir le grau au moyen duquel notre ville communiquait avec le port de Saint-Louis. « Cum ad ipsos consules » maris », lisons-nous dans les Lettres de Philippe de Valois de 1333 conservées dans nos Archives municipales, Arm. H, Cass. V, N° 8, « pertinent cura et sollicitudo reparationis gradus per » quem vehuntur et revehuntur mercature de Montepessulano » ad Aquas-Mortuas.... »

Les successeurs de Philippe-le-Bel, du reste, continuant sa politique avec plus de franchise, favorisèrent ouvertement, dans leur propre intérêt, l'adoption de cette nouvelle route maritime. Philippe de Valois ordonna, « par grant deliberation » de son conseil, que le trafficq de toutes marchandises de son » royaume vint au port d'Ayguesmortes, et non ailleurs, en la » forme et manière que il souloit venir au temps de son bisayeul » monsieur Saint Loys [2] »; ordonnance qui fut confirmée par le roi Jean dans les Lettres du 28 avril 1363 dont nous citions tout-à-l'heure un fragment, et en 1366 par Charles V [3].

[1] Arch. dép., *Reg. des Lettres royaux concern. l'év. de Mag.*, fol. 71.
[2] Lettres du 18 décembre 1339, ap. Arch. dép *Lett. pat. de la Sénéch. de Nismes*, T. 1, fol. 90.
[3] *Collection inédite* de D. Pacotte, T. VII.

Philippe de Valois, avant de lancer cette ordonnance décisive, avait déjà formulé la menace suivante, qui peut en être regardée comme le prélude : « Est encor assavoir que tous marcheans » oultremontains qui menneront ou feront mener marchandise » par mer par autre part que par Aigues-Mortes, ou par les » senechauciées de Carcassonne ou de Beaucaire, ou par le bail- » lage de Mascon, en eschivant ledit port et senechauciées, s'il » ou leurs marchandises estoient pris ou desrobés, il ne joiroient » point du conduit des foires ne des privileges [1]. »

Les habitants de Montpellier n'attendirent pas la réunion de leur ville au domaine de la couronne de France pour se conformer aux menaces et aux injonctions de Philippe de Valois. Nos consuls, dans une Protestation du 6 mai 1346, reconnaissent expressément que tout le commerce de Montpellier se faisait dès lors par Aiguesmortes. « Cessarent ex hoc mercatores », disent-ils en réclamant contre certaine contribution que voulait percevoir indûment le roi de Majorque leur seigneur, « venire cum » eorum mercaturis ad dictam villam Montispessulani, *que per* » *dictum portum* (Aquarum-Mortuarum) *transeunt et transire* » *consueverunt*, sic que mercatores, tam ville Montispessulani, » quam forenses, cessarent a mercaturis eorum presertim infra » villam predictam ac etiam totum regnum faciendis, et foren- » ses cum eorum mercaturis ad loca alia se transferrent extra » regnum, et sic locus Aquarum-Mortuarum et alia loca maris » circumvicina ad nichilum deducerentur [2]. »

Aussi le maréchal Arnoud d'Audrehem ne permit-il qu'exceptionnellement et transitoirement, en 1364, de faire décharger au port de Lattes les marchandises destinées à Montpellier. Il le permit seulement pour six mois, et motiva cette permission par les entraves qu'apportaient à la circulation sur les routes les brigandages des Grandes-Compagnies. Encore nos marchands

[1] Lettres patentes données à Paris en décembre 1331, ap. *Ordonnances des rois de France*, II, 73 sq.
[2] Arch. mun., Arm. D, Cass. XII, N° 4.

eurent-ils à payer à Lattes un droit de claverie équivalant à celui qu'ils payaient à Aiguesmortes [1]. Charles V, à peine monté sur le trône, révoqua la permission du maréchal d'Audrehem, et exigea par de nouvelles Lettres du 2 novembre 1364, conformément aux traditions de ses prédécesseurs, que tous les navires qui de la mer pourraient apercevoir le phare d'Aiguesmortes fussent tenus d'aborder au port de cette ville, et d'y acquitter en faveur du roi les droits anciennement établis [2].

Alors même, pourtant, que notre commerce maritime, au lieu d'aboutir au port de Lattes, se fit par le port d'Aiguesmortes, Montpellier n'en demeura pas moins une *ville de grande marchandise*. Aucune commune peut-être n'a joui d'une plus complète prospérité sous ce rapport. Nous n'attachons pas à certain mot attribué à François I$^{er}$ plus d'importance qu'il n'en mérite. Mais si ce mot était réellement authentique, il serait bien flatteur pour nous. « Paris n'est pas une ville, mais un » monde », aurait dit en s'adressant à Charles-Quint le héros de Marignan ; « Tolose, Lyon, Bourdeaux et Rouan sont bien esti- » mables ; mais Montpellier les surpasse. »

Cette splendeur de Montpellier, qui provoquait ainsi l'admiration de François I$^{er}$, fut sans doute le fruit de l'inaltérable quiétude dont notre population ne cessa de jouir sous ses seigneurs espagnols, maîtresse de ses libertés et en paix avec l'Église. Elle doit beaucoup également à l'activité intellectuelle de nos pères, qui pendant tant de siècles a fait de l'ancienne capitale des Guillems un des centres les plus renommés de la science. Mais elle a eu surtout pour base un développement commercial presque miraculeux dans l'histoire. Nos consuls le confessent expressément dans la Protestation du 6 mai 1346 déjà citée. « Dicta villa », y disent-ils en parlant de Montpellier, « mercibus et mercatoribus est fundata. » « Notorium et mani-

---

[1] *Ordonn. des rois de France*, IV, 240 ; Cf. Ménard, *Hist. de Nismes*, II, Pr. 287.

[2] *Ordonn. des rois de France*, IV, 502.

» festum est », y disent-ils encore, « quod locus Montispessulani
» est clavis maris istius terre, et omnia loca circumvicina habent
» recursum ad dictum locum Montispessulani ; et si prelium per
» inimicos domini nostri regis in partibus istis, videlicet juxta
» mare, daretur, non possent dictis inimicis resistere, nisi esset
» locus Montispessulani, quia non sunt ibi aliqua loca sive
» castra, nisi Aque-Mortue et monasterium Magalonense, que
» loca infra paucos dies essent consumpta, et sic damnum esset
» irreparabile domino nostro regi et gentibus regni sui [1]. » —
D'où il résulte que Montpellier était, au XIV<sup>e</sup> siècle, une place
de guerre, en même temps que le principal comptoir du royaume
de France proprement dit sur la Méditerranée.

Cette supériorité commerciale de Montpellier au moyen-âge
explique pourquoi, avant de se fixer à Nimes, comme ils le
firent en 1278, par suite d'un accord conclu avec Philippe-le-
Hardi, et inséré parmi les *Ordonnances des rois de France*,
IV, 668, les marchands italiens avaient d'abord élu domicile à
Montpellier. Il ne fallut pas moins que l'espérance ou plutôt la
certitude de pouvoir exploiter, au profit de leur commerce,
la protection du roi de France, infiniment préférable sous le
rapport de leurs intérêts à celle du roi de Majorque, pour déterminer ces marchands cosmopolites à transférer leur établissement dans une cité voisine de la nôtre [2]. Encore ne se résigné-
rent-ils jamais à abandonner complètement Montpellier. Les
consuls de Nimes sont contraints, en 1314, de recourir à l'intervention de Philippe-le-Bel et du sénéchal Pierre de Macherin
pour les retenir auprès d'eux [3]. Philippe-le-Long est également
obligé de se mettre de la partie, en 1321, afin de les arracher au
séjour de Montpellier, où leur instinct commercial les ramenait
sans cesse [4].

[1] Arch. mun., Arm. D, Cass. XII, N° 4.
[2] Voy. Ménard, *Hist. de Nismes*, I, 360, 372 et 387.
[3] Ibid., II, 10, et Pr. 16 sq.
[4] Ibid., II, 29, et Pr. 30.

…..Voici en quels termes M. Pardessus, l'un des savants les plus versés dans l'histoire du moyen-âge, apprécie l'importance du commerce de Montpellier à cette époque. Son témoignage mérite d'être rapporté.

« Les commerçants de l'intérieur de la France », dit-il, « de la » Lombardie, de Pise, de Gênes, de la Moyenne et Basse Italie, » d'Angleterre, de Grèce, de Syrie, d'Égypte, se rendaient à » Montpellier. Des documents de 1231, 1243, 1246 et 1254 con- » statent les priviléges dont les navigateurs de cette ville jouis- » saient dans l'Aragon, l'île de Chypre et la Palestine, où d'abord » ils avaient trafiqué sous la protection des Marseillais. Ils » étaient aussi admis en Égypte. Montpellier était, indépendam- » ment de ses manufactures de draps, renommé par des élec- » tuaires, des conserves et d'autres objets destinés à la méde- » cine et aux plaisirs de la table, qui se vendaient à un prix » fort élevé. »

Ainsi s'exprime M. Pardessus à la page 60 de l'Introduction du Tome II de sa *Collection des lois maritimes*. Reprenant ensuite et complétant ce sujet à la page 108 de l'Introduction du Tome III de la même *Collection*, il ajoute : « Montpellier » était le point où aboutissait le commerce intérieur du Bas- » Languedoc, du Rouergue, du Gévaudan, de l'Auvergne, tous » pays déjà assez industrieux pour que le législateur par une » ordonnance de 1366 fît quelques règlements sur la fabrication » des toiles et des draps qu'on y confectionnait. Cette ville, qui » ne fut réunie à la Couronne que vers le milieu du XIV° siècle, » continua pendant les XIV° et XV° siècles à entretenir des rela- » tions politiques avec les états étrangers. Il existe un traité avec » le grand-maître de Rhodes de 1356, et deux de 1365 et 1381 » avec le roi de Chypre. Quoiqu'on ne connaisse point encore » d'actes authentiques qui constatent qu'elle eût obtenu comme » Narbone la faculté de faire le commerce dans l'Empire grec,. » on en a d'autres preuves incontestables. Il en était de même » en Égypte : on voit par un document de 1267 que deux bour-

» geois de cette ville avaient été chargés d'y instituer un ou plu-
» sieurs consuls. Le procès injuste fait au célèbre Jacques Cœur
» en offre aussi une preuve. Accusé d'avoir livré au soudan un
» esclave qui s'était réfugié chez lui, il démontra qu'il n'avait
» fait que se conformer aux traités.... Ce commerce fut quel-
» quefois troublé par les prétentions de la république de Gênes,
» qui affectait une sorte de protectorat sur la Méditerranée. Un
» document de 1340 nous apprend que le doge de cette répu-
» blique contestait aux villes du Languedoc le droit de naviguer
» sans sa permission. »

Il resterait à rechercher les causes de la décadence commerciale de Montpellier dans les temps modernes. Ces causes sont certainement très-nombreuses ; mais une des principales est, sans aucun doute, la réunion de la Provence à la France par Louis XI, en 1481. Montpellier reçut, ainsi qu'Aigues-mortes, un coup mortel le jour où la France put compter sur Marseille. L'affaiblissement ne se fit pas attendre. En 1483 déjà, Charles VIII, parlant de Montpellier, en traçait ce désolant tableau : « Nous avons reçu les supplications des consuls et
» habitants de Montpellier, contenant que ladite ville a esté
» anciennement une des principales villes et plus marchandes de
» nostre païs de Languedoc, en laquelle tous marchans estran-
» giers et autres de diverses nacions et contrées souloient fré-
» quenter, résider et exercer faiz et traffiz de marchandises, qui
» redondoient au prouffit et utilité de tout nostre dit païs de
» Languedoc, et en icelle prospérité s'est entretenue jusque puis
» vingt-cinq ou trente ans ença ou environ, tant au moïen des
» grans mortalitez qui y ont eu cours et aussi des armées qui
» ont passé et en ladite ville et ès environs en allant faire la
» guerre en Roussillon et Cathalougne, pareillement de diverses
» pertes, fortunes de nauffrages, que les principaux marchans
» de ladite ville ont soutenus à diverses fois, et galées qui ont
» esté perdues en mer et autrement, et aussi que la liberté
» de marchandise a esté par cy devant close et restrainte à

» l'appétit d'aucuns officiers et marchans particuliers dudit
» païs [1]. »

Ce serait donc de 1450 à 1460 que, d'après ces paroles de Charles VIII, aurait succombé la grandeur commerciale de Montpellier, et il faudrait ranger parmi les causes de sa ruine les fréquentes mortalités et les périodiques dévastations des gens de guerre d'une part, et d'autre part les pertes successives, les divers naufrages dont furent affligés nos marchands, et la confiscation de la liberté du commerce maritime au profit de quelques riches privilégiés. Ce serait tout cela qui, combiné avec la réunion de la Provence à la France et avec l'irrésistible force d'absorption qu'exerça désormais Marseille, aurait occasionné la décadence de notre prospérité montpelliéraine, si florissante du XII° au XV° siècle. Si le mot de François I$^{er}$ rapporté plus haut n'est pas une fiction, cette décadence se serait arrêtée vers le commencement du XVI° siècle. Mais les troubles religieux et politiques qu'entraîna bientôt à sa suite l'apparition du protestantisme dans nos contrées, et dont nos pères eurent tant à souffrir, n'étaient pas de nature à remédier au mal. Louis XIV eut beau vouloir, en 1666, compenser nos dommages par la création du port de Sette. Montpellier fut assez long-temps à ressentir le bienfait de cette création, et pendant nombre d'années encore on put dire de la vieille commune espagnole, comme de l'antique cité grecque de Maguelone, sa mère, ce qu'on a dit d'une ville plus fameuse dans l'histoire du monde : « *Elle s'est*
» *tue au milieu des flots!* »

## VII.

#### NOTE SUR LA SITUATION TOPOGRAPHIQUE DE L'ANCIEN HÔTEL-DE-VILLE DE MONTPELLIER.

Il y a deux opinions sur l'emplacement qu'occupait dans le principe l'Hôtel-de-ville de Montpellier. D'Aigrefeuille le met au

[1] *Ordonn. des rois de France*, XIX, 275.

coin de la Place actuelle des Cévenols, et M. Renouvier rue de la Draperie-Rouge dans une maison tout récemment rebâtie, mais où se distinguaient encore avant cette reconstruction diverses ogives fort bien conservées, maison qui avançait naguère de plusieurs mètres sur le Marché, dont elle forme, avec quelques autres, un des côtés, et sur la muraille extérieure de laquelle est inscrit aujourd'hui le N°.4. Il nous paraît difficile de décider entre ces deux opinions. Mais s'il nous fallait opter pour l'une d'elles, nous inclinerions de préférence vers celle de M. Renouvier. Notre ancien Hôtel-de-ville, quoi qu'il en soit, était voisin de la Place aux Herbes ou du Plan de l'Herberie, comme on disait autrefois. De là cette finale des articles complémentaires du 13 juin 1205, annexés dans le *Petit Thalamus* à la charte du 15 août 1204 : « Acta sunt hec omnia et in scriptis » solempniter et publice promulgata in solario Herbarie, in quo » duodecim consiliatores Montispessulani et Communitatis ejusdem » conveniunt et tractant de Communitate[1]. » De là aussi le soin que prennent nos consuls dans un acte de 1337, transcrit au feuillet 120 du *Grand Thalamus*, de déclarer « totam illam pla- » team juxta planum Herbarie esse communem et publicam toti » Communitati Montispessulani et ad usum publicum Commu- » nitatis Montispessulani pertinere. » — Mais cet Hôtel-de-ville fut trouvé par la suite insuffisant, et en 1364 les consuls achetèrent pour le remplacer une maison située derrière l'église Notre-Dame des Tables, qui depuis lors jusqu'à la Révolution de 1789 a servi à cet usage. Le contrat d'acquisition de cette maison renferme quelques données assez précieuses sur l'architecture exiguë du premier édifice. « Consules », y est-il dit, « constituti in plano seu porticu consilii domus consularis,.... » situate juxta planum Herbarie,.... quia presens domus con- » sulatus est multum bassa, antiqua, male clausa et multis ser- » vitutibus hospitiorum circumvicinorum subjecta, et in vili

---

[1] *Pet. Thal.*, p. 70.

» platea et fetida, presertim in estate, situata;.... » Et ils décident, en conséquence, la translation [1].

## VIII.

#### NOTE SUR LES ARCHIVES DE LA COMMUNE DE MONTPELLIER.

Les Archives de la Commune de Montpellier étaient autrefois déposées, vraisemblablement faute de place à l'Hôtel-de-ville du plan de l'Herberie, dans une salle de la maison des Chevaliers-Hospitaliers de Saint-Jean de Jérusalem, appelée par la suite le Petit-Saint-Jean. L'Établissement de février 1258, auquel nous empruntons ce fait, ajoute que l'armoire où elles étaient tenues renfermées avait quatre clefs, qui toutes les quatre devaient se trouver aux mains des consuls en exercice [2]. Ces Archives auront sans doute été rapportées de là à l'Hôtel-de-ville lors de sa translation près de Notre-Dame des Tables, en 1364, et il ne paraît pas que depuis elles en aient été distraites. Mais elles se sont naturellement accrues dans une proportion très-considérable. Peu de villes en possèdent aujourd'hui de plus nombreuses et de plus importantes.

Les Archives municipales de Montpellier se divisent en trois classes : 1° grandes Archives ou grand Chartrier ; 2° Archives du greffe de la maison consulaire; 3° Armoire *dorée*.

Les grandes Archives, inventoriées et analysées en 1662 par le docteur Pierre Louvet, se composent de 135 caisses ou cassettes, d'inégale dimension, et de 36 tiroirs de forme symétrique. Là dedans sont disséminés les bulles des papes, les lettres et ordonnances des rois de France, les divers actes des rois d'Aragon, de Majorque et de Navarre, en tant que seigneurs de

---

[1] Arch. mun., Arm. F., Cass. VII, N° 35, et *Gr. Thal.*, fol. 144.
[2] *Pet. Thal.*, p. 116.

Montpellier, les remontrances, protestations et déclarations des consuls, les traités de la Commune avec les villes voisines ou lointaines, le tout réparti presque au hasard entre huit armoires portant le nom et le signe distinctif des huit premières lettres de l'alphabet latin. 2751 pièces originales sont conservées dans ces armoires; elles concernent particulièrement le moyen-âge. A cette première série se rattachent nos recueils ou registres manuscrits les plus anciens et les plus précieux, le *Mémorial des Nobles*, par exemple, dont le vrai titre est *Liber instrumentorum memorialium*, magnifique in-folio sur vélin de 191 feuillets, où sont transcrites avec assez d'ordre, au nombre de 613, toutes les bulles et toutes les chartes relatives à la seigneurie des Guillems; le *Grand Thalamus*, immense et volumineux in-folio de 387 feuillets sur parchemin, commencé avec régularité, mais continué irrégulièrement, où l'on a couché tous les actes de quelque importance, au nombre de 606, qui intéressent l'histoire des libertés et des progrès de la Commune dans ses rapports, soit avec les papes, soit avec les rois, soit avec les seigneurs, soit avec les consuls et autres magistrats municipaux; le *Second Thalamus*, dit aussi *Livre Noir*, à cause de la couleur de sa couverture, autre in-folio sur vélin de plus grand format encore, quoique beaucoup moins gros, puisqu'il ne contient que 54 feuillets et 77 actes, manuscrit également relatif à l'histoire de la Commune de Montpellier, mais s'arrêtant à l'année 1247, faisant le plus souvent jusque-là double emploi avec le *Grand Thalamus*, et fournissant, en revanche, l'unique copie que nous possédions, après celle des Archives Nationales[1], des statuts consulaires de 1221, 1223, 1225, 1235, 1236 et 1244. — A cette série se rattache de même le *Petit Thalamus*, petit in-4° de 565 feuillets sur parchemin, où se lisent, en langue vulgaire, les Coutumes de la cité, les Établissements émanés des seigneurs et des consuls dans un but d'administration, les Serments des

---

[1] Section historique, Carton J, 339, N° 23.

officiers royaux ou municipaux et des chefs de corporation, la Chronique des évènements de quelque intérêt pour la localité. Il faut aussi ranger dans cette série divers volumes de listes et de procès-verbaux concernant l'élection des consuls majeurs, des consuls de mer, des syndics du consulat, des bayles, des ouvriers de la commune-clôture, un manuscrit indiquant le cérémonial à observer à propos de ces élections et à l'occasion des principales fêtes religieuses, etc., etc.

Cette première série est, comme on voit, de la plus haute importance et de la plus grande richesse; car elle comprend tout le moyen-âge, et renferme à elle seule plus de 4000 actes. Les deux autres séries ne sont guère moins précieuses, quoique à des titres différents. Les Archives du greffe de la maison consulaire, inventoriées par François Joffre en 1662, l'année même où Pierre Louvet inventoriait, de son côté, les grandes Archives, composent, avec celles de l'Armoire *dorée*, cataloguées, à leur tour, par Darles en 1693, un ensemble assez complet, qui, joint à une foule de liasses et de registres entassés sous les combles de l'Hôtel-de-ville, constitue le matériel de toute l'administration municipale de Montpellier pendant les temps modernes. Là se trouvent les procès-verbaux du Conseil de ville à partir du XVI° siècle jusqu'à nos jours, les anciens compois ou cadastres, et nombre de documents relatifs à la comptabilité d'autrefois. Là se rencontrent aussi les pièces qui nous sont parvenues concernant les guerres religieuses, la police de la cité, ses divers domaines, ses écoles et hôpitaux durant les trois derniers siècles.

Mais ce qui dans tout cela nous a surtout servi pour notre travail, ce sont les documents de la première série. Nous en avons à diverses reprises remué la poussière; nous les avons maniés et remaniés dans tous les sens, et il n'en est pas un de quelque intérêt, nous pouvons l'affirmer, qui ne soit cité ou reproduit, substantiellement, sinon textuellement, dans nos trois volumes.

300                    APPENDICE.

## IX.

NOTE SUR LES ARMOIRIES DE LA COMMUNE DE MONTPELLIER.

Les armoiries de Montpellier représentaient, au moyen-âge, la Sainte-Vierge assise sur un trône, l'Enfant-Jésus sur ses genoux, avec un écusson sous ses pieds, servant d'encadrement à une boule; à ses côtés les lettres, tantôt A Ω, tantôt A M ; à l'entour, la légende ou prière « *Virgo Mater, Natum ora Ut nos juvet omni hora* ».

Cette légende, ainsi que toute la partie supérieure de ces armoiries, témoigne sans nul doute de l'antique dévotion de notre ville envers la Mère de Dieu, dévotion attestée par l'histoire et par les souvenirs de l'ancien sanctuaire de Notre-Dame des Tables, presque aussi vieux que la ville elle-même. Mais quel est le sens de l'écusson de la partie inférieure? Représente-t-il le globe du monde, ou fait-il allusion à la situation topographique de Montpellier sur une colline? Existe-t-il quelque analogie entre la boule de cet écusson et le monticule que surmonte l'effigie de la ville dans le sceau consulaire dont nous donnons ci-contre un *fac-simile* conforme aux empreintes du XIIIe siècle? Ou bien faut-il voir dans cette boule, comme le veut Gariel, une des pommes merveilleuses de la croix des comtes de Toulouse, dont la parenté de ces princes avec les seigneurs de Montpellier aurait doté nos armoiries? Ou bien encore cette même boule ne serait-elle autre chose que le bezant des Comnènes, avec lesquels nos Guillems se trouvèrent en relation à l'époque des croisades et par suite du mariage de Guillem VIII avec Eudoxie, bezant que les rois d'Aragon et de Majorque, issus de ce mariage, auraient conservé par une vanité facile à comprendre? Ou bien enfin n'y aurait-il pas là tout simplement ce qu'en style de blason on appelle un tourteau de gueules en champ d'argent? On peut choisir entre ces diverses suppositions. Mais si le doute est permis pour la partie inférieure de nos armoiries, il ne saurait l'être quant à leur partie supérieure. Cette dernière révèle une cité toute catholique, une commune qui, par une marque solennelle d'orthodoxie, semblait protester, au moyen-âge, contre les tendances hérétiques des villes voisines.

Montpellier, dans les temps modernes, n'a pas cru devoir méconnaître ce symbole de son antique Foi. Voici comment Charles X, en lui restituant, sur sa demande, ses anciennes armoiries, les décrit dans des Lettres-patentes données à Saint-Cloud le 29 mai 1826, et précieusement conservées dans nos Archives municipales : « D'azur, au trône antique d'or, une » Notre-Dame de carnation, assise sur le trône, habillée de » gueules, ayant un manteau du champ de l'écu, tenant l'Enfant-» Jésus aussi de carnation, en chef à dextre un A et à senestre » un M gothiques, d'argent, qui signifie *Ave Maria*, en pointe » un écusson aussi d'argent, chargé d'un tourteau de gueules. » L'auteur du *Nobiliaire historique de Languedoc* avait donné de ces armoiries une définition à peu près semblable dans une *Description de la ville de Montpellier* publiée en 1764.

## X.

### NOTE SUR LA DATE ET LE CARACTÈRE DU TROISIÈME CONCILE DE MONTPELLIER.

La plupart des auteurs ont rapporté jusqu'ici la tenue du troisième concile de Montpellier à l'année 1214. Il aurait même eu lieu, selon Gariel et d'Aigrefeuille, pendant les fêtes de Noël de cette année-là. Nous devons rectifier cette double erreur. Pierre de Vaulx-Cernay donne, à la vérité, 1214 pour date à ce concile; mais il annonce qu'il se tint dans la quinzaine de Noël, « anno ab Incarnatione Domini MCCXIV, in quindena

» Nativitatis Dominicæ [1]. » Or, la quinzaine de Noël ne comprend pas seulement les fêtes de Noël proprement dites. Les actes de ce concile sont d'ailleurs précédés du préambule suivant, dans l'édition qu'en a publiée Baluze : « Hæc sunt statuta edita apud » Montempessulanum in concilio quod ibi habuit dominus Petrus » de Benevento, sanctæ Romanæ Sedis cardinalis et legatus, una » cum pluribus archiepiscopis et episcopis et aliis Ecclesiarum » prælatis et principibus, anno ab Incarnatione Domini MCCXIV, » *die mercurii post Epiphaniam, VI idus januarii.* » Et ils s'y terminent ensuite par cette finale : « Datum apud Montempessu- » lanum *die mercurii post Epiphaniam*, anno ab Incarnatione » Domini MCCXIV, *VI idus januarii* [2]. » C'est donc le 6ᵉ jour avant les ides de janvier, c'est-à-dire le 8 janvier, et le mercredi après l'Épiphanie, que s'est tenu le troisième concile de Montpellier, aux termes des actes mêmes de ce concile. Mais ceci renvoie en réalité le concile en question à l'année 1215; car nous ne commençons plus l'année à Pâques ou à l'Annonciation, comme on le faisait en France, et à Montpellier particulièrement, au XIIIᵉ siècle. Labbe avait d'abord partagé, à ce sujet, la méprise vulgaire, et il avait, en conséquence, à la page 103 de son XIᵉ volume, placé le concile dont il s'agit sous la rubrique de 1214. Mais une fois qu'il eut connaissance des actes édités par Baluze, il ne tarda pas à changer d'opinion, et de là vient que, dans l'*Appendice* et à la page 1330 de ce même volume, il a corrigé 1214 en 1215. C'est donc, en somme, le 8 janvier 1215, dans la quinzaine de Noël, et le surlendemain de l'Épiphanie, qu'a eu lieu le troisième concile de Montpellier, que Gariel, d'Aigrefeuille et autres avancent jusqu'aux fêtes de Noël 1214.

Ajoutons que ce concile ne fut pas le concile d'une seule province, mais le concile de plusieurs provinces réunies, comme

[1] Petri Vall Sarn. monach., Hist. Albigens., cap. 81, ap. *Script. rer. gallic. et francic.*, XIX, 100.
[2] Baluz., *Concil. Gall. Narbon.*, p. 38 sq.

l'indique la présence des cinq archevêques et des vingt-huit évêques qui y assistèrent. « Proponimus », avait dit en le convoquant le cardinal-légat Robert de Courçon, « celebrare » concilium cum prælatis quatuor provinciarum et aliis bonis » viris, secundum quod videbitur expedire. Locum autem con- » cilii elegimus competentem apud Montempessulanum, tum » pro eo quod satis propinqua est civitati Tolosæ, quæ caput » et sentina esse dinoscitur totius malitiæ hæreticæ pravitatis, » tum propter opulentiam loci et amplitudinem tantæ multitudini » necessariam, tum etiam propter securitatem [1]. »

## XI.

NOTE CONCERNANT L'INFÉODATION DU COMTÉ DE MELGUEIL AUX ÉVÊQUES DE MAGUELONE PAR LE PAPE INNOCENT III.

Nous ignorons à quelle source Du Cange [2] et après lui Tobié-sen-Duby [3] ont puisé ce qu'ils avancent relativement à une inféodation du comté de Melgueil faite aux évêques de Maguelone en 1197, à les en croire, par le pape Innocent III. Mais toujours est-il qu'ils se sont trompés l'un et l'autre. Ils eussent évité cette erreur si, plus attentifs à la chronologie, et cherchant à motiver leur assertion, ils avaient tenu compte des actes des conciles de Montpellier et de Latran de 1215, et considéré qu'Innocent III n'était pas encore pape en 1197. Il ne fut nommé et ne prit possession du Saint-Siége qu'au commencement de l'année 1198, et partant ne pouvait inféoder antérieurement à cette époque aucun domaine de la dépendance de l'Église. Nous n'avons découvert, quant à nous, dans les monuments originaux aucune trace de l'inféodation dont il s'agit avant 1215.

[1] Robert. leg. epist. ad Arnald. archiepisc. Narbon., ap. Baluz., *Concil. Gall. Narbon.*, p. 38 sq.; Cf. Labb., *SS. Concil.*, XI, 2331.

[2] *Glossaire*, verb. *Moneta melgoriensis*.

[3] *Traité des monnaies des barons*, T. I<sup>er</sup>, p. 61.

Voici un extrait de la bulle adressée à Guillaume d'Autigniac par Innocent III, à propos de cette inféodation, le 14 avril de cette année-là : « Devotionem quam tu et Magalonensis Ecclesia
» retroactis temporibus ad Apostolicam Sedem noscimini habuisse
» et habere in futurum speramini attendentes, comitatum Mel-
» gorii sive Montisferrandi, qui ad jus et proprietatem Romane
» Ecclesie noscitur pertinere, cum omnibus pertinentiis ejus in
» feudum concedimus tibi ac successoribus tuis, sub anno censu
» viginti marcharum argenti, nobis et successoribus nostris in
» festo Resurrectionis Dominice persolvendo,.... ita quod tu et
» successores tui nobis et successoribus nostris fidelitatem prop-
» ter hoc specialiter facietis,... nec castrum Melgorii seu Mon-
» tisferrandi castrum, quum sint caput comitatus ejusdem,
» infeudare vel quomodolibet alienare ullatenus presumetis
» absque Apostolice Sedis licentia speciali ; minora etiam feuda
» que ad ipsum pertinent comitatum nulli concedetis omnino
» extra Magalonensem diœcesim commoranti [1]........ »

Cette inféodation fut successivement confirmée par Honorius III, Grégoire IX, Innocent IV, Alexandre IV, Clément IV et Grégoire X, comme en fait foi le *Bullaire de Maguelone*, fol. 16 sq. Le comté dont elle ménage la possession aux évêques de Maguelone avait, au XIIIe siècle, selon les termes mêmes de la bulle d'Innocent III, deux chefs-lieux, deux centres féodaux en quelque sorte, le château de Melgueil et celui de Montferrand. Il ne reste plus rien du château de Melgueil; le village actuel de Mauguio en a absorbé les débris et peut-être pris la place. Mais celui de Montferrand, situé comme un nid d'aigle entre le village de Tréviers et le Puy de Saint-Loup, a dû à sa position presque inaccessible une plus longue existence. Il subsisterait encore aujourd'hui en entier, vraisemblablement, sans la ferme volonté de Louis XIII, qui le démantela pour mieux asseoir dans notre

---

[1] Arch. dép., *Bull. de Mag.*, fol. 20 et 54; Cf. Gariel, *Ser. Præs.*, I, 307, et *Gall. Christ.*, VI, Instrum. 367.

Midi son pouvoir royal. Il est douteux, du moins, que le vandalisme eût été l'attaquer au milieu de ses garigues. Il y a pourtant quelque chose de bien féodal dans son aspect, et nos fiers prélats se seront plus maintes fois sans doute à mesurer du haut de son donjon la vaste étendue de leurs domaines. Les ruines mêmes de ce château ont un air imposant.

## XII.

#### NOTE SUR LES BULLES DONNÉES PAR LE PAPE HONORIUS III EN FAVEUR DE LA COMMUNE DE MONTPELLIER.

Nos Archives municipales renferment un très-grand nombre de bulles d'Honorius III, adressées durant son pontificat à divers personnages du temps en faveur de la Ville et de la Commune de Montpellier. Ces bulles y forment, à elles seules, une liasse considérable de la Cassette V de l'Armoire E du Grand Chartrier. Elles commencent et finissent avec le règne de ce pape.

Honorius III, dès la première année de son pontificat, recommande à Gui de Montfort, frère de l'illustre comte de ce nom, les consuls et les habitants de Montpellier : « Cum dilecti filii » consules et populus Montispessulani », lui écrit-il, « quodam » speciali debito et affectu Sedi Apostolice hactenus obedientes » extiterint et devoti, ac per hoc sub ejus speciali protectione » recepti sint cum omnibus bonis suis, auctoritate tibi presen- » tium districtius inhibemus ne ipsos aut terram eorum presumas » aliquatenus indebite molestare, quia id tolerare in patientia » nostra non possemus [1]. »

Il écrit dans les mêmes termes, le surlendemain, à l'archevêque de Bourges et aux barons de l'armée des Croisés [2].

[1] Bulle du 30 mars 1217, ap. Arch. mun., Arm. E, Cass. V, liasse 1 bis, N° 2.
[2] Arch. mun., ibid., N° 3.

La troisième année de son pontificat, il recommande également les consuls et la population de Montpellier au comte de Saint-Paul, l'un des chefs de la croisade dirigée contre les Albigeois. Les considérants de cette bulle n'ont pas moins d'intérêt que ceux de la première, comme renseignement sur l'état religieux des esprits dans notre Commune : « Tibi, ut cre-
» dimus, dubium non existit », y lit-on, « quod cum villa
» Montispessulani ubertate bonorum omnium taliter sit repleta,
» quod ei Dominus benedixisse videtur, qui de rore celi et terre
» pinguedine abundantiam sibi dedit, dilecti filii consules et
» populus ejusdem ville supra firmam petram catholice fidei
» stabiliti non declinant ad dexteram vel sinistram, quinimo in
» devotione sacrosancte Romane Ecclesie matris sue firmiter et
» fideliter persistentes propugnatoribus Jesu Christi crucesi-
» gnatis per terram eorum transeuntibus ad mandatum nostrum
» favorabiles hactenus extiterunt [1].... »

Honorius recommande, la même année, d'une manière analogue la Commune de Montpellier aux croisés Enguerrand de Couci, Engelbert de Herique et Odon de Treissinel, ainsi qu'aux évêques de Cambrai, de Châlons et de Noyon, mêlés à la même expédition [2].

Une recommandation semblable est adressée par lui, la huitième année de son pontificat, à l'archevêque de Narbone et au roi de France [3].

La dixième année de son pontificat, enfin, en invoquant toujours les mêmes motifs, il renouvelle ses instances en faveur de la même ville auprès du comte Thibaut de Champagne, du cardinal-légat Romain de Saint-Ange, du roi Louis VIII, du comte de Saint-Paul, et des évêques de Senlis et de Maguelone [4].

Avions-nous donc tort de dire qu'Honorius III ne cessa,

---

[1] Arch. mun., ibid., N° 7.
[2] Ibid., N°s 8, 9 et 10.
[3] Ibid., N°s 15, 16 et 17.
[4] Ibid., N°s 19, 21, 22, 23 et 25.

durant tout son pontificat, de s'intéresser à ses bons amis les habitants de la catholique Commune de Montpellier, et qu'il eut pour eux une sollicitude de père?

### XIII.

#### NOTE SUR LES CIRCONSTANCES QUI ONT PRÉCÉDÉ LA NAISSANCE DE JAYME I<sup>er</sup>.

L'histoire des circonstances qui ont précédé la naissance de Jayme I<sup>er</sup> a donné lieu à des hypothèses, et est devenue la matière de critiques, dont il convient de dire ici quelques mots.

Citons d'abord le récit de Ramon Muntaner, source fondamentale de cette histoire, et, afin d'être compris, citons-le dans la traduction que M. Buchon a publiée de la Chronique catalane de ce vieil auteur. Ce récit demande à être rapporté en entier.

« Avant son mariage et depuis », dit le naïf chroniqueur, « le » roi En Pierre, qui était jeune, faisait la cour à d'autres belles » dames nobles, et délaissait son épouse. Il venait même sou-» vent à Montpellier sans s'approcher d'elle, ce qui faisait » beaucoup de peine à ses sujets, et surtout aux prud'hommes » de la ville. Si bien qu'étant venu une fois à Montpellier, il » s'énamoura d'une noble dame de la ville, pour laquelle il » faisait des courses, des joutes, des tournois et des fêtes, et il » fit tant qu'il rendit sa passion publique. Les consuls et les » prud'hommes de Montpellier, qui en furent instruits, man-» dèrent près d'eux un chevalier qui était un des intimes confi-» dents du roi dans de telles affaires, et lui dirent que, » s'il voulait faire ce qu'ils lui diraient, ils le rendraient à » jamais riche et fortuné. » Il répondit : « Faites-moi connaître » vos desirs, et je vous promets qu'il n'est chose au monde que

» je ne fasse en votre honneur, sauf de renier ma foi. » On se
» promit mutuellement le secret. « Voici, dirent-ils, ce qui en
» est : vous savez que madame la reine est une des dames les
» plus honnêtes, les plus vertueuses et les plus saintes du
» monde. Vous savez aussi que le seigneur roi ne s'approche
» point d'elle, ce qui est un grand malheur pour tout le
» royaume. Madame la reine supporte cet abandon avec beau-
» coup de bonté, et ne laisse pas apercevoir la peine que cela
» lui cause. Mais une telle séparation nous est très-funeste; car
» si le seigneur roi venait à mourir sans héritier, ce serait une
» source de grand déshonneur et de grande calamité pour tout
» le pays, et principalement pour la reine et pour Montpellier;
» car la baronnie de Montpellier tomberait en d'autres mains, et
» nous ne voudrions à aucun prix que Montpellier fût détaché
» du royaume d'Aragon. Et si vous le voulez, vous pouvez nous
» aider en cela. » — « Je vous dis de nouveau, répliqua le che-
» valier, qu'il n'est rien de ce qui pourra être honorable et
» profitable à votre ville, à monseigneur le roi et à madame la
» reine Marie et à leurs peuples que je ne fasse volontiers, si
» cela est en mon pouvoir. » — « Puisque vous parlez ainsi,
» nous savons que vous êtes dans la confidence du seigneur
» roi, quant à l'amour qu'il a pour telle dame, et que vous
» agissez même pour la lui faire obtenir. Nous vous prions donc
» de lui dire que vous avez réussi, qu'il l'aura enfin, et qu'elle
» viendra le trouver secrètement dans sa chambre, mais qu'elle
» ne veut absolument point de lumière, pour n'être vue de qui
» que ce soit. Cette nouvelle lui fera grand plaisir. Et lorsqu'il
» sera retiré en son appartement, et que chacun aura quitté la
» cour, vous vous rendrez ici auprès de nous, au consulat; nous
» nous y trouverons, les douze consuls, avec douze autres che-
» valiers et citoyens des plus notables de Montpellier et de la
» baronnie, et madame Marie sera avec nous, accompagnée de
» douze dames des plus honorables de la ville et de douze demoi-
» selles. Elle nous accompagnera près du seigneur roi, et nous

» emmènerons avec nous deux notaires des plus notables, l'offi-
» cial de l'évêque, deux chanoines et quatre bons religieux.
» Les hommes, les femmes et les filles porteront chacun un
» cierge à la main, et l'allumeront au moment où madame la
» reine Marie entrera dans la chambre du roi. Tout le monde
» veillera là, à la porte, jusqu'à l'aube du jour. Alors vous
» ouvrirez la chambre, et nous entrerons tous, le cierge à la
» main. Le seigneur roi sera étonné; mais nous lui raconterons
» tout ce qui aura été fait; nous lui montrerons que c'est la
» reine Marie d'Aragon qui repose auprès de lui, et nous ajou-
» terons que nous espérons en Dieu et en la sainte Vierge Marie
» qu'ils auront, lui et la reine, engendré cette nuit-là un enfant
» qui donnera joie à Dieu et à tout le monde, et que son règne
» en sera glorifié, si Dieu veut bien lui faire cette grâce.

« Le chevalier, ayant ouï leur projet, qui était juste et bon,
» dit qu'il était prêt à faire tout ce qu'on lui proposait, et qu'il ne
» se laisserait arrêter ni par la crainte de perdre l'affection du
» seigneur roi, ni même par celle de se perdre lui-même, et
» qu'il se confiait au vrai Dieu que ce qui avait été résolu vien-
» drait à une bonne fin, et qu'on pouvait compter sur lui. « Sei-
» gneurs, ajouta-t-il, puisque vous avez une si heureuse idée, je
» vous prie que pour l'amour de moi vous fassiez quelque
» chose. » — « Nous sommes prêts, dirent-ils avec bienveil-
» lance, à faire tout ce que vous nous demanderez. » — « Eh
» bien ! seigneurs, c'est aujourd'hui samedi que nous avons
» entamé cette affaire, au nom de Dieu et de madame Sainte-
» Marie de Vauvert. Je vous prie et conseille donc que lundi
» tout individu, quel qu'il soit, dans Montpellier, se mette en
» prière, que tous les clercs chantent des messes en l'honneur
» de madame Sainte-Marie, et que cela se continue durant sept
» jours en l'honneur des sept joies qu'elles a eues de son cher
» fils, et pour qu'elle nous fasse obtenir de Dieu que nous ayons
» joie et contentement de cette action, et qu'il en naisse un
» fruit, pour que le royaume d'Aragon, le comté de Barcelone et

» d'Urgel, la baronnie de Montpellier et tous autres lieux soient
» pourvus d'un bon seigneur. » Il promit que, s'ils faisaient ainsi,
» il arrangerait les choses pour que dans la soirée du dimanche
» suivant tout se passât comme ils l'avaient arrangé, et qu'en
» attendant on fît chanter des messes à Sainte-Marie des Tables
» et à madame Sainte-Marie de Vauvert. Tous s'y accordèrent.

» Il fut aussi décidé que le dimanche où la chose aurait lieu
» tous les gens de Montpellier se rendraient aux églises, qu'ils
» veilleraient et prieraient pendant tout le temps que la reine
» serait auprès du roi, et que tout le samedi, veille de l'entre-
» prise, ils jeûneraient au pain et à l'eau. Ainsi fut-il ordonné
» et arrangé. Comme ils l'avaient décidé, ils allèrent trouver
» madame Marie de Montpellier, reine d'Aragon, et lui firent
» part de tout ce qu'ils avaient résolu et disposé. Elle leur
» répondit qu'ils étaient ses sujets bien aimés, et qu'on savait
» qu'il n'y avait pas au monde de conseil plus sage que celui
» de Montpellier, et que tout le monde ne pouvait manquer d'as-
» surer qu'elle devait s'en tenir à leurs avis, qu'elle regardait
» leur arrivée chez elle comme la salutation de l'Ange Gabriel à
» madame Sainte-Marie, et que, comme par cette salutation le
» genre humain avait été sauvé, de même elle desirait que
» par leurs résolutions ils pussent plaire à Dieu, à madame
» Sainte-Marie et à toute la cour céleste, et que ce fût pour la
» gloire et le salut de l'âme et du corps du roi, d'elle-même
» et de tous leurs sujets. « Puisse tout cela, dit-elle, s'accomplir!
» Amen. » Ils se retirèrent joyeux et satisfaits. Vous pensez bien
» que durant toute la semaine ils furent tous, et principalement
» la reine, dans le jeûne et la prière.

» Comment se peut-il faire, maintenant, que le roi ne se soit
» douté de rien, quoique chacun fût occupé à prier et à jeûner
» pendant toute la semaine? Je réponds à cela qu'il avait été
» ordonné par tout le pays de faire chaque jour des prières
» pour obtenir de Dieu que la paix et l'affection se maintinssent
» entre le roi et la reine, et que Dieu leur accordât un fruit

» pour le bien du royaume. Cela avait été spécialement ob-
» servé tout le temps que le roi se trouva à Montpellier. Et
» quand on en parlait au seigneur roi, il répondait : « Ils font
» bien ; il en arrivera ce qui plaira à Dieu. »

« Ces bonnes paroles du roi, de la reine et du peuple furent
» agréables à Dieu, et il les exauça ainsi qu'il lui plut. Vous
» saurez ci-après pourquoi le roi, ni personne, excepté ceux
» qui avaient assisté au conseil, ne connaissaient la véritable
» cause des prières, offrandes et messes qui eurent lieu pendant
» les sept jours de cette semaine.

» Cependant le chevalier s'occupa du projet convenu, et amena
» à bonne fin ce qui avait été décidé, comme vous l'avez ouï. Le
» dimanche, pendant la nuit, quand tout le monde fut couch
» dans le palais, lesdits vingt-quatre prud'hommes, abbés,
» prieurs, l'official de l'évêque et les religieux, ainsi que les
» douze dames et douze demoiselles, tous un cierge à la main,
» se rendirent au palais avec les deux notaires, et tous ensemble
» parvinrent jusqu'à la porte de la chambre du roi. La reine
» entra ; mais tous les autres restèrent en dehors, agenouillés
» et en oraison pendant toute la nuit. Le roi et la reine étaient
» pendant ce temps en déduit ; car le roi croyait avoir auprès
» de lui la dame dont il était amoureux. Pendant toute cette nuit
» toutes les églises de Montpellier restèrent ouvertes, et tout le
» peuple s'y trouvait réuni, faisant des prières, selon ce qui
» avait été ordonné. A la pointe du jour, les prud'hommes, les
» prélats, les religieux et toutes les dames, chacun un cierge à la
» main, entrèrent dans la chambre. Le roi, qui était au lit
» auprès de la reine, fut très-étonné. Il sauta aussitôt sur son
» lit, et prit son épée à la main ; mais tous s'agenouillèrent,
» et lui dirent, les larmes aux yeux : « Par grâce, seigneur,
» daignez regarder auprès de qui vous êtes couché. » La reine
» se montra, le roi la reconnut. On lui raconta tout ce qui
» avait été fait, et il dit : « Puisque c'est ainsi, Dieu veuille
» accomplir vos vœux ! »

» Ce même jour, le roi monta à cheval, et partit de Montpel-
» lier. Les prud'hommes retinrent auprès d'eux six des che-
» valiers que le roi affectionnait le plus, et en même temps
» ils ordonnèrent que tous ceux qui avaient été présents à la
» cérémonie ne s'éloignassent plus du palais ni de la reine,
» non plus que les dames et demoiselles qui y avaient assisté,
» jusqu'à ce que les neuf mois fussent accomplis. Les deux
» notaires firent de même : ceux-ci avaient dressé, en présence
» du roi, un acte public de tout ce qui s'était passé pendant la
» nuit. Le chevalier qui avait secondé les vues des magistrats
» demeura aussi auprès de la reine. Ils passèrent tout ce temps
» en grand contentement avec elle ; mais la joie fut au comble
» quand ils s'aperçurent que Dieu avait permis que leur plan
» vînt à bonne fin. Car la reine était enceinte, et au bout
» de neuf mois, selon les lois de la nature, elle mit au monde
» un beau garçon très-gracieux, qui naquit pour le bonheur
» des Chrétiens et surtout de ses peuples. »

Tel est, sans y rien retrancher, le récit de Ramon Muntaner, au chapitre 3 et aux chapitres suivants de sa Chronique. Il écrivit cette chronique, comme on sait, en 1325, et la rédigea d'après les confidences que lui avait faites le roi Jayme Ier de son vivant. Car Ramon Muntaner ne fut pas seulement contemporain du roi Jayme ; il le vit, et devisa plusieurs fois avec lui. Il l'atteste formellement au chapitre 2 de son livre. Le roi Jayme logea même chez son père Jean Muntaner, au bourg de Péralade.

Malgré ces circonstances, qui permettent de supposer Ramon Muntaner bien renseigné, les savants auteurs de l'*Histoire générale de Languedoc* regardent, néanmoins, son récit comme une fable inventée à plaisir ; et voici sur quoi ils se fondent pour en révoquer en doute l'authenticité. Le roi Jayme, disent-ils [1], ne rapporte rien de tout cela dans ses mémoires [2],

---

[1] Voy. *Hist. gén. de Lang.*, III, 556, Note XIV.

[2] Nous avons déjà dit ailleurs que Jayme Ier a écrit lui-même la

où pourtant il mentionne diverses particularités relatives à sa naissance moins intéressantes que celles-ci. D'après ces mémoires, il aurait été conçu à Mireval, et non à Montpellier, ce qui détruit le roman de la prétendue présence des consuls et des principaux habitants de cette dernière ville dans le palais du roi Pierre au moment de la conception de Jayme Iᵉʳ. Guillaume de Puylaurens, d'un autre côté, ajoutent les collaborateurs de Don Vaissète, avance, au chapitre 11 de son *Histoire des Albigeois*, que la première nuit que le roi Pierre passa avec la reine Marie, lors de leur réconciliation, s'écoula dans un camp (*in castris*) [1].

Ainsi raisonnent les Bénédictins dans leur *Histoire de Languedoc*. Il est probable que, s'ils avaient eu connaissance de la Chronique catalane de Bernard d'Esclot, ils y auraient trouvé un argument de plus en faveur de leur thèse. Car Bernard d'Esclot, dont le récit a été publié pour la première fois par M. Buchon à la suite de la traduction de la Chronique de Ramon Muntaner [2], place également l'entrevue du roi Pierre et de la reine Marie dans un château des environs de Montpellier. « Esdevench se », dit-il dans son chapitre 4, « quel rey estech lonch temps que » no fo ab ella. E quant vench a cap de hun gran temps, lo rey » fo en hun castell prop de Monpeller, e aqui ell amava huna » dona de gran linatge, e feu tant que la hac per amiga. »

Mais il y aurait moyen de concilier, ce nous semble, ces diverses autorités, et Beuter, au chapitre Iᵉʳ de la 2ᵉ partie de sa *Chroni-*

chronique des évènements de son règne. Cette chronique, qui a été imprimée à Valence en 1557, petit in-fol., et dont les exemplaires sont devenus extrêmement rares, a pour titre : « *Chronica o commentari* » *del gloriosissim et invictissim rey En Jacme, per la gracia de Deus* » *rey de Arago, de Mallorques e de Valencia, compte de Barcelona* » *e de Urgell e de Muntpestler, feyta e scrita per aquell en su llengua* » *natural.* »

[1] Guill. de Pod. Laurent. Hist. Albigens., cap. XI, ap. *Script. rer. gallic. et francic.*, XIX, 202.

[2] Panthéon littéraire, *Chroniques étrangères du XIIIᵉ siècle.*

*que d'Espagne*, a essayé de le faire avant nous, quand il a émis la supposition que le roi Pierre, trompé par son confident, peut fort bien avoir passé une nuit avec la reine Marie à Montpellier, et avoir ensuite revu sa femme, durant une partie de chasse, à Mireval, où aurait été conçu le roi Jayme. Qui peut, d'ailleurs, savoir au juste dans quel lieu et à quelle heure il a été conçu? Une mère souvent ignore elle-même quand et où elle a conçu. En pareille matière, il n'est ni moins dangereux ni moins ridicule de nier que d'affirmer.

Ajoutons que Bernard d'Esclot, dont les Bénédictins, lors de la rédaction de leur *Histoire de Languedoc*, ne connaissaient pas la Chronique, à part la circonstance de l'entrevue du roi et de la reine, qu'il met dans un château voisin de Montpellier, raconte l'aventure à peu près comme Ramon Muntaner, quoique avec moins de détails. Seulement, il attribue à la reine Marie elle-même la négociation avec le chevalier confident des amours du roi Pierre, au lieu de l'imputer aux consuls de Montpellier. Du reste, dans sa Chronique, comme dans celle de Ramon Muntaner, on parlemente, on se concerte, on médite un échange nocturne; Marie prend clandestinement la place d'une favorite, et se glisse dans le lit royal à l'insu de son époux [1].

---

[1] « Madona Na Maria de Monpeller sabe aço e remes missatge a hun
» majordom del rey, que era son hom natural. E vench denant ella :
» Amich, dix la dona, vos siats be vengut ! Yo-us he fet venir ara,
» per tal com vos sots mon natural e conech que sots hom leal e bo, e
» cell qui hom se pot fiar. Yom vull celar ab vos, e prech vos que, de
» ço que yo-us dire, que vos mi ajudets. Vos sabets be quel rey es mon
» marit e no vol esser ab mi. Don yo son molt despagada, no per altra
» cosa, mas per tal com d'ell ne de mi no ha exit infant que fos hereu
» de Monpeller. Ara, yo sé quel rey ha affer ab aytal dona, e que las fa
» venir en aytal castell, e vos sots ne son privat. Hon yo-us prech que,
» quant vos la y dejats amenar, que vingats a mi privadament, e quem
» menets en la cambra en lloch d'ella, e yo colgarem al seu llit. E fets
» ho en tal guisa que no y haga llum ; e digats al rey que la dona no ho
» vol, per tal que no sia coneguda. E yo he fe en Deu que en aquella

# NOTES ET ÉCLAIRCISSEMENTS. 315

D'Aigrefeuille a admis le *mezzo termine* de Beuter. Il raconte l'histoire de deux entrevues entre le roi et la reine, dont l'une eut lieu à Montpellier avec toutes les circonstances que l'on connaît déjà, et l'autre à Mireval, où aurait été conçu Jayme I$^{er}$. Pierre d'Aragon, ajoute-t-il, ramena Marie en croupe sur son palefroi jusqu'à Montpellier, et les bons habitants, afin de perpétuer le souvenir de cette réconciliation, instituèrent la danse du Chevalet.

La seule difficulté vraiment sérieuse dans tout ceci serait l'engagement pris par le roi Pierre, le 27 octobre 1206, de n'entrer ni à pied ni à cheval dans les murs de Lattes ou de Montpellier sans avoir payé ses dettes. Mais combien de promesses de ce genre n'ont pas toujours été observées rigoureusement ! Nos bourgeois, pour le cas dont il s'agit, ne devaient pas y tenir eux-mêmes beaucoup. Un manque de parole de leur seigneur dans cette circonstance pouvait, au contraire, leur paraître une bonne fortune. Quelle nécessité, d'ailleurs, de recourir à ce manque de parole ? L'entrevue en question s'en serait-elle moins passée à Montpellier parce qu'elle aurait eu lieu en dehors des portes de la ville ? Le roi Pierre, sans franchir le mur d'enceinte, qu'il avait promis de respecter tant qu'il serait débiteur de la Commune, pouvait fort bien, tout en demeurant fidèle à ses engagements, habiter quelque riche maison de nos faubourgs, à portée des consuls et des bourgeois ; comme le fit un

» nit concebre hun tal infant de que sera gran be e gran honor a tot son
» regne. — Madona, dix lo majordom, y son aparellat de fer tot ço
» que vos me manets, e majorment coses que sien a honor de vos. E
» sapiats que, ço que vos deits ne m'havets manat, que yo ho aportare
» a acabament ; mas he grand pahor que no vinga en yra del rey.... —
» Lo majordom ana a la dona muller del rey, e amena la ab huna
» donzella e ab dos cavallers, e mes la en la cambra del rey, e aqui ell
» la lexa. E la dona despullas, e mes se al llit del rey, e feu apagar tota
» la llum. » Chronique de Bernard d'Esclot, chap. 4, ap. Buchon., *Chron. étrang. du XIII$^e$ siècle*, p. 570.

peu plus tard Simon de Montfort, privé, lui aussi, quoique pour d'autres motifs, de la faculté de pénétrer dans l'intérieur de Montpellier. Le roi Pierre ne s'était-il pas marié déjà au faubourg de la Saunerie, dans la maison du Temple? Un faubourg, c'était Montpellier, et ce n'était pas Montpellier ; c'était une sorte de terrain neutre, tout-à-fait propre à la scène si naïvement décrite par Ramon Muntaner, et où notre population, sans trop se déranger, était à même de venir mystifier ou applaudir son seigneur. On pourrait en dire autant de Lattes.

Nous ne prétendons nullement, après cela, défendre les particularités du récit de Ramon Muntaner. Le chroniqueur catalan n'a pas dû se faire faute de broder. Mais il y a apparence, du moins, qu'il a brodé sur un canevas réellement historique, et que tout n'est pas à rejeter comme purement romanesque dans son récit. Ce serait le cas de répéter avec le poète :

« Le vrai peut quelquefois n'être pas vraisemblable. »

# PIÈCES JUSTIFICATIVES.

### I.

CHARTE DE PIERRE D'ARAGON ET DE MARIE DE MONTPELLIER EN FAVEUR DES CONSULS ET DES BOURGEOIS DE CETTE DERNIÈRE VILLE.

(15 Juin 1204.)

In nomine Domini nostri Jesu Christi. Anno ejusdem Incarnationis MCCIIII, mense junii. Ego Petrus, Dei gratia rex Aragonum, comes Barchinone, et dominus Montispessulani, et ego Maria, filia quondam Guillelmi Montispessulani, eadem gratia regina Aragonum, comitissa Barchinone, et domina Montispessulani, ejus uxor, per nos et per omnes successores nostros, bona fide et sine dolo laudamus et valere confirmamus vobis probis hominibus Montispessulani et toti universitati Montispessulani juramentum juratorum quod juraverunt se observaturos a preterito Pascha usque ad quinque annos........ Et omnes bonas consuetudines et bonos mores vobis probis hominibus Montispessulani et toti universitati laudamus et confirmamus, et nos observaturos promittimus. Et quicquid in consuetudinibus et moribus Montispessulani septem probi homines ad hoc electi, scilicet P. Luciani, P. de Bizanchis, Johannes de Latis, Luchas Pulverelli, P. Lobeti, B. Ecclesia et R. Benedicti, infra annum addendum, vel detrahendum, vel corrigendum, vel de novo statuendum, ad utilitatem ville existimaverint, illud totum laudamus presentialiter, et cum communiter ab ipsis statuta fuerint nos iterum laudaturos et confirmaturos cum juramento promittimus, et sigilli nostri munimine confirmabimus ; et volumus et mandamus quod homines Montispessulani jurent consuetudines et mores predictos. Adhuc etiam promittimus quod nunquam patiemur quod Bernardus Lamberti et ejus filii, Raymundus Lamberti, filius quondam Pontii Lamberti, Marchus de Tornamira, magister Guido, Berengarius Lamberti, Guillelmus Lamberti frater ejus, Bruno de Tholosa et Bernardus de Castriis in Montepessulano vel in tota terra quondam Guillelmi Montispessulani, patris quondam mei Marie, redeant ; imo eos omnes exules a Montepessulano et a tota predicta terra in perpetuum facimus, et omnia eorum bona et jura nobis retinemus, salvo jure illorum quibus in aliquo sunt obstricti vel obligati. Omnia predicta et singula plenarie tenebimus et observabimus, et nullo tempore contra veniemus, nec aliquid in his revocabimus. Sic Deus nos adjuvet et hec sancta quatuor Dei Evangelia !

Adhuc ego predictus Petrus, Dei gratia rex Aragonum, per me et omnes successores meos, dono et concedo in perpetuum omnibus hominibus Montispessulani presentibus et futuris immunitatem et franchezam in tota terra mea et per totam terram meam, in toto posse meo et per totum posse meum, tam in mari quam in terra ; de pedaticis, lesdis et costumis ; et totum hoc sub dicto jurejurando vobis promitto.

De hiis omnibus supradictis et singulis, quod ita a domino rege et domina regina uxore ejus plenarie compleantur et observentur, et quod a neutro illorum violentur in aliquo, obligaverunt se comes Sancius in bona fide, Ildefonsus comes Provincie, frater domini regis, Guillelmus de Balcio, Ugo de Balcio, frater ejus, Roncelinus vicecomes et dominus Massiliensis, Guido de Cabilione, Petrus Amici et Petrus de

Albanes, omnes per sacramentum corporaliter super sancta Dei Evangelia prestitum.

Acta sunt hec omnia in domo Militie Templi site juxta Montempessulanum, in cimiterio, anno quo supra, XVII kalendas julii. Horum omnium testes sunt, etc.

Arch. mun., *Grand Chartrier,* Arm. A, Cass. IV, N° 4; Arm. B, Cass. VIII, N° 1, et Cass. XXII, N° 1; Cf. *Grand Thalamus,* fol. 2 et 64, et *Livre Noir,* fol. 18.

## II.

CHARTE D'ENGAGEMENT DE PIERRE D'ARAGON ET DE MARIE DE MONTPELLIER, AU PROFIT DE LA COMMUNE DE CETTE DERNIÈRE VILLE.

(4 Juillet 1206.)

In nomine Domini nostri Jesu Christi. Anno ejusdem Incarnationis MCCVI, quarto nonas julii. Ego Petrus, Dei gratia rex Aragonum, comes Barchinone, et dominus Montispessulani, et ego Maria, eadem gratia regina Aragonum, comitissa Barchinone, et domina Montispessulani, ejusdem domini regis uxor, per nos et per omnes successores nostros, bona fide et sine omni dolo, cum hac presenti scriptura uterque in solidum mittimus et pignori obligando tradimus pro centum millibus solidorum melgoriensium vobis duodecim consulibus Communitatis ville Montispessulani consiliatoribus, scilicet Raymundo de Caturcio, Petro Deodato, Deodato de Fancs, Johanni Andree, Guidoni Bergonon, Guillelmo Gres, Johanni Rufo, Randulfo Bonefacio, Stephano Alberto, Bernardo de Moutaniaco, Petro Bligerio, et Petro Francisco, et successoribus vestris futuris duodecim consulibus et Communitatis Montispessulani consiliatoribus, et toti universitati Montispessulani, de qua universitate vos estis; videlicet totum castrum Montispessulani, et omnes honores et redditus, laudimia, consilia, justicias, lesdas, alberga, usatica, pensiones et obventiones, esmerum et balnea, et omnia alia jura quocumque modo in villa Montispessulani et toto ejus terminio, intus vel extra, ad nos pertinentia, et totum castrum de Latis, et Castrumnovum, et castrum de Monteferrario, et castrum de Omellatio, et castrum de Poieto, et castrum de Paollano, et castrum de Arluz, et villam de Vindemiano, et villam de Sancto Jorio, et omnia alia castra et villas, et omnia alia jura que ego Petrus rex e dicta Maria uxore mea tempore matrimonii in dotem accepi, et ego Maria sibi dedi.... Promittimus et convenimus vobis stipulantibus, et toti universitati Montispessulani, quod omnia predicta et singula faciemus vos et successores vestros et totam universitatem Montispessulani semper habere et tenere quiete, jure pignoris, ab hoc preterito festo Sancti Johannis Baptiste usque ad II annos et deinde, quousque de predictis redditibus vobis et universitati Montispessulani plenarie sit satisfactum in C millibus solidorum..... Volumus etiam et precipiendo concedimus quod omnes feudales et homines predictorum castrorum et villarum jurent vobis et toti Communitati Montispessulani fidelitatem., tantummodo durante pignore...... Insuper etiam bona fide et mera liberalitate et ex maxima affectione laudamus, confirmamus et in perpetuum valitura corroboramus ea omnia et singula que jam vobis et universitati Montispessulani dedimus et concessimus. ..... Adhuc etiam laudamus et confirmamus bajulos quos vos duodecim consules vel successores vestri consules constituetis et facietis in curia Montispessulani, et in castro Montispessulani, et in aliis supradictis castris et villis, quandiu predictum pignus durabit; et quicquid ipsi laudabunt et consiliabunt, et quicquid de laudimiis et justiciis pecuniariis et criminalibus et de aliis facient seu remiserint, perpetuo firmum et stabile et in nullo violatum manere volumus, et nullo modo per nos vel per alium contraveniemus.....

Arch. mun., *Gr. Thal.*, fol. 3 v° sq., et *Livre Noir*, fol. 19 v° sq.

## III.

#### STATUT CONSULAIRE DE SEPTEMBRE 1221.

In nomine Domini.

Nos, consules Montispessulani, scilicet Raymundus de Latis, Guillelmus Fulcrandi, Guiraldus de Ruthenis, Pontius Johannes, Guillelmus Ruffi, Johannes Dominicus, Firminus Blancherii, Petrus de Vallefera, Guillelmus de Planterio, Michael Bligerii, Johannes Vincentii, Pontius Guiraldi, habito diligenti consilio et tractatu cum consiliariis nostris, et officiorum consulibus, et quamplurimis aliis probis hominibus jurisperitis, ipsis etiam consiliariis nostris, et officiorum consulibus, et presentibus et unanimiter consentientibus, — ob evidentem totius universitatis Montispessulani utilitatem, — statuimus et in perpetuum valere volumus et jubemus quod, si de cetero aliquis de Montepessulano vel ejus districtu, aut de quolibet alio loco, aliquas possessiones seu redditus ad tempus emerit vel in pignore acceperit ab aliquo extraneo habente illas possessiones seu redditus in Montepessulano, et ille extraneus infra illud tempus dampnum seu gravamen alicui de Montepessulano in persona vel rebus reddiderit aut fecerit, de illis possessionibus aut redditibus venditis vel impignoratis satisfiat competenter primo illi qui dampnum seu gravamen passus fuerit ab illo extraneo, non obstante in aliquo venditione seu impignoratione predicta, facta tamen primo fide plena ab illo qui sustinuerit dictum dampnum per sacramentum aut testes.

Actum est hoc anno Dominice Incarnationis MCCXXI, mense septembri, in presentia et testimonio Bernardi de Regordana, jurisperiti, Petri Turpini, Bernardi de Biterris et Salvatoris de Anthonicis, notarii, et plurium aliorum; qui Salvator notarius mandato dictorum consulum hec scripsit.

Arch. mun., *Livre Noir*, fol. 7; et Arch. Nat., Sect. hist., Cart. J, 339, N° 23, fol. 10.

## IV.

STATUTS CONSULAIRES DU 1ᵉʳ AOÛT 1223.

In nomine Patris et Filii et Spiritus Sancti.

Nos, consules Montispessulani, scilicet Raymundus de Conchis, Atbrandus, Bernardus de Tilio, Johannes Luciani, Rainaudus Storneli, Guillelmus Johannis, Andreas Dantonhan, Bernardus de Biterris, Johannes de Salicatis, Rotguerius Cabrieira, Bernardus de Montannaco, Petrus Imberti, constituti ut Communitati Montispessulani consulamus et ei utiliter provideamus, et eam fideliter regamus et gubernemus, ex concessa nobis potestate statuendi, distringendi et corrigendi omnia ea que nobis visa fuerint pertinere ad utilitatem Communitatis Montispessulani, cassatis omnino et abrogatis consuetudinibus seu statutis per proximos antecessores nostros anno Dominice Incarnationis MCCXXII in Nativitate B. Johannis Baptiste statutis et promulgatis, infrascriptas consuetudines et statuta, ob communem utilitatem Montispessulani, in pendentibus et futuris placitis tenendas et observandas, sicut infra scripte sunt, promulgamus.

I. Utilitati rei publice providentes, sancimus quod aliquis qui fuerit consul infra annum a finito sui consulatus officio computandum bajulus curie esse non possit, et bajulus curie infra annum proximum sui finiti officii in consulem nullatenus eligatur.

II. Nullus in curia Montispessulani exerceat officium bajuli, subbajuli, vicarii, nisi sit natus in Montepessulano vel ejus suburbiis, vel nisi in Montepessulano vel ejus suburbiis habuerit domicilium, vel statguam fecerit per decem annos. Nec aliquis officium judicis vel assidui assessoris in curia exerceat, nisi sit natus in eadem villa, vel ejus suburbiis habuerit domicilium, vel statguam fecerit per quinque annos.

III. Postquam juraverit domino et Communitati Montispessulani, ut sic de ejus fama et moribus notitia possit haberi, antequam ad aliquod predictorum officiorum assumatur, et bajulus et subbajulus et omnes alii curiales et singuli teneantur jurare in sacramentali quod faciunt singulis annis ad parlamentum, quod nichil dederint vel promiserint, nec mutuaverint, nec aliquid horum vel in fraudem istorum per se vel per alium fecerint vel facient, ut ad illud officium assumerentur.

IV. Judex curie audiat omnes et singulos testes qui in causis vel litibus coram curia producentur; vel, si interesse non possit, curia ad testes audiendos, suis expensis, alium jurisperitum teneatur habere, qui jurisperitus juret ut ceteri curiales.

V. Nulli delegato a curia Montispessulani partes tradere pignora teneantur. Sed curia, quum causas delegaverit, suis propriis expensis eas faciat expediri.

VI. Statuimus quod nullus de cetero in tabellionem Montispessulani statuatur, nisi natus de ea villa vel ejus suburbiis, vel nisi in Montepessulano vel ejus suburbiis habuerit domicilium, vel ibi statguam fecerit per decem annos, et quod sit ad minus etatis triginta annorum, et quod sit bone fame et integre opinionis. Et quum talis statuetur in notarium, teneatur jurare publice ad parlamentum quod nichil dedit vel mutuavit vel promisit, nec dabit nec mutuabit nec promittet alicui, nec per se nec per alium fecit vel faciet aliquid in fraudem predictorum, ut notarius fieret. Et preterea juret quod alii notarii jurare consueverunt. Clerici vero in sacris ordinibus constituti nullo modo de cetero tabelliones Montispessulani fieri possint, vel officium advocationis vel assidui assessoris assidue in curia assidentis in curia Montispessulani exercere. In causis vero propriis, et patris sui et matris sue, et aliorum ascendentium, et filiorum suorum ex matrimonio procreatorum, valeant postulare. Per hanc autem consuetudinem, quantum ad officium notarie, nullum prejudicium generetur illis clericis qui jam notarii facti sint vel fuerint, vel instrumentis per ipsos factis vel faciendis;

sed credatur instrumentis ab ipsis factis, et fides perpetua habeatur.

VII. Curie notarius seu notarii non accipiant ad plus ultra duos denarios pro singulis sententiis seu decretis in curia vel per curiales latis, a visis et auditis in antea, de libris curie translatandis. Item, pro singulis compositionibus de libris curie translatandis, sicut scripte sunt dum recitantur, ultra tres denarios non accipiant. Item, pro singulis tutorum seu curatorum dationibus translatandis, ultra duos denarios non accipiant. Pro singulis preceptis de solvendo vel satisfaciendo factis, et pro singulis attestationibus, sive sint longe, sive breves, non accipiant ultra unum denarium. Pro quatuor vero positionibus cum responsionibus suis, vel pro quatuor protestationibus, vel pro quatuor dierum assignationibus sive citationibus, vel pro quatuor instrumentorum productionibus translatandis, non accipiant ultra unum denarium. Et cum predictis remunerationibus notarius vel notarii teneantur sub sacramento partibus, quam cito poterunt, transcripta reddere omnium predictorum.

VIII. Qui causas habent vel habebunt in curia, possint libere et sine contradictione habere et recuperare compositiones, judicia vel sententias, tutelarum et curarum dationes, precepta et decreta, sicut scripta sunt dum recitantur, et omnia in curia vel per curiales occasione curie actitata ad causam pertinentia, nullo dato vel promisso alicui de curialibus vel alii pro ipsis, excepto notario curie, qui possit pro rescribendo accipere secundum formam in alia consuetudine statutam. Et omnes sentantie, compositiones, tutelarum et curarum dationes, precepta et decreta, et cetera per curiales actitata in libro curie redigantur. Et si quis compositionem vel judicium suum voluerit recuperare cum sollempnitate dictatum, de maximo dictamine ultra decem solidos judex vel assessor vel delegatus curie non accipiat; neque notarius pro scribendo cartam judicii vel compositionis sollempniter dictatam ultra quinque solidos accipiat;

pro minoribus vero dictaminibus infra dictam summam decem vel quinque solidorum rationabiliter detur. Et judex et notarius, ut dictum est, remunerato prius labore sui dictaminis et laboris, ad petitionem ejus ad quem pertinebit, compositionem vel judicium cum sollempnitate dictatum infra unum mensem, postquam fuerit ab eo ad quem pertinet petitum, reddere teneatur.

IX. Notarius sive notarii singulis annis mutentur in curia.

X. Nullus tabellio aliquo modo de cetero in curia Montispessulani possit advocationis officium exercere, nisi in propriis causis, vel nisi pro patre et matre sua, et pro aliis ascendentibus, et pro liberis utriusque sexus ex matrimonio procreatis, et pro fratribus et sororibus et filiis eorumdem, et uxoribus et maritis omnium predictarum personarum. Pro aliis vero personis de consensu partium possit advocare, prestito tunc prius ab eo sacramento quolibet anno quod alii advocati prestare tenentur.

XI. Nemo qui leges audierit, vel decreta seu decretales alicubi in scolis vel auditorio alicujus legentis, cum libro vel sine libro, sicut scolares consueverunt audire, licet decretista vel legista vel jurisperitus non appelletur, in curia Montispessulani, nisi in propriis causis, et nisi de consensu partium, advocationis officium audeat exercere, vel causas manutenere. Imo curia ex officio suo, super eo facta inquisitione, illi advocationis officium interdicere teneatur. Circa legistas vero, licet decreta vel decretales audierint, servetur quod antiqua consuetudo decernit; et in decretistis et decretalistis servetur idem quod in legistis. Prefatam autem inquisitionem curiales singulis annis, in principio sui regiminis, antequam aliquem coram se advocare vel causas manutenere patiantur, diligentissime et curiose, cum sacramenti religione, cum ipso qui vellet advocare, vel causas manutenere, et aliis de quibus sit verisimile quod inde veritatem noverint, publice in curia, in presentia consulum, facere teneantur. Et ipso negante sub sacramento, si postea quocumque constiterit illum audisse leges vel decreta seu decretales sub forma predicta, tanquam infamis et perjurus a testimonio et advocatione, vel manutenentia causarum, et ab omnibus publicis officiis perpetuo excludatur.

XII. Advocationis officium nulli permittatur in curia Montispessulani exercere, nisi videatur curie et consulibus legalis et bone fame et approbate opinionis ; de quibus curia et consules singulis annis curiose inquirere prout eis videbitur teneantur, antequam ad advocationis officium admittantur. Quilibet vero ad advocationis officium admittatur, dum tamen videatur curie et consulibus legalis et bone fame et opinionis approbate. Ab hoc autem excipimus omnes et singulas personas que per alias consuetudines advocare vel causas manutenere prohibentur. In quibus omnibus et singulis observetur quod eedem consuetudines decernunt.

XIII. Quilibet advocatus curie, antequam fungatur advocationis officio, singulis annis a judice jurare compellatur publice in curia, presentibus consulibus, quod nichil dederit vel promiserit vel mutuaverit, nec dabit vel promittet vel mutuabit, nec aliquid in fraudem horum per se vel per alium fecit vel faciet pro habendo officio advocationis, et quod non manuteneat causas scienter contra rationem vel contra suam conscientiam. Item, et si in processu negotii causam injustam et irrationabilem esse cognoverit, eam manutenere et tueri penitus derelinquat. Et tunc de salario habeat pro arbitrio curie, considerato ejus labore. Item, juret quod illis quorum causas manutenet vel manutenebit super sacramento calumpnie non consulat, nec petat, nec consilium det ut petatur dilatio, causa diffugii. Et preterea juret quod bona fide, secundum quod sibi melius visum fuerit, partibus pro quibus fungetur officio advocationis consulat et manuteneat, et quod inde pecuniam vel aliquam rem seu promissionem, nisi a parte pro qua erit in lite, non accipiat, sicut in antiqua consuetudine continetur, et quod singulis diebus, partibus assignatis, pro tuitione et patrocinio causarum quas manutenebit in curia venire teneatur, et inde sine licentia illius qui causas audiet, quas ipse advocatus manutenebit, non recedat quousque curiales recedant a curia, nisi cause quas manuteneret per curiam essent prolongate ad aliam horam. Item., juret quod diebus quibus curia causas audiet, ipse advocatus si causas foveat in curia, causa placitandi alibi, non exeat villam Montispessulani, sine bajuli, judicis vel subbajuli licentia.

XIV. Advocati curie procurationes aliquorum, vel curas ad causas in curia agitandas non habeant, nisi pro monialibus et pauperibus minoribus in pupillari etate existentibus, qui non habent tutores vel patres, et pro leprosis.

XV. Si clamor fuerit factus in curia de aliquo presente in Montepessulano, vel in ejus suburbiis, super aliqua quantitate denariorum, vel aliqua re mobili vel se movente, curia citet illum primo per nuntium et sine scriptis. Et si veniens confitebitur se debere in presenti aliquam denariorum quantitatem vel res alias mobiles vel se moventes, curia precipiat illi debitori ut solvat, et ipsum debitorem ad solvendum compellat, secundum consuetudines antiquas et usus curie.

Si vero aliquis confitebitur se debuisse, sed dicat creditori esse satisfactum, vel objiciat exceptionem pacti de non petendo, vel aliam sufficientem exceptionem vel liberationem, dentur ei tantummodo quatuor dies, computandi a tempore confessionis, quibus curia eum audiat ad omnes suas exceptiones proponendas. Et si justas et rationabiles proposuerit, ad quas probandas petat dilationes sibi dari, teneatur nominare judici et adversario testes undecumque sint, si tamen extra villam Montispessulani sint producendi; si vero infra villam, non teneatur nominare illos qui sunt de episcopatu Magalonensi, sed alios omnes teneatur nominare; primo tamen prestito sacramento per adversarium, quod testes nominatos non subtrahat nec corrumpat, nec subtrahi faciat vel corrumpi. Et tunc dentur ei, si judici visum fuerit, dilationes una vel plures pro arbitrio curie, et secundum distantiam locorum, ita quod inter omnes non possint excedere spatium novem mensium, a tempore propositarum exceptionum computandorum; infra quam vel quas dilationes proponat et probet utraque pars quod poterit et sibi visum fuerit expedire.

Si autem nullas sufficientes exceptiones probaverit infra tempus sibi datum ad probandum, curia precipiat illi debitori ut solvat debitum infra quindecim dies, computandos a tempore quod sibi datum fuerat ad probandum. Et si debitor cessaverit solvere infra dictos quindecim dies, curia capiat tantum de bonis illius mobilibus vel se moventibus, vel nominibus liquidis et bonis, justa electione creditoris, que valeant decimam partem plus debito; que si non sufficiant, ultimo loco de non mobilibus suppleantur, secundum arbitrium curie. Que bona tradantur vel quasi tradantur jure pignoris creditori; et admoneatur debitor a curia ut infra sex septimanas proximas, computandas post dictorum quindecim dierum lapsum, res illas vendat. Quod si non fecerit, curia faciat res illas vendi infra alios quindecim dies proximos, per procuratorem ad hoc a curia constitutum; ex quarum rerum pretio satisfiat creditori, vel, si ydoneus emptor non inveniatur, dentur illa bona in solutum creditori a curia, pro justa et competenti estimatione a judice facienda infra illos eosdem quindecim dies ultimos.

Verum, si aliquis negaverit se debere et debuisse, et convictus fuerit per instrumentum publicum vel per testes fide dignos, nulla exceptione vel defensione ab illo ulterius admittenda, si debitum sit ex proprio facto persone ipsius debitoris, vel ex facto alterius, quod factum devenerit ad notitiam debitoris; curia precipiat illi debitori ut solvat debitum infra quindecim dies, computandos a tempore quo fuit convictus se debere vel debuisse, et compellatur debitum solvere, juxta formam superius pretaxatam in illo qui confessus fuit se debuisse, et infra tempus sibi datum ad probandum non probavit debitum se solvisse.

Si autem citatus et inventus non venerit, assignetur ei similiter per nuntium alia dies; et si non veniat, tertio citetur per litteras curie, que reddantur sibi vel familie sue in domo reperte. Qua die audiatur actor in omnibus positionibus et productionibus testium et instrumentorum que facere voluerit. Quo facto, sequenti die proxima juridica, omnia actitata scripta mittantur ad domum conventi, et dentur ei quatuor dies continui juridici; in quibus singulis, remunerato prius ab ipso qui convenitur labore illius notarii qui scripta ad domum conventi missa translatavit, audiatur idem conventus super responsionibus et exceptionibus suis.

Et si reus venerit infra illos quatuor dies sibi datos, et responderit, et exceptiones proposuerit, postea assignentur utrique parti alii quatuor dies continui, juridici omnes utique, ad ponendum et respondendum et protestandum et dicendum ea omnia que sibi noverint expedire. Et si aliqua sint in causa negata, ad que probanda aliqua partium petat dilationes, dentur ei una vel plures, juxta formam superius expressam, et infra dilationem uni litigantium datam possit etiam alius proponere et probare.

Quibus dilationibus lapsis et abitis, pro conclusione facti et validatione judicii, curia, ad petitionem utriusque vel alterius partis, teneatur causam terminare infra duos menses proximos sequentes. Sed si curia infra istos duos menses mutaretur, causa nondum terminata, sequens subrogata curia, ad postulationem utriusque vel etiam alterius partium, infra duos menses, computandos a tempore postulationis facte de causa terminanda, teneatur ipsam causam necessario terminare.

Verum, si infra dictos quatuor dies communes actor non compareat, vel comparens non respondeat, proposita a reo pro veris et legitimis habeantur. Quod si ulla die de primis quatuor reus conventus non comparuerit, vel comparens non responderit, vel si nulla die citationum predicto ordine factarum inventus fuerit, quum tempore exposite querimonie et citationis fuerit in villa Montispessulani vel in suburbiis, et proximiores ejus requisiti eum defendere noluerint; curia habeat plenam fidem his que erunt proposita ab actore, ac si essent probata. Et detur ei etiam absenti mandatum de solvendo infra quindecim dies; quod mandatum in scriptis ad domum conventi mittatur, et reddatur familie ibi reperte. Quibus quindecim diebus elapsis, si non solverit, curia procedat in bonis illius, secundum formam superius pretaxatam in illo qui confessus fuit se debuisse, et infra tempus sibi datum ad probandum non probavit debitum se solvisse.

XVI. Si quis aliquo genere contractus obligaverit se duobus vel pluribus, quorum unus fuerit presens tempore contractus, alius absens, ille qui fuit absens tempore contractus proinde agere possit ex eo contractu ac si presens fuisset, non obstante aliqua legis subtilitate vel constitutione. Et quilibet eorum possit petere totum debitum, et non possit se tueri ille qui debet quia pluribus se obligavit, nec divisionem obligationis impetrare. Sed solvendo uni, debitor sit liberatus ab omnibus, nisi alius prohibuisset solutionem partis sue.

XVII. Si aliqui constituerint se debitores in solidum, exigi possit data creditori electione, ex qua quantum ad alios nullum prejudicium generetur; sed unusquisque teneatur, et exigi possit in solidum absque partis defensione, licet non sit renuntiatum beneficio nove constitutionis que loquitur de duobus reis, vel Epistole Dividriani, vel alii juri quod de dividenda obligatione. Et idem in fidejussoribus observetur.

XVIII. Quicumque proclamaverit ad ignem vel barrigium contra aliquem habitantem in Montepessulano vel in ejus suburbiis, vel etiam alium seu alios provocaverit vel concitaverit, seu palam vel in occulto opem vel consilium ad ignem sive incendium faciendum vel barrigium alicui prebuerit, ex quo de hoc manifeste convictus fuerit ad minus per quinque testes notos et ydoneos bone fame et bone opinionis, bonis suis omnibus spolietur, et perpetuo exilio, absque restitutionis remedio, tradatur; licet non fuerit incendium vel barrigium subsecutum. Si autem incendium vel barrigium fuerit factum vel subsecutum, preter penas superiores, lingua ei penitus abscindatur.

Eisdem etiam penis percellatur quicumque incendio vel barrigio interfuerit, causa incendii vel barrigii faciendi. Et eo solo intelligatur et convincatur quis interfuisse incendio vel barrigio, causa faciendi incendii vel barrigii, si evidenter probetur quod res aliquas extraxerit vel ceperit de incendio vel barrigio, et eas infra tres dies proximos a die facti barrigii vel incendii computandos non reddiderit, vel saltem non manifestaverit se habere dampnum passo, vel palam consulibus et curie.

Et de hiis omnibus curiales ex officio suo sine accusatore diligentissime investigare et inquirere teneantur, et, veritate comperta, penas prefatas, sine remissione aliqua, absque remedio appellationis, infligere teneantur. Et si barrigiatus vel incendium passus dampnum vel injuriam contra prefatos scelerosos vel aliquos eorum persequi in curia voluerit, consules admoneant et inducant curiam ut plenum dampnum passo exhibeat justitie complementum, servata forma predictarum penarum.

Et hec consuetudo locum tantum habeat in futuris.

XIX. Si mercator aliquis Montispessulani fecerit viagium, causa negotiandi, per mare vel per terram, et ipsum mori contingerit in ipso viagio alicubi extra Montempessulanum; si testamentum vel aliquam ultimam dispositionem fecerit, et gadiatorem vel gadiatores sive commissarios statuerit, quibus res quas detulerit, vel earum custodiam, committat vel commendet; ille gadiator vel gadiatores statuti a mercatore defuncto, antequam res defuncti moveant vel attingant, vocent ad minus quinque testes notos, legales et ydoneos, prout eis melius videbitur bona fide, qui sint de Montepessulano, si ibi reperiantur, alioquin de locis vicinioribus Montispessulani, si reperiantur, coram quibus res et merces defuncti recognoscant.

Et inde facto computo et summa, eas nominatim in eorumdem presentia in scriptura redigant, cui scripture quilibet illorum quinque testium sigillum apponat, et ejus scripture transcriptum retineat et habeat quilibet illorum quinque testium. Quo facto, ille gadiator vel gadiatores res et merces defuncti, vel, illis bona fide distractis ab eis, earum implicaturas, in primo passagio vel reditu mercatorum de illo viagio, vel saltem in alio proximo sequenti, deferre sive reducere, vel per aliquem vel aliquos ydoneos, prout sibi bona fide melius videbitur, mittere ad villam Montispessulani teneantur. Et hec omnia faciant ad resegue et periculum et expensis illorum ad quos res et merces ille pertinebunt, et lucri facti in illo viagio cum illis rebus et mercibus habeant octavam partem gadiatores prefati. Si autem ultra dicta tempora illi gadiatores res et merces defuncti ab eis habitas et receptas cum forma prefata distulerint deferre, reducere vel remittere, ab eo tempore in antea sint ad periculum et resegue dictorum gadiatorum.

Et quia testamentum extra Montempessulanum factum semper per septem testes probari non potest, sufficiat si per quinque testes ydoneos probetur. Si autem mercator decesserit intestatus alicubi extra Montempessulanum, et ibi sint quinque mercatores Montispessulani vel plures, prestito ab eis corporali sacramento, eligant unanimiter bona fide unum vel duos ydoneos, prout eis melius videbitur. Qui electus vel electi, prestito ab electo vel electis sacramento de custodiendis et reddendis rebus bona fide, cum dicta forma recognoscant et recipiant res et merces defuncti. Et in eo electo vel electis in omnibus et per omnia observetur idem et obtineatur quod supra dictum est in gadiatoribus a defuncto statutis.

Si vero non sunt ibi quinque mercatores Montispessulani, illi qui erunt ibi de Montepessulano, sive sint mercatores sive non, evocatis quinque testibus ydoneis de Montepessulano, prout eis videbitur, vel de locis vicinioribus Montispessulani, si reperiantur, res et merces defuncti cum scriptura inde facta et quinque sigillis roborata recognoscant. Et illius scripture translato a singulis illorum retento, res et merces defuncti, facto inde computo et summa, si sunt in terra Sarracenorum in doana deponant, si sunt in terra Christianorum in aliquo loco tuto, secundum quod eis melius videbitur bona fide. Sub tali tamen forma fiat depositio rerum et mercium defuncti, quod reddantur cuilibet deferenti litteras apertas cum pendentibus sigillis consulum et curie Montispessulani, continentes quod ei reddantur. Et ille qui sub predicta forma res restituerit, sit perpetuo liberatus.

Si vero aliqui res et merces defuncti mercatoris testati vel intestati attingerint, ceperint vel receperint nisi cum forma predicta, sint periculo et resegue eorum.

Predicta omnia locum habeant, sive omnia que defunctus habebat in illo viagio erant ipsius defuncti, sive aliorum, vel in totum vel pro parte.

Acta et laudata sunt hec a dominis consulibus in ecclesia Beate Marie de Tabulis, anno Dominice Incarnationis MCCXXIII, kalendis augusti; in presentia et testimonio Berengarii Lamberti, Johannis de Latis, Petri de Fisco, Willelmi Raymundi, Stephani Calcadelli, jurisperitorum; Pontii Jordani, Ademarii, Bernardi de Costa, Bertrandi Begua, Guiraldi de Porta, notariorum; Willelmi Berengarii, Willelmi Arnaldi, decretistarum; Raymundi de Latis, Willelmi Luciani, Stephani Luciani fratrum, burgensium; Willelmi Folcrandi, Petri Beliani, Willelmi Salvatoris, Arnaldi de Quatuor Cazis, Bernardi de Sancto Paulo, Johannis de Ramis, Johannis Maurini, Raymundi Elye, et multorum aliorum, ita quod fere tota ecclesia erat plena; et Petri de Furno, notarii dictorum dominorum consulum.

### ADDITION COMPLÉMENTAIRE.

Consuetudinem de receptione advocatorum a nobis promulgatam, que incipit *Advocationis officium nulli permittatur*, interpretantes et declarantes, statuimus ut quicumque prohibetur vel non permittitur advocationis officium exercere, tanquam tutor vel curator vel procurator vel defensor in causis vel judiciis nullatenus admittatur ; et hec locum habeant in causis nondum ceptis pendentibus et futuris.

Acta sunt hec anno Dominice Incarnationis MCCXXIII, pridie idus septembris.

Hec interpretatio et declaratio facta fuit et laudata a consulibus Montispessulani et eorum consilio universo. »

<small>Arch. mun., *Livre Noir*, fol. 7 sq., et Arch. Nat., Sect. hist., Cart. J, 339, N° 23, fol. 10 v° sq. ; Cf. *Petit Thalamus*, p. 80 sq.</small>

## V.

### STATUTS CONSULAIRES DU 12 JUIN 1225.

In nomine Domini nostri Jesu Christi.

Quum ea que Communitati prosunt preferenda sunt, et ad ea promovenda et conservanda consules ex debito sui officii astringuntur, nos Guiraldus de Ruthenis, Johannes de Sancto Antonino, Ugo Pulverelli, Pontius de Caranta, Petrus Lobeti, Deodatus Petri, Bernardus de Furno, Guillelmus Borrelli, Petrus Verre, Firminus Blancherii, Augerius de Volio, Rostagnus de Posqueriis, ad regendam et gubernandam Communitatem Montispessulani constituti, implorato divino auxilio et favore, prehabito diligenti tractatu et consilio, et assensu consiliariorum nostrorum et officiorum consulum, statuta subscripta facimus et promulgamus in posterum perpetuo valitura, nonobstantibus aliquibus consuetudinibus vel statutis, que presentibus statutis in toto vel in aliqua sui parte contraire vel contradicere videbuntur.

I: Ille qui vices domini regis tenebit in hac terra teneatur jurare consulibus, in introitu sui regiminis, se dicturum eis veritatem sine fraude, quum et quotiens consules requirent, utrum ipse alicui vel aliquibus de Montepessulano juraverit, vel aliquam promissionem fecerit de stando illius vel illorum consiliis, seu voluntatibus, vel mandatis, in eligendo bajulum, vel creando publicas personas, vel in administrando seu gerendo negotia spectantia ad communem utilitatem ville et terre Montispessulani, et teneatur se astringere consulibus quod talem promissionem vel aliquid in fraudem istorum non faciat neque fecit. Et si dixerit se alicui vel aliquibus de Montepessulano jurasse aut aliquam promissionem fecisse super jam dictis, illum et illos per districtam coactionem in personis et rebus exercendam consules et curia compellant ad retractandum illud juramentum et omnem illam promissionem, et quidquid ex ea vel ob id esset faciendum, et preterea ille et illi perpetuo careant et per hanc constitutionem abjiciantur ab omni publico officio curie et consulatus Montispessulani, si constiterit curie et consulibus eos dictum juramentum vel dictam promissionem recepisse. Hoc statutum utile consilium est quod damus nos consules illi qui tenebit locum domini regis, ut faciat et juret predicta.

II. Bajulus electus ad curiam Montispessulani ab eo qui tenebit locum domini regis et consulibus assumat et habeat subbajulum et judicem, notarium et vicarium, cum consilio et voluntate consulum.

III. Quia dominus Montispessulani et ejus curia tenetur suis propriis sumptibus omnes lites et causas audire et diffinire, et nullus tenetur dare pignora, nisi sit miles, statuimus et precipimus quod nullus, excepto milite, det pignora in aliqua causa, sive principali sive appellationis. Preterea, quia dominus de suo remunerat curiales, statuendo inhibemus quod bajulus, subbajulus, judex, notarius, vicarius curie, judex etiam vel cognitor appellationum, vel delegatus quilibet, vel assessor, nichil in auro vel argento, vel in aliqua re, vel per aliquam promissionem aut pactionem, exigant vel recipiant, per se vel per aliam personam, in aliqua causa principali vel appellationis, neque pro dictandis aut scribendis sententiis, compositionibus, decretis, tutelis, curis, cognitionibus vel preceptis, vel pro quibuslibet aliis que ad causas vel ad officia ipsorum pertinebunt, sed judex cujuslibet cause nichilominus teneatur dictare predicta fideliter, ad utilitatem illorum ad quos spectabunt. Per hoc vero statutum nolumus derogari consuetudini que incipit *A sententia lata*, in eo quod ibi continetur de prestandis expensis quum judices extranei vocantur. Si quis vero contra tenorem presentis statuti seu aliquid in fraudem predictorum fecerit, ab illo officio quod gerebat in curia, vel auctoritate seu mandato curie, et ab omni etiam officio curie sit perpetuo exclusus, et culpa ipsius delinquentis et pena statuta in publico consilio in domo consulum divulgetur.

IV. Judex curie nullas alias causas, preter placita et causas curie, audiat vel manuteneat, in villa Montispessulani vel extra, tempore sui officii, et teneatur dictare sine omni munere et servitio vel pretio sententias, compositiones et decreta, quam citius poterit, bona fide; sed et requisitus non differat ultra mensem post requisitionem.

V. Notarius reddat acta et scripta curie libere et sine omni munere et servitio vel pretio, quam citius poterit, bona fide, ad utilitatem et petitionem litigantium, et eorum ad quos pertinebunt.

VI. Notarius curie bonus et sufficiens assumatur, qui testes possit recipere fideliter, etiam sine jurisperito, cassata in hac parte consuetudine olim promulgata, per quam jurisperitus seu judex curie semper interesse debebat receptioni testium. Sed judex nichilominus adesse possit.

VII. Assessores et delegati, sive in principalibus causis, sive in causis appellationum, remunerentur de reddititibus domini, ab illis quorum fuerint assessores vel delegati. Sed et antequam officium assessoris vel delegati aliquis exerceat, faciat publice in curia illud sacramentum quod judex curie facit.

VIII. Ille qui fuerit judex curie non sit in proximo sequenti anno judex vel cognitor appellationum; et quicumque erit judex appellationum, antequam officium suum exerceat, faciat coram consulibus idem sacramentum quod judex curie facit.

IX. De omni causa et placito, in qua petatur in curia vel extra curiam in Montepessulano quantitas centum librarum, vel res valens centum libras vel supra in infinitum, non habeat legista vel decretista pro consilio et patrocinio ultra quinquaginta solidos, nec advocatus pro advocatione sua habeat ultra triginta et tres solidos et quatuor denarios. De causa vero minoris summe centum librarum, et de omni re minus valente centum libris, non habeat legista vel decretista pro consilio et patrocinio suo ultra sex denarios de singulis libris, nec advocatus pro sua advocatione habeat ultra quatuor denarios de singulis libris. Et dictum salarium tam legiste et decretiste quam advocato prestetur pro ea quantitate que sub sacramento calumpnie fuerit petita; et pro dicto salario teneantur legista et decretista et advocatus fideliter et diligenter manutenere causam principalem et appellationes ejusdem, si fuerit appellatum; et nichil aliud per se vel per alium exigant vel accipiant, nec aliquid faciant in fraudem predictorum. Si vero legista, decretista vel advocatus plus quam pretaxatum est exegerit vel acceperit, vel aliquid in fraudem fecerit, et hoc constiterit curie et consulibus, nullum ulterius in curia teneat locum, nec aliquod in ea exerceat officium, sed et per hoc statutum ab omni officio curie sit perpetuo exclusus, et culpa ipsius delinquentis et pena statuta in publico consilio in domo consulum divulgetur. De causis vero criminalibus et causis injuriarum prestetur salarium tam legiste et decretiste quam advocato, secundum arbitrium bajuli vel subbajuli curie.

X. Legiste et decretiste, ad commonitionem bajuli curie vel consulum, singulis annis, tale faciant sacramentum : Ego juro per hec sancta Dei Evangelia quod bonum et legale consilium, secundum meam bonam conscientiam, prestabo bajulo et curialibus curie, et quod bene et legaliter cum pura conscientia manutenebo et consiliabo placita omnium et singulorum quorum ero consiliarius vel advocatus, et nullam promissionem, nullum donum vel munus aut servitium exigam vel recipiam, per me vel per aliam personam, nisi a parte cujus ero consiliarius vel advocatus, a qua etiam parte non exigam nec recipiam nisi salarium in novo statuto a consulibus taxatum, nec aliquid faciam in fraudem predictorum. Preterea juro quod nullam dilationem petam vel peti faciam in causa vel in causis, nisi justam et rationabilem, exclusa omni malitia et calumpnia, et quod causam vel placitum nec manutenebo, nec consiliabo, contra meam conscientiam, nec postquam ipsa causa in principio, vel in medio, vel quocumque modo, apparebit injusta. Verumtamen in causis que irrogant penam mortis vel sanguinis non compellar dare consilium, nisi voluero. — Quicumque vero legista vel decretista predictum sacramentum facere recusaverit, non utatur in Montepessulano officio consiliarii vel advocati, donec premissum prestiterit sacramentum; ad quod prestandum per curiam et consules districte compellatur.

Predicta statuta publicata fuerunt per dictos consules, et jurata ab ipsis et a Bernardo Doissa bajulo, et Willelmo de Monte-Arbedone subbajulo, et Petro de Fisco judice curie, in publico parlamento, in ecclesia Beate Marie de Tabulis, anno Dominice Incarnationis MCCXXV, II idus junii, in presentia et testimonio Raymundi Atbrandi, Raymundi de Conchis, Stephani Peitavini, Johannis Sardi, Petri Salvaire, Guillelmi Fulcrandi, Johannis Rufi, Guillelmi Luciani, Johannis Bocados, Bernardi de Latis, Guillelmi Salvaire, Arnaldi de Villari, Boneti de Avinione, et plurium aliorum qui ad dictum parlamentum convenerant, quorum magna erat multitudo, et Salvatoris de Anthonicis notarii, qui, mandato dominorum consulum, predicta omnia scripsit.

Arch. mun., *Livre Noir*, fol. 10, et Arch. Nat., Sect. hist., Cart. J, 339, N° 23, fol. 13 sq.

## VI.

#### STATUT CONSULAIRE DU 1ᵉʳ JUIN 1235.

Quum per falsos et calumpniosos criminum delatores seu denuntiatores sepe contingit impunitum relinqui facinus, et innocentem indebite condempnari, ideo nos, consules Montispessulani, scilicet Nicholaus de Sancto Nicholao, Bernardus Guillelmi, Stephanus de Candianicis, Ugo Rotberti, Petrus Bonifacius, Guillelmus Princer, Symon Ricardus, Bernardus Delechos et Johannes Dortols, pro nobis, et pro consociis nostris consulibus Montispessulani, utilitati publice cupientes fideliter consulere et utiliter providere, statuimus, potestate qua fungimur statuendi, habito cum nostris consiliariis diligenti consilio et tractatu, quod quicumque de cetero in Montepessulano contra aliquem denuntiator criminis extiterit vel delator, tanquam accusator solempnis se obligare ad talionem, et subscribere teneatur, ut, si probare poterit quod intendit, puniatur reus debita ultione, alioquin denuntiator temerarius penam sue temeritatis expectet, quum calumpniatores ad vindictam poscat similitudo supplicii, secundum legitimas sanctiones.

Acta et promulgata sunt hec solempniter in domo Consulatus Montispessulani, anno Dominice Incarnationis MCCXXXV, kalendis junii, in presentia et testimonio, etc.

Arch. mun., *Livre Noir*, fol. 11, et Arch. Nat., Sect. hist., Cart. J, 339, N° 23, fol. 14.

## VII.

#### STATUTS CONSULAIRES DU 6 JANVIER 1235 (1236).

I. Nos, consules Montispessulani, utilitate rei publice suadente, statuimus, potestate qua fungimur statuendi, quod puelle minores viginti quinque annis, non maritate, habentes bona communia cum masculis vel feminis majoribus vel minoribus, ob causam sui matrimonii, possint ad divisionem alios provocare et cum eis, interposito curie decreto, et curatoris auctoritate, bona dividere, jure scripto aliquatenus non obstante.

II. Nos, consules Montispessulani, attendentes utile fore statutum quod incipit *Sed puella que nunquam habuit virum* extendi ad minores masculos qui conjugium non noverunt, presenti statuto decernimus, in perpetuum valituro, quod mulier que duxerit in maritum juvenem minorem viginti quinque annis, qui uxorem non habuerit, sine scientia parentum seu cognatorum vel gadiatorum sive curatorum suorum, infra mensem postquam ab ipsis minoribus masculis fuerint requisiti, incidat in miserationem domini, simul cum tota substantia sua; ita tamen ut, si ipsius mulieris dolus vel machinatio intervenisse noscatur in matrimonio contrahendo, et eadem pena afficiantur illi quorum consilio et opera tale matrimonium fuerit procuratum.

III. Quum curie Montispessulani, tam ecclesiastice quam civiles, semper sint parate omnibus justitiam exhibere, statuimus quod quicumque habitatorem Montispessulani per litteras commissionis ad alium judicem extra Montempessulanum traxerit, vel cessionem fecerit ex qua trahatur, in curia Montispessulani ejus querimonia exinde nullatenus admittatur; et si Montispessulani fuerit, expensas litis nichilominus adversario per curiam Montispessulani restituere compellatur; et hac pena percellantur ex quo certiorati fuerint de presenti statuto. Et hec volumus obtinere in negotiis pendentibus et futuris.

Predicta statuta publicata fuerunt per consules Montispessulani, scilicet per Guillelmum Princer, Simonem Ricardi, Ugonem Rotberti, Stephanum de Candianicis, Bernardum Delechos, Stephanum de Congeniis, Bernardum de Ribalta, Bernardum Guillelmi et Johannem Dortols, in publico parlamento, in ecclesia

Beate Marie de Tabulis, anno Dominice Incarnationis MCCXXXV, in die Epiphanie Domini, in presentia et testimonio Bernardi Capdebovis Montispessulani bajuli, Johannis de Latis, Bernardi de Regordana jurisperitorum, etc., et mei Raymundi Dosca publici Montispessulani notarii ac etiam dominorum consulum, qui predicta tria statuta mandato dictorum dominorum consulum scripsi.

Arch. mun., *Livre Noir*, fol. 11, et Arch. Nat., Sect. hist., Cart. J, 339, N° 23, fol. 14.

## VIII.

### STATUT CONSULAIRE DU 18 MARS 1243 (1244).

Quum juxta verbum jurisconsulti edictum suum commen dantis, quum dicit : *Hoc edictum non indiget commendatione, ipsum etenim se ostendit*, merito similiter dici possit consuetudinum et libertatum Montispessulani utilitatem commendatione minime indigere, quum ipsa utilitas ipsarum libertatum clarius se ostendat, que omnes Montispessulani habitatores quasi naturali restituunt libertati, et ipsarum libertatum et consuetudinum cura et sollicitudo, licet omnes tangat, Montispessulani consulibus tamen specialiter pertineat, quibus consulibus plena potestas data est et concessa statuendi, distringendi et corrigendi ea omnia que eis visa fuerint ad utilitatem Communitatis Montispessulani pertinere, et ipsi iidem consules ex debito sui officii teneantur dictam Communitatem fideliter consulere et eidem utiliter providere; — Ideo, in nomine Domini nostri Jesu Christi, nos, consules Montispessulani, Petrus de Murlis, Petrus Luciani, Berengarius Atbrandi, Bernardus Carbonelli, Firminus Dieus-lo-fes, Bernardus de Montanacho, Bernardus Ugo, Firminus Cabal, Johannes de Morezio, Durantus Guiraudi, Guillelmus de Calvinacho et Bernardus Crispini, utilitati rei publice providentes, Altissimi subsidio primitus invocato, habito consiliariorum nostrorum et officiorum consulum consensu et cum eisdem diligenti consilio et tractatu, statutum infrascriptum facimus atque promulgamus perpetuo valiturum, videlicet quod quicumque deinde aliquo tempore in futurum electus fuerit in consulem majorem Montispessulani juret et jurejurando promittat, in principio sui regiminis, quum faciet publice aliud sacramentum quod consules facere consueverunt, quod ipse, omni fraude exclusa, intererit proxime subsequenti electioni que fiet consulum futurorum, et in ea se habebit secundum quod in Consuetudine faciente mentionem de electione consulum, quomodo scilicet debeat fieri, continetur, et nullo modo nullaque occasione vel causa, quum ipse et alii secum consules et electores pro facienda dicta electione fuerint congregati, recedet a loco quo fuerint congregati, donec ipsa electio penitus fuerit adimpleta, nisi forte, tempore dicte electionis, a Montepessulano absens esset, vel infirmitas sui corporis aut justa causa alia impediret. Et hoc idem statuimus et observari precipimus in personis illorum septem virorum qui erunt electi ad faciendam cum consulibus electionem consulum, ut dictum est. Et si forte ausu temerario aliquis sive aliqui de consulibus vel de septem electoribus contra fecerint vel contra facere temptaverint, aut se fraudulenter subtraxerint, ab officio et administratione consulatus, si consul vel consules fuerint, et officio electionis, si elector vel electores fuerint, postquam juraverint, tanquam perjuri et infames illico removeantur, et remoti ipso facto intelligantur; nec deinceps tempore aliquo in consulem vel electorem, sed neque in consiliarium, aut operarium, aut officii sui consulem eligatur, neque aliquatenus assumatur, nichilominus tamen per omnia valente et in sua firmitate, omni sublato obstaculo, permanente electione, videlicet que per alios consules et electores fiet et fieri statuimus.

Acta et promulgata sunt hec solempniter in domo Consulatus

Montispessulani, anno Dominice Incarnationis MCCXXXXIII, XV kalendas aprilis, in presentia et testimonio, etc.

Arch. mun., *Livre Noir*, fol. 11 v°, et Arch. Nat., Sect. hist., Cart. J, 339, N° 23, fol. 14 v°.

IX.

STATUT CONSULAIRE DE 1267.

Quandiu consules Montispessulani curam ac diligentiam erga rem publicam oportet adhibere et ea preferre que eisdem consulibus rei publice utilia visa fuerint expedire, ipsius universitatis indempnitatem pro viribus evitando; ideoque nos consules Montispessulani, videlicet Johannes de Bordellis, Raymundus de Luganhaco, Stephanus Ricardi, Raymundus Atbrandi, Guiraldus Quintalerii, Johannes de Claperiis, Pontius de Combis, Guillelmus de Luteva, Bernardus Peissonerii, Raymundus Silvester, Bernardus Ameut, Raymundus Michael, habito diligenti consilio et tractatu cum nostro secreto consilio et cum consilio generali et consulum officiorum seu misteriorum congregatis ad sonum campanarum, prout moris est, ex debito nobis injuncto officio et potestate qua fungimur, statuimus quod embassatores seu legati qui per Commune seu consules ad quascumque partes fuerint destinati, pro singulis equitaturis quas secum ducent in dicta embaissaria diebus singulis V solidos percipiant sine pluri, conductionibus equitaturarum et scutiferorum et troteriorum et ceteris avariis in eisdem V solidis computatis penitus et inclusis. Verum nobis et successoribus nostris retinemus plenariam potestatem taxandi quot equitaturas embaissatores destinandi ducere debeant, et, facta taxatione per dictos consules qui pro tempore fuerint, si ultra dictam taxationem ampliores equitaturas numero ducere voluerint, hoc eis liceat facere; sed pro illis que erunt ultra dictam taxationem non percipient aliquid a Communi, nec ducent easdem aliquatenus ad emendam. Porro predicti embaissatores equitaturas eisdem taxatas numero, sive sint proprie, seu conductitie, in dicta embaissaria ducent ad emendam Communis, super qua emenda, si quam fieri contingeret, embaissatorum assertioni credatur bona fide.

Arch. Nat., Sect. hist., Cart. J, 339, N° 23, fol. 15.

X.

STATUT CONSULAIRE DE 1268.

Quum presidentes officiis animadvertere debeant, ac puro corde etiam procurare que succedere debeant et possint honori et utilitati universitatis Montispessulani ac rei publice consulendo; ideoque nos consules Montispessulani, scilicet Johannes de Rippa, Petrus de Combis, Arnaldus de Bono-Buxono, Stephanus Rubeus, Petrus Andreas, Stephanus Buxi, Mattheus Sartor, Petrus Seguini, Johannes Guiraudi, Johannes Fabri, Raymundus Vitalis, Guillelmus Fumati, assidente nobis Johanne de Sancto Michaele legum professore, volentes consulere ipsi rei publice, ac toti universitati Montispessulani mederi cupientes, matura deliberatione prehabita, prehabito etiam diligenti consilio et tractatu et quam pluries masticato cum consilio secreto et generali congregato ad sonum campanarum, velut moris est in talibus peragendis, statuimus quod quicumque uxorem duxerit in Montepessulano vel in ejus suburbiis, postquam eam in ecclesia seu in facie ecclesie duxerit, ubicumque seu in quacumque domo eam duxerit, ea die nuptias facere possit, secunda vero die non faciat aliquod convivium alicujus persone, masculi vel femine, private vel extranee, et quod in mane secunde diei desencortinare teneatur maritus seu alius pro eo, et dies nuptiarum sit et habeatur pro secunda die seu ultima die et pro ultima nocte, et quod in mane secunde diei abstineat ab excedendo ad ecclesiam [1], statuentes etiam quod in nocte diei nuptiarum, neque in nocte qua ibit ad ecclesiam, visitationes seu *cortz* hominum vel mulierum ex quo nox fuerit non fiant, cum lumine vel sine lumine; idem penitus statuentes quod, ex quo facta fuerit sponsa, non fiant visitationes sive *cortz* de nocte, cum lumine vel sine lumine. Actum est hoc anno Domini MCCLXVIII.

Arch. Nat., Sect. hist., Cart. J, 339, N° 23, fol. 15; Cf. *Petit Thalamus*, p. 144.

## XI.

### STATUTS CONSULAIRES DU 18 AVRIL 1288.

In nomine Domini.

Nos consules Montispessulani, per nos et per omnes successores nostros futuros consules Montispessulani, habito sepius diligenti consilio et tractatu cum nostro secreto consilio aucto et etiam generali, in quo universitas Montispessulani est in domo Consulatus ad pulsationem campanarum ecclesie Beate Marie de Tabulis more solito congregata, presentibus et volentibus et consentientibus viris providis et discretis Guillelmo de Putheo seniore et Stephano Civate, syndicis nostris et dicte universitatis, de consilio et voluntate expressa dictorum syndicorum, universitatis et consilii, potestate qua fungimur statuendi, ordinamus et statuimus infrascripta statuta edicto perpetuo observanda : videlicet quod quicumque mittentur ambaxatores seu ambaxator pro quibuscumque negotiis, quod pro expensis ambaxatoriis non dentur pro animali uno nisi V sol. in die, et si ducant duo X sol., si tria XV sol., et sic pro quolibet ani-

---

[1] Ne fraus possit fieri presenti statuto, hominum vel mulierum habendo comitivam.

mali V sol. tantum eis assignentur; in quibus V solidis intelligimus omnes expensas personarum et animalium et locarii seu mercedis hominum contineri; et de nil alio pro expensis ipsi ambaxatori seu ambaxatoribus consules seu universitas teneantur.

Item, de cetero, operarii communis clausure Montispessulani non possint, nec eis vel alicui eorum liceat impignorare, dare ad acapitum, vendere aut aliquo alienationis modo alienare vel transferre bona, redditus, res vel jura seu quelibet dicti operis, nisi pro anno tantum quo munia dicti operis exercebunt; et si secus aliquid de dictis redditibus, bonis, juribus seu rebus transtulerint aut alienaverint, illa translatio aut alienatio omnino efficacia et viribus careat, nisi fieret cum consilio et consensu consulum Montispessulani qui pro tempore fuerint et consilii eorum secreti....

Acta sunt hec sollempniter et laudata.... in Montepessulano, in domo Consulatus, presentibus Stephano Civate et Guillelmo de Putheo seniore, syndicis consentientibus, anno MCCLXXXVIII, videlicet XIIII kalendas maii.

Biblioth. Nat., *Cartulaire de Montpellier*, fol. 112 v°;<br>Cf. *Petit Thalamus*, p. 117 sq.

## XII.

### STATUT CONSULAIRE DU 12 FÉVRIER 1315 (1316).

Noverint universi quod, anno Dominice Incarnationis MCCCXV, scilicet pridie idus februarii, domino Ludovico rege Francorum regnante, quum quedam ordinationes seu quedam statuta fuissent facte seu facta in domo Consulatus Montispessulani, quarum quidem ordinationum et statutorum tenor dinoscitur esse talis : « *Item, que a negun cors non auze hom » portar drap daur ni de ceda ni de lana, mays bocaran o*

» *arquisse, ni mays IIII tortas o ciris, e quascuna sia de pes*
» *al mays entro V libras.* — *Item, que hom fassa cantar per*
» *negun cors, esia confrayre o confrayressa, non yaia tortas ni*
» *ciris, ni negun drap daur ni de ceda, ni neguna corbertura* »,
et diceretur per quosdam quod dicte ordinationes seu statuta facte seu facta erant contra libertatem Sancte Matris Ecclesie, nos, Petrus Calvelli, Egidius Viridarii, Egidius Navarre, Johannes Bartholomei, Johannes de Combis, Johannes de Salicatis, Guillelmus de Mayrosio, Deodatus Arnaudi, Johannes Ferrandi et Johannes Ricardi, consules ville Montispessulani, pro nobis et aliis conconsulibus nostris absentibus, nolentes nec intendentes aliqua fecisse seu facere in prejudicium libertatis Ecclesie, predictas ordinationes seu statuta, prout facte et facta fuerunt, et quicquid processum est ex eisdem, eo modo et forma quibus facte et facta fuerant, stantes in domo Consulatus, convocato populo ad sonum utriusque campane publice, prout moris est convocare, in presentia populi ibidem congregati, revocamus, et omnia quecumque statuta sunt ex eis vel eorum aliquo, quoquomodo, directe vel indirecte.

Item, revocamus etiam omnia que sub quacumque forma verborum reponerentur vel essent facta et statuta contra libertatem Ecclesie vel in ejus fraudem, sub quacumque verborum figura et forma. Et si aliqua de predictis essent scripta in capitularibus nostris, illa aboleri et pro non factis haberi [volumus], sacramenta omnia a quibuscumque super predictorum observatione nobis consulibus vel aliis nostra voluntate vel mandato prestita remittentes.

Acta fuerunt hec in dicta domo Consulatus Montispessulani, anno et die prefixis, in presentia et testimonio, etc.

Arch. dép., *Cartulaire de Maguelone*, Registre E, fol. 60 v° sq.

## XIII.

### STATUT CONSULAIRE DU 6 JUIN 1317.

In Christi nomine. Anno ejusdem Incarnationis MCCCXVII, scilicet VIII idus junii, domino Philippo rege Francorum regnante, nos Gaubertus Malras, pro me et Guillelmo Gavanoni, et Nicholaus Imberti, Petrus Cauziti, pro me et Guillelmo de Pradis, Raymundus Rubeus; Bernardus Guiraudi, Bernardus Aymoyni, Franciscus Caput-probi-hominis, Hugo Gauberti et Johannes Alarii, consules ville Montispessulani, pro nobis et Petro Ricardi conconsule nostro, habita diligenti deliberatione cum nostro consilio et cum discreto viro Petro Guillelmi, syndico nostro et totius universitatis hominum dicte ville, attendentes fore valde utile dicte universitati et singulis de eadem ordinationem fieri infrascriptam, statuimus et ordinamus eo jure quo melius possumus, per nos et nostros successores consules dicte ville, quod nullus incola seu habitator Montispessulani nec etiam aliqua persona extranea possit immittere seu apportare, immitti seu apportari facere, in villa Montispessulani seu ejus suburbiis et ejus districtu, vinum nec racemos, nisi essent de propriis vineis habitatorum dicte ville, pro quibus etiam contribuerent ad commune per nos vel successores nostros consules in posterum indicendum pro utilitate rei publice dicte ville; et quod ad custodiendum predicta custodes ydonei apponantur; et quod nihil in fraudem predictorum fiat. Hoc autem statuimus et ordinamus pensata utilitate totius universitatis hominum ville predicte et singulorum de eadem, cum vini fertilitas et magna habundantia sit in dicta villa de vineis habitantium in eadem, statuentes et ordinantes nichilominus quod hoc presens statutum seu ordinatio per nos vel successores nostros consules restringi valeat seu etiam relaxari tociens et quando nobis vel successoribus nostris consulibus visum fuerit faciendum.

Acta sunt hec in Montepessulano, in domo dicti Consulatus, in presentia et testimonio, etc.

> Biblioth. Nat., *Cartulaire de Montpellier*, vers la fin, fol. non numéroté.

## XIV.

ACCORD DU 8 FÉVRIER 1210 (1211), FAIT ENTRE L'ÉVÊQUE DE MAGUELONE ET LES CONSULS DE MONTPELLIER, AU SUJET DU MODE A SUIVRE DANS LES ÉLECTIONS CONSULAIRES.

In nomine Jesu Christi.

Constat ratione fore cautum quod ea que in scriptis rediguntur facilius retinentur et melius memorie mandantur. Noscant igitur presentes sciantque futuri quod ee conventiones facte sunt inter dominum Willelmum, Magalonensem episcopum, et duodecim consules Montispessulani, confirmate a legatis domini Pape.

Quum tempus electionis duodecim consulum Montispessulani evenerit, auctore Jesu Christo, puris electorum mentibus sinceroque omnium judicio eorum electio et institutio in unoquoque anno fiat in perpetuum in kalendis martii; ita quod electi consules incipiant regere et administrare in Annuntiatione Dominica. Que electio et institutio fiat hoc modo : Venerabilis Magalonensis sedis episcopus, ad quem cura populi spiritualiter pertinet et superior temporalis dominatio indubitanter spectat, et tunc duodecim existentes consules, coadunatis sibi in eadem electione facienda septem aliis viris, uno videlicet de unaquaque scala, eligent duodecim viros de Montepessulano laude et honestate preclaros, prestito tamen prius a prefatis electoribus sacramento super sancta Dei Evangelia in manu domini episcopi, factaque promissione in bona fide requisita ab ipso episcopo quod bonos et legales et utiles consules, secundum quod melius eis videbitur, bona fide eligant, nec aliquem odio vel inimicitia excludant, nec amore nec parentela aliquem in hoc officio et administratione eligant. Si vero in electione predicta omnes insimul non convenirent, ejus partis electio firma consistat cui dominus episcopus assensum suum attribuerit, dum tamen in ea parte ad minus septem ex decem et novem electorum affuerint. Si autem dicto tempore electionis dominus Magalonensis episcopus absens extra provinciam fuerit, vel vocatus ipse vel ejus vicarius adesse noluerit, tunc electio a duodecim consulibus et septem viris predictis, vel a majori parte ipsorum decem et novem electorum facta, valida firmitate et irretractabili existat. Qui duodecim consules de novo electi jurabunt in manu domini episcopi, vel, eo absente, ejus vicarii, super sancta Dei Evangelia, vel, ipsis absentibus et interesse nolentibus, in manu consulum, vice episcopi recipientium, quod bona fide consulant et utiliter provideant toti Communitati Montispessulani, et eam fideliter regant et gubernent, et statuta consulatus observent, et similiter quod bona fide consulant domino et bajulo curie. Et preterea jurabunt quod, ad cognitionem domini episcopi et Magalonensis Ecclesie, pacem et pacis statuta bona fide custodiant et custodiri faciant, et omnia ad fidem catholicam pertinentia servent, et quod dominum Magalonensem episcopum et Ecclesiam Magalonensem bona fide consulant, et eorum jura et ecclesiarum defendant. Quibus duodecim consulibus, pro se et universitate recipientibus, dominus Magalonensis episcopus, tam pro se quam pro Ecclesia Magalonensi, firmiter promittet quod ipsis et toti universitati utiliter bona fide consulet, et eos et universitatem, et singulos, et universitatis et singulorum jura ab omni injuria et violentia et oppressione bona fide defendet. Si autem, quod Deus avertat! aliquis consulum durante officio decederet, vel in ea administratione tam negligenter et perverse se haberet, quod non tantum inutilis sed damnosus Communitati appareret, tunc dominus episcopus et ceteri consules alium loco demortui vel remoti substituant, secundum formam superius expressam, qui omnia superiora jurare teneatur. Verumtamen in istis duodecim consulibus non ponetur nisi unus solus de uno albergo, nec in hoc officio erit aliquis continue, nisi per annum. In maximis siquidem et arduis negotiis consilium domini episcopi requiretur, et ejus consilio tractabuntur, promisso super illis secreto a domino episcopo. Hec autem omnia predicta et singula perpetuo et inviolabiliter observentur, vigentibus tamen in aliis et in sua firmitate persistentibus omnibus et singulis a rege et domina regina, et consuetudinibus, olim concessis et indultis duodecim consulibus et universitati Montispessulani, salvo jure domine Marie regine.

Universa hec predicta et singula, sicut superius continentur, solempni stipulatione vallata perpetuo valitura per se et per omnes successores suos adinvicem laudaverunt et confirmaverunt, et a se et successoribus suis observari promiserunt dominus Willelmus de Altiniaco, Magalonensis episcopus, in bona fide sua requisita, et consules Montispessulani Johannes Boccados, Stephanus Johannini, Guillelmus de Lunello, Luchas Pulverelli, Raymundus de Sancto Tiberio, Bertrandus de Venranicis, Bernardus de Montaniaco, Pontius Raymundi, Petrus Salvaire, Bernardus Macellarius, Gerardus Tahon, et Raymundus Carbonelli, per sacramentum super sancta Dei Evangelia in manu domini episcopi corporaliter prestitum, coram domino Raymundo, Dei gratia Uticensi episcopo, Apostolice Sedis legato, qui pro se et domino Arnaldo cisterciensi abbate, Apostolice Sedis legato, hec omnia confirmavit, approbavit et corroboravit auctoritate legationis qua fungitur.

Acta sunt hec omnia in domo Communitatis Montispessulani, anno Dominice Incarnationis MCCX, VI idus februarii. Horum omnium testes sunt, etc....

Arch. Nat., Sect. hist., Cart. J, 340, N° 26; Arch. mun. *Grand Thalamus*, fol. 6 bis v°, et *Livre Noir*, fol. 23 v°; Arch. dép., *Cartulaire de Maguelone*, Reg. A, fol. 176 v°, et Reg. D, fol. 311 r° ; Cf. *Gallia Christiana*, VI, Instrum. 365.

## XV.

NOTE OU CONVENTION OFFICIELLEMENT ARRÊTÉE, LE 1ᵉʳ MARS 1245 (1246), ENTRE LES CONSULS ET JAYME Iᵉʳ, RELATIVEMENT A LA SUBSTITUTION DU SEIGNEUR DE MONTPELLIER A L'ÉVÊQUE DE MAGUELONE DANS LES ÉLECTIONS CONSULAIRES.

Cum dominus Jacobus, Dei gratia rex Aragonum, Majoricarum et Valentie, comes Barchinone et Urgelli, et dominus Montispessulani, apud Montempessulanum constitutus, diceret se habere jura que olim data et concessa fuerunt per tunc consules Montispessulani Guillelmo tunc Magalonensi episcopo, super electione consulum Montispessulani facienda et receptione juramenti ab electoribus et electis prestandi, secundum quod in instrumento inde facto plenius continetur, et vellet se admitti ad electionem consulum Montispessulani faciendam, pro illo jure quod sibi et suis concessum erat a Magalonensi episcopo, consules Montispessulani, scilicet Guillelmus Lamberti, Guillelmus de Crozolis, Raymundus Atbrandi, Bernardus de Ribauta, Guillelmus Johannini, Stephanus de Candellanicis, Raynardus de Volio, Petrus Joguos, Pontius Guiraudi, Bernardus de Terrada, Johannes Egidii et Durantus Godafredi, communicato consilio cum consiliariis et consulibus officiorum, voluerunt quod dominus rex, et sui in perpetuum, pro jure quod a dicto episcopo habebat, sit nunc et in posterum in electione consulum Montispessulani facienda, secundum formam prenominato episcopo concessam, et, ex concessione sibi facta a Magalonensi episcopo, habeat illa que prenominato episcopo fuerunt tunc a consulibus concessa et promissa; hoc tamen addito quod, cum dominus rex erit in Montepessulano, electionem consulum in kalendis martii perpetuo faciendam idem dominus rex et duodecim tunc existentes consules Montispessulani et assumpti septem viri Montispessulani, scilicet de unaquaque scala unus, faciant eamdem electionem, secundum formam cum dicto episcopo conventam. Et dictus dominus rex promisit salvare et deffendere et consulere bona fide consulatum et consules Montispessulani, et universitatem et singulos de universitate Montispessulani, et universitatis et singulorum jura, et omnia alia facere et complere que per dictum episcopum fuerunt tunc conventa et promissa. Si vero dominus rex a Montepessulano absens esset, possit unum mittere quemlibet de terris suis ultra Salses, dummodo non sit de Montepessulano vel ejus districtu, neque locum suum tenens in Montepessulano, qui pro ipso domino rege intersit et interesse possit electioni consulum faciende dicta die et recipere juramenta. Qui ab eo destinandus si dicta die, hora electionis celebrande, in Montepessulano non erit, ipsi consules qui tunc erunt cum aliis septem viris de scalis sumptis ad electionem libere procedant, nemine expectato, nec alio ad ipsam electionem pro ipso domino rege admittendo. Die vero qua consules electi jurare debent, scilicet in festo Annuntiationis Dominice, ipsi jurent in manu ipsius domini regis vel ab eo missi; et ipse dominus rex vel ab eo missus pro eo faciat promissiones predictas quas episcopus facere tenebatur, et ea forma qua episcopus facere tenebatur. Si vero ipse dominus rex vel ab eo missus, tempore quo electi consules jurare consueverunt, presentes non essent, locum suum tenens in Montepessulano, si presens fuerit, et, si absens fuerit, vel monitus interesse distulerit, veteres consules pro ipso domino rege novorum recipiant juramentum. Insuper dominus rex promisit quod, si episcopus Magalonensis vel Ecclesia Magalonensis in posterum contra consules vel universitatem Montispessulani vel aliquos de universitate, pro jure electionis vel conventionibus a consulibus prenominato episcopo olim factis, questionem moveret, vel aliquam inquietationem inferret, quod inde liberabit et liberare curabit consulatum et consules, et universitatem et singulos de universitate Montispessulani, et actionem et deffensionem suscipiet contra episcopum Magalonensem, suis sumptibus, et actorem et deffensorem constituet. Et de presenti constituit illum qui locum suum pro tempore tenebit in Montepessulano, et voluit et mandavit quod sumptus faciendi super premissis, in agendo vel deffendendo, fiant de reditibus suis Montispessulani, non obstante concessione, donatione, obligatione vel venditione de ipsis reditibus olim facta vel in posterum facienda.

Acta fuerunt hec sollempniter, anno Dominice Incarnationis MCCXLV, in kalendis martii, in presentia et testimonio Raymundi Lamberti, Raymundi de Conchis, etc., et Petri de Ponte, notarii Montispessulani, qui, mandato domini regis et prenominatorum consulum, hec scripsit...

Arch. Nat.; Sect. hist., Cart. J, 340, N° 22, et Reg. LXXVIII, fol. 160 sq. du *Trésor des chartes;* Arch. mun., *Grand Chartrier*, Arm. B, Tiroir III, N° 1; *Grand Thalamus*, fol. 39 r°, et *Livre noir,* fol. 48 v°.

XVI.

RÈGLEMENT DE JAYME I<sup>er</sup>, DU 18 MARS 1245 (1246), RELATIF A L'ÉLECTION DES CONSULS DE MONTPELLIER.

Noverint universi quod nos Jacobus, Dei gratia rex Aragonum, Majoricarum et Valentie, comes Barchinone et Urgelli, et dominus Montispessulani, utilitati Montispessulani et consulatus ejusdem providere cupientes, et electioni consulum congruens remedium imponere affectantes, ad preces et instantiam consulum antiquorum, videlicet Guillelmi Lamberti, Guillelmi de Cruols, Bernardi de Ribalta, Stephani de Candianeges, Raynardi de Vuel, Duranti Godafre, Johannis Egidii, Raymundi Atbran, Pontii Giraut, Bernardi de la Terrada, Petri Jogos, et Guillelmi Johannini, et consiliariorum eorum, et consulum noviter electorum, videlicet Guillelmi Princer, Johannis de la Casa, Stephani Lobet, Petri Ebrart, Firmini Dieus-lo-Fes, Johannis de Balazuch, Petri Riquart, Pontii Garini, Stephani Capsan, Bertrandi Sartre, Pontii de Belloc, et Petri Blanc, et consulum ministeriorum, super electione duodecim consulum Montispessulani, in qua nos sex voces habemus, pro jure nobis concesso ab episcopo Magalonensi, in posterum facienda duximus providendum. Statuimus itaque quod dictorum duodecim consulum electio fiat in posterum singulis kalendis martii in hunc modum : — Quod, convocatis ministeriorum consulibus in domo Consulatus, in dictis kalendis, sicut erunt de scalis, seorsum in septem locis separatim locabuntur ; postmodum ministeriorum consules reddent seu nominabunt de unaquaque scala quinque probos homines pro electoribus ; quibus probis hominibus, scilicet de unaquaque scala quinque, in domo Consulatus congregatis, et in septem locis separatim collocatis, tradetur unicuique de illis quinque cujuslibet scale carta una infra ceram inclusa, ejusdem ponderis et coloris, in quarum una erit tantummodo scriptura aliqua vel figura, que lateat dictos viros, ita etiam quod a dante vel percipiente non possit percipi vel videri, quia carte penitus similes erunt. Carte vero dabuntur per hominem ejusdem rei ignarum, seu per impuberem, vel religiosum, aut forte ignotum fortuitum pretereuntem. Et ita illi septem viri, scilicet de singulis scalis unus, qui cartam scriptam vel aliter figuratam habuerint, ad eligendos futuros consules assumantur, reliquis qui cum eisdem vocati fuerint dimittendis. Deinde vero consules, coadunatis septem viris electoribus, in nostra presentia, si presentes in Montepessulano erimus, vel, absentibus nobis, in presentia missi a nobis ad hoc, aut, nobis et a nobis misso absentibus, iidem consules cum dictis septem viris electoribus electionem futurorum pro tempore consulum celebrabimus, videlicet in hunc modum : — Quod consules et dicti septem viri electores, nobis vel misso nostro absentibus, concorditer convocabunt et eligent sexaginta viros probos de Montepessulano, bone fame et bone opinionis, et qui non inhoneste habitaverint in Montepessulano inter vicinos, scilicet pro singulis duodecim consulibus quinque, prestito tamen prius sacramento in manu nostra vel in manu a nobis missi, vel, nobis et a nobis misso absentibus, in manu alterius dictorum duodecim consulum, nomine et vice nostra recipientis; et nos vel missus noster promittemus bona fide, et consules predicti et septem electores super sancta Dei Evangelia jurabunt quod bonos et legales et utiles nobis et Communitati Montispessulani eligamus bona fide, nec aliquem odio vel inimicitia excludamus, sed neque aliquem amore vel parentela in hoc officio et administratione eligamus. Sic igitur electis dictis sexaginta viris pro singulis duodecim consulibus quinque, ut dictum est, coram consulibus et aliis electoribus septem predictis constitutis, separatim in locis duodecim locabuntur, et, ad modum supradictum de electoribus scalarum, tot carte habentes scripturam aliquam vel figuram, aliis cartis omni scriptura et figura carentibus, que carte secundum modum suprapositum dabuntur dictis viris, per loca duodecim, ut dictum est, distinctis, ita quod semper in illis cartis, que dabuntur singulis partibus dictorum virorum, erit una tantum scripta vel aliter figurata. Illi vero duodecim de predictis viris sic electis et nominatis, qui habebunt tali casu cartam scriptam vel aliter figuratam, intelligantur eligi et pro electis consulibus habeantur, et sint consules tunc anni sequentis, quorum officium et administratio incipiat in festo Sancte Marie martii, quo festo in manu nostra vel a nobis missi, vel, nobis vel misso nostro absentibus, in manu tenentis locum nostrum in Montepessulano, si presens fuerit, et, si absens fuerit vel monitus interesse distulerit, in manu veterum consulum, loco et nomine nostro recipientium, ipsi consules novi jurabunt super sancta Dei Evangelia publice in hunc modum, quod bona fide consulant et utiliter provideant nobis et Communitati toti Montispessulani, et eam regant fideliter et gubernent, et statuta consulatus observent, salvo jure et dominatione nostra in omnibus, salvis etiam consuetudinibus Montispessulani a nobis et nostris predecessoribus concessis, et quod per se vel per alium quemcumque donum, munus vel servitium non recipiant ab aliquo extraneo vel privato, pro causa aliqua que in curia Montispessulani versetur vel vertenda sit, vel coram nobis, vel pro aliquo ex officio consulum infra Montempessulanum expediendo, et quod bona fide consulant nobis et bajulo curie et tenenti locum nostrum in Montepessulano, et quod salvabunt dominationem et jus nostrum in omnibus, salvis consuetudinibus Montispessulani a nobis et predecessoribus nostris datis et concessis. Et nos, si presentes erimus, vel missus noster, vel qui pro nobis recipiet juramentum, promittemus et promittet pro nobis et nostris, et mandato nostro, quod de presenti facimus, quod ipsis consulibus et toti universitati utiliter bona fide consulemus, eosque et universitatem et singulos ipsius universitatis, et ejusdem universitatis et singulorum jura defendemus. Verum, si in eligendo dictos sexaginta viros, nos vel missus a nobis et consules et dicti septem viri electores discordes essemus, partis majoris judicio seu consensui stetur, et pars illa major intelligatur cui nos vel a nobis missus assensum prebuerimus, dum tamen nobiscum vel cum a nobis misso in ea parte sint septem concordes de decem et novem electoribus supradictis. Quia vero mentionem fecimus de aliquo a nobis mittendo, qui pro nobis premissis intersit, quum absentes erimus, intelligimus quod quemlibet possimus mittere qui de terris nostris sit ultra Salses, dum tamen non sit tenens locum nostrum in Montepessulano, nec aliquis de Montepessulano vel ejus dominatione. Et ille quem mittemus ad predicta presentabit se consulibus quacumque die voluerit ante kalendas martii, ut dicte electioni valeat, si venerit, interesse. Quod si forte aliquo casu deficeret, illi qui erunt consules cum dictis septem viris electoribus libere ad electionem supradictam procedant, et valeat eorum electio per omnia, ac si nobis presentibus facta esset. Statuimus preterea quod quicumque fuerit consul, infra triennium post finitum consulatus officium in consulem non creetur. Verum, si forte, quod avertat Dei Filius! aliquis consul infra annum sue administrationis decesserit, vel propter sui perniciem remotus fuerit, in locum illius mortui vel remoti alius per locum nostrum tenentem in Montepessulano et alios consules et septem viros predictos creetur et eligatur; vel quod ipsi consules nuntient nobis mortem vel remotionem ipsius, ut possimus mittere aliquem qui loco nostri intersit electioni illius, si nos vel a nobis mittendus in Montepessulano presentes non essemus.

Supradicta omnia et singula tam nos predictus rex, per nos et nostros successores, quam nos consules, per nos et nostros successores et totam universitatem Montispessulani, decernimus et constituimus in perpetuum valitura, nullis privilegiis vel rescriptis in contrarium vigorem aliquem habituris, salvis in aliis omnibus Montispessulani consuetudinibus a nobis et predecessoribus nostris datis et concessis, et conventionibus inter nos et consules nuper factis, contentis in instrumento facto per manum Petri de Ponte, notarii publici Montispessulani.

Datum in Montepessulano, XV kalendas aprilis, anno ab Incarnatione Domini MCCXLV.

Signum Jacobi, Dei gratia regis Aragonum, Majoricarum et Valentie, comitis Barchinone et Urgelli, et domini Montispessulani.

Testes sunt, etc.....

> Arch. Nat., Sect. hist., Reg. LXXVIII, fol. 160 v° sq. du *Trésor des chartes.* — Arch. mun., *Grand Chartrier,* Arm. A, Cass. XIV, N°s 3 et 4, *Grand Thalamus,* fol. 39 v° et 129 r°, et *Livre noir,* fol. 49 r°.

## XVII.

**PROGRAMME POUR L'INSTALLATION DES CONSULS DE MONTPELLIER.**

E nom de nostre Senhor Dieus Jhesu Crist, amen.

Aquestas cauzas, en aysi con se segon, per tots temps se devon gardar per los senhors cossols.

Et primieramens, quant cossols son creats de novel lo primier jorn de mars, lendeman los devon appellar los cossols vielhs, per far lo sagramen acostumat; lo qual es aytals. E es escritz fol. CXXXV.

Devon jurar que els hic daran bon cosselh e lial, e que tenran secret, e venran per messatge del cosselh, e gardaran las pazes els establimens que gardar devon, et especialmens aquels que juron en public en la gliea de Nostra-Dona, los quals se espresson en lur sagramental.

Item, que entrel jorn que intron los novels, los cossols vielhs los devon estruyre et emformar de totas las cauzas que tocon al fach del ostal. El primier jorn devon far clavaris e trametre a Latas.

Item, que lendeman de Nostra Dona de mars li senhor cossol tots XII devon auzir messa de Sant Esperit, a lautar de la Trinitat, a Sant-Fermin.

Item, que aprop tant tost devon levar lur cosselh e de letrats et de laics, e quels fasson jurar ses tot fi, e pes ar dassessor e de notari;

Item, aytant tost aprop levar cossols e gardas novels de mestiers per proffiech de la Caritate dels mestiers que y meta hom bonas......

Biblioth. Nat., *Cartulaire de Montpellier*, fol. 191.

## XVIII.

**PROCÈS-VERBAL DE L'ÉLECTION ET DE L'INSTALLATION DES CONSULS DE MONTPELLIER POUR L'ANNÉE 1342.**

Noverint universi quod, anno Dominice Incarnationis MCCCXLI, scilicet kalendis martii, domino Philippo rege Francorum regnante, facta cloca consulum ministeriorum ville Montispessulani, et eisdem consulibus convocatis ad domum Consulatus ville Montispessulani ad sonitum campane que dicitur campana media ecclesie Beate Marie de Tabulis, pro reddendis electoribus consulum pro anno proxime adventuro per ministeriorum consules supradictos, et redditis dictis electoribus et sorte electis septem viris de septem scalis ville Montispessulani, videlicet Petro Faraut, peyssionerio, pro scala diei Dominice, et Guillelmo Folcaudi, pellissario, pro scala diei Lune, et Bernardo Egidii, blanquerio, pro scala diei Martis, et Richardo de Milheriis, sabaterio, pro scala diei Mercurii, et Guillelmo Bajuli, canabasserio, pro scala diei Jovis, et Bernardo Teysserii, draperio, pro scala diei Veneris, et Raymundo Roquete, fusterio, pro scala diei Sabbati, prout annis singulis dicta die est fieri consuetum, congregatisque in domo Consulatus Montispessulani discretis viris dominis Francisco Ymberti, Stephano Pluverii, Petro Teysserii, Stephano Roserii, Jacobo Lombardi, Francisco de Furno, Guillelmo Colleti, Petro Aycardi, Johanne Palermini, Raymundo Martialis, Duranto Sererie et Raymundo Deodati, consulibus ville Montispessulani, actu regentibus et administrantibus rem publicam dicte ville, necnon et aliis supranominatis septem viris de septem scalis sorte electis congregatis una cum dictis dominis consulibus in dicta domo Consulatus ville Montispessulani, super et pro dicta electione novorum consulum ville Montispessulani pro anno futuro proxime facienda, domino Montispessulani nec altero per eum misso ad interessendum in dicta electione pro eodem domino Montispessulani non presentato dudum, nec se presentantibus personaliter, ad interessendum in dicta electione pro domino Montispessulani, prout interesse possunt juxta formam electionis predicte, supranominati domini consules, sequentes formam dicte electionis, videlicet quod in casu in quo dictus dominus Montispessulani non est presens in Montepessulano, nec missus specialiter super hoc per eumdem, dicti domini consules una cum dictis septem viris possunt et debent facere electionem novorum consulum predictorum, lecto quoque in eorum presentia necnon et prestito per eosdem dominos consules et septem viros juramento in manu domini Francisci Ymberti, consulis supradicti, super sanctis Dei Evangeliis corporaliter per eorum quemlibet manu tactis, de servandis in electione predicta de novo facienda contentis in sacramentali super iis edito et scripto in libro Consuetudinum Montispessulani domus Consulatus predicti coram eisdem vulgarisato ibidem, iidem domini consules et septem viri electores se incluserunt in solario sive aula dicte domus Consulatus pro dicta electione novorum consulum facienda per eosdem, prout retroactis temporibus, juxta formam dicte electionis, singulis annis est fieri consuetum.

Acta fuerunt hec in domo Consulatus Montispessulani predicta, et fuerunt testes horum vocati et rogati magister Petrus Cardinalis, notarius, Johannes de Piniano, Pontius Michaelis, Johannes Malafosse, nuntii domus Consulatus Montispessulani, et ego Johannes Laurentii, publicus Montispessulani notarius, qui hec in notam recepi, et requisitus fui de prescriptis facere publicum instrumentum.

Post hec, anno et die quibus supra, convocata et congregata universitate hominum ville Montispessulani in domo Consulatus antedicta ad sonitum campane grosse ecclesie Beate Marie de

Tabulis, prout moris est dictam universitatem convocari et congregari dicta die, supranominati domini consules et septem viri electores publice et alta voce legi et publicari fecerunt ibidem electionem per eosdem factam de sexaginta viris electis per eosdem de Communitate seu universitate Montispessulani predicta, de quibus quidem sexaginta viris debent eligi sorte duodecim consules novi pro regenda et administranda anno proxime adventuro Communitate seu universitate et re publica et domo Consulatus ville Montispessulani, gradatim videlicet, de officiis de quibus debent eligi et assumi dicti consules novi, secundum statutum super hoc editum et scriptum in supradicto libro domus Consulatus Consuetudinum Montispessulani, necnon et servato ordine consueto super dicta electione, nichilque de contingentibus pretermisso, sorte contigit eligi et electi fuerunt consules Montispessulani [pro] anno proxime adventuro duodecim domini infrascripti, videlicet venerabiles et discreti viri domini Bremundus Fabri, Johannes Agulhoni, Jacobus Marci, Bernardus Ricardi, Guillelmus Fornerii, Raymundus Franchi, Petrus de Colleto, Guillelmus Sabrani, Petrus Laurentii, Franciscus Capitis-probi-hominis, Raymundus Clementis et Petrus Deodati, ad regendum et gubernandum et administrandum Communitatem seu universitatem et rem publicam hominum ville Montispessulani pro isto anno proxime adventuro; et eorum electio fuit ibidem alta voce coram populo publicata.

Testes horum a paragrafo proximo citra fuerunt dominus Bernardus de Rupefixa, legum doctor, magister Petrus Cardinalis, notarius, Bernardus Duranti, Bertrandus Laurentii, nuntii domus Consulatus Montispessulani, Petrus de Mercato, mercator, et ego Johannes Laurentii, notarius supradictus, qui hec in notam recepi, et requisitus fui de prescriptis facere publicum instrumentum.

Post hec, anno quo supra, scilicet sexto nonas martii, domino Philippo rege Francorum regnante, supranominati domini Bremundus Fabri, Johannes Agulhoni, Jacobus Marci, Bernardus Ricardi, Guillelmus Fornerii, Raymundus Franchi, Guillelmus Sabrani, Petrus Laurentii, Franciscus Caput-probi-hominis, et Raymundus Clementis, consules de novo electi, existentes in domo Consulatus ville Montispessulani, in presentia discretorum virorum dominorum Francisci Ymberti, Stephani Pluverii, Petri Teysserii, Stephani Roserii, Jacobi Lombardi, Francisci de Furno, Guillèlmi Colleti, Petri Aycardi, Johannis Palermini, Raymundi Martialis, Duranti Sererie et Raymundi Deodati, consulum ville Montispessulani actu regentium et administrantium rem publicam ville Montispessulani, lecto primitus et vulgarisato coram eis sacramentali per novos consules prestando et prestari consueto post eorum electionem in domo Consulatus Montispessulani, scripto in dicto libro consulatus Montispessulani, juraverunt supra proxime nominati domini consules de novo electi super sancta Dei quatuor Evangelia, per quemlibet eorumdem corporaliter manu tacta, se tenere et servare contenta in dicto sacramentali, prout in eodem continetur.

Testes horum a proximo paragrafo citra fuerunt dominus Petrus Calvelli, legum doctor, magister Petrus Cardinalis, notarius, et ego Johannes Laurentii, publicus Montispessulani notarius, qui hec in notam recepi, et requisitus fui de prescriptis facere publicum instrumentum.

Post hec, anno quo supra, scilicet quinto idus martii, prefato domino Philippo rege Francorum regnante, supranominatus dominus Petrus de Colleto, consul de novo creatus, existens in domo Consulatus ville Montispessulani predicta, presentibus ibidem discretis viris dominis Francisco Ymberti, Stephano Pluverii, Petro Teysserii, Stephano Roserii, Jacobo Lombardi, Francisco de Furno, Guillelmo Colleti, Petro Aycardi, Johanne Palermini, Raymundo Martialis, Duranto Sererie et Raymundo Deodati, consulibus actu regentibus et administrantibus rem publicam dicte ville, lectoque primitus coram eo sacramentali predicto, per novos consules electos in dicta domo Consulatus prestari consueto, juravit supra proxime nominatus dominus Petrus de Colleto, de novo electus, super sancta Dei quatuor Evangelia, per eumdem corporaliter manu tacta, se tenere et servare contenta in dicto sacramentali, prout in eodem continetur.

Testes horum a paragrafo proximo citra fuerunt dominus Petrus Calvelli, legum doctor, magister Petrus Cardinalis, notarius, et ego Johannes Laurentii, publicus Montispessulani notarius, qui hec in notam recepi, et requisitus fui de prescriptis facere publicum instrumentum.

Post hec, anno quo supra, scilicet octavo kalendas aprilis, prefato domino Philippo rege Francorum regnante, nobili et potenti viro domino Hugone de Çarsano, milite, regente curiam Palatii Montispessulani pro superillustri domino nostro Francorum rege, et omnibus supranominatis dominis consulibus anni proxime preteriti, necnon et supranominatis dominis Bremundo Fabri, Johanne Agulhoni, Jacobo Marci, Bernardo Ricardi, Raymundo Franchi, Petro Colleti, Guillelmo Sabrani, Petro Laurentii, Francisco Capitis-probi-hominis, Raymundo Clementis et Petro Deodati, consulibus Montispessulani de novo electis ad consulendum Communitatem Montispessulani pro anno isto proxime adventuro, existentibus in ecclesia Beate Marie de Tabulis Montispessulani, populo ibidem congregato, prout in die festi Annuntiationis B. Marie mensis martii, pro sacramentali seu juramento per dominos consules de novo electos prestando, singulis annis est fieri consuetum, lectoque ibidem palam et publice alta voce vulgariter sacramentali infrascripto, videlicet per hec verba : « Ieu hom elegut en cossol de Monpeslier, promet » e convene a vos, mo senhor En Huc de Carsan, cavalier, » regent la cort del Palays de Monpeslier per nostre senhor lo » rey de Fransa, recebent per lo senhor de Monpeslier, que a bona

» fe acosselharay et utilmen provenray al senhor de Monpeslier
» et a tota la Comunaleza de Monpeslier, et aquela regiray fizel-
» men e governaray. E los establimens e los bos uses del Cossolat
» gardaray e mantenray, sal lo dreg e la dominacion del senhor
» de Monpeslier en totas cauzas, sal empero las Costumas de
» Monpeslier, del senhor de Monpeslier e de sos predecessors
» donadas et autreyadas ; e que per me ni per autres negun don
» ni negun servizi non recebray dalcuna persona estranha o
» privada, per neguna cauza que en la cort de Monpeslier sia
» menada o menadoyra, o davant me per alcun dels ufizis dels
» cossols defra Monpeslier despezegadoira, e que a bona fe
» acosselharay al senhor de Monpeslier et al bailon de la cort et
» al luoctenent de lui en Monpeslier, e que salvaray la domina-
» cion el dreg del senhor de Monpeslier en totas cauzas, salvas
» las Costumas de Monpeslier per lo senhor de Monpeslier e
» per sos predecessors donadas et autreyadas, e lestablimen
» fag en lan de MCCLXXXXIII, so es que rendon comte li clavari
» e los cossols de mar, e quin salari pren assessor, e de non
» vendre las rendas de Valena mais a un an, et gardaray e
» defendray ho a tot mon poder, e que lestablimen de non
» metre bestiari en las possessions deffendray, loqual es en
» cartatz. » — Supra proxime nominati domini consules de novo
electi, assumendo administrationem sui officii consulatus ante-
dicti, prestiterunt in manibus dicti domini regentis, pro domino
Montispessulani recipientis, juramentum predictum, et se
tenere, servare et complere omnia et singula in supra proxime
scripto et lecto sacramentali contenta memorato domino regenti,
pro domino Montispessulani recipienti, promiserunt et juraverunt super sanctis Dei quatuor Evangeliis, in manibus dicti
domini regentis per quemlibet eorumdem singulariter manu
tactis, solempniter promittendo.

Testes horum a paragrafo proximo citra fuerunt dominus
Petrus Calvelli, dominus Bernardus de Rupefixa, legum doc-
tores, magistri Berengarius Balanserii et Petrus Cardinalis,

notarii, et plures alii, et ego Johannes Laurentii, publicus Montispessulani notarius, qui hec in notam recepi, et una cum dicto magistro Berengario Balanserii notario requisitus fui de prescriptis facere publicum instrumentum

Post hec, anno quo supra, scilicet octavo idus maii, prefato domino Philippo rege Francorum regnante, venerabili et discreto viro domino Gerardo Lombardi, jurisperito, vicesgerente nobilis et potentis viri domini Hugonis de Carsano, militis, regentis curiam Palatii Montispessulani pro superillustri domino nostro Francorum rege, et supranominatis dominis Bremundo Fabri, Johanne Agulhoni, Jacobo Marci, Bernardo Ricardi, Guillelmo Fornerii, Raymundo Franchi, Petro Laurentii, Francisco Capitis-probi-hominis, Raymundo Clementis et Petro Deodati, consulibus ville Montispessulani, existentibus in ecclesia Beate Marie de Tabulis supradicta, congregatis ibidem pro sacramentali seu juramento supra proxime scripto prestando per dictum dominum Guillelmum Fornerii, qui, tempore quo alii supra proxime nominati domini conconsules sui dictum prestiterunt juramentum, in remotis agebat adeundo limina seu sanctoratgium Beati Jacobi apostoli in Compostella, lectoque ibidem palam et publice et vulgarisando dicto sacramentali, prefatus Guillelmus Fornerii prestitit in manibus dicti domini vicesgerentis, pro domino et nomine domini Montispessulani recipientis, dictum juramentum, et se tenere, servare et complere omnia et singula in dicto sacramentali contenta memorato domino vicesgerenti, pro domino Montispessulani recipienti, promisit et juravit super sanctis quatuor Dei Evangeliis, in manibus dicti vicesgerentis solempniter per eumdem dominum Guillelmum Fornerii manu tactis, solempniter promittendo.

Testes horum a paragrafo proximo citra fuerunt dominus Bernardus de Rupefixa, legum doctor, magister Petrus Cardinalis, notarius, Petrus Romeni, mercator, et ego Johannes Laurentii, publicus Montispessulani notarius, qui hec in notam recepi, et requisitus fui de prescriptis facere publicum instrumentum.

Post mortem vero domini magistri Johannis Laurentii, ego Stephanus Galterii, clericus substitutus et juratus magistri Guillelmi Rodesii, notarii regii, cui data et concessa est licentia et auctoritas generalis per venerabilem virum dominum Pontium Berengarii, jurisperitum, judicem regium Montispessulani, et locumtenentem domini gubernatoris ville et baronie Montispessulani, de extrahendis per se vel ejus substitutum instrumentis publicis de notis per dictum quondam magistrum Johannem receptis, prout de dictis licentia et auctoritate constat in instrumento publico inde facto, scripto et signato per magistrum Raymundum de Donis, notarium regium, sub anno Dominice Incarnationis MCCCXLVIII, et die penultima mensis julii, predictum instrumentum de quadam nota per dictum quondam notarium recepta, et inter alias suas notas in suo prothocollo reperta, secundum tenorem note dicti quondam notarii scripsi et extraxi, vice et mandato dicti magistri Guillelmi Rodesii, prout superius continetur. — Ego vero Guillelmus Rodesii, notarius predictus, facta prius diligenti collatione ad notam dicti quondam notarii cum dicto meo substituto, in testimonium premissorum hic subscripsi et signo meo signavi sequenti. Guillelmus, notarius.

<small>Arch. mun., *Grand Chartrier*, Arm. F, Cass. VII, N° 22.</small>

## XIX.

**DÉCLARATION DU SYNDIC DES CONSULS DE MONTPELLIER PIERRE GILLES, INDIQUANT LES ATTRIBUTIONS DE L'AUTORITÉ CONSULAIRE DANS SES RAPPORTS AVEC LES AUTRES POUVOIRS.**

Petit et probare intendit (Petrus Egidii) quod domini consules, per se et suos predecessores, sunt in possessione et saisina..... videlicet quod ipsi domini consules et singulares dicte ville habitatores partis ejusdem ville ipsi domino nostro regi [Francorum] ultimo acquisite, immediate ac solum et in solidum subsunt et subesse consueverunt in omnibus causis et questionibus civilibus potestati et jurisdictioni ac cognitioni bajuli regii dicte partis et aliorum curialium consistoriorum curie ipsius bajuli tanquam ordinarii......

Item, quod ipsi domini consules et singulares habitatores dicte partis immediate subsunt et subesse consueverunt in omnibus causis et questionibus criminalibus solum et in solidum potestati, jurisdictioni ac cognitioni et punitioni reali et corporali dicti bajuli et sui locumtenentis, tanquam ordinariorum in tota dicta parte.

Item, quod dictus bajulus regius habet omnimodam jurisdictionem ordinariam in causis criminalibus in tota dicta parte, tam in incolis quam in aliis ibidem delinquentibus vel repertis, undecumque sint.

Item, quod dicti domini consules et singulares habitatores dicte partis subsunt, mediate tamen, potestati et jurisdictioni domini gubernatoris regii Montispessulani vel ejus locumtenentis in duobus casibus solum et duntaxat, videlicet in causis appellationum que ad ipsum devolvi contingunt ab audientia bajuli et aliorum curialium regiorum curie predicte, et etiam in casu supplendi defectum justitie, si quis in ipso bajulo et dictis aliis curialibus reperiatur, et quod ipsi bajulus et alii curiales predicti ter, vel per debita intervalla, et in scriptis moniti, reperiantur in defectu justitie exhibende, et juxta formam statuti super hoc editi, et aliter non.

Item, quod dictus dominus gubernator habet in tota dicta parte dictam jurisdictionem mediatam in dictis duobus casibus solum et duntaxat, et non in aliis.

Item, quod omnes et singule preconisationes, ordinationes et mandata generalia vel specialia per vocem preconis vel per servientes, et citationes ac inhibitiones quecumque, que fieri contingunt ipsis dominis consulibus vel singularibus dicte partis per gubernatorem et bajulum aut alium ex curialibus predictis, in casibus ad utramque ipsorum spectantiam, fiunt et fieri consueverunt simpliciter et cum comminatione, quod nisi pareatur curia faciet quod debebit, et absque impositione vel expressione alicujus pene vel mulcte pecuniarie, vel personalis aut realis, magne vel parve, tacite vel expresse, generalis vel specialis.

Item, quod bajulus regius Montispessulani et sui predecessores in ipso officio quicumque usi sunt et consueverunt soli et in solidum laudare, nomine domini Montispessulani, venditiones et quascumque alienationes quas fieri contingit de hospitiis et aliis honoribus in villa et pertinentiis Montispessulani situatis que a domino nostro rege tenentur in emphyteosim, et inde recipere laudimia propter hoc debita eidem domino nostro regi......

Item, quod si contingat aliqua victualia et alias merces esse suspectas de corruptione, infectione, sofisticatione, dicti domini consules vel custodes officiorum ab eis instituti et deputati eorum nomine possunt et consueverunt talia victualia vel merces per se vel gentes suas eorum propria auctoritate capere a quibuscumque privilegiatis vel non privilegiatis in villa et pertinentiis Montispessulani ea habentibus, et ad domum Consulatus asportari facere, et ibidem per dictos custodes et alios in talibus expertos, si ipsis dominis consulibus videatur, diligenter videri et inspici facere, et si res ipsas bonas aut sufficientes reperierint, illis quorum sunt restitui facere, si vero insufficientes reperiantur, pauperibus elargiri; quod si sofisticate vel incamarate reperiantur, dicto domino bajulo remittere pro ipsis publice comburendis; quam exequutionem idem dominus bajulus illico facere debet, nulla alia solempnitate vel cognitione requisita; et ultra hoc culpabiles punire debet bajulus regius antedictus, prout jura volunt.

Item, quod ipsi domini consules debent et consueverunt, et

ad ipsorum spectat officium, totiens quotiens eis videbitur faciendum, per se seu gentes suas capere seu capi facere propria auctoritate omnia et singula pondera et omnes et singulas mensuras quorumcumque mercatorum, draperiorum, canabasseriorum, pipperariorum, apothecariorum, hordeariorum, revenditorum, merceriorum, tabernariorum seu vinum vendentium, et quorumcumque aliorum dicte ville, et eas et ea ad domum dicti Consulatus facere portari cognoscereque, et nisi bone et legales reperiantur, ipsas frangere, ad expensas illorum quorum sunt.

Item, quod ipsi domini consules possunt et debent et consueverunt, et ad ipsorum spectat officium, totiens quotiens eis videbitur faciendum, per se vel per gentes suas, propria auctoritate, capi facere omnes panes pistorum Montispessulani, et ipsos panes ad domum dicti Consulatus facere asportari et ibidem recognosci an sint de pondere bono vel non; quod si minoris ponderis sint quam debeat, ipsum in totum vel in partem retinere, et retentum amore Dei elargiri, pro eorum libito voluntatis.

Item, quod dicti domini consules sunt in possessione suas impositiones et redditus ac emolumenta quecumque per gentes suas in portalibus et aliis locis Montispessulani ad hoc statutis exigendi et levandi, et rebelles seu contradicentes retinendi, pignorandi, libere et impune.

Item, quod dicti domini consules sunt in possessione singulis annis in domo dicti eorum Consulatus exigendi, habendi et recipiendi ab omnibus et singulis incantatoribus et scriptoribus incantuum dicte ville juramentum de se habendo bene et legaliter in hujusmodi officiis eorum et aliter, prout continetur in sacramentalibus contentis in libro aliorum sacramentalium dicti consulatus.

Item, quod dicti domini consules sunt in possessione, in personis et eorum et totius populi et singularium dicte ville, pannos suos laneos extendere seu extendi facere libere et impune, pro desiccando, in pacuis fluminis Lani et aliorum fluminum et riperiarium propinquarum ville Montispessulani, et etiam in ripis possessionum propinquarum et vicinarum fluminibus antedictis, absque eo quod domino vel parti alicui emendam propter hoc facere teneantur.

Item, quod dicti domini consules sunt in possessione, per se et gentes suas, totiens quotiens eis placet, libere et impune cavare et accipere arenam et arenas de flumine Lani et aliis fluminibus et ripperiis existentibus in tenemento et pertinentiis Montispessulani, et de alveis ipsorum,.... absque eo quod propter hoc domino vel alteri alicui emendam aliquam vel financiam facere teneantur....

Predicta omnia et singula sunt vera et notoria, et de eis est publica vox et fama in villa Montispessulani et aliis locis circumvicinis.

Extrait d'une procédure de 1364, ap. Arch. mun., *Grand Chartrier*, Arm. H, Cass. VII, N° 35.

## XX.

ORAISONS QUI SE DISAIENT, CHAQUE JOUR DE L'ANNÉE, A LA MESSE VOTIVE FONDÉE, EN 1314, DANS L'ÉGLISE NOTRE-DAME DES TABLES PAR LES CONSULS DE MONTPELLIER.

### ORATIO.

Rex glorie, rex virtutum, immensam largitatis tue clementiam suppliciter imploramus, ut populum Montispessulani, sub Beatissime Dei Genitricis Marie tutela condam a suo domino temporali comissum, ipsius Virginis meritis et precibus in sancta et concordi unitate custodias, in consiliis dirigas, et continua tuhitione deffendas, per Dominum nostrum Jhesum Christum, etc.,

### SACRA.

Hec munera, que, piissime Pater, tue Magestati indigni offerimus, meritis et intercessionibus Beatissime Virginis Marie gratanter suscipe, et populum Montispessulani a malis omnibus erue, et in bonis cunctis digneris jugiter promovere, per Dominum nostrum Jhesum Christum, etc.

### COMPLETIO.

Preciosissimi corporis et sanguinis tui, Domine, veneranda misteria, meritis Beatissime Marie Virginis matris tue, populum Montispessulani purgent a viciis, dirigant in agendis, et a cunctis semper tuheantur adversis, per eumdem Dominum nostrum Jhesum Christum, etc.

Biblioth. Nat., *Cartulaire de Montpellier*, vers la fin, fol. non numéroté.

## XXI.

BULLE D'INNOCENT III, DU 10 AVRIL 1215, RELATIVE AU PROTECTORAT EXERCÉ PAR LE SAINT-SIÉGE SUR MONTPELLIER, ET AUX DEUX MARCS D'OR ANNUELLEMENT PAYÉS AU PAPE PAR LES HABITANTS DE CETTE VILLE, EN RECONNAISSANCE DE CE PROTECTORAT.

Innocentius episcopus, servus servorum Dei, dilectis filiis consulibus et populo Montispessulani, salutem et apostolicam benedictionem.

Justis petentium desideriis dignum est nos facilem prebere assensum, et vota que a rationis tramite non discordant effectu prosequente complere. Cum igitur nobis et Apostolice Sedi quodam speciali debito et affectu obedientes hactenus extiteritis et devoti, nos, precibus vestris benigno concurrentes assensu, personas vestras et terram ipsam, cum omnibus que inpresentiarum rationabiliter possidetis aut in futurum justis modis, prestante Domino, poteritis adipisci, sub Beati Petri et nostra protectione suscipimus, et presentis scripti patrocinio communimus. Ad perpetuum autem devotionis indicium, duas marchas auri, centum massamutinis computandis pro marcha, quas Sedi Apostolice liberaliter obtulistis, nobis ac successoribus nostris, singulis annis, in festo Resurrectionis Dominice, persolvetis. Nulli ergo omnino hominum liceat hanc paginam nostre protectionis infringere, vel ei ausu temerario contraire. Si quis autem hoc attemptare presumpserit, indignationem Omnipotentis Dei et Beatorum Petri et Pauli apostolorum ejus se noverit incursurum.

Datum Laterani, IV idus aprilis, pontificatus nostri anno octavo decimo.

Arch. mun., *Grand Chartrier*, Arm. F, Cass. V, N° 53.

## XXII.

### BULLE DE GRÉGOIRE IX, DU 17 SEPTEMBRE 1237, EN FAVEUR DE LA COMMUNE DE MONTPELLIER.

Gregorius episcopus, servus servorum Dei, venerabili fratri archiepiscopo Viennensi, Apostolice Sedis legato, salutem et apostolicam benedictionem.

Cum dilecti filii consules et universitas ville Montispessulani, ad nos et Romanam ecclesiam sinceram devotionem habentes, sub speciali protectione Apostolice Sedis et nostra consistant, fraternitatem tuam monendam duximus et hortandam, per apostolica tibi scripta mandantes, quatenus ipsos, ob reverentiam Beati Petri et nostram habeas, quantum cum Deo poteris, commendatos. Inquisitionis vero negotium, quam, ut dicitur, super vitio heretice pravitatis in villa predicta fieri mandavisti, diligentius prosequaris, ita tamen quod falsitatis vitium per testes aliquos non obrepat, et innocentia sit immunis a pena; et perversorum iniquitas non remaneat impunita.

Datum Viterbii, XV kalendas octobris, pontificatus nostri anno undecimo.

<small>Arch. mun., *Grand Chartrier*, Arm. D, Cass. I, N° 8. Original en double expédition, avec sceau en plomb.</small>

## XXIII.

**BULLE DE GRÉGOIRE IX, DU 12 MARS 1238, RELATIVE A LA PERCEPTION DES OBOLES DE LATTES.**

Gregorius episcopus, servus servorum Dei, venerabili fratri archiepiscopo Arelatensi, salutem et apostolicam benedictionem.

Ex parte consulum ville ac maris Montispessulani fuit propositum coram nobis quod, cum venerabilis frater noster archiepiscopus Viennensis, Apostolice Sedis legatus, asserens de inhibendis novis pedagiis et de non augmentandis veteribus in eadem villa Montispessulani et ejus districtu a nobis recepisse mandatum, eisdem ut a perceptione obolorum qui a longis retro temporibus percipiuntur in castro de Latis desisterent injunxisset, iidem excipiendo coram eo proponere curaverunt, quod, cum dicti oboli tam largitione dominorum quam consulum et Communis Montispessulani concessione, per legatos Sedis Apostolice confirmata; pro conservanda pace ac reparatione et conservatione gradus maris et ingressus fluminis Lesi, securitate navigantium, reprimendis et expellendis piratis, raptoribus et aliis tam Christianis quam Sarracenis offendentibus transeuntes per mare ipsis vicinum, galea et aliis navigiis ad defensionem hujusmodi deputatis, ipsis a navigantibus exsolvantur, nec computentur in redditus, nec in usus alios convertantur; prout erant legitime probare parati, prohibere perceptionem ipsorum occasione mandati hujusmodi non poterat nec debebat; et quia ipsos super hoc audire contra justitiam denegabat pluries humiliter requisitus, sentientes indebite se gravari nostram audientiam appellarunt. Unde eidem archiepiscopo damus nostris litteris in mandatis ut, si est ita, in statum debitum proinde revocet per se ipsum, si forsan contra eos in aliquo post hujusmodi appellationem processit. Quocirca fraternitati tue per apostolica scripta mandamus, quatenus, si dictus archiepiscopus mandatum nostrum neglexerit adimplere, tu illud, sublato appellationis obstaculo, exequi non omittas.

Datum Laterani, IV idus martii, pontificatus nostri anno undecimo.

Arch. mun., *Grand Chartrier*, Arm. B, Cass. XXI, N° 12. Original, muni du sceau en plomb de Grégoire IX. Il existe une copie de cette bulle aux Archives Nationales, Sect. hist., Cart. J, 339, N° 23, fol. 15 v°.

## XXIV.

### BULLE D'ALEXANDRE IV, DU 17 FÉVRIER 1257, RELATIVE AU MÊME OBJET.

Alexander episcopus, servus servorum Dei, dilectis filiis consulibus et universitati Montispessulani, Magalonensis diocesis, salutem et apostolicam benedictionem.

Quum a nobis petitur quod justum est et honestum, tam vigor equitatis quam ordo exigit rationis ut id per sollicitudinem nostri officii ad debitum perducatur effectum. Quum itaque, sicut ex parte vestra fuit propositum coram nobis, homines terre vestre, ac alii navigantes et declinantes ad locum qui portus de Latis vulgariter appellatur, pro securitate ipsorum et conservatione portus ejusdem a frequentibus incursibus piratarum, pro qualibet libra de ipsorum mercimoniis proveniente in pecuniam unum obolum usualis monete, de antiqua et approbata consuetudine ac hactenus pacifice observata, persolvant; nos, vestris supplicationibus inclinati, hujusmodi consuetudinem auctoritate apostolica confirmamus, et presentis scripti patrocinio communimus. Nulli ergo omnino hominum liceat hanc paginam nostre confirmationis infringere, vel ei ausu temerario contraire. Si quis autem hoc attemptare presumpserit, indignationem Omnipotentis Dei et Beatorum Petri et Pauli apostolorum ejus se noverit incursurum.

Datum Laterani, XIII kalendas martii, pontificatus nostri anno tertio.

Arch. mun., Grand Chartrier, Arm. B, Cass. XXI, N° 12. Original, avec sceau en plomb d'Alexandre IV. Il existe une copie de cette bulle aux Archives Nationales, Sect. hist., Cart. J, 339, N° 23, fol. 16 r°.

### XXV.

LISTE CHRONOLOGIQUE DES CONSULS ET DES OFFICIERS DE LA BAYLIE DE MONTPELLIER, DURANT LA PÉRIODE COMMUNALE.

Nous donnons cette liste d'après le manuscrit du *Petit Thalamus* de nos Archives municipales, comparé avec les autres manuscrits du même genre, soit de Montpellier, soit de Paris. Les éditeurs de ce manuscrit, en l'écartant de leur publication, n'ont sans doute pas réfléchi qu'ils enlevaient par cela même à la Chronique du *Petit Thalamus* son vrai caractère, son caractère primitif et fondamental de chronique consulaire. La Chronique dont nous parlons, alors qu'elle ne fournit pour nombre d'années, dans sa première partie surtout, l'indication d'aucun évènement historique, pas même de ceux que renferme l'édition imprimée, puisque la mention de la plupart de ces évènements est durant plus d'un siècle le fait de surcharges de date postérieure et n'existe que sur les marges ou au bas des feuillets du manuscrit le plus ancien, enregistre pourtant dans son contexte, année par année, et sans interruption de 1204 à 1426, la série des consuls et des bayles, sans parler d'autres magistrats d'un ordre secondaire appelés à participer à l'administration de la Commune, — preuve qu'elle a réellement le caractère que nous lui assignons. La publication de nos listes, en lui restituant ce caractère essentiel et original, que les éditeurs du *Petit Thalamus* n'auraient pas dû lui ravir, servira aussi à compléter leur travail. Ajoutons, pour les besoins du lecteur desireux de fondre ce complément dans le texte déjà imprimé, que les listes que nous éditons doivent toujours figurer dans la Chronique du *Petit Thalamus* en tête de chaque année.

Aysso es lo comessamen del Cossolat.

Anno Dominice Incarnationis millesimo ducentesimo quarto, foron cossols nAustorc dOrlhac, en Regort, en Pons Audeguier, en P. Lobet, en Johan Lucian, Pons dAnbana, en Luchas Polverel, en R. Benezeg, B. de la Gleyza, Bereng. Aymeric, Bertran Gili, en P. de Bizancas [1].

E fon bayle en P. de Bizancas en aquel an.

[1] Nous avons déjà dit ailleurs que la formule *En* mise devant les noms propres, et réduite à *N* quand ces noms commencent par une voyelle, est une abréviation de *Sen*, abrégé lui-même de *Senior*, et a, comme le primitif, un sens purement honorifique. Mais peut-être convient-il de le répéter ici, eu égard au fréquent emploi de cette formule dans les listes que nous éditons. Les bourgeois de Montpellier en devinrent si prodigues envers leurs consuls, que, d'abord restreinte aux plus notables d'entre eux, elle ne tarda pas à s'appliquer à tous indistinctement.

Anno Dominice Incarnationis millesimo ducentesimo quinto, foron cossols en P. Fabre, en P. Raynaut, en G. Bocados, en P. de Monbeliart, Pons Raymon, B. Cap de Malh, G. Cap de Buou, en Bon Amic, G. Roscel, G. de Lunel, Oth. Cayrel. E mori en P. de Montbeliart, e fon en son luoc Huc de Rofiac.

E fon bayle en Johan Lucian.

Anno Dominice Incarnationis M° CC° VI°, foron cossols en R. de Caors, P. Daude, G. Gras, Randols Bonifazi, Johan Andrieu, Jo. Ros, Steve Albert, Gui Bergonhon, P. Fraynes, B. de Montanhac, Daude de Fanx, P. Blegier.

Fon bayle en Jo. dOrlhac.

Anno Dominice Incarnationis M° CC° VII°, foron cossols en Johan de la Caza, St. Tavernier, Bertran Metge, Gr. Raymon de Gordon, B. Gres, Jo. Bocados, Raynaut Estornel, Girart Talon, G. de Venranegues, en Salvayre, P. Porcel, P. Baudilh.

Fon bayle en G. Cap de Buou.

En lan de M. CC. VIII, foron cossols en Johan dOrlhac, G. de Campgris, R. Cap de Buou, P. Lobet, Johan Lucian, R. Gautier, en B. Carbonel, nEymeric Poli, St. Doycha, R. Dyeu lo fés, Jo. Botet, R. de Mayrueygs.

Bayle, Rainaut Estornel.

En lan de M. CC. IX, foron cossols en P. Bellian, G. de Grabels, nAutorc dOrlhac, Huc de Montbeliart, B. Cap de Buou, G. dOrcas, R. Ebrart, en Regort, Daude de Rocenhac, P. de Bizancas, en Blanc, G. del Plantier.

Bayle, en Johan Lucian.

En lan de M. CC. X, foron cossols en Lucas Polverel, en Johan Bocados, en P. Gazanhayre, Girart Taon, Pons Ramon, P. Salvayre, Bertran de Venranegues, R. Carbonel, B. de

Montanhac, G. de Lunel, R. Santiberi, B. Mazelier. E mori en P..Gazanhayre, e fon en son luoc nEst. Johan.

E fon bayle en Jo. de la Caza.

En lan de M. CC. XI, foron cossols en P. Daude, en P. Lobet, en Jo. Lucian, R. Cap de Buou, Jo. dOrlhac, Pons Adalguier, G. dAzilhan, G. Roscel, A. Poli, Jo. de Clapiers, R. Benezeg, Jo. Vaca.

Bayle, en B. Cap de Buou.

En lan de M. CC. XII, foron cossols en G. de Conchas, Hermengaut dAzilhan, Huc de Montbeliart, G. de Cavanac, en Regort, R. Ebrart, en Garrel, Jo. de Latas, R. de Bezers, P. de Seneuquieyras, St. de Servian, Durant de Gres.

Bayle, en Cap de Buou.

En lan de M. CC. XIII, foron cossols P. Raynaut, B. Gres, P. de Caranta, G. dOrchas, G. de Lunel, R. Gautier, P. Guiraut, B. Doycha, P. de Sumeua, G. Johan, P. de Bizancas, R. de Santiberi.

E fon bayle en Johan Lucian.

En lan de M. CC. XIIII, foron cossols en P. Lucian, B. de Ribauta, P. Bellian, P. de Ginhac, G. Tahon, P. Franc, Durant Mazelier, Luchas Polverel, R. de Posquieyras, G. Borel, B. Raols, Johan Ros.

E fon bayle en P. Lobet.

En lan de M. CC. XV, foron cossols Johan Lucian, R. Atbran, R. Benezeg, B. Cap de Buou, P. Ymbert, B. de Montanhac, R. de Ginhac, G. del Plantier, P. Salvayre, B. de Bezers, Daude de Fanx, Huc Laures.

Bayle, en Jo. Bocados.

En lan de M. CC. XVI, foron cossols en P. Lobet, St. de Conchas, Jo. dOrlhac, St. de Caudalhanegues, Jo. de Santiberi, G. Peyronet, Jo. Blanc, Fermin Borzes, Daude Bocados, **Huc** de la Porta, G. de Lunel, R. de Santiberi. E mori en P. Lobet, e fon en son luoc G. Rotbert, drapier [1].

E fon bayle en B. Cap de Buou.

En lan de M. CC. XVII, foron cossols en B. dAzilhan, G. de Conchas, G. Fustier, G. Cordoanier, G. de Montarberon, Pons de Caranta, B. Mazelier, Vezian Bigorra, en Regort, nAndrieu de Congienhas, R. de Mozere, P. de Bizancas. E fon en son luoc en B. del Forn [2].

E fon bayle en G. dAzilhan.

En lan de M. CC. XVIII, foron cossols en Johan Bocados, nErmengaut dArilhan, Jacme Lombart, G. Roscel, R. Prohensal, Pons Guiraut, G. del Plantier, B. de Ribauta, R. de Sers, en Garel, en P. Veire, G. Borel [3].

Bayle, B. dArilhan.

En lan de M. CC. XVIIII, foron cossols en Jo. Lucian, R. Benezeg, G. dAzilhan, G. de Cavanac, R. Gautier, Jo. Ros., B. de Montanhac, P. de Sancta Cros, P. Guiraut, R. de Bezers, Nicohlau Seguin, P. de Sumena [4].

E fon bayle en G. de Concas.

En lan de M. CC. XX, foron cossols en Fermin Borzes, B. Doycha, Durant de Gros, P. de Barlet, Pons Audeguier, Jo. de Clapiers, Jo. de Ramas, nAndrieu dAntonhan, Jo. Adzemar, Huc Robert, G. Johan, B. de Nempze. E mori en B. de Nempze, e fon en son luoc en Raynaut Estornel [5].

E fon bayle en B. de Gres.

---

[1] La Chronique consulaire du *Grand Thalamus* ajoute à cette énumération l'indication suivante : « Salvator de Antonicis, scriptor consulum, quo anno fuit factus notarius. » *Gr. Thal.*, fol. 84 v°.

[2] « Salvator de Antonicis, notarius consulum. » *Gr. Thal.*, ibid.

[3] « Salvator de Antonicis, notarius consulum. » *Gr. Thal.*, ibid.

[4] « Salvator de Antonicis, notarius. » *Gr. Thal.*, ibid.

[5] « Salvator de Antonicis, notarius consulum. » *Gr. Thal.*, ibid.

En lan de M. CC. XXI, foron cossols en G. Folcran, R. de Latas, Miquel Blegier, Gr. de Rodes, P. del Valfera, Jo. Vicens, Jo. Domergue, Pons Johan, Pons Giraut, Fermin Blanquier, G. Ros, G. del Plantier [1].

Bayle, en Johan Lucian.

En lan de M. CC. XXII, foron cossols en R. Lambert, en P. Salvayre, G. Lucian, Jo. Jordan, R. de Gordon, nImbert de Juvinhac, Jo. de Balazuc, R. de Bezers, Gr. Doycha, Joh. Vicens, fustier, G. Andrieu, P. de Sumena [2].

Bayle, en Gr. Aybran. E mori, e fon en son luoc en R. Aybran en baylon.

En lan de M. CC. XXIII, foron cossols en R. de Concas, nAtbran, B. del Telh, Jo. Lucian, Raynaut Estornel, P. Ymbert, B. de Bezers, G. Johan, Jo. de Selicatas, nAndrieu dAntohan, Rotgier Cabrieyra, B. de Montanhac [3].

Bayle, en Jo. dOrlhac. E mori en Jo. Lucian, e fon en son luoc Fermin Borzes.

En lan de M. CC. XXIIII, foron cossols en G. Lambert, en Johan Bocados, P. de Luganhac, R. de Latas, G. Folcran, G. Cordoanier, Vezian Bigora, G. dAntonhan, P. de Perols, St. Costa, P. Jaufren, St. de Congienhas [4].

Bayle, B. Doycha.

En lan de M. CC. XXV, foron cossols nUc Polverel, G. de Rodes, Jo. de San Antonin, Pons de Caranta, P. Lobet, B. del

---

[1] « Salvator de Antonicis, notarius consulnm. — Qui consules supra-»dicti proxime fecerunt incoari et scribi hoc registrum. » *Gr. Thal.*, fol. 84 v°.

[2] « Bajulus, Guiraldus Atbrandi. Quo defuncto V nonas julii, subro-»gatus fuit ei Raymundus Atbrandi, pater ejus, in bajulia. — Salvator »de Antonicis, notarius consulum. » *Gr. Thal.*, ibid.

[3] « Petrus de Furno, notarius consulum. » *Gr. Thal.*, ibid.

[4] « Salvator de Antonicis, notarius consulum. » *Gr. Thal.*, fol. 85 r°.

Forn, Daude Peyre, Rostan de Posquieyras, nAugier de Vuelh, G. Borrel, P. Verre, Fermin Blanquier [1].

Bayle, en P. Salvayre.

En lan de M. CC. XXVI, foron cossols en R. Atbran, G. de Concas, R. Lambert, G. Lucian, G. Auriol, B. de Montanbac, B. de Ribauta, Pons Guiraut, en Seguin, mazelier, Jo. Cotellier, R. Lop, P. Tahon [2].

Bayle, en Jacme Lombart.

En lan de M. CC. XXVII, foron cossols en G. Lambert, Bertran, R. B. Doycha, R. de Latas, P. de Murles, en Regort, Jo. de Clapiers, P. de Posquieyras, G. del Plantier, Giraut Doycha, Fermin de Posquieyras, Berthomieu Aymelin [3].

Bayle, B. Cap de Buou.

En lan de M. CC. XXVIII, foron cossols en Jo. Boçados, Atbran, R. de Concas, P. Ebrart, Bertran de Venranegues, B. Carbonel, P. de Perols, Augier de Vuelh, S. de Servian, P. Jaufren, P. de Sumena [4].

Bayle, en R. Atbran.

En lan de M. CC. XXVIIII, foron cossols en Jo. de Sant Antonin, Thomas de Concas, Jo. Jordan, Arnut Esteve, P. Salvayre, Jo. Vicens, P. Malian, Jo. de Balauc, G. Cordoanier, St. de Vernasal, Fermin Blanquier, G. de Messina [5]. E mori G. Cordoanier, e fon e son luoc P. Talon majer.

E fon bayle G. de Concas.

En lan de M. CC. XXX, foron cossols en P. Bonifazi, R. Lambert,

---

[1] « Petrus de Furno, notarius. » *Gr. Thal.*, fol. 85 r°.
[2] « Guillelmus Jordani, notarius. » *Gr. Thal.*, ibid.
[3] « Petrus de Furno, notarius. » *Gr. Thal.*, ibid.
[4] « Johannes Boudroc. — Guillelmus Jordani, notarius. » *Gr. Thal.*, ibid.
[5] « Notarius, Salvator. » *Gr. Thal.*, ibid.

G. Folcran, Daude Peyre, Pons Guiraut, R. de Montarberon, Vezian Blanquier, St. Julian, Joh. de Ginhac, G. de Monlaur, Jo. Ademar, Nicholau de San Nicholau [1].

Bayle, en Jo. Bocados.

En lan de M. CC. XXXI, foron cossols en Gr. de la Barca, B. Serrier, Symon Ricart, R. de Latas, R. Lop, B. Amielh, Pons Garin, B. Guillem, P. Cabal, B. Sartre, R. Amans, G. Borrel. E mori G. Borrel, e fon en luoc P. de Monredon [2].

Bayle, en dArilhan.

En lan de M. CC. XXXII, foron cossols en Jo. Boudroc, nAndrieu Fabre, R. Gilbert, B. dAnduza, B. dEntremons, Bertran de Venranegues, G. Sartre, Berthomieu Aymelin, R. Huc, Pons de Belluoc, Andrieu dAntonhan, P. Fornier [3].

Bayle, en P. de Murles.

En lan de M. CC. XXXIII, foron cossols G. de Regordana, Huc Laures, Carbonier, Baudoin Bauzili, P. de Caranta, P. Malian, B. Lambert, P. Domerge, Fermin Dyeus lo fes, P. de Posquieyras, Bertran Teirada, P. Ebrart. E mori en P. Ebrart, e fon e son luoc P. Feutrier [4].

E fon bayle en B. Doycha.

En lan de M. CC. XXXIIII, foron cossols Huc Polverel, G. Bocados, Martin Fabre, B. Guiraut, G. Negre, Jo. de Clapiers, G. Serat, P. de Vezenobre, B. de Montanhac, P. Jogos, Pons Guiraut, P. Verre [5].

Bayle, en R. de Concas.

En lan de M. CC. XXXV, foron cossols en P. Bonifazi, en

---

[1] « Notarius, Willelmus Jordani. » *Gr. Thal.*, fol. 85 r°.
[2] « Bertrandus Arnaldi, notarius. » *Gr. Thal.*, ibid.
[3] « Et notarius eorum Bertrandus Arnaldi. » *Gr. Thal.*, ibid.
[4] « Et notarius eorum Bertrandus Arnaldi. » *Gr. Thal.*, fol. 85 v°.
[5] « Et notarius eorum Petrus de Furno. » *Gr. Thal.*, ibid.

G. Princer, Symon Ricart, B. de Ribauta, Nicholau de Sant Nicholau, Huc Rotbert, St. de Candalhanegues, St. de Conjenhas, B. Delechos, B. Guirart, B. Guilhem, Jo. Dortols [1].

Bayle, en B. Cap de Buou.

En lan de M. CC. XXXVI, foron cossols en B. Doycha, en Gr. de la Barca, Jo. Jordan, Jo. de Mers, B. Lonc, St. Johan, R. de Sers, B. Terrada, P. Domerge, Jo. Desdier, G. Membrat, R. Amans. E mori en Jo. de Mers, e fon e son luoc Jo. Boudroc [2].

Bayle, en B. Bonifazi.

En lan de M. CC. XXXVII, foron cossols en R. de Concas, en Jo. de Sant Antoni, G. Bocados, R. de Portz, en Regort, G. Lonc, Jacme Lombart, G. Serat, Durant Porcel, Gr. Quintalier, G. Tocaudin, Nicholau Seguin. E mori en G. Bocados, e fon en son luoc nUc de IIII Cazas [3].

Bayle, en G. Lambert.

En lan de M. CC. XXXVIII, foron cossols en P. Bonifazi. G. Princer, P. de Luganhac, Bertomieu Ricart, Jo. de Clapiers, P. Huc, G. Fabre, Pons de Belluoc, G. de Perols, Bertran Terrada, Duran Gaudon, Jo. de Sant Antonin, drapier. E mori en Johan de Sant Antonin, e fon en son luoc en G. Johanin [4].

E fon bayle en P. Salvayre.

En lan de M. CC. XXXVIIII, foron cossols en R. Lambert, Fermin Borzes, nAndrieu Fabre, Jo. de Balaruc, Pons Guiraut, P. de Balaguier, B. de Ribauta, G. Sartre, Raynaut de Vuelb, nElyas Garnier, St. Capsan, B. de lOlieu. E mori en B. de lOlieu, e fon e son luoc en Berthomieu Regort [5].

Bayle, en P. de Murles.

[1] « Et notarius eorum Raymundus Dosca. » *Gr. Thal.*, fol. 85 v°.
[2] « Et notarius eorum Raymundus Dosca. » *Gr. Thal.*, ibid.
[3] « Et Raymundus Dosca eorum notarius. » *Gr. Thal.*, ibid.
[4] « Et Raymundus Dosca notarius eorum. » *Gr. Thal.*, ibid.
[5] « Eodem anno fuit notarius dictorum consulum Bertrandus Arnaldi. » *Gr. Thal.*, ibid.

En lan de M. CC. XL, foron cossols en Jo. Tavernier, G. de Murles, B. de Sant Paul, St. Bovier, nAndrieu dAntonhan, Fermin Dyeus lo fes, R. de Gerona, B. Sartre, St. de Sambuc, R. Uc, R. Castan, Ymbert de Juvinhac [1].

Bayle, en G. Johanin.

En lan de M. CC. XLI, foron cossols nUc Polverel, R. de Melguer, B. Frotgier, B. Delechos, P. de Posquieyras, G. Garnier, Durant de Mesoa, P. Ricart, G. del Vilar, B. Lambert, G. dAlba terra, Jo. de Ginhac. E mori Jo. de Ginhac, e fon e son luoc P. Felis [2].

Fon bayle en Thomas de Concas.

En lan de M. CC. XLII, foron cossols en G. Lambert, Huc Laures, R. Amans, G. Ameli, G. del Plantier, B. Flori, Berthomieu Aymelin, P. Feutrier, Gr. Fumat, P. Ebrart, Nicholau de San Nicholau, B. Agulhon.

E fon bayle en P. Rigaut.

En lan de M. CC. XLIII, foron cossols en P. de Murles, Jo. de Mozere, B. Atbran, P. Lucian, B. de Montanhac, Fermin Dyeu lo fes, B. Carbonel, Bernat Huc, Durant Guiraut, G. de Calvinhac, Fermin Cabal, B. Crespin [3].

Bayle, G. Princer.

En lan de M. CC. XLIIII, foron cossols en Thomas de Concas, Jo. Tavernier, G. Ymbert, B. Lop, G. de Jenoa, R. Castan, P. de Posquieyras, B. Durant, B. Romieu, P. Jaufren, St. Gossa, P. Salvayre.

E fon bayle en R. Lambert.

[1] « Et eodem anno, consulum notarius Jacobus Boisson. » *Gr. Thal.*, fol. 85 v°.
[2] « Et eorumdem consulum notarius Jacobus Boisson. » *Gr. Thal.*, ibid.
[3] « Et dictorum consulum notarius Bertrandus Arnaldi. » *Gr. Thal.*, fol. 86 r°.

En lan M. CC. XLV, foron cossols en G. Lambert, R. Atbran, G. de Cruols, G. Johanin, St. de Candalhanegues, B. de Ribauta, Raynaut de Vuelh, Durant Godafren, Pons Guiraut, P. Jogos, Jo. Gili, B. Terrada [1].

E fon bayle en P. Rigaut.

En lan de M. CC. XLVI, foron cossols en G. Princer, Jo. de la Caza, Fermin Dyeus lo fes, St. Capsan, P. Ebrart, Pons de Belluoc, Jo. de Balazuc, Bertran Sartre, St. Lobet, P. Ricart, Pons Garin, P. Blanc [2].

Bayle, en P. Bonifazi.

En lan de M. CC. XLVII, foron cossols en Jo. de Clapiers, St. Rog, St. Civada, St. del Sambuc, Tozet dAusac, Durant Guiraut, B. Guirart, R. Berthomieu, B. de Nempze, P. Huc, Gr. de Rodes, Bereng. Ray [3].

Bayle, B. Lambert.

En lan de M. CC. XLVIII, foron cossols en Daude Fabre, Nicholau de San Nicholau, P. de Murles, R. Helyas, B. Lop, B. Romieu, Fermin Cabal, R. Salamon, G. dArsas, St. de Perols, Jo. Olric, G. Costa [4].

Bayle, en Thomas de Concas. E mori en Thomas de Concas, e fon en son luoc en R. de Sauzet.

En lan de M. CC. XLVIIII, foron cossols en P. Bonifazi, en Pons Guiraut, Miquel Rausat, P. Ymbert, R. de Luganhac, Jo.

---

[1] «Et eorumdem consulum notarius Petrus de Ponte.» *Gr. Thal.*, fol. 86 r°.

[2] «Et eorum notarius Raymundus Dosoa. *Gr. Thal.*, ibid.»

[3] «Et dictorum consulum notarius Bertrandus Arnaldi.» *Gr. Thal.*, ibid.

[4] «Consulum notarius Bertrandus Arnaldi.» *Gr. Thal.*, ibid.

Fabre, B. Delechos, nAugier de Vuelh, P. Seguin, Jo. Tavernier, Pons Fabre, R. de Montlaur [1].

Bayle, en G. Lambert.

En lan de M. CC. L, foron cossols en nUc Fabre, P. de Bordelas, R. Atbran, St. de Candalhanegues, G. de Bers, St. Capsan, Laures Demontus, Jo. Aymelin, Bertomieu Bedos. E mori en R. Atbran, e fon en son luoc en R. de Concas [2].

Bayle, en P. Bonifazi.

En lan de M. CC. LI, foron cossols en B. Peyre, Jo. de Bordelas, nAutorc dOrlhac, Daude Peyre, en P. Ebrart, Fermin Dyeus lo fes, B. de Ribauta, Bering. Rays, Jo. Ortolant, Bernat de Tornamira, P. Felis, G. de Masselhan [3].

Bayle, en R. de Sauzet.

En lan de M. CC. LII, foron cossols en G. de Cruols, Toset dAusac, Jo. de las Cazas, B. Ricart, B. de Montanhac, Jo. Guiraut, B. Dyeus lo fes, G. Bertomieu, P. Jaufren, Pons Garnier, P. Garric, P. de Cazellas [4].

Bayle, en R. de Concas.

En lan de M. CC. LIII, foron cossols en Jo. Tavernier, nUc Catre Cazas, B. Atbran, R. Helyas, B. Huc, P. Cabal, Raynaut de Vuelh, P. de Galazanegues, Miquel Rausat, J. Bertomieu, P. de Carnas, Jo. de Tornamira [5].

Bayle, en Gr. de Barca.

En lan de M. CC. LIIII, foron cossols en P. Salvayre, R. Atbran, R. de Luganhac, B. Romieu, Pons de Belluoc, P. Andrieu, Gr. Symon, Bertran Sartre, G. Durant, Jo. Aymelin,

---

[1] «Et Raymundus Dosca, notarius consulum.» *Gr. Thal.*, fol. 86 v°.
[2] «Et Raymundus Dosca fuit notarius consulum.» *Gr. Thal.*, ibid.
[3] «Raymundus Dosca, notarius consulum.» *Gr. Thal.*, ibid.
[4] «Et Raymundus de Osca fuit notarius consulum.» *Gr. Thal.*, ibid.
[5] «Et Raymundus de Osca, notarius consulum.» *Gr. Thal.*, ibid.

P. dArrihou, G. Costa. E mori G. Costa, e fon en son luoc en G. Ben o farem [1].

Bayle, en B. Frotgier.

En lan de M. CC. LV, foron cossols en P. Lucian, St. de Congenhas, Arnaut de Bon Boychon, P. de Murles, Jo. de Clapiers, Jo. Desdier, P. Jogos, R. Gras, P. de Pomayran, P. Felis, B. de Tornamira, G. de XL [2].

Bayle, en G. de Cruols.

En lan de M. CC. LVI, foron cossols en Jo. de las Cazas, B. de Roca roia, St. Folcaut, Tozet de la Mota, Jo. Guiraut, P. Seguin, nUc Doycha, B. de Ribauta, R. Berthomieu, G. de Calvinhac, Bar de San Gili, Jo. Sytola [3].

Bayle, en Simon Ricart.

En lan de M. CC. LVII, foron cossols en G. de Cruols, St. de Candalhanegues, Jo. Tavernier, Tozet dAusac, Martin dArsas, G. del Truei, Jac. Salas, Daude Peyre, Bernat Peychonier, Bernat Gui, Jo. Fabre, P. Gr. Sytola [4].

Bayle, en P. Salvayre.

En lan de M. CC. LVIII, foron cossols en R. de Sauzet, Symon Ricart, Bering. Atbran, R. de Cassilac, P. de Lunel, R. Cavallier, B. Bertomieu, Joh. de Juvinhac, P. Marques, Bertran de Varanegues, R. de Clapiers, R. Miquel. E mori en Symon Ricart, e fon en son luoc en Jo. de Bordelas. E mori en Bering. Atbran, e fon en so luoc St. Rog [5].

Bayle, nUc Fabre.

[1] «Anno eodem fuit notarius dictorum consulum Durantus de Melgorio.» *Gr. Thal.*, fol. 86 v°.

[2] «Et eorum assessor Guillelmus Radulfi de Sancto Egidio. Et notarius Bertrandus Arnaldi.» *Gr. Thal.*, fol. 87 r°.

[3] «Et notarius Bertrandus Arnaldus.» *Gr. Thal.*, ibid.

[4] «Et notarius Bertrandus Arnaldi.» *Gr. Thal.*, ibid.

[5] «Et eorumdem consulum fuit notarius Bertrandus Arnaldi.» *Gr. Thal.*, ibid.

En lan de M. CC. LVIIII, foron cossols en G. Rotgier, P. Lucian, en R. de Concas jove, R. Helyas, Pelegrin de Castanet, P. Andrieu, Bonafos Julian, G. Cabassan, P. Cabal, Jo. del Fraycher, R. Flori, G. Ben o farem. E mori en P. Lucian, e fon en son luoc en Jo. de la Riba [1].

Bayle, en R. de Concas majer.

En lan de M. CC. LX, foron cossols en P. Salvayre, St. Civada, St. Raymon, Jo. Ymber, B. Peyre, B. Romieu, Pons de Belluoc, P. de Galazanegues, R. Paul, Pons de Servian, Jo. Bonafos, P. Ameus [2].

Bayle, en P. Bonifazi.

En lan de M. CC. LXI, foron cossols en G. de Cruols, Jo. de la Caza, Gili Johan, B. Huc, Gr. Symon, Martin dArsas, G. del Truolc, P. Seguin, Jo. Adalguier, Jo. Fabre, Jo. Amans, St. Fumat.

Bayle, en R. de Concas juve.

En lan de M. CC. LXII, foron cossols en P. Bonifazi, en Symon Ricart, Tozet dAusac, en P. Amalbert, P. de Monferrier, B. de Ribauta, Daude Peyre, Jo. Domergue, Andrieu de Pinhan, Jac. de Balazuc, R. Bertomieu, Jo. Sytola.

Bayle, nUc Fabre.

En lan de M. CC. LXIII, foron cossols en Guirart Gros, Jo. de la Riba, R. de Cassilhac, Mathieu Garin, G. Rozat,

---

[1] « Et anno eodem fuit notarius Bertrandus Arnaldi. » *Gr. Thal.*, fol. 87 r° et 90 v°.

[2] « Notari en Bertran Arnaut. » *Gr. Thal.*, fol 90 v°. — La Chronique consulaire du *Grand Thalamus*, avec laquelle nous complétons au fur et à mesure les listes du *Petit Thalamus*, est rédigée à partir de 1260, en langue romane, au lieu de l'être en latin comme précédemment, et elle se poursuit de la sorte, sans offrir désormais autre chose que de légères variantes, jusqu'à l'année 1276, où elle s'interrompt brusquement.

G. Payrolier, Bertran Sartre, Jo. del Frayche, P. de Melguer, B. Lop, B. dOrlhac, Jo. del Forn.

Bayle, en Jo. Tavernier.

En lan de M. CC. LXIIII, foron cossols nEsteve de Candalhanegues, nUc Fabre, en G. Lambert, St. de Conjenhas, en P. de Lomp, P. Andrieu, Jo. de Juvinhac, Jo. Guiraut, R. del Vallat, Jo. Suau, Jo. Bertran, R. de Calvinhac.

Bayle, en Jo. Ymbert.

En lan de M. CC. LXV, foron cossols en Gili Johan, B. Lobet, Andrieu de la Mora, en G. Adzemar, en Bar de San Gili, nEsteve Guilhem, en R. de Servian, en Bereng. Rays, en B. Carbonel, en Pons Enguineus, en P. Cabal, en P. Garic.

E aquel an fon bayle en R. de Cassilhac.

En lan de M. CC. LXVI, foron cossols en P. de la Riba, en Duran Bedos, nEsteve Folcaut, en B. dAltelh, en Guiraut Rozat, en P. de Lunel, en P. Galic, en Pons Dyeus lo fes, en B. Berthomieu, maistre P. dArriom, en Johanin Sabatier, en R. Costa.

En aquel an fon bayle en Johan de la Riba.

Et en Johan de Sant Miquel assessor.

En lan de M. CC. LXVII, foron cossols en Jo. de Bordelas, nEst. Ricart, en R. de Luganhac, en R. Atbran, en Guiraut Quintalier, en Jo. de Clapiers, en Pons de Combas, en B. Peychonier, en G. de Lodeva, en R. Salvestre, en B. Ameus, en R. Miquel. Et en aquel an fon assessor en Jo. de San Miquel.

E fon bayle en Johan de las Cazas.

En lan de M. CC. LXVIII, foron cossols en Jo. de la Riba, en P. de Combas, nArnaut de Bon Boychon, nEsteve Rog, en P. Andrieu, en Jo. Fabre, pelissier, en Mathieu Sartre, en Jo. Guiraut, nEsteve Boys, en R. Vidal, en P. Seguin, en G. Fumat. E fon assessor en Jo. de San Miquel.

E fon bayle nUc Fabre.

En lan de M. CC. LXVIIII, foron cossols en G. Rotgier, en P. de Sauzet, nAndrieu de la Mora, en Bernat de Sers, en P. Huc, G. del Truelh, en Jo. Adalguier, en Jo. Fabre, en Bertran Sartre, en P. de Pomayran, en R. Seguin, en B. Calcadel. E fon assessors en Jo. de Sant Miquel, e notaris en P. Escudier.

E fon bayle en Jo. Imbert.

En lan de M. CC. LXX, foron cossols en B. de Rocaroia, en P. Ermengaut, nEsteve Civada, en P. de Lomp, en P. de Belluoc, en B. de Ribauta, en Bar de Sant Gili, en R. Cavalier, en Jo. Domergue, en P. de Melguer, en P. de San Johan, en Duran Bedos. E mori en Durant Bedos, lo dissapte davan la Magdalena, e fon en son luoc en B. Marc. E en aquel an fon assessor en Jo. de San Miquel, en P. Escudier notari. E mori en Johan de San Miquel la derieyra setmana dauost.

E fon bayle nEsteve de Candalhanegues.

En lan de M. CC. LXXI, foron cossols en Gili Johan, en G. del Pos, nEst. Civada majer, en Gr. Lobet, St. Guilhem, en R. Franc, en P. Galic, en Miquel Cap de Proshome, en Nicholau Seguin, en Nicholau dAmilhau, en Jo. Valieyra, en Jo. de las Corstz. E fon assessors messier Benezeg de Ribauta, e notaris en P. Escudier.

E fon bayle en G. Lambert.

En lan de M. CC. LXXII, foron cossols en Jo. de la Riba, nEst. Ricart, en B. Peyre, en B. Ricart, en Jo. de Clapiers, en P. de Monferrier, nEst. de Rodes, en P. Seguin, en P. de Posquieyras, en G. Domergue, en P. Desgores, nAndrieu de Salelas. E mori, e fon en son luoc en R. Vidal. E fon lur notari en P. Escudier.

Et en aquel an fon bayle nEst. Civada juve. El rey moclen en G. Seguier son jutge. E fon bayle en lur luoc nUc Fabre, e jutge en Benezeg de Ribauta.

En lan de M. CC. LXXIII, foron cossols en Daude Ermengau,

en P. Alco, nEst. de Candalhanegues, en R. Peyrieyra, en P. Huc, en B. Carbonel, en Johan Fabre, en Mathycu Sartre, en Jo. del Fraycher, en Johan Suau, en R. Seguin, en B. Duran. E fon assessor sier Pons Audeguier, en P. Escudier notari.

E fon bayle en G. del Pos.

En lan de M. CC. LXXIIII, foron cossols en Jo. Ymbert, en B. de Rihoms, en Jac. Lambert, nUc Turpin, en P. de Lomp, en R. de Gaulet, en Andrieu, nEst. Boys, en R. de Sissan, en Jo. Guiraut, nAndrieu dAurenga, en G. del Valat. E fon assessors sier Pons Audeguier, e notari en P. Escudier.

E fon bayles en Daude Ermengau.

En lan de M. CC. LXXV, foron cossols en B. de Rocaroia, en P. de Bordelas, en Gr. Lobet, en Gr. Symon, nEsteve Guilhem, en P. de Lunel, en Gr. Rozat, en P. Galic, en B. Massacans, en B. Guirart, en Jo. Valieyra, en P. de San Johan. E fon assessors sier Pons Audeguier.

E bayle, en P. de Lomp.

E fon notaris de cossols en P. Escudier.

En lan de M. CC. LXXVI, foron cossols en G. Lambert, en Johan de Cruols, en Laurens de Posquieyras, en P. Talon, en Pons de Gaulet, en Jo. Baudili, en P. de Perols, en P. Andrieu juve, en P. de Salelas, en B. Guiraut juve, en P. Benezeg, en Jo. de Caranta. E fon assessors sier Pons Audeguier, e fon notaris en P. Escudier.

E en aquel an fon bayle nUc Ricart.

En lan de M. CC. LXXVII, foron cossols en P. Alco, en Colin Bertran, en Gr. de Solac, en Jo. de Londras, en G. Bodet, en P. Guiraut, nEst. de Conjenhas, en B. de Ribauta, en R. Amans, en P. dAvinhon, en R. de Calvinhac, en Miquel Cap de Proshome.

E fon bayle en aquel an nEst. Civada.

E fon assessor messie Pons Audeguier, et notari en P. Escudier.

En lan de M. CC. LXXVIII, foron cossols en Bernat dArioms, en Jac. dEntremons, en Johan dAspras, en Jo. Bon Amic, en Peire Huc, en R. Seguin, en Mathieu Sartre, en Ramon Boton, en Jo. Balbian, en P. Cabal, en Jo. Fornier, en G. del Valat. E fon assessor messier Pons Audeguier, e notari en P. Escudier.

E fon bayle en Jo. Ymbert.

En lan de M. CC. LXXVIIII, foron cossols en P. de Bordelas, en G. Ressier, en Jo. Talon, en Fermin de Capvilar, en Gr. Rozat, nEymeric dAlbi, en Jo. dOrlhac, en Bertran Sartre, en Jo. Fabre, en Jac. Cabal, maistre Terrin, en P. de Sant Johan. Messier Pons Audeguier assessor, en P. Escudier notari. E mori en P. de Bordelas, e fon e son luoc nAustorc dOrlhac.

Et aquel an fon bayle en R. Atbran.

En lan de M. CC. LXXX, foron cossols en G. dOrna, en Daude Ermengau, en Laures de Posquieyras, en G. dAzilhan, nEst. Guillem, en G. de Concas, en R. Franc, en Jo. del Fraycher, en B. Andrieu, en B. Girart, en G. Beceda, en Jo. Bona Cara. E fon assessor messier Jac. de Bernis, e notari en P. Escudier.

E fon bayle en Pons Lambet. El rey gitet lo de la baylia, et en P. de Tornamira, que era jutges, lo dissapte davan Rams, et aquel jorn meteysc fes bayle en Bereng. Lambert, et jutge messier Benezeg de Ribauta.

En lan de M. CC. LXXXI, foron cossols en B. de Rocaroia, en G. del Bossones, en P. de Lomp, nUc Turpin, en R. de Concas, en Miquel Cap de Proshome, en G. de Lodeva, en P. Andrieu juve, en Nicholau Seguin, en P. dAvinhon, en G. Martin, en Jo. de Caranta. E fon assessor messier Pons Audeguier, e notari en Escudier.

E fon bayle en Jo. de la Riba.

En lan de M. CC. LXXXII, foron cossols en Gr. Lobet, en P. de la Cros, en P. de Bordolayran, en P. de Pezols, en Peyre

Andrieu lo payre, en P. Huc, en Bertran dAzilhan, en P. Mateu, G. Brun, en R. de Masclar, en Jo. Rocols, en P. Escrivan. Assessor messier Audeguier, e notari en P. Escudier.

E fon bayle en Duran Civada.

En lan de M. CC. LXXXIII, foron cossols en Jo. Ymbert, en R. Gros, nEst. Civada, en P. Seguin, nEst. Boys, en Gr. Rozat, en B. Salamon (e mori en B. Salamon, e fon en son luoc en G. Olivier), messier en Jo. Benezeg, en B. de Salicatas, nAndrieu dAurenga, en Bertran de Rocamaura, en Jo. del Mur. E fon assessor messier Pons Audeguier, e notari en Jo. de Foychac.

E bayle en Jo. Bauzili.

En lan de M. CC. LXXXIIII, foron cossols en Colin Bertran, en Jac. dEntremons, en Jo. dAspras, en Fermin de Capvilar, nEst. de San Gili, en P. Amenlier, en B. de Banhols, en B. Massacans, en R. Brun, en G. Jugoros, nArnaut Alion, en P. Jori. E fon assessor messier Pons Audeguier, e notari en Jo. de Foychac.

E fon bayle en Mathieu Julian.

En lan de M. CC. LXXXV, foron cossols en G. dOrna, en P. de Concas, en R. de Combalhols, en P. Corregier, en R. Seguin, en Jo. de Boys, en G. Agulhon, en Mathieu Sartre, en Nicholau Seguin, en R. de Grabels, en Felip de Monpeyros, en P. de Rodes. E fon assessor messier Pons Audegier, e notari en Johan de Foychac.

E fon bayles en P. Seguin.

En lan de M. CC. LXXXVI, foron cossols en Guilhem del Pos lo majer, en Jac. de Sant Johan, en Jo. Bauzili, en B. Ymbert, en B. Benamem, nEst. Guillem (e mori, e fon en son luoc en P. Romieu), en Bernat Boza, en G. Brun, en P. Cabal (e mori, e fon en son luoc en P. Guiraut), en B. Andrieu, en

B. de Serilhan ( e mori, e fon en son luoc en Jo. del Fraycher), en B. de Porsan. E fon assessor messier P. de Tornamira, en Jo. de Foychac notari.

Bayle, en Jo. dAspras. E mori, e fon en son luoc en R. Aycart.

En lan de M. CC. LXXXVII, foron cossols nEsteve Civada, en Jo. Columbier, en Girart Pelegrin, en Gr. Lobet, nAymeric dAlbi, en Jo. Romieu, en Gr. Rozat, en Bertran Cristol, en P. Johan, en G. de Porstz, en Jo. Rocols ( e mori, e fon en son luoc en Durant Fornier, peyrier), nAndrieu Masselhan. E fon assessor messier P. Lambert, e notari en Jo. de Foychac.

E bayle, messier Pons dOmelas.

En lan de M. CC. LXXXVIII, foron cossols en Jac. de Cruols, en P. Seguin, en R. Lambert, en P. de la Cros, en Bernat de Ribauta, en Miquel Cap de Proshomes, en Bertran Guifre, en P. Rays, en P. de Belluoc, nAndrieu dAurenga, en G. Rotgier, en P. de San Johan. E fon assessor mesier G. Seguier, e notari en Jo. de Foishac.

E fon bayle en G. del Pos lo juve.

En lan de M. CC. LXXXVIIII, foron cossols en G. de Peyrotas, en Bertran Metge, en R. de Combalhols, nAlary de Melguer, en Pons de Ribauta, en R. Seguin, en G. Agulhon, en P. de Monferrier, en Fermin Cabal, en Jo. dAgange, en R. de Grabels, en P. de Pradas. E fon assessor messier Johan Marc, e notari en Jo. de Foychac.

Bayle, en R. Lambert.

En lan de M. CC. LXXXX, foron cossols en G. del Vertelh, en P. de Concas, en P. del Bossones, en R. Aycart, en Johan Berthomieu, en Bertran Maistre, en Jo. del Forn, en Jac. Benezeg, en B. Pastre, en Jo. del Fraycher, en P. Andrieu, en P. Jori. E fon notari del cossolat en Jo. de Foychac.

Bayle, en P. Seguin.

En lan de M. CC. LXXXXI, foron cossols en Bereng. Lambert, en Girart Pelegrin, en Bernat Ymbert, en Jo. Bon Amic, en Bernat del Forn, nEsteve de San Gili, en G. Bertomieu, en Bertran Cristol, en Nicholau Seguin, en G. Martin, en Felip de Monpeyros, nEsteve Paraon. E en aquel an fon notari del conselh en Jo. de Foychac.

Fon bayle en G. del Vertelh.

En lan de M. CC. LXXXXII, foron cossols en R. Lambert, en P. Seguin, en Jo. Columbier, nAustorc dOrlhac, en Jo. de Clapiers, en Jo. de Montanhac, en Laures Jogos, en G. de Lodeva, en P. Rays, en G. de Porstz, en Jo. de Campanhac, en P. Ricart. E fon lur assessor messier P. de Tornamira, e lur notari en Jo. de Foychac.

E fon bayle en G. Cauzit, e jutge messier Jo. Marc, doctor en ley.

En lan de M. CC. LXXXXIII, foron cossols nUc Ricart, en G. de Peyrotas, en Jac. Lambert, nUc Alamandin, en Pons Flequier, en B. de Ribauta, en B. Picalh, en P. de Montferrier, en G. Vigoros, en R. de Campanhac, en B. de Castelnou, en P. Gili. E fon assessor messier P. Lambert, e notari en Jo. de Foychac.

E bayle, en Pons Lambert.

En lan de M. CC. LXXXXIIII, foron cossols en G. del Pos major, en Colin Bertran, en Jac. de Fontaynas, en R. Aycart, en R. Franc, en Jo. Romieu, pelissier, nAymeric dAlbi, en G. Lobet, en R. Vidal, en P. Terrada, en Bertran de Rocamaura, en P. Durant. E fon assessor messier Jo. de Pena, e notari en Jo. de Foycha.

Bayle, en R. Lambert.

En lan de M. CC. LXXXXV, foron cossols en Pons Lambert, en P. Ymbert, en P. de la Manhania, en R. de Combalhols, en

Jo. Romieu, cedier, en Jo. de Clapiers, nAzemar dAlbi, en P. de Tornamira, blanquier, en B. Massacans, en Jo. Girart, en Jo. Alari, en R. Daude. E fon assessor messier Jo. Marc, e notari en Jo. de Foychac.

E fon bayle en P. Seguin.

En lan de M. CC. LXXXXVI, foron cossols en G. del Vertelh, en P. de Luganhac, mossen Jac. de San Johan, cavalier, en R. Rog, en Jo. Bertomieu, en B. Aymoin, en B. Boza, en G. Favier, en P. Johan, en R. Bedos, en Jo. Rocols, en P. Ricart. E non agron assessor. E fon notari en J. de Foychac. E mori en G. del Vertelh, e fon en son luoc en G. dOrna.

E fon bayle nEsteve Civada, e fon en son luoc en G. de Concas.

En lan de M. CC. LXXXXVII, foron cossols en Symon de Castanet, en G. de Peyrotas, en Jac. Atbran, en Bereng. Rog, en B. del Forn, en Pons de Lunel, en P. Calvet, en Jac. Domigol, en B. Pastre, en P. Rotgier, en P. Andrieu, en Jo. de Calvinhac. E fon assessor messier G. Seguier, e notari en Jo. de Foychac.

E bayle, en P. de Luganhac.

En lan de M. CC. LXXXXVIII, foron cossols en P. Seguin, en R. de Bordelas, en G. Cerat, en R. de Salsan, en R. Franc, en P. Ymbert, cedier, en Bereng. de Sumena, en Jac. Benezeg, en G. Vigoros, en Jo. del Frayser, en P. de Castelnou, en P. Jori. E fon assessor messier Jo. de Pena, e notari en Jo. de Foychac.

Bayle, nUc Alamandin.

En lan de M. CC. LXXXXVIIII, foron cossols en Pons Alamandin, en G. del Pos juve, en Jo. Palmier, en Jo. Guiraudon, en B. Picalh, en Bertran Guiffre, en G. Durant, en B. Gili, en Pons Bastidas, en Jo. Amic, nEst. de Campanhac, en Jo.

Rotgier. Assessor, messier Jo. de Colias; e notari, en Jo. de Fochac.

Bayle, en R. de Concas. Jutge, messier Jo. Marc, doctor en leys.

En lan de M. CCC, foron cossols en G. del Pos major, en P. Calvel, nUc Ymbert, en P. Columbier, en R. Franc, en Miquel Cap de Proshome, en G. de Lodeva, en Bern. de Calvinhac, nEst. Seguin, en Jo. de Campanhac, en R. Sapte, en P. Ricart. E fon assessor messier de Tornamira, e notari en Jo. de Foychac.

E bayle, en P. Seguin.

En lan de M. CCC. I, foron cossols nUc Alamandin, en P. de Fontaynas juve, en P. de Concas, en G. de Concas, en B. del Forn, en P. Calvet, en P. de Tornamira, en B. Guiraut, en Jo. de Porstz, en P. Rays, en Jo. del Fraycher juve, en P. Gili. E fon assessor messier P. Seguier, e notari en Jo. de Foychac.

E fon bayle en P. Ymbert.

En lan de M. CCC. II, foron cossols en G. Ramon, en P. de Luganhac, en P. Seguin, en P. Cauzit, nAymeric dAlbi, en P. Aymoyn, en Johan dAmilhau, cedier, en Mathieu Denonay, en Thomas Jaufren, en B. Andrieu, en B. Costa, en Jac. Rossel. E fon assessor messier Jo. de Pena.

Bayle, en R. de Bordelas juve; et jutge, messier Jo. Marc, doctor en leys.

En lan de M. CCC. III, foron cossols en Johan Columbier, en Johan Palmier, en G. Cauzit, en Pons de Montarberon, en Pons de Lunel, en Bern. de Calvinhac, en Bern. Boza, en Bern. Aymoin, en P. de Mujolan, en P. de Porstz, en Jo. Rotgier, en Bertran Rossel. E fon assessor messier G. Sequier, e notari en Jo. de Foychac.

E bayle, en G. de Peyrotas.

En lan de M. CCC. IIII, foron cossols en G. Serat, en R. de Salsan, en R. de Bordelas, en P. Guillem, en R. Franc, en Gabriel Catalan, en Pons del Collet, en Jac. de Maynieys, en Daude Manescal, en Jo. Rocols, en R. Bedos, en Johan Rotgier. E fon assessor messier Johan Marc, e notari en B. Bastier.

Bayle, en Colin Bertran.

En lan de M. CCC. V, foron cossols en Huc Alamandin, en G. de Peyrotas, en Johan Civada, en G. de Conchas, en Daude Catalan, en Bern. Gaubert, en G. Vigoros, en P. de Cabanas, en Johan de Montanhac, en P. Castelnou, en Daude Arnaut, en P. Rabas. E mori en Huc Alamandin, e fon en son luoc en P. Calvel. E fon assessor messier P. Seguier, e notari en Symon de Tornafort.

E bayle, messier Jo. Marc, doctor en leys.

En lan de M. CCC. VI, foron cossols nEst. Guillem, en P. de Fontaynas juve, en G. del Pos juve, en R. de Combalhols, en Laures Jogos, en P. Aymoyn, en Miquel de Melguer, en G. Favier, en Jo. de Porstz, en Jaucme Tauron, en B. Costa, en Fermin Teulieyra. E mori en Miquel de Melguer, e fon en son luoc en Bernat Gifren. E fon assessor messier P. de Tornamira. E mori messier P. de Tornamira, e fon en son luoc messier Jo. de Colias. Notari en Vezian de Pradas.

Bayle, mesen Jac. de San Johan, cavalier.

En l'an de M. CCC. VII, foron cossols en P. Ymbert, nUc Ymbert, en R. de Concas, en B. Tropasens, en B. del Forn, en Jo. Romieu, en Bering. de Sumena ( e mori en Bering. de Sumena, e fon en son luoc en B. Boza), en Johan Ferran (e mori en Johan Ferran, e fon en son luoc en Frances Cap de Proshome), en Thomas Jaufren, en Phelip de Monpeyros, en Jac. Rocols (e mori en Jac. Rocols, e fon en son luoc en Jo. Luiran), en Fermin Gili. Et agron per cosselhier messier Peire Seguier. Notari en G. Torrel.

Bayle, en P. Romieu. Jutge, messier B. de Pradas, doctor en leys.

En lan de M. CCC. VIII, foron cossols en R. de Bordelas, en P. de Peyrotas, en Colin Bertran, en P. Columbier, en Pons de Lunel, en Pons del Collet, en Jo. del Fraycher, nUc Andrieu, en P. Gras, en B. Romieu, en B. Andrieu, en P. Ricart. Assessor, messier P. de Perrucia. Notari, en Bertran de Fores.

Bayle, en Pons Alamandin.

En lan de M. CCC. VIIII, foron cossols en Jo. Civada, en G. Pelegrin, en B. del Vertelh, en Salvayre Guilhem, en R. Franc, en G. Alamandin, en Bereng. dOrestang, en Jac de Mayrueysc, en P. de Post, en Daude Arnaut, en Jo. de Salicatas, en Guilhem Paraon. Et agron per assessor messier R. de Mujolan, e per notari nArnaut Bodon.

E fon bayle en R. de Latas.

Apres, a XV jorns dochoyre, mori en B. de Vertelh, e fon en son luoc en Gr. Brosset.

En lan de M. CCC. X, foron cossols nEsteve Guilhem, en Bernat dAuriac, en Jo. de Ribauta, en P. Aymeric, senhor de la Pailhada, en Laures Jogos, en Jo. de Clapiers, en G. de Pradas, en Bernat Gili, en R. Gavanon, en Durant dEychendre, en P. Rotgier, en Jo. del Mur. E fon assessor messier Bertran Castel, e notari en G. de la Vabre.

E fon bayle en R. de Concas; e jutge messier Jo. de Pena, doctor en leys; e en Symon de Tornafort notari de bayle.

En lan de M. CCC. XI, foron cossols nEsteve Columbier, en Pons Lambert, en G. Cap de Buou, en G. Seguier, en Jo. de Pradas, en G. Martin, en Daude Manescal, en Bernat Terrada, en Bernat Picalh, en Fermin Teulyeyra, en P. de Tornamira, en Bernat Aymoin. E foron clavaris en G. Cap de Buou e nEsteve Pluvier. E fon assessor messier B. de Pradas, e notari en P. Martin.

E fon bayle en Jo. Palmier ; e jutge messier R. de Mujolan ; e notari de bayle en Bernat de Comayran.

En lan de M. CCC. XII, foron cossols mosenher en Jac. de San Johan, cavalier, en P. Cauzit, en R. de Bordelas, en Gr. Quintalier, en G. Favier, en G. Gavanon, mazelier, en P. Amenlier, pelissier, en P. Ricart, en Jac. Tauron, en Pons del Colet, en P. Aymoin, orgier, en Jo. Roçols, peyrier. Assessor, messier P. de Perrucia ; e notari, en Vezian de Pradas.

E bayle, nUget Ymbert ; e jutge, messier Bereng. de la Fabrega, doctor en leys ; e notari, en Symon de Tornafort.

En lan de M. CCC. XIII, foron cossols en G. de Concas, en G. Pelegrin, en R. Franc, en Jacme de San Johan, donzel, en Johan Rotgier, en Frances Cap de Proshome, en Bern. Ricart, en Jo. de San Tyberi, en Pons Terrada, en Gr. Jogos, en P. de Castelnou, en G. de Caranta. E notari nArnaut Bodon.

E fon bayle en Raols de Cassilhac, e jutge messier Bern. Sabors, savi en dreg. El dig bayle elegi en son notari nArnaut Bodon ; e fon e son luoc al cossel en P. Martin.

E en aquel an mezeys, la vegilia de San Fermin, mori en Jac. de San Johan, e fon en son luoc en G. del Pos.

En lan de M. CCC. XIIII, foron cossols en Jacme de Vaquieyras, en P. Ricart, en R. de Latas, nArnaut de Bon Boychon, en Johan Pallas, en Jacme Durfort, en Jacme de Mayrueys, en Johan Jacme, en Berenguier dOrestang, en Bern. Pastre, en R. Vidal, en Jacme Rossel. E fon assessor messier R. de Mujolan, doctor en leys ; e notari en Symon de Tornafort.

E bayle, en Colin Bertran ; e jutge, messier Thomas de Santreyranegues ; e notari de bayle, en Johan Bonfilh.

E mori en B. Pastre, e fon en son luoc en Johan Aymelin, mazelier.

En lan de M. CCC. XV, foron cossols en P. Calvet, en P. Guilhem, en Gili Verdier, en Gili Navara, en Johan de Combas, en Johan Berthomieu, en Johan de Salicatas, en G. de Mayrueys, en Bernat Roqueta, en Jo. Faraut, en Daude Arnaut, en Jo. Ricart. E fon assessor messier Thomas de Santrayranegues, et notari nArnaut Bodon.

E fon bayle en R. de Latas, e jutge messier Jo. de Montarnaut.

En lan de M. CCC. XVI, foron cossols en Pons Alamandin, en Johan de la Cros, en Felip de Cruols, en Salvayre Guilhem, en R. Amenlier, en Johan de Clapiers, en Berthomieu Cadel, en R. Sabran, en Johan dAnhana, en Jacme Perier, en Raynaut Escurayre, en Fermin Teulieyra. E fon assessor messier Bernat Sabors, savi en dreg; e notari en P. Martin.

E fon bayles en P. Benezeg, e juge messier Berenguier de la Fabregua.

En lan de M. CCC. XVII, foron cossols en Gaubert Malras, en Nicholau Ymbert, en P. Cauzit, en R. Rog, en Bernat Aymoyn, en G. de Pradas, en G. Guavanon, en Frances Cap de Proshome, en Huc Guauberti, en Johan Alari, en P. Ricart. E fon assessors messier Genselin de Cassanhas, doctor en dos dregs canonic e civil; e notari maistre Symon de Tornafort.

E fon bayle en P. Calvet, e jutge messier Esteve Sabatier, doctor en dreg.

E mori, a XI de mars, en Bernat Guiraut, e fon en son luoc en Johan dAurenga.

En lan de M. CCC. XVIII, foron cossols en Frances Ymbert, en Gr. Geves, en Colin Bertran, en G. Cauzit, en Berenguier dOrestang, en Cristol de Clapiers, en Bereng. de Sumena, en Pons Terrada, en Bern. Gili, en Peire de Castelnou, en Johan Luiran, en P. Gili. E fon assessor messier R. de Mujolan; e luoctenen de notari maistre Symon de Tornafort, jutge de Valena.

E fon bayle en Johan de Ribauta; e jutge messier Johan de Ribauta, doctor en leys; e notari nArnaud Bodon.

E en aquel an mori en Johan Luiran, a IIII de novembre, e fon en son luoc en Johan Rocols.

En lan de M. CCC. XVIIII, foron cossols en P. Calvet, en G. Catalan, en R. Gros, en P. Bon Amic, en Mathyeu Amenlier, en Andrieu del Forn, en Guilhem dAgrefuelha, en B. Terrada, en Johan Palermin, en Johan Ferran, en P. Fava, en P. Berenguier. E fon assessors messier Esteve Sabatier, doctor en leys; e notari en P. Martin.

E fon bayle nEsteve Pluyer; e jutge messier P. de Perrussia, doctor en leys; e notari nEsteve Vidal.

En lan de M. CCC. XX, foron cossols en Rostang de Salelas, en R. de Galhac, en G. del Pos, en Johan Ebrart, en R. Amenlier; en G. Sezana, en Arnaut del Bossones, en G. Terrada, en G. de Mayrueysc, en Johan dAnhana, en P. Salas, en Johan Ricart. E fon assessors messier Thomas de Santreyranegues, doctor en leys; e notari maistre Symon de Tornafort.

E fon bayle en P. Bon Amic; e jutge messier Esteve Sabatier, doctor en leys; e notari en P. Martin.

En lan de M. CCC. XXI, foron cossols en Esteve Guilhem, en G. Bernat de Tres Lops, en Gili Verdier, en G. de Concas, en Gr. Jogos, en P. Clapareda, en Jacme Durfort, en R. Gezart, en Jacme de Mayrueysc, en Bernat de Sant Martin, en P. dAurengua, en Bernat de Calvinhac. E fon assessor messier Bernat Sabors, doctor en leys; e notari nArnaut Bodon.

E fon bayle en Salvayre Guilhem; et jutge messier Johan de Montarnaut, doctor en leys; e notari nEsteve Vidal.

En lan M. CCC. XXII, foron cossols en Pons Alamandin, en P. Guilhem major, en Colin Bertran, en Johan Guilhem, en Berenguier dOrestang, en Johan Gaubert, nEsteve Pueguielh, en Johan Johanin, en R. Sabran ( e mori, a XII danost, e fon en son luoc en Johan Catalan ), en R. Julian, en Daude Arnaut, en Gr. de Caranta. E fon assessor messier P. Massa, bachelier en leys; e notari maistre Symon de Tornafort.

E fon bayle en Nicholau Ymbert; e jutge messier Berthomieu Rog; et notari en G. Despuegs.

En lan de M. CCC. XXIII, foron cossols n Esteve Pluyer, en P. Guilhem juve, en P. Cauzit, en Johan Bon Amic, en Bernat de Cavanac, en Bernat Roqueta, en G. d Agrefuelha, en Johan Favier, en Pons Terrada, en P. Massal, en Johan Masselban, en Johan Ros. E fon assessor messier R. de Mujolan, e notari maistre Symon de Tornafort.

E fon bayle en Gr. Geves; e jutge messier Esteve Sabatier; e notari n Arnaut Bodon.

En lan de M. CCC. XXIIII, foron cossols en Nicholau Ymbert, en R. de Galhac, en R. Gros, en P. Bon Amic, en R. Amenlier, en P. Gaubert, en G. Navars, en Bernat Terrada, en Bernat Compte, en Johan Palermin, en G. Arnaut, en Gr. dels Còrtilhs. E fon assessor messier Bernat Sabors; e notari maistre Symon de Tornafort.

E fon bayle en Raols de Cassilhac; e jutge messier Bernat de Pradas, doctor en leys; e notari en P. Martin. E en aquel an mori messier Bernat de Pradas, jutge, e fon en son luoc messier Jacme de Peyrotas, savi en dreg.

En lan de M. CCC. XXV, foron cossols en Frances Ymbert, en Rostang de Salelas, en R. de Latas, en Fermin de Capvilar, en Pons Guiraut, en P. Clapareda, en Johan Talhafer, en G. Seguin, en Johan Ferran, en P. Aurelha, en P. d Aurenga, en P. Berenguier. E fon assessor messier Thomas de Santreyra-negues; e notari en P. Berenguier.

E fon bayle en Pons Bon Amic; e jutge messier Johan de Montarnaut; e notari maistre Symon de Tornafort.

E mori en Fermin de Capvilar, a XXVII jorns de novembre, e fon en son luoc en Salvayre Guilhem.

En lan de M. CCC. XXVI, foron cossols en P. Roqua, en P. Ferrier, en G. Gili Verdier juve, en Jacme Bon Amic, en P. Amenlier, en Berthomieu Don, en R. Garric, en G. Fanguier, en Jacme Perier, en Esteve Fabre, en autra manieyra apellat de Cabanas, en Siscle Catalan, en Bernat Garrus. E fon assessor messier Esteve Sabatier, doctor en leys; e notari nArnaut Bodon.

E fon bayle en Frances Ymbert; e jutge messier Berenguier de la Fabregua, doctor en leys; e notari en G. Despuetz.

En lan de M. CCC. XXVII, foron cossols en G. Ribieyra, en G. Bernat de Tres Lops, en G. del Pos, en Pons Bon Amic, en Bernat de Cavanac, en G. Garric, en Raymon del Collet, en Raymon Gerar, en Johan Adhemar, en Johan de Portz, en Jacme Johan, en Huc Rossel. E fon assessor messier Bernat Sabors, doctor en leys; e notari messier Symon de Tornafort.

E fon bayle en P. Aymeric, senhor de la Palhada; e jutge messier Bernat de Caranta, savi en dreg; e notari de bayle nArnaut Bodon.

En l'an de M. CCC. XXVIII, foron cossols en P. Garric, en Bernat dAuriac, en Raymon Gros, en P. Guilhem, en Mathieu Amenlier, en G. Sezana (e mori; a XXIII jorns del mes de jenoyer, e fon elgutz en son luoc a complir lan en P. Ladel), en Johan Adymbart, en Pons Terrada, en Johan Favier, en Johan Ben o fasem, en Johan Cambon, en Jacme Rossel. E fon assessors mosen Thomas de Centrayranegues, doctor en leys; e notari maistre Esteve Vidal.

E fon bayle en Pons Alamandin jove; e pres per son notari nEsteve Vidal, notari del cossolat. E fon mes en son luoc a complir lan en G. Despuetz. E fon jutgues G. de la Rouveyra, doctor en leys.

En lan M. CCC. XXVIIII, foron cossols en Guilhem Daunizi, en P. de la Manhania, en Johan Garnier, en Jacme Lombart, en Bernat del Forn, en Berthomieu Cadel, en G. Terrada, en Bernat Gili, en Jacme de Montels, en Johan Masselban, en P. Ricart, en P. de Pinha. E fon assessor........ E fon notari del cossolat maistre Johan Laures.

E fon bayle en Nicholau Imbert; jutge messier Raymon de Capvilar, savi en dreg; e notari de bayle nArnaut Bodon.

E en aquel an mori en Berthomieu Cadel; e fo en son luoc en P. Folcaut.

En lan de M. CCC. XXX, foron cossols en R. de Lequas, nUc Fabre, en P. Lucia, en Rahols de Cassilhac, en Jo. de Calvinhiac, nAndrieu del Forn, en Jacme Durfort, en Jo. Aymeli, en Raymon Marsal, en Guilhem Andrieu, en B. Gili, en B. Garrus. E fon assessor mosen Bernat Sabors, doctor en leys. Notari del cossolat en G. Despues.

E fon bayle en Berthomieu Don. Jutge, messier P. de Taurinhia, savi en dreg. Notari de bayle, nEsteve Vidal.

En lan M. CCC. XXXI, foron cossols en P. Ymbert, en Bernat Salas, en G. Lambert, en P. Colombier, en P. Amenlier, en R. Franc major, en P. de Longayranegues, en Johan Faraut major, en P. de Lavaur, en Johan Adhemar, en P. dAurengua, en Thomas Huguet. E fon lur assessor mosen P. Calvell, doctor en leys. Notari del cossolat maistre Johan Laures.

E fon bayle en Bernat Roart. Jutge, messier Bernat de Quaranta, savi en dreg. Notari de bayle, en G. Despues.

En lan M. CCC. XXXII, foron cossols en Nicholau Ymbert, en Pons Alamandi major, en G. Causit, en P. Causit, en P. Deleuze, en G. Garric, en Symon de Sant Gili, en Guilhem Segui, en Bernat Gili jove, en R. Julia, en Siscle Cathala, en Bernat Sotzpont. E non agron assessor aquel an. E fon jutge de Valena maystre Johan Laures.

E fon bayle en Rahols de Cassilhac. E mori, a XXVIII jorns de novembre, e fon mes en son luoc a complir lan en Gili Bertholmieu. Jutge, messier Frances Bedos, savi en dreg. Notari de bayle, maystre Pons Blegier.

En lan M. CCC. XXXIII, foron cossols en G. Daunizi, en P. Garric, en Pons Alamandi jove, en Salvayre Guilhem, en G. Fornier, en G. Sezana, en P. Folcaut, en Johan Faraut jove, en Frances Cap de Prohome, en Bernat Marti, en Bertholmieu de Salellas, en P. Bona Cara. E non agron assessor aquell an. E fon notari del cossolat maystre Johan Laures.

E fon bayle en P. Roqua. Jutge, mosen P. Calvell, doctor en leys.

En lan M. CCC. XXXIIII, foron cossols de Montpeylier en Frances Ymbert, en Pons Calvell, en Raymon Gros, en Bernat Roart, nEsteve Fornier, sedier, en Bernat del Forn (e mori, a VIII jorns de may, e fon elegutz en son luoc a complir lan en Raymon Garric. E mori lodig Raymon, a XIII jorns de julh, e fon en son luoc a complir lan en Johan Compte; e juret lo sagrament lendeman a Nostra Dona de las Taulas en las mas de mosen P. Seguier, doctor en leys et vicegerent del luoctenent de Montpeylier), en Guilhem de Lodeva, en Raymon Caylar, en Johan Favier, en Johan Daudemares, en Johan Cambon, en P. Berenguier. E non hi ac assessor aquell an.

E fon bayle en Guiraut Gives. Jutge, messier Johan dAffrian, savi en dreg. Notari de bayle, messier Johan de las Vinhias.

E fon jutge de Valena maystre Johan Laures, savi en dreg.

En lan M. CCC. XXXV, foron cossols de Montpeylier en Guiraut Quintalier, en Bremon Fabre, en Dalfi de Sant Johan, en Pons Bon Amic, en Johan de Calvinhiac, en P. Ladell, en Guilhem dAgrifuelba, en Johan Faraut major, en Mathieu de Nonay, en Jacme de Montells, en Johan Massellhan, en Johan Bos.

Bayle, en Guilhem Ribieyra. Jutge, messier Gautier de las Bozigas. Notari de bayle, en Guilhem Despueg.

Notari del cossolat, maystre Johan Laurens, savi en dreg.

En lan M. CCC. XXXVI, foron cossols de Montpeylier en Durant de Peyrotas, en Guilhem Peregri, en Phelip de Cruols, en Peyre Teyssier, en Daude Buou, en Johan Clapareda, en Bernat dAgrifuelha, en P. Aycart, en Johan Johani, en Guilhem Andrieu, en P. Salas, en R. Daude.

Bayle, en Nicolau Ymbert. Jutge, messier Jacme de Peyrotas, savi en dreg. Notari de bayle, maystre Bertran Boquier.

Jutge de Valena, maystre Johan Laurens, savi en dreg.

E en aquel an meteus, a XXIII jorns de novembre, passet daquest segle en lautre lodit senhior en Nicholau Ymbert, bayle. E vengutz que foron los senhiors cossols de las exsequias, li senhiors cossols, ab lo luoctenent, eligiron en bayle a complir lan lo senhier en Peregrin de Castanet.

En lan de la Incarnation de Nostre Senhior Dieus Jeshu Crist que hom comptava M. CCC. XXXVII, foron cossols de Montpeylier en P. de la Manhiania, en Johan de Calvinhiac, mosen Guilhem del Pos, cavallier, en Johan Garnier, en Peyre Noguier, en Guilhem Bertholmieu, drapier de Sant Fermi, en Frances Blanquet, mercier de la carrieyra de Sant Nicolau, en Guilhem Sabran, en Johan de Portz, en Bernat de Montanhiac, en Guilhem Caussan, en Thomas Huguet. Notari del cossolat, maystre Johan Laures.

Bayle, en Bernat de Perrot. Jutge, messier Johan dAfrian. Notari de bayle, maystre Guilhem Despueg.

En lan de la Incarnation de Nostre Senhior Dieus Jeshu Crist que hom comptava M. CCC. XXXVIII, foron cossols de Montpeylier en Guilhem Daunizi, en Gili Bertholmieu, en Andrieu Tilhol, en Peyre Guilhem major, en Johan Buou, en Bernat Franc, en Jacme de Rodes, en Bernat Aymeli, en Jacme de Fontanilhas, en Bernat Gili, en Jacme Johan, en Peyre Berenguier. Jutge de Valena, maystre Johan Laures, savi en dreg.

E fo bayle mosen Guilhem del Pos, cavallier. Jutge, messier Peyre de Taurinhia, savi en dreg. Notari de bayle, maystre

Rotgier Condamina. E mori lodig messier Peyre de Taurinhia, jutge, a XIII jorns de mars. El jorn meteus fon sebellitz en la mayon dels Frayres Menors a Montpeylier, e fachias las exsequias, a aquell jorn fon elegut en jutge a complir lan messier Bernat de Quaranta, savi en dreg, loqual messier Bernat de Quaranta juret lendeman, que fon dihus, a Nostra Dona de Taulas, en las mas de mosen Berenguier de Vernet, cavallier et luoctenent de nostre senhior lo rey de Malhorgas, lo sagrament acostumat.

En lan de la Incarnation de Nostre Senhior Dieus Jeshu Crist que hom comptava M. CCC. XXXIX, foron cossols de Montpeylier en P. de Balmas, en Bernat Jaudo, en P. Aymeric, senhior de la Palhada, en Siscle Delechios, n Arnaut Sabatier, n Andrieu del Forn, en Raymon del Collet, en Pons Terrada, en Bernat Ricart, en Hug de Porrieyras, en Peyre Tort, en Frances de Sant Johan. Notari del cossolat maystre Johan Laures.

Bayle, en Guiraut Gives. Jutge, messier Gerart Lombart, savi en dreg. Notari de bayle, maistre Johan de las Vinhias.

En lan de la Incarnation de Nostre Senhior Dieus Jeshu Crist que hom comptava M. CCC. XL, foron cossols de Montpeylier en Guiraut Quintalier, en Hug del Vilar, en Raymon Gros, en Fermi de Capvilar, en Johan Breton, en Guilhem Sezana, en Johan Bellet, en Johan Faraut major de jorns, en Johan Ben o farem, en Johan Favier, en P. dAurengua, en Bernat Sospont.

E fo bayle en Jacme dAlba. Jutge, messier Guiraut Parges, doctor en leys. Notari de bayle, maistre Guilhem Despueg. Sotz bayle, lo senhior en R. Franc. Sotz jutge, messier P. Garrus. Notari de sotz bayle, maistre Antoni Galuchier. Viguier, n Arnaut Cadell. Assessor, messier Miquel Vinhias. Notari de viguier, maistre G. Salvayre.

En lan de la Incarnation de Nostre Senhior Dieus Jeshu Crist que hom comptava M. CCC. XLI, foron cossols de la vila de

Montpeylier los senhiors en Frances Ymbert, nEsteve Pluvier major de jorns, en P. Teyssier, nEsteve Rozier, en Jac. Lombart, en Frances del Forn, en G. del Collet; frayre den R. del Collet, en P. Aycart, en Jo. Palermi major de jorns, en R. Marsal, en Durant Serieyra, en R. Daude. Notari del cossolat, maistre Johan Laures, savi en dreg.

Bayle, lo senhior en Pons Alamandi. Jutge, messier Bernat de Quaranta, savi en dreg. Notari de bayle, messier Jo. Bru. Sot bayle, lo senhior en P. de la Gautru. Sot jutge, messier Miquel Sotzporit, savi en dreg. Notari de sotz baile, maistre Esteve Fabre. Viguier, lo senhior en G. Sezana. Assessor, messier Bereng. Palermi, savi en dreg. Notari de viguier, maistre G. Cabanis.

En lan de la Incarnation de Nostre Senhior M. CCC. XLII, foron cossols de Montpeylier en Bremon Fabre, en Jo. Agulho, en Jac. Marc, en Bernat Roart, en G. Fornier, en R. Franc, en P. del Collet, en G. Sabra, en P. Lautier, en Frances Cap de Prohome, en R. Clementz, en P. Daude. Notari del cossolat, maistre Johan Laures, savi en dreg.

Bayle, lo senhior en Frances Ymbert. Jutge, mosen Bernat de Pratz, doctor en leys. Notari de bayle, maistre Johan de las Vinhias. Sotz bayle, en Pons Calvell. Sotz jutge, messier P. de Pratz. Notari de sotz bayle, maistre Jac. de Nozilhan. Viguier, nUg Diegias. Assessor, messier Ermengaut, cavallier. Notari, maistre Jac Mirally.

En lan de la Incarnation de Nostre Senhior Dieus Jeshu Crist que hom comptava M. CCC. XLIII, foron cossols de la vila de Montpeylier los senhiors en Guiraut Gives, nEsteve de Peyrotas, en Dalfi de Sant Johan, en Gili Verdier, en Johan de Calvinhiac, en P. Costa, en Pons Grimaut, en Sadorni Gaugi, en Johan Lautier, en Johan Adhemar, en Guilhem Fava, en Frances Sant Johan. Notari del consolat, maistre Johan Laurens, savi en dreg.

Bayle, lo senhier en Salvayre Guilhem jove. Jutge, messier Jacme de Peyrotas, savi en dreg. Sotz bayle, lo senhier en Bernat Franc. Sotz jutge, messier Peyre Garrus, savi en dreg. Notari de sotz bayle, maistre Jacme Verdier. Viguier, lo senhier en Bernat Castell. Assessor, messier Phelip Rotbert, savi en dreg. Notari de viguier, maistre Frances Viadier. Notari de bayle, messier Johan Bru.

En lan de la Incarnation de Nostre Senhior Dieus Jeshu Crist que hom comptava M. CCC. XLIIII, foron cossols de la vila de Montpeylier los senhiors en P. Roqua (e mori, a XXI dochioyre, e lendema que fon sebellitz a Frayres Menors fon elegut en son luoc a complir lan lo senhier en Guiraut Quintalier), lo senhier en P. de Balmas, mosenhier en Guilhem del Pos, cavallier, lo senhier en Jacme Guilhem, filh que fo den Salvayre Guilhem, lo senhier en P. de Bell Pueg, lo senhier en Guilhem Sezana, lo senhier en Guilhem de Lodeva, lo senhier en Paul de Serinhia, lo senhier en Johan Palermi jove, lo senhier en Bernat de Montanhiac, lo senhier en Esteve Sobransier, lo senhier en Thomas Huguet. Notari del cossolat, maistre Johan Laurens, savi en dreg.

Bayle, lo senhier en Guilhem Cauzit. Jutge, messier Jacme de Peyrotas, savi en dreg. Notari de bayle, maistre Guilhem Despuech. E mori, e fon mes en son luoc a complir lan maystre Johan Calvayro, notari. Sotz bayle, nAndrieu Tilhol. Sotz jutge, messier Berenguier Palermi, savi en dreg. Viguier, lo senhier en Jacme de Rodes. Assessor de viguier, messer Ermengaut, cavallier. Notari de viguier, maystre G. Salvayre. Notari de sotz bayle, maystre G. de Rodes.

En lan de la Incarnation do Nostre Senhior Dieus Jeshu Crist que hom comptava M. CCC. XLV, foron cossols de la vila de Montpeylier los senhiors en Johan de Calvinhiac, nEsteve Pluier major de jorns, nUg de Tornamira, lo senhier en Johan de Combalhols, lo senhier en Johan Gavano, lo senhier en Bernat

Franc, lo senhier en Symon de Sant Gili, lo senhier en Bernat Johan, lo senhier en Jacme de Fontanilhas, manescalc, lo senhier en Guilhem Favier, lo senhier en Peyre dAurengua, lo senhier en Bernat Sospont. Notari del consolat, maystre Johan Laures, savi en drech.

Bayle, lo senher en Bernat Roart. Jutge, messier Gr. Lombart, savi en dreg. Notari de bayle, maistre Peyre de Crennac. Sotz bayle, lo senher Frances Cap de Prohome. Sotz jutge, messier Johan Bru, savi en dreg. Notari de sotz bayle, maistre G. Cabanis. Viguier, en P. Boqut. Assessor, messier Pons Blegier. Notari, maistre P. Raynaut.

En lan de la Encarnation de Nostre Senhor Dieus Jeshu Crist que hom comtava M. CCC. XLVI, foron cossols de la vila de Montpeslier lo senher en Bremon Fabre, lo senher en G. Baralh, lo senher en G. Cauzit, lo senher en P. Guilhem major de jorns, lo senhier en P. Noguier, lo senher en Johan Comte, lo senher en Rogier Cabot, lo senher en Johan Trialh, lo senher en G. Daudemares, lo senher en Huc de Porrieyras, lo senher en Jacme Johan, lo senher en Peyre Berenguier. Notari del cossolat, maistre Johan Laurens.

Bayle, lo senher en Jacme de la Manhania. Jutge, messier Miquel Sospon, savi en dreg. Notari de bayle, maistre Esteve Fabre. Sotz bayle, lo senher en P. Sabors. Sotz jutge, messier Johan Lombart, savi en dreg. Notari de sotz bayle, maistre Ermengaut, cavalier. Viguier, lo senher en P. Lucia. Assessor, messier G. Laures. Notari, maistre Jacme Comte.

En lan de la Encarnation de Nostre Senhor Dieus Jeshu Crist que hom comtava M. CCC. XLVII, foron cossols de la vila de Montpeslier lo senher en Guiraut Gives, lo senher en Andrieu Rodes, lo senher en R. Gros, lo senher en P. Guilhem, filh que fon de en Salvayre Guilhem, lo senher en Johan Buou (e mori dimergue, a XII dias de mars, e lendeman fon sebelhit a Sant Daunizi, e fachas las exequias fon elegut en cossel, en loc del dig

Johan, lo senher Arnaut Sabatier), lo senher en Frances del Forn, lo senher en R. del Colet, lo senher en Johan Faraut plus jove, lo senher en Johan Daudemares, lo senher en Johan Azemar, lo senher en G. Fava, lo senher en Johan Ros. Notari del cossolat, maistre Johan Laures.

Bayle, mossen P. Calvel, doctor en leys. Jutge, messier B. de Caranta, savi en dreg. Notari de bayle, maistre Frances Viadier. Sotz bayle, lo senher Berenguier de Mayrueys. Sotz jutge, maistre G. de Rodes. Notari de sotz bayle, maistre Jac. Verdier. Viguier, messier Johan Bru. Assessor, messier Jac. de Fabregas. Notari de viguier, maistre G. Valsieyra.

*Lan de la mortalidat.*

En lan de la Encarnation de Nostre Senhor Dieus Jeshu Crist que hom comtava M. CCC. XLVIII, foron cossols de la vila de Monpeslier lo senher en P. de la Manhania, lo senher en Johan Roqua, lo senher en Dalfi de Sant Johan, lo senher en B. Roart, lo senher en Johan Talhapan, lo senher en R. Franc major de dias, lo senher en Jacme de Rodes, lo senher en G. Sabran, lo senher en Andrieu Bayle, lo senher en B. Gili, lo senher en Esteve Bom, lo senher en Johan Berenguier. Notari del cossolat, maistre G. de Rodes. — E fon aquel an gran mortalidat. E mori en aquel an lo sen. P. de la Manhania, e fon en son luoc lo sen. Huc del Vilar. E mort lo sen. Dalfin de Sant Johan, en aquel an, fon en son luoc lo sen. Esteve Sabos elegut per cossol. E mori lo sen. B. Roart, e fon en son luoc elegut per cossol lo sen. Andrieu Tilhol, clavari del cossolat. E mort lo sen. R. Franc, fon en son luoc elegut per cossol lo sen. Rigaut Agulho. E mort lo sen. G. Sabran, fon en son luoc elegut per cossol lo sen. R. Gos. E el mort, fon en son luoc elegut per cossol lo sen. R. Tornier. E mort lo sen. Andrieu Bayle, fon en son luoc elegut per cossol lo sen. P. Lautier. E mort lo sen. B. Gili, fon en son luoc elegut per cossol lo sen. Johan Jom. E mort lo sen. Esteve Bom, fon en son luoc lo sen P. Salvanh.

E mort lo sen. Johan Berenguier, fon en son luoc lo sen. Johan Malquier.

E fon bayle, quant la vila de Monpeslier fon preza a la man del rey de Franssa, lo sen. Guiraut Quintalier, et estet hi entro a Paschas o davant VIII jorns, e pueys fo renduda la terra al rey de Malhorgas, e fon bayle lo sen. Esteve Sabos. E pueys lo rey de Malhorgas vendet Monpeslier e Latas al rey de Franssa, et esteron los curials del rey de Malhorgas am lo rey de Franssa en lur esser tro a Sant Johan Baptista. Et estan bayle lo sen. Guiraut Quintalier, fon jutge messier B. Cabrespi. Notari de bayle, maistre Jacme de Ozilhan. Sotz bayle, lo sen. Huc Fabre. Sotz jutge, messier Jacme de Cabanas, savi en dreg. Notari de sotz bayle, maistre Fermin Ribas. Viguier, lo sen. R. Duran. Assessor de viguier, messier B. Roqueta, savi en dreg. Notari de viguier, maistre G. Vilaret. E reduda la terra al rey de Malhorgas, et estan bayle lo sen. Esteve Sabos, fon jutge messier Pons Bleguier, licenciat en leys. Sotz bayle, lo sen. Symon de Sant Gili. Sotz juge, messier Johan Bru. Viguier, lo sen. Johan de Rodes. Assessor, messier Jacme Mayssens. E remazeron notaris de bayle et de sotz bayle. E fon notari de viguier maistre Jacme de Sant Johan.

En lan de la Encarnation de Nostre Senhor Dieus Jeshu Crist que hom comtava M. CCC. XLIX, foron cossols de la vila de Monpeslier, lo senher en P. Rogier, lo senher en G. del Pos, lo senher en R. Gros plus jove, lo senher en Johan Columbier, lo senher en Johan Gavano, lo senher en P. Ladel, lo senher en Johan de Suelhas, lo senher en B. Nozilhan, lo senher en Arnaut Domergue, lo senher en G. de la Sala, lo senher en Rostanh Gili, lo senher en B. Dalmas. Notari del cossolat, maistre G. de Rodes.

Bayle, lo senher en P. Benezeg. Jutge, messier B. de Caranta, savi en dreg. Notari, maistre P. de Vissac. Sotz bayle, lo sen. B. Franc. Sotz jutge, messier B. Ricart, savi en dreg. Notari de sotz bayle, maistre G. de Galhac. Viguier, lo senher en Johan Talhapan. Assessor, messier Pons Lemosi. Notari de viguier, maistre P. Esteve.

Et adonc la vila de Monpeslier era del rey de Franssa......

En lan de la Encarnation de Nostre Senhor Dieus Jeshu Crist que hom comtava M. CCC. L, foron cossols de la vila de Monpeslier lo senher en P. de la Gautru, lo senher en Johan de Rodes, lo senher en Johan de Conquas, lo senher en Jacme Guilhem, lo senher en G. Folcaut, lo senher en B. Poiol, lo senher en Jacme Don, lo senher en R. Laurier, lo senher en P. Daudemares, lo senher en Bertran Crestina, lo senher en Esteve Massana, lo senher en P. del Coralh. Notari del cossolat, maistre Fermin Ribas.

E fon bayle lo sen. Guiraut Gives. E mori lo sen Guiraut Gives, a XVIII jorns del mes daost, e fon mes e son luoc mossen Esteve de Cabanas, cavalier e doctor en leys. E fon jutge messier Guiraut Pargue, doctor en leys. Notari, maistre P. de Santa Agnes. Sotz bayle, lo sen. Jacme de Rodes. Sotz jutge, messier Esteve Morrut, savi en dreg. Notari, maistre Arnaut Ricart. Viguier, lo sen. G. de Monjuzieu. Assessor, messier B. Roqueta, savi en dreg. Notari, maistre Johan Lartyssueh.

En lan de la Encarnation de Nostre Senhor Dieus Jeshu Crist que hom comtava M. CCC. LI, foron cossols de la vila de Monpeslier lo senher en Guiraut Quintalier, lo senher en B. de Roia, lo senher en G. Cauzit major de dias, lo senher en Jacme Bon Amic, lo senher en G. Rebol, lo senher en Fermi de las Peyras, lo senher en R. Drolha, lo senher en B. Caslar, lo senher en P. Trossel, lo senher en Johan Azemar, lo senher en Pons Nazari, lo senher en P. de Salvinhac. Notari del cossolat, maistre Arnaut Ricart.

Bayle, lo senher en Joh. Columbier. Jutge, messier Miquel Sospon, doctor en leys. Notari de bayle, maistre Fermin Ribas. Sotz bayle, lo senher en P. de la Gautru. Sotz jutge, messier

Hugo de la Porta, savi en dreg. Notari de sotz bayle, maistre Johan Girfaut. Viguier, lo senher en Visia de Taranta. Assessor de viguier, maistre Bertolmieu Lespinha, savi en dreg. Notari de viguier, G. Vilaret.

En lan de la Encarnation de Nostre Senhor Dieus Jeshu Crist que hom comta M. CCC. LII, foron cossols de la vila de Monpeslier lo senher en Antoni Janes, lo sen. Rigaut de la Broa ( e mori dins lan, a XXX daost, e fachas las exequias fon elegut en son luoc a complir lan lo senher Johan Natural, pebrier), mosen G. del Pos, cavalier, lo senher en Esteve Rozier major de jorns, lo senher en Arnaut Sabatier, lo senher Peyre Gaubert, lo senher en G. de Lodeva ( e mori lo senher G. de Lodeva dins lan, a XXI de setembre, e fachas las exequias a Magalona, lendeman fon elegutz en son luoc a complir lan lo senher Jacme de Rodes, especiayre), lo senher Johan Gauzi, lo senher Peyre Estanhol, lo senher Guilhem Duranto, lo senher Bernat Bom, lo senher Esteve Ricart. Notari del cossolat, maistre Arnaut Ricart.

Bayle de la vila de Monpeslier, lo senher Bernat Franc. Jutge, messier Pons Blegier, licenciat en leys. Notari de bayle, maistre Huc Aulanes. Sotz bayle, lo sen. Bernat de Roia. Sotz jutge, messier Bernat Ricart, licenciat en leys. Notari de sotz bayle, maistre Jacme de Sant Johan. Viguier, lo sen. Jacme de Magalas. Assessor de viguier, messier Bernat Roqueta. Notari de viguier, maistre Peyre Perier.

En lan de la Encarnation de Nostre Senhor Dieus Jeshu Crist que hom comtava M. CCC. LIII, foron cossols de la vila de Montpeslier lo senher en P. Catalan, lo senher en Daunizi Cardona, lo senher en Esteve Sabors, lo senher en B. Roart, lo senher en Joh. Gavano, lo senher en P. de Vallobieyra, lo senher en Symon de Sant Gili, lo senher en Joh. Jove, lo senher en P. Salvanh, lo senher en P. dAsperas, lo senher en St. Robert, lo senher en Jacme Jovin. Notari del cossolat, maistre Arnaut Ricart.

Bayle, lo. senher en P. Rogier. Jutge, messier Johan Bru, savi en dreg. Notari de bayle, maistre Fermin Ribas. Sotz bayle, lo sen. Bernat Teychier. Sotz jutge, messier Miquel Vinhas. Notari de sotz bayle, maistre Guilhem de Galhac. Viguier, en Bernat Duran. Assessor, messier P. Folquier, savi en dreg. Notari de viguier, maistre Mathieu Jenin.

En lan de la Encarnation de Nostre Senhor Dieu Jeshu Crist que hom comtava M. CCC. LIIII, foron cossols de la vila de Monpeslier lo senher en Jo. de Bordelas, lo senher en Johan de Rodes (e mori, a XXX jorns de setembre, que fon lo jorn de Sant Miquel, e lendeman fon sebelhit; e fon mes en son luoc a complir lan lo senher en Jacme de la Manhania), lo senher en P. Lucian, lo sen. P. Guilhem menre de jorns, lo senher en Mathieu de Cavanac, lo senher en Bernat Poiol, lo sen. Raymon Jordan, lo sen. Raymon Tornier, lo senher en Arnaut Domergue, lo senher en Bertran Crestina, lo senher en P. Riquet, lo senher en Johan Malquier.

E fon bayle de la vila de Monpeslier lo senher en Peyre Catalan. Jutge, messier Jacme Mayssens, doctor en leis. Notari de bayle, maistre Anric Segin. Sotz bayle, lo sen. Bernat Enric, pebrier. Sotz juge, messier Guilhem de Rodes. Notari de sotz bayle, maistre Jacme de Sant Johan. Viguier, lo sen. Vezian de Caranta. Assessor, messier Pons Blegier de Teyra. Notari, maistre Johan Planso.

E fon notari del cossolat maistre Ar. Ricart.

En lan de Nostre Senhor Dieu Jeshu Crist que hom comtava M. CCC. LV, foron cossols de la vila de Monpeslier los senhors en P. Rogier, en B. Pelicier, en Colin Bertran, en Jacme Bon Amic, en Johan Talhapan, en Frances del Forn, en Johan de Suelhas, en B. Cailar, en P. Teychinier, en G. de la Sala, en P. Sadorni, en B. Pascal. E fon notari del cossolat maistre Arnaut Ricart.

E fonc bayle lo sen. Esteve Sabors, donsel. Jutge, mess. Pons

Blegier, savi en dreg. Notari, maistre Fermin Ribas. Sotz bayle, lo sen. Symon de Sant Gili. Sotz juge, mess. P. Calvel, savi en dreg. Notari, maistre Mathieu Jenin. Viguier, lo sen. B. Poiol. Assessor de viguier, messier P. Arquier, savi en dreg. Notari, maistre Daude Cabirola.

En lan de la Encarnatio de Nostre Senhor Dieu Jeshu Crist que hom comtava M. CCC. LVI, foron cossols de la vila de Monpeslier los senhors en Guiraut Quintalier, en Peyre Pelegrin, en Raymon Gros, en Andrieu Tilhol, en G. del Olm, en Raymon Duran, en Jacme de Rodes, en B. de Nezilhan, en P. Trossel, en G. Pozaran, en Pons Girvays, en P. del Conh. E fon notari del cossolat maistre Arnaut Ricart.

E fonc bayle sen. B. Teysier. Jutge, messier Huc de Valboyssieyra, licenciat en decretz. Notari, maistre Johan Boyer. Sotz bayle, sen. Guilhem del Pos. Sotz juge, messier Miquel Vinhas, savi en dreg. Notari, maistre Jacme de Sant Johan. Viguier, sen. P. Maysens. Assessor de viguier, messier Esteve Mycas. Notari, maistre Gili Daude.

En lan de la Encarnation de Nostre Senhor Dieu Jeshu Crist que hom comta M. CCC. LVII, foron cossols de la vila de Monpeslier los senhors en P. de la Gautru, en Guiraut Brosset, en G. Cauzit, filh den Peyre Cauzit, en Esteve Rozier, en G. Folcaut, en Johan Clapareda, en R. Colet, en Berenguier Boysset, en P. Lautier, en Esteve Robert, en B. Bom, en Jacme Jovin. Notari del cossolat, maistre Arnaut Ricart.

E fonc bayle de la vila de Monpeslier sen. Antoni Javes. Jutge, mess. Jacme Mayssens, doctor en leis. Notari, maistre Johan Girfaut. Sotz bayle, sen. B. Roart. Sotz juge, messier Guilhem dAlbanhac, savi en dreg. Notari, maistre Guilhem de Galhac. Viguier, lo sen. Raymon Verdier. Assessor de viguier, messier Bertolmieu Lespinha, savi en dreg. Notari, maistre Peyre Rauba.

En lan de Nostre Senhor Dieu Jeshu Crist que hom comtava

M. CCC. LVIII, foron cossols de la vila de Monpeslier los senhors en P. Catalan, sen. Daunizi Cardona, sen. Johan de Conquas, sen. R. Bon Amic, sen. P. de Belpueg, sen. Rigaut Agulhon, sen. R. Vidal, sen. R. Amic, sen. Johan Gori, sen. P. de la Bruguieyra, sen. Pons Nazari, sen. Jacme Bateiat. Notari, maistre Arnaut Ricartz.

Et fon bayle sen. Johan Natural. Jutge, moss. Guiraut Pargue. Notari de bayle, maistre Mathieu Jenin. Sotz bayle, lo senher en Arnaut Raynaut. Sotz juge, messier P. Calvel. Notari, maistre Daude Cabirola. Viguier, lo senher Johan Deleuze. Assessor de viguier, mess. P. Arquier. Notari, maistre Johan Plansso.

En lan de l'Encarnation de Nostre Senhor que hom comtava M. CCC. LIX, foron cossols de Monpellier lo senhor en Jac. de la Manhania, lo senhor en Johan de Bordelas, lo senhor en P. Lucian, lo senhor en Jac. Guillem, lo senhor en Johan Talhapan, lo senhor en Frances del Forn, lo senhor en Hug Erimi, lo senhor en Johan Gauzi, lo senhor en P. Daudemares, lo senhor en Bertran Crestina, lo senhor en P. Salvanh, lo senhor en Johan Malquier. — Item, aquel an meteys, a XII de may, anet a Dieu lo dich Frances del Forn, e fo subrogat en son luoc lo sen. B. Poiol. — Notari del conselh, maistre Arnaut Ricart.

Item, aquel an meteys, fo bayle messier Johan Brun, savi en drech. Jutge, messier Daunisi Balansier, licenciat en leys. Notari de bayle, maistre Jac. de Sant Johan. Sotz bayle, sen. Berthomieu. Sot juge, messier Steve Vayrac, savi en drech. Notari de sot bayle, maistre Raymon Junin. Viguier, maystre Johan Boysson. Assessor, messier Folco Garin, savi en drech. Notari de viguier, maistre Hug Peyre.

En lan de la Encarnacion de Nostre Senhor que hom comtava M. CCC. LX, foron cossols de la vila de Montpellier lo senhor en Guiraut Quintalier, lo senhor en Bernat Boza, mosen Guillem del Pos, cavalier, lo senhor en Peyre Guillem, filh que fo del sen. Salvayre Guillem, lo senhor en Guillem del Olm, lo senhor en Fermin de las Peyras, lo senhor en Guillem de Lodeva, lo senhor en Raymon Laurier, lo senhor en Johan Gautier, lo senhor en Johan Robert, lo senhor en Johan Galhart, lo senhor en Benezeg Oliva. Notari del cosselh, maystre Arnaut Ricart.

Bayle de Montpellier, lo senhor en Steve Sabors, donzel. Juge, messier Johan de Montleon, licenciatz en leys. Notari de bayle, maystre Fermin Ribas. Sotbaylhe, lo senhor en Bernat Poiol. Sotjuge, messier Guillem dAlbanhac. Notari de sotbayle, maystre Daude Cabriola. Viguier, lo senhor en Bartholomieu Micas. Assessor, messier Symon dAguzan, savi en dreg. Notari de viguier, maistre Guillem Suau. — E lan seguen M. CCC. LXI, a XXI jorns de may, mori lo dich messier Johan de Montleon, e fo subrogat en son luoc messier Peyre Calvel, savi en drech. — Item, a IIII jorns de junh, mori lo dich messier G. dAlbanhac, e fo subrogat en son luoc messier P. Bego, savi en drech. — Item, a.... jorns del dich mes de junh, mori lo dich sen. Bernat Poiol, e fo subrogat en son luoc lo sen. Peyre Gaubert. — Item, a XVIIII jorns daquel mes meteys, mori lo dich sen. Steve Sabors, bayle, e fo subrogat lo senhor en Peyre Lucian, borzes.

En lan de lEncarnacion Nostre Senhor que hom comtava M. CCC. LXI, foron cossols de la villa de Montpellier lo senhor en Peyre de la Gautru, lo senhor en Peyre Pelegrin, lo senhor en Guillem de Concas, donzel, lo senhor en Garin Guillem, lo senhor en Bernat Guiraut, lo senhor en Bernat Franc, lo senhor en Raymon Jordan, lo senhor en Bernat Caylar, lo senhor en Peyre Lautier, lo senhor en Guillem de la Sala, lo senhor en Johan Guillem, lo senhor en Guiraut Marques. Notari del cossolat, maistre Arnaut Ricart. — Item, aquel an meteys, a V de may, mori lo dich sen. Raymon Jordan, e fo subrogat en son luoc lo senhor en Guillem Vidal. E pueys lo dich sen. Guillem Vidal mori, a XXII de junh, e fo en son luoc subrogat lo senhor Pons Grimaut. Item, lo dich sen. P. Lautier mori, a XII de junh, e fo en son luoc subrogat lo senhor en Thomas Boyseyra. Item, lo dich sen. G. de la Sala mori, a XVIII jorns de junh, et fo en son luoc subrogat lo senhor en Esteve Robert. Item, lo dich maistre Arnaut Ricart mori, a XX de junh, e fo en son luoc subrogat maistre P. Gili, clergue rial e notari.

Item, aquel an meteys, fon bayle lo senhor en Bernat Roart. Juge, messier Hugo d'Aulones, bachilier en leys. Notari de bayle, maystre Matieu Jennin. Sotbayle, lo senhor sen. Guillem Domergue. Sotjuge messier Miquel Vinhas, savi en drech. Notari de sotbayle, maystre Raymon de Camp Albal. Viguier, lo senhor en Dyonisi Cardona. Assessor, messier Peyre Arquier. Notari de viguier, maistre Helyas Lambert. Et aquel an meteys, a XXVI de junh, mori lo dich sen Dyonisi Cardona; e fo en son luoc subrogat lo senhor en Jacme Guillem, pebrier.

En lan mil CCC LXII, foron cossols los senhors en Andrieu Domergue, en Hug del Vilar, en Bernat Teyssier, en Johan Colombier, en Guillem Folcaut, en P. Bremon, en Johan de Juvinhac, en G. de Suelhas, en Joh. Bona Fos, en Bernat Crestina, en P. Riquier, en Johan de Caranta. Juge de Valena, maystre P. Gili, clergue rial. — E pueys, a XVI de junh, mori lo dich sen. P. Bremon, e fo mes en son luoc lo sen. P. Costa.

Item, fo bayle lo sen. Jac. Guillem, drapier. Juge, mossen Jac. Mayssens, doctor en leys. Notari, maystre Daude Cabriola. Sotbayle, lo sen. Johan Henric. Sotz juge, messier Laures Sazi, savi en drech. Notari, maystre G. Suau. Viguier, lo sen. Joh. de Londras. Assessor, messier Symon d'Aguzan. Notari, maystre P. Bordon.

En lan M. CCC. LXIII, foron cossols los senhors en Bernat Pelhiscier, en Joan de la Crotz, en Imbert Roqua, en P. Teyssier, en Johan Gavanon, en Johan Clapareda, en G. d'Agrifuelha, en P. dels Camps, en P. Bayle, en Esteve de Mont Juzieu, en P.-dAiric, en Jacme Junin. Notari del cossolat maestre P. Gili.

Item, aquel an meteys, fo bayle lo senhor en P. Pelegrin. Jutge, messier P. Calvel, licenciat en leys. Notari de bayle, maestre Ramon Junin. Sotbayle, lo sen. Arnaut Raynaut. Sotjuge, messier Laurens Paul, savi en dreg. Notari de sotbayle, maestre Helias Lambert. Viguier, lo sen. P. del Hostal. Assessor de viguier, messier Berthomieu Lespinha, savi en drech. Notari de viguier, maestre Jacme Claret.

En lan M. CCC. LXIIII, foron cossols los senhors en Esteve Berenguier, en Berthomieu Berthomieu, en G. Alamandin, en Berthomieu Roart, en P. Gausuin, en P. Gaubert, en Johan de Londras, en Johan Jove, en P. Trossel, en G. de Mont Juzieu, en P. Sadornin, en Bernat Pascal. Jutge de Valena, maestre P. Gili, clergue real.

Bayle, lo senhor en Jacme de la Manhania. Juge, messier Bernat Roqueta, licenciat en leys. Notari, maestre Fermin Ribas. Sotbayle, lo sen. G. de Clapiers. Sotjutge, messier P. Bego, bachelier en leys. Notari, maestre Symon Maymona. Viguier, lo sen. Bernat Castel. Assessor, messier G. Suau, savi en dreg. Notari, maistre Johan de Solatges.

En lan de Nostre Senhor M. CCC. LXV, foron cossols los senhors en Frances Lambert, en Jacme Ribieyra, en Guilhem de Mont Juzieu, en Esteve de Clapiers, en R. Gavios, en Johan Pastre, en Bernat Delgra, en P. Arnaut, autramen Maurin, en P. del Valat, en Johan Rotbert, en Jacme Fargier, en Jacme Sospon. Notari del cossolat, maestre Peyre Gili.

Bayle, lo senher en G. Causit jove. Juge, moss. Guiraut Pargues, doctor en leys. Notari, maestre Daude Cabriola. Sotbayle, lo sen. Andrieu Domergue. Sotjuge, messier Symon de Guzan, savi en dreg. Notari, maestre Joan Marti. Viguier, lo sen. Joan de Grabels. Assessor de viguier, messier P. Cabassan. Notari, maistre Johan Condat.

En lan M. CCC. LXVI, foron cossols de Montpellier los senhors en Pere Pelegrin, en P. de Crueias, en G. de Conquas, en Jac. Guillem, en B. Guiraut, en Jacme Calvayron, en Johan Martin, Raymon Laurier, en P. Daudemares, en Steve Robert, en Johan Galhart, en Raymon Chirac. Juge de Valena, maistre Peyre Geli, clergue real.

Bayle de Montpellier, lo sen. Bernat Roart. Juge, maistre Bernat del Pon, doctor en leys. Notari, maistre Helyas Lambert. Sotzbayle, lo sen. Esteve de Clapiers. Sotzjuge, messier Johan Ferran, bachelyer en cascun drech. Notari, maistre Peyre Bordon. Viguier, lo sen. Berenguier Fulhan. Assessor, messier Esteve Razeyre. Notari, maistre Johan de Camp Albal.

En lan M. CCC. LXVII, foron cossols de Montpellier los senhors en R. Gaugin, en Arman Ros, en Johan Lambert, en G. de Clapiers, en P. del Holm, en B. Franc, en Johan Deleuze, en P. Fumat, en Johan Gautier, en B. Crestina, en R. Martelenas, en B. del Conh. Notari del cossolat, maistre P. Gili.

Bayle, lo sen. Johan de la Cros. Juge, maistre Jac. Rebuf, doctor en leys. Notari, maistre Symon Maymona. Sotbayle, lo sen. G. de Lodeva. Sotjuge, messier Pons Caussa, bachelier en leys. Notari, maistre Johan Condat. Viguier, lo sen. R. de Galhac, drapier. Assessor, messier P. Amans, bachelier en leys. Notari, maistre P. de Marion.

En lan M. CCC. LXVIII, foron cossols de Montpellier los senhors en G. Domergue, en P. Ymbert, en B. Teyssier, en Johan Hemric, en G. Folcaut, en Johan Clapareda, en G. dAgrifuelha, en P. dels Camps, en Hug Fabre, en Steve de Mont Juzieu, en R. dAyric, en Jac. Jumin. Juge de Valena, maistre P. Gili.

Bayle, lo senhor G. Causit major de jorns. Jutge, maistre Jac. Mayssen, doctor en leys. Notari, maistre Mathieu Jennin. Sotbayle, lo senhor G. de Mont Juzieu. Sotjuge, messier

Frances del Puos., bachelier en leys. Notari, maistre P. Bordon. Viguier, lo sen. Hug. Pascal. Assessor, messier Jacme Seguin, bachelier en leys. Notari, maistre P. Rauba.

En lan M. CCC. LXIX, foron cossols de Montpeylier lo senhors en Jacme Rebieyra, en Bertolmieu Bertolmieu, en G. Causit jove, en Bern. Roart, en P. Gausuin, en G. Agulhon, en Jacme Arquier, en R. Gaugin, en Jo. Bonafos, en Salvayre Gibaut, en P. dAyric, en P. de San Johan. Notari del cossolat, maistre P. Gili. — E pueys, aquel an meteys, mori lo dich sen. Bern. Roart, a XXII jorns de janoyer, a V horas de la nuech, e puey fo sebelit en la capella de Nostra Dona de la glieyza de San Paul, lo XXIIII jorns de dich mes. E fo eligit cossol en son luoc lo sen. St. de Clapiers, drapier.

Bayle, lo sen. Andrieu Domergue. Juge, moss. Laures Sazi, savi en drech, majer de jorns. Notari, maistre Anric Seguin. Soctzbayle, lo sen. P. Teyssier majer de jorns. Sotjuge, messier Bertolmieu Lautier, licenciat en leys. Notari, maistre Pons Esmeuric. Viguier, lo sen. P. Daudemares. Assessor, messier P. Arquier, savi en drech. Notari, maistre P. de Marion.

En lan M. CCC. LXX, foron cossols de la vila de Monpellier los senhors en Johan de Seriers, en Bernat Palmier, en G. de Conquas, en Johan Guillem, en Johan Gavanon, en G. de la Balma, en G. de Lodeva, en Thomas Caylar, en P. dAsperas, en Johan Posaran, en Mathieu dAyric, en Gaston Berenguier. Juge de Valena, maistre P. Gili, clergue real.

Bayle, lo sen. Bernat Teyssier majer de jorns. Juge, maistre Guiraut Pargue, doctor en leys. Notari, M⁰ Daude Cabriola. Sotbayle, lo sen. Arnaut Berenguier. Sotzjuge, messier Frances del Puog, bachelier en leys. Notari, M⁰ P. Bordon. Viguier, sen. R. de Galhac. Assessor, messier Jac. dAsperas, bachelier en leys. Notari, M⁰ Cristol Baniac.

## PIÈCES JUSTIFICATIVES. 425

En lan de Nostre Senhor mil e CCC. LXXI, foron cossols de Montpeylier los senhors en Bernat Pelicier, en Nat Palmier, en P. Teyssier major de jorns, en Guilhem de Clapiers, en Johan Navas, en Guilhem de Tornafort, en Johan de Londras, en Peyre Aycart, en Salvayre dAsperas, en Bernat Crestina, en Johan Gyli, en Peyre del Bosc. Notari del cossolat, maistre Peyre Gili.

Bayle, lo senhor en Bertholmieu Roart. Jutge, mossen Jacme Rebuf, doctor en leis. Notari, maistre Helyas Lambert. Sotzbayle, lo sen. Arman Ros. Sotzjuge, messier Laures Sazi, lo jove, bachalier en leis. Notari, maistre Johan Condat. Viguier, lo sen. Johan Trialh. Assessor, maistre Esteve Razeyre, savi en dreg. Notari, maistre Miquel Daguerra.

En lan de Nostre Senhor mil III<sup>e</sup> LXXII, foron cossols de Monpeylyer los senhors en Jacme de la Manhanye, en P. de Crueyas, en Guilhem Alamandin, en Johan Enrich, en Raymon Gavios, en R. Bonafos, en Johan Martyn, en P. dels Camps, en Johan Gautier, en Jacme Poiada, en Raymon dAyric, en Andrieu Cabrespina. Jutge de Valena, maistre P. Gyli.

Bayle, lo senher en Peyre de la Gautru. Jutge, mossen Peire Calvel, licenciat en leys. Notari, maistre Raymon Juin. Sotzbayle, lo sen. Peire del Hostal. Sotzjutge, messier Daude Astruch, bachalier en leis. Notari, maystre Launart Rosset. Viguier, lo sen. Jacme Arquier. Assessor, messier Peire Melgoyres. Notari, maistre Peyre del Boy. — Item, XX de setembre, mori lo dich maistre Launart Rosset, e fon subrogat e eligit en son luoc maistre Tibaut Jorgi, notari.

En lan M. CCC. LXXIII, foron cossols de Montpeylier los senhors en Guilhem Domergue, en Jacme de Sant Miquel, en Colin Bertran, en Jacme Guilhem, en P. Gausuin, en Bernat Franc, en Johan de Juvinhac, en Peire Arnaut, en P. Daudemares, en Salvayre Gibaut, en Jacme Fargier, en P. Berenguier. Notari del cossolat, maistre P. Gyli. — E pueys, a XI de may, anet a Dieu lo dit sen. Johan de Juvinhac, e quant fo sebelit, fo elegit en son luoc lo sen. Berenguier Domergue.

E fon bayle lo sen Esteve de Clapiers. Jutge, mesier Peyre Amans, licenciat en leys. Notari, maistre Miquel Daguerra. Sotzbayle, lo sen. Jacme Gaugi. Sotzjutge, messier Laures Paul, bachalier en leys. Notari, maistre Johan Martyn. Viguier, lo sen. Johan Navas. Assessor, messier Duran Bosquier, savi en dreg. Notari, maistre Pons Esmeurric.

En lan de Nostre Senhor que hom compta Miel III$^e$ LXXIIII, foron cossols de Monpeylier los senhors en Guilhem de la Manhania, en P. de lOstal, en Pons Alamandin, en Peyre Bastier, en Raymon Patau, en Guilhem Agulhon, en Guilhem de Lodeva, en Thomas Caylar, en Peyre Bayle, en Peire Pathau, en Esteve de Broet, en Gaston Berenguier. Jutge de Valena, maistre P. Gyli, clergue reyal. — Et pueys, a XIIII de junh, anet a Dieu lo sen. Pons Alamandin, e fo elegit en son luoc lo sen. B. Teyssier. — Item, a XIX de junh, anet a Dieu lo sen. P. Bastier, e fo elegit en son luoc lo sen. Johan de Grabelhs.

Item, fo bayle messier Frances del Pueg, savi en dreg. Juge, M$^e$ Jac. Rebuf, doctor en leys. Notari de bayle, M$^e$ Symon Maymona. Sotbayle, lo sen. R. de Galhac, drapier. Sotjuge, messier P. Gleyas, licenciat en leys. Notari, M$^e$ P. Bordon. Viguier, lo sen. G. Massonier. Assessor, messier Berthomieu Lespinhan, savi en drech. Notari, M$^e$ P. de Marion.

En lan M. CCC. LXXV, foron cossols de Montpellier los senhors en Steve Chinart, en Symon de Vila Nova, en Johan Lauzac, en Steve de Clapiers, en R. Gauzuin, en Fermin de las Peyras, en Johan Durant, en Frances Teyssier, en P. del Valat, en Johan Pozaran, en P. G. Aguzan, en P. de Sant Johan. Notari del cossolat, M$^e$ P. Gili. — Et pueys, lo jorn de Sant Johan, XXIIII de junh, anet a Dieu lo dich sen. Steve Chinart, e fo elegit en son luoc lo sen. Andrieu Domergue.

Item, aquel an meteys, fo bayle lo senhor en R. Gaugin, cambiador. Juge, mosen P. Calvel, licenciat en leys. Notari, Mº Jacme de Sant Johan. Sotbayle, lo sen. Jacme de Sant Miquel. Sotjuge, messier Berenguier Goyon, licenciat en leys. Notari, Mº Pons Esmeuric. Viguier, lo sen. Johan Daudemares. Assessor, messier Jacme dAspras, bachalier en leys. Notari, Mº P. del Boy. — E pueys, a XIIII jorns de julh, lo dig mossen P. Calvel anet a Dieu, e fo elegit en son luoc mossen Laurens Sazi jove, doctor en leys.

En lan de Nostre Senhor M. CCC. LXXVI, foron cossols los senhors en B. Pelicier, en P. de Vernuoiols, en Johan Cauzit, en Johan Colombier jove, en Jacme Amellier, en Jacme Calvayron, en Johan Deleuze, en G. de Roca Maura, en Johan Pelicier, en B. Crestina, en P. Riquet, en Benezeg Oliva. Juge de Valena, maistre P. Gili, cler real.

Et fo bayle aquel an lo senhor en Jacme de la Manhania. Juge, messier Pons Caussa, bachalier en leys. Notari, maistre Tibaut Jorgi. Sotbayle, lo senhor en Johan Navas. Sotjuge, messier P. de Lauzet, bachalier en leys. Notari, maestre Johan Condat. Viguier, lo senhor en P. Bugarra. Assessor, messier Duran Bosquier, savi en drech. Notari, maistre Johan de Solatges.

En lan M. CCC. LXXVII, foron cossols los senhors en Jacme Gaugin, en Nat Palmier, en Bernat Sabors, en Domergue Pascal, en Huc de Pradinas, en P. de la Teula, en Mathieu Salas, en Raymon Laurier, en Raymon Martin, en Salvayre Gibaut, en Pons de Cabanas, en Johan Puegz. Notari del cossolat, maistre P. Gili.

Bayle, lo senhor en Berthomieu Roart. Juge, messier Hug dAulanes, bachalier en leys. Notari de bayle, maistre Helias Lambert. Sotbayle, lo senher en G. de Lodeva. Sotjuge, messier P. Calvel, bachalier en leys. Notari de sotbayle, maistre P. del Boy. Viguier, lo senher en Steve Ricart. Assessor, messier Symon Maymona, savi en dreg. Notari de viguier, maistre

Galhart Rauba. — E car lo dig maistre Symon avya justas excuzas, mossenhor lo governador, prezens lo dich bayle novel els senhors cossols, la vigilia de Sant Johan, declaret la dicha election esser nulla et esser luoc dautra election, per que lo dich bayle elegi assessor messier Ramon Nicholau, bachalier en decretz. — Item, a XXIX daost, mori lo dich M* Helias Lambert, e fon en son luoc M° P. Bordon.

En lan de Nostre Senhor M. CCC. LXXVIII, foron cossols los senhors en G. de la Manhania, en Bernat Palmier, en Pons Pelicier, en Raymon de Gualhac, en Johan Avas, en Johan dOrlhac, en Peyre Peynier, en Thomas Caylar, en P. Daudémares, en Jacme Patau, en Johan Gili, en Martin Guarin. Jutge de Valena, M° P. Gili.

Item, aquel an meteys, fo bayle lo sen. P. de lOstal. Jutge, messier Bernat de Montoliu, licenciat en leys. Notari, maestre Gautier, clergue. Sotzbayle, lo sen Johan Bastier. Sotjutge, messier Raymon Mozrat, bachalier en leys. Notari, maistre Cristol Baniac. Viguier, lo sen. P. Ribas. Assessor, messier Bernat Palhares, savi en drech. Notari, maystre Duran del Blac.

En lan M. CCC. LXXIX, foron cossols los senhors en Andrieu Domergue, en Arnaut Raynaut, en Joh. Laurat, en Bertholmieu Roart, en R. Patau, en Joh. Clapareda, en Jacme Miquel, en Frances Teyssier, en P. del Valat, en P. Patau, en Esteve Broet, en P. Duran. Notari del cossolat, M° P. Gili.

Bayle, lo sen. St. de Clapiers. Jutge, messier R. Gili, licenciat en leys. Notari de bayle, M° Tibaut Jorgi. Sotzbayle, lo sen. St. de Vila Nova. Sotzjutge, messier Bern. Engles, bachalier en leys. Notari de sotzbayle, maistre Pons Esmeurric. Viguier, lo sen. Johan Marti, canabassier. Assessor, maestre Duran Bosquier, savi en drech. Notari de viguier, maystre Aymeric Estardavilha. — Item, dimergue, a XXIX genoyer, lo dich sen. Johan Clapareda cossol anet a Dieu, et pueys lo dimars, que era lo dernier jorn del mes, fo sebelitz a Magalona. — Item, a XV de febrier, moss. lo duc [1] pres la baylia a la man de nostre senhor lo rey, et fetz bayle de Monpellier lo noble Guiraut Malapua, castellan de Aygas Mortas. Jutge messier Bern. de Montolieu, licenciat en leys.

En lan M. CCC. LXXX, foron cossols de Monpellier los senhors en Raymon Gaugi, en P. Benezech, en Leonart Gives, en Johan Columbier, en P. Gauzuin, en G. Agulbon, en Miquel Herin, en Bertran Selier, en Bertolmieu Mujolan, en Salvayre Azemar, en Raymon Menerba, en Andrieu Cabrespina. Jutge de Valena, maystre P. Gili.

En lan M. CCC. LXXXI, foron cossols de Monpellier los senhors en Jacme de la Manhania, en Johan Bossones, en Pons de Conquas, en P. Columbier, en Bernat Costa, en G. de Tornafort, en Pons Grimaut, en Pons Sabran, en P. Soquier, en Johan Posaran, en Pons de Cabanas, en Benezech Oliva. Notari del cossolat, maestre P. Gili. — Item, lo dich sen. Johan Bossones cossol anet a Dieu, lo jorn de S. Luc, a XVIII doctobre, e fon elegit en son luoc lo sen. P. Poiola, pebrier.

Restituta la baylia, foron curials aquels que se segon : Bayle, lo sen. Bernat Teyssier mager de jorns. Jutge, mess. Bernat de Montolieu, licenciat en leys. Notari, maestre P. Bordon. Sotbayle, lo sen. G. de Lodeva. Sotzjutge, messier Jacme dAspras, bachalier en leys. Notari, maestre Johan Delphi. Viguier, lo sen. Johan Robert. Assessor, mess. Raymon Nicholau, bachalier en decretz. Notari, maestre P. de Marion.

En lan M. CCC. LXXXII, foron cossols de Montpellier los senhors en Bernat Palmier, en P. de Bermuyols, en Angles de la Mieyra, en Jacme Guilhem, en R. Gauzuin, en P. de las Lauzas, en Jacme Cortes, en P. Arnaut, alias Maurin, en

[1] Le duc d'Anjou.

P. Navas; en Jacme Poiada, en P. G. Aguzan, en Joh. Puegs. Jutge de Valena, maestre P. Gili, clergue real.

Bayle de Montpellier, lo sen. Nat Palmier. Jutge, mess. Raymon Gili, licenciat en leys, loqual fo apres doctor, a XXIX de julh seguen. Notari, maistre Tibaut Jorgi. Sothayle, lo sen. Raymon de Galhac. Sotjutge, messier Daude Astruc, bachalier en leys. Notari, maistre Cristol Baniac. Viguier, lo sen. Johan Duran. Assessor, messier Solas de la Font, bachalier en leys. Notari, maistre Pons Arnaut, alias Maurin.

En lan M. CCC. LXXXIII, foron cossols los senhors en Peyre de lHostal, en Peyre del Pos, en Bernat Sabors, en Jacme Bon Amic, en Hug de Pradinas, en Johan dOrlhac, en Raymon Guizon, en G. de Rocha Maura, en Johan Pelicier, en Bernat Crestina, en Johan Cueyas, en Bernat del Conh. Notari del cossolat, mestre Peyre Gili.

A XVIII de octobre [1], foron elegitz curials en la glieya del Castel per lo sen. Arnaut Beyrenguier, luoctenent de moss. Enguerran dEudin, governador, e per son mandament, e per vertu de una letra de nostre senhor lo rey, e per los senhors cossols, coma es acostumat, so es assaber : bayle, lo sen. Raymon Gaugin ; jutge, messier Berenguier Guilhem, licenciat en leys; notari, M° Bertran Paul; sotzbayle, lo sen. P. Benezech; sotzjutge, moss. Jacme dAspras, bachalier en leys ; notari, M° G. Porcel; viguier, lo sen. P. Bocoyran ; assessor, messier Duran Bosquier, savi en drech ; notari, M° Johan Ros.

En lan M. CCC. LXXXIIII, foron cossols los senhors en Johan de Pertot jove, en Guilhem Vernhas, en Colin Bertran jove, en Domerge Pascal, en Peyre Gauzuin, en Nicholau Ber-

[1] L'élection des officiers de la baylie fut retardée cette année-là, de par le gouverneur, qui faillit l'empêcher absolument de se faire. Voyez l'édition du *Petit Thalamus*, au bas de la page 407. Le paragraphe inédit que nous ajoutons complète ce texte important.

tolmieu, en Johan Marti, en Berenguier Montes, en Johan de Paussan, en Johan Robert, en Jacme Popa, en Jacme Vigan. Juge de Valena, maistre Peyre Gili, clergue real.

Et bayle, lo sen. Guilhem de la Manhania. Juge, moss. Bernat de Montolieu, doctor en leys. Notari, maistre Symon Maymona. Sotbayle, lo sen. Frances Bertholin. Sotjuge, mess. Solas de la Fon, bachelier en leys. Notari, maistre Guilhem Helyas. Viguier, lo sen. Raymon Moton. Assessor, mess. Peyre Patau, bachalier en leys. Notari, maistre Guido Bonier.

Item, a XVI genoyer, anet a Dieu lo sen. Jacme Popa, cossol; e fonc eligit en son luoc lo sen. Bernat Caylar, fustier.

En lan M. CCC. LXXXV, foron cossols los senhors en Jacme Carcassona, en Johan de Series, en Pons de Conquas, en Ramon de Galhac, en Peyre Ribis, en Berenguier Guilhem, en Bernat Castel, en Pons Sabran, en Johan Fucan, en Jacme Patau, en Guilhem Sobrauzier, en Philip Rogier. Notari de cossolat, maistre Peyre Gili, clerge real.

Bayle, lo sen. P. de lOstal. Jutge, moss. R. Gili, doctor en leys. Notari, maistre Tibaut Jorgi. Sotbayle, lo sen. Johan Bastier. Sotjuge, mess. P. Gleyas, licenciat en leys. Notari, maistre R. Vianes. Viguier, lo sen. R. Guizon. Assessor, mess. P. Guilhem, bachelier en leys. Notari, maistre Bernat Raols.

En lan M. CCC. LXXXVI, foron cossols de Montpellier los senhors en G. de la Manhania, en Frances Bertholin, en Isarn Tenchurier, en Steve de Clapiers, en Johan Avas major de jorns, en P. de la Teula, en Miquel Hervi, en Thomas Caylar, en Salvayre dAspras, en Salvayre Adhemar, en P. G. Agusan, en P. Berenguier. Jutge de Valena, maistre P. Gili, clergue real.

Bayle, lo sen. Johan Columbier. Jutge, mess. Berenguier Guilhem, licenciat en leys. Notari, Me P. Bordon. Sotbayle, lo sen. Anthoni de Boluenha. Sotjuge, mess. P. Sabors, bachalier en decretz. Notari, Me G. Porcel. Viguier, lo sen. Johan dOrlhac.

Assessor, M⁰ Johan Roget, bachalier en decretz. Notari, M⁰ Arnaut Julian.

En lan M. CCC. LXXXVII, foron cossols los senhors en Bernat Palmier, en Johan Sazi, en Johan de Concas, en Bn. Teyssier, en Albert Dyonisi, en G. de Tornafort, en Bn. de las Gardias, en P. Aycart, en P. Tenchurier, en Bn. Crestina, en Bn. Aucel, en Johan Puetz. Notari del cossolat, maistre P. Gili.

Bayle, lo sen. Nat Palmier. Jutge, M⁰ Bn. de Montoliu, doctor en leys. Notari, M⁰ Tibaut Jorgi. Sotbayle, lo sen. G. Massonier. Sotjutge, mess. Daude Astruc, bachelier en leys. Notari, M⁰ Johan Condat. Viguier, lo sen. P. de Pinhan. Assessor, M⁰ G. Bezassa, bachalier en leys. Notari, M⁰ G. Perier. — Item, lo jorn de Venres Sans, qui era XXVII jorns de mars, anet a Dieu lo dich sen. G. Massonier, sotbayle, et lo Dissapte Sant fo sebelit a Frayres Menors. Et pueys fo elegit sotbayle, a complir lan en son luoc, lo sen. Johan Poiola, pebrier.

En lan de Nostre Senhor M. CCC. LXXXVIII, foron cossols los senhors en P. Benezeg, en P. del Pos, en Johan Cauzit, en Domergue Paschal, en Huc de Pinonias, en P. de las Lauzas, en Johan Martin, en P. Polier, en Bn. Dissendres, en P. Nicolau, en Johan Gili, en Andrieu Cabrespina. Juge de Valena, M⁰ P. Gili, clergue real.

Bayle, lo sen. Bernat Sabors, donzel. Juge, moss. R. Gili, doctor en leys. Notari de bayle, M⁰ Pons Ournet. Sotbayle, lo sen. Izarn Tenchurier. Sotjuge, moss. Laurens Paul, bacheler en leys. Notari de sotbayle, M⁰ Johan del Pin. Viguier, lo sen. Phelip Maucel. Assessor de viguier, mess. Bn. Guibaut, bacheler en decretz. Notari de viguier, M⁰ P. de Marion.

Enl an M. CCC. LXXXIX, foron cossols los senhors en Jacme Carcassona, Johan Javes, Leonart Javes, P. Bonfilh, Johan Vereuh, R. Sancho, R. Guizon, Johan Fumat, P. Daudemares, R. Quot, Johan Cuoyas, et Steve Poiol. Notari del cossolat, M⁰ P. Gili.

Bayle, lo senhor Frances Bertholin. Jutge, M° Jacme Mayssens, doctor en leys. Notari de bayle, M° Bertran Paul. Sotbayle, lo sen. Johan de Conquas. Sotjutge, mess. Johan Agulhon, bachelier en leys. Notari de sotbayle, M° G. Porcel. Viguier, lo sen. Johan Robert. Assessor, M° P. Guilhem, bachelier en leys. Notari de viguier, M° P. Mathies.

En lan M. CCC. LXXXX, foron cossols de Montpellier los senhors en P. del Hostal, cambiador, lo noble en Angles de Leuzieyra, borzes, en R. Moton, especiayre, en P. Bringuier, laurador. Jutge de Valena et de Caravetas, M° P. Gili, clerc real.

Bayle, lo senher en Bernat Palmier. Juge, mess. Daude Astruc, bachelier en leys. Notari, M° Tibaut Jorgi. Sotbayle, lo sen. G. Vernhas. Sotjutge, moss. Bernat Angles, bachelier en leys. Notari, M° R. Vyanes. Viguier, lo sen. Albert Dyonisi. Assessor, M° Legier Clarmoya, clergue real. Notari, M° G. del Clou.

En lan M. CCC. LXXXXI, foron cossols de Montpellier los senhors en Johan de Pertot plus jove, cambiador, en Bernat Sabos, borzes, en P. Ribas, sedier, en Johan de Servihau, peyssonier. Notari del cossolat, M° P. Gili.

Bayle de Montpellier, lo sen. Guilhem de la Manhania. Juge, M° R. Gili, doctor en leys. Notari, M° Gautier, clerc. Sotbayle, lo sen. P. Peynier. Sotjuge, M° Laurens Paul, bachelier en leys. Notari, M° Johan Guilhot. Viguier, lo sen. Bernat Castel. Assessor, M° Bernat Gombaut, bachelier en decretz. Notari, M° Johan Magalona.

En lan M. CCC. LXXXXII, foron cossols los senhors en P. Benezeg, cambiador, en Johan Poiola, pebrier, en Peyre de las Lauzas, orgier, en Johan Robert, blanquier. Juge de Valena, M° P. Gili, clerc real.

Bayle, lo sen. Guilhem Pinhol. Juge, moss. Jacme Mayssens, doctor en leys. Notari de bayle, M° Raymon Vianes. Sotbayle, lo sen. Peyre Ribas. Sotjuge, mess. Peyre Cabot, bachelier en decretz. Notari de sotbayle, M° Peyre Metgier. Viguier, lo sen. Guiraut Alric. Assessor, mess. Peyre Guilhem, bachelier en leys. Notari de viguier, M° Guilhem Segui. — Item, lan mil CCC LXXXXIII, a XIX dabril, anet a Dieu lo dich moss. Jacme Mayssens, juge, et fo elegit al Castel, per lo dich moss. lo bayle, juge, per complir lan, mess. Jacme Mayssens, son filh, licenciat en leys.

En lan mil CCC LXXXXIII, foron cossols de Monpellier los senhors en Nat Palmier, en Frances Bertholin, en Guilhem de Tornafort, en R. Guiron, en Peyre Patau, en Johan Puogz, per ordenansa e gracia novelement facha per nostre senhor lo rey.

Bayle de Monpellier, lo senhor en Johan de Conquas, borzes. Juge, mess. Jehan Agulhon, licenciat en leys. Notaire de baile, maistre Johan del Pin. Sobayle, sen. Salvayre Olivier, drapier. Sotjuge, mess. Solas de la Font, bacheler en leys. Notayre de sotbayle, maistre Guillem Porcel. Vigier, sen. Johan Berenguier, cambiador. Acessor, mess. Peyre Polier, bacheler en leys. Notaire de vigier, maistre Johan Perier.

Item, dijous, a XXI daost, anet de vida a trespassamen lo sen. Raymon Guiron, canabassier e cossol, et fonc enterrat als Augustins. Item, divendres, a XXII del dich mes, fonc elegit cossol, en lo loc del dich sen. R. Guiron, sen. Peyre Peynier, canabassier. — Item, dimecres, a XXIIII de septembre, entorn lalba, anet de vida a trespassamen maistre Peyre Gili, clerc real, jutge de Valena, e notaire del cossolat, et foc, lodich jorn, cebelit a Sant Daunizy, dans la gleya, devant lo gran altar. Item, divendres, a XXVI del dich mes, a vespras, fonc elegit et nonmat notari del cossolat per lo temps avenir maistre Bertran Paul, clerc e notari real de Montpellier.

En lan mil CCC LXXXXIIII, foron cossols de Montpellier los senhors en Bernart Palmier, en Johan de Monferrier, en Peyre Gausuin, en Bernart Castel, en Johan Posasan, en Jacme Vigan.

Notaire del cossolat, maistre Bertran Paul, clerc del rey, e jutge de Valena.

Bayle, lo sen. Deo Ambrosi. Jutge, moss. Johan Fores, licenciat en leys. Notari de bayle, maistre Peyre Bordon. Sotbayle, lo sen. Guiraut del Pos. Sotjuge, mess. Johan Roget, bacheler en decret. Notari de sotbayle, maistre Jehan Guilhot. Viguier, lo sen. Guilhem Cieyras. Assessor, mess. Jacme Malros, savi en drech. Notari de viguier, maistre Jehan Porcel.

En lan M. CCC. LXXXXV, foron cossols lo sen. Johan de Pertot, cambiador, sen. Guiraut Bardocho, pebrier, sen. Steve de Clapies, drapier, sen. Johan dOrlhac, orgier, sen. Johan Frican, sabatier, sen. Peyre Sadorlin, peyrier. Notari del cossolat e jutgi de Valena, maistre Bertran Paul, clerc real.

A VI decembre, fonc donat larrest sur lo fach de la baylie, que avia preza a la man del rey maistre P. de Ogero, et a XVI de genoyer, per vertut del dich arrest, fonc elegit bayle sen. Aubert Daonisi; jutge, mosen Raymon Geli, doctor en leys; notari de bayle, maistre Pons Onrier; sotbayle, sen. Guillem Carcassona; sotjutge, moss. Johan Mayssens, licenciat en leys; notari de sotbayle, maistre Peyre Mathieu; viguier, sen. P. Bonfilh; assessor, mess. Bernat Combaut, bachilier en decretz; notari de viguier, maistre Peyre Foet.

En lan M. CCC. LXXXXVI, foron cossols de Montpellier los senhors en Jacme Carcasona, en Guillem Pinhol, en Raymon Gausuin, en Johan de Miramon, en Frances Teysier, en Guillem Ruyeyra. Notari del cossolat, maystre Bertran Paul, clerc real, et jutge de Valena.

Bayle, sen. Bernat Palmier. Jutge, messier Berenguier Goyon, licenciat en leys. Notari de bayle, maystre Guillem Porcel. Sotbayle, sen. Pons Guillem. Sotjutge, mess. Jacme de Aspras, bachelier en leys. Notari de sotbayle, maystre Johan Vaycelier. Viguier, sen. Jacme Albaret. Assessor, mess. Peyre Guillem, bachelier en leys. Notari de viguier, maystre Peyre Erart.

## APPENDICE.

En lan M. CCC. LXXXXVII, foron cossols de Montpellier los senhors en Nat Palmier, en Johan de Conquas, en Jacme Miquel, en Johan Ligosta, en Johan Rubert, en Johan Puoch. Notari del cossolat, maystre Bertran Paul, clerc real, et jutge de Valena.

Bayle, lo sen. Johan Colombier. Jutge, moss. Jacme Mayssens, doctor en leys. Notari de bayle, maystre Raymon Vianes. Sotbayle, sen. Johan Martin. Sotjutge, mess. Johan Roget, bachelier en decretz. Notari de sotbayle, maystre Johan Porcel. Viguier, sen. Arnaut Thalhapan. Assessor, mess. Peyre Polier, bachilier en decretz. Notari de viguier, maystre Johan del Buou. — Lo dich an, a XV dauost, lo dich maystre Raymon Vianes anet de vida a trespassamen, e, a XVI del dich mes, fon elegit notari maystre Peyre Bordon, notari real.

Item, a XIX octobre, anet de vida a trespassamen sen. Nat Palmier cossol, e en son luoc, a XXVI del dich mes, fouc elegit lo sen. Peyre de lHostal.

En lan M. CCC. LXXXXVIII, foron cossols de Montpellier los senhors en Guilhem Carcasona, en Pons Guilhem, en Peyre Bonfilh, en Peyre de Vies, en Raymon Nicholau, en Johan Bosquet. Notari del cossolat, maistre Bertran Paul, cleir et notari real, et jutge de Valena.

Bayle, lo sen. Launart Gives. Jutge, mess. Jacme dAspras, bachilier en leys. Notari de bayle, maistre Bernat Chasotas. Sotbayle, sen. Johan Daunisi. Sotjutge, mess. P. Lamet, bachilier en leys. Notari de sotbayle, maistre Aimeric Escardanilha. Viguier, sen. Pons Doras. Assessor, maistre Bernat Combaut, bachilier en decretz. Notari de viguier, maistre Guilhem Bordon.

Lan mil et tres cens lxxxxix, foron cossols lo sen. Johan de Seves, sen. Peyre del Pos, sen. Yzarn Tenchurier, sen. Guiraut Roqueta, sen. Bertran Olivier, sen. Jacme Contarh. Notari del cossolat, maistre Bertran Paul, clerc et notari real, et jutge de Valena.

Bayle; lo noble Johan de Concas. Jutge, mossen Johan
Agulhon, doctor en leys. Notari, maistre Yvo Piccart. Sotbayle,
sen. Johan de Miramon. Sotjutge, moss. Guilhem Bezassa,
bachilier en leys. Notari de sotbayle, maistre Guilhem Seguin.
Viguier, sen. Philip de Pradas. Assessor, moss. Peyre Polier,
bachelier en decrets. Notari, maistre Huc de Maynils.

Lan M. CCCC, foron cossols lo sen. Johan Gives, lo noble
Engles de Leusieyra, senhor de la Costa, sen. Peyre Soquier,
sen. Berenguier Guilhem, sen. Raymon Nicholau jove, sen.
Bernat Gontard. Notari del cossolat, maistre Bertran Paul, clerc
et notari real, et jutge de Valena.

Bayle, sen. Peyre Peynier, borzes. Jutge, messier Bernat
Engles. Notari de bayle, maistre Pons Emeric. Sotbayle, sen.
Johan de Pertot plus jove. Sotjutge, messier Peyre Guilhem,
bachelier en leys. Notari de sotbayle, maistre Johan Vaicelier.
Viguier, sen. Johan Auruol. Assessor, mess. Peyre Perier,
bachelier en leys. Notari de viguier, maistre Guilhem Perier.

Item, aquel an, a XXXI de genoyer, entorn IIII horas de nueg,
anet de vida a trespassament maistre Bertran Paul, clerc real,
jutge de Valena e notari del cossolat, e fonc lendeman dimars, a
1 de febrier, sebelit a Sant Daunisy, dins la gleya, pres del cor,
ont avia son moniment, et dilhus, a VII de febrier, los senhors
cossols ajusteron et tengron cosselh sobre la election del notari
del cossolat, et elegiron en notari maistre Johan del Pi, si
volgues acceptar luffici, et en lo cas que non lo volgues acceptar,
elegiron maistre Guilhem Seguin. Et quant agro trames querre
maistre Johan del Pi, e non volc acceptar luffici, feron notari del
cossolat lo dig maistre Guilhem Seguin; et quant fonc en possession de luffici, en Loys de Lantilla, borges, coma un del pobol,
rendet una requesta als senhors cossols contra la dicha election,
e la entimet a mossenhor lo governador. Et quant lo dig maistre
Guilhem Seguin auzit lo debat, per ben de pas, al cap de VI
jorns, renunciet a luffici, e per comandement de mosenhor lo

governador coventet que lo dig maistre Johan del Pi lo prezes, e fonc li donat per los senhors cossols, a XII de febrier.

En lan mil CCCC. I, foron cossols de Monpeylier los senhors en Bernat Palmier, en Leonart Gives, en Raymon Gauzuin, en Johan de Miramons, en Frances Teyssier, en Raymon Fari. Notari del cossolat, maystre Johan del Pi, notari real, et jutge de Valena.

Bayle, sen. Guilhem Carcasona, borges. Jutge, mossen Raymon Gili, doctor en leys. Notari, ho regen luffici de la notaria del bayle, entro que lo bayle avi autra mandamen del rey nostre senhor sobre aysso, maistre Yves Piccart. Sotbayle, sen. Raymon Mouto. Sotjutge, messier Peyre de Lauzet plus jove, bachilier en leys. Notari de sotbayle, maistre Vincens Cabassa. Viguier, sen. Astort Malbautart. Assessor, mess. Bernat Gonbalt, bachilier en decretz. Notari de viguier, maistre Peyre Herart, alias Mouto. — Et aquel an meteys, lo jorn de Sancta Lucia, que fonc a XIII de dezembre, anet de vida a traspassament lo dig maistre Herart, notari de viguier. Et, a XIIII del dig mes de dezembre, fonc fag notari de viguier, en luoc del, maistre Jacme Vert, notari real.

Lan mil CCCC. II, foron cossols de Monpeylier los senhors en Jacme Carcassona, en Johan de la Serra, en Johan Avas, en Johan Marti, en Guilhem de Troyas, en Frances Fari. Notari del cossolat, maistre Johan del Pi, notari real, et jutge de Valena.

Bayle, sen. Berenguier Raynaut, borges. Jutge, mossen Johan Agulho, doctor en leys. Notari de bayle, maistre Guilhem Perier. Sotbayle, sen. Barnart de Lorador. Sotjutge, messier Guilhem Bezassa, bachilier en leys. Notari de sotbayle, maistre Johan Vaysselier. Viguier, sen. Fermin de la Val. Assessor, messier Johan dAianonha, bachilier en cascun dreg. Notari de viguier, maistre Rollan Perbosc.

Lan mil CCCC. III, foron cossols de Monpeylier los senhors

## PIÈCES JUSTIFICATIVES. 439

en Deo Ambrosi, en Raymon Cazelas, en Johan Daunisi, en Johan dOrlhac, en Peyre de Montjuzieu, en Peyre Despuetz. Notari del cossolat, maystre Johan del Pi, notari real, et jutge de Valena.

Item, bayle, sen. Leonart Gives, borges. Jutge, messier Peyre Lauzet mager de jorns, bachilier en leys. Notari de bayle, maistre Vincens Cabassa. Sotbayle, sen. Esteve Guilhem. Sotjutge, messier Bernart Gonbaut, bachelier en decret. Notari de sotbayle, maistre Aimeric Scardanilha. Viguier, sen. Guilhem Reynart. Assessor, messier Peyre Perier, bachelier en leys. Notari de viguier, maistre Johan Condat menre de jorns.

En lan M. CCCC. IIII, foron cossols de Montpeylier los senhors en Johan de Ceriers, en Guiraut del Pos, en Peyre de la Val, en Berenguier Guilhem, en Johan Robert, et en Guilhem Durant. Notari del cossolat et jutge de Valena, maistre Johan del Pi, notari real.

Bayle, lo noble Johan de Conquas, donzel. Jutge, messier Antoni Garnier, licenciat en leys. Notari de bayle, maistre Yves Picart. Sotbayle, sen. Johan de la Serra. Sotjutge, messier Guilhem Bezassa, bachelier en leys. Notari de sotbayle, maistre Guilhem Segui. Viguier, sen. Johan Terri. Assessor, maistre Peyre Polier, bachelier en decretz. Notari de viguier, maistre Raymon Raynaut.

Item, dimergue, a la nuech, a X daost, anet de vida a trespassament sen. Johan Robert, cossol, et en son luoc, dilhus, a XI del dig mes, fonc elegit lo sen. Johan Fumat.

Lan M. CCCC. et sinc, foron cossols de Montpeylier los senhors en Peyre Benezech, en Peyre del Pos, en Adhemar Symon, en Johan Ligosta, en Jacme Jove, et en Raymon Corni. Notari del cossolat et jutge de Valena, maystre Johan del Pin, notari real.

Bayle, lo sen. Arnaut Talhapa, borges. Jutge, messier Daude Astruc, bachelier en leys. Notari de bayle, maystre Johan

Vaysselier. Sot bayle, lo sen. Guilhem Pinhol. Sot jutge, messier Johan Roget, bachelier en dicret. Notari de sot bayle, maystre Jorgi Sicart. Viguier, lo sen. Phelip Mancel. Ascessor, mess. Peyre Perier, bachelier en leys. Notari de viguier, maystre Guilhem del Mas.

Lan mil CCCC. et VI, foron cossols de Montpeylier los senhors en Bernart Palmier, en Johan de la Serra, en Johan Avas, en Johan Auruol, en Bertran Celier, et en Guilhem de Conh. Notari del cossolat et jutge de Valena, maistre Johan del Pin, notari real.

Bayle, lo sen. Deo Ambrosi, borges. Jutge, messier Johan Fores, licenciat en leys. Notari de bayle, maystre Vincens Cabassa, notari real. Sot bayle, lo sen. Johan de Pertot jove, cambiador. Sot jutge, messier Peyre Rebol, bachalier en leys. Notari de sot bayle, maystre Jacme Verda. Viguier, lo sen. Peyre Soquier mager, drapier. Assessor, messier Peyre Picheyrier, bachalier en leys. Notari de viguier, maystre Johan Condat jove.

Lan mil. CCCC et VII, foron cossols de Montpeylier los senhors en Jacme Carcassona, en Johan de Conquas, en Albert Daunisi, en Pons Grimaut, en Jacme dAyrolas et en Jacme Vigua. Notari del cossolat et jutge de Valena, maystre Johan del Pin, notari real.

Bayle, lo sen. Marc Guilhem, borges. Jutge, mossen Johan Agulho, doctor en leys. Notari de bayle, maystre Esteve Marti. Sot bayle, lo sen. Arnaut Raymon, drapier. Sot jutge, messier Guilhem Bezassa, bachelier en leys. Notari de sot bayle, maystre Jorgi Sicart. Viguier, lo sen. Johan Teyssier, drapier. Acessor, messier Peyre Polier, bachelier en dicretz. Notari de viguier, maystre Nicholau de Pratz.

En lan mil CCCC et VIII, foron cossols de Montpeylier los senhors en Berenguier Raynaut, en Peyre Vidal, en Peyre

Caussinel, alias Sequier mager, en Peyre Peynier, en Johan Posara, et en Raymon Vigua. Notari del cossolat et jutge de Valena, maystre Johan del Pin, notari real.

Bayle, lo noble Guilhem Carcassona, borges. Jutge, messier Bernart Violeta, licenciat en decretz et bachalier en leys. Notari de bayle, maystre Johan Vaysselier, notari real. Sot bayle, sen. Phelip Austarda, pebrier. Sot jutge, messier Laurens Paul, bachalier en leys. Notari de sot bayle, maystre Guilhem Segui. Viguier, sen. Guilhem dAgrifuel, cambiador. Acessor, messier Peyre Fenayrils, bachalier en leys. Notari de viguier, maystre Rollant Perbosc, notari. — Car messier Peyre Fenayrils non era habitan de Montpeylier, fonc revocat, et, en loc del, messier Jacme Guilhem, bachalier en leys, fonc fag assessor.

En lan mil CCCC et IX, foron cossols de Montpeylier los senhors en Johan de Series, en Yzarn Tenchurier, en Duran Revel, en Bernart de las Gardias, en Guilhem Bonet, en Peyre Vigua. Notari del cossolat et jutge de Valena, maystre Johan del Pin, notari real.

Bayle, lo noble Johan de Conquas, donzel. Jutge, mossen Frances Cabrida, licenciat en leys. Notari de bayle, maystre Jorgi Sicart, notari real. Sot bayle, Karle Donat, pebrier. Sot jutge, messier Peyre Rebol, licenciat en leys. Notari de sot bayle, maistre Johan de Cultura, notari real. Viguier, sen. Arnaut Pelagual, pebrier. Assessor, messier Cleophas Mayssens, bachelier en leys. Notari de viguier, maistre Johan de Vaychaves, notari real.

En lan mil. CCCC. X, foron cossols de Montpeylier los senhors en Johan de Cazal Blanc, en Leonart Geves, en Raymon Olivier, en Peyre de Vyers, en Johan Robert, et en Peyre Girart. Notari del cossolat et jutge de Valena, maistre Johan del Pin, notari.

Bayle, lo sen. Guilhem Pinhol, borges. Jutge, mossen Jacme Arquier, doctor en leys. Notari de bayle, maistre Vinçens

Cabassa. Sot bayle, sen. Bertrand Navas, cedier. Sot jutge, Johan Roget, bachelier en dicretz. Notari de sot bayle, maistre Jacme Verda. Viguier, sen. Fermin de Capvilar, canabassier. Assessor, maistre Peyre de Pradas, bachelier en leys. Notari de viguier, maistre Johan Fenolh.

Item, lan que desus, dijous, a XXV de septembre, anet de vida a trespassament lo sen. Peyre de Vyers, cossol, et en son luoc fonc elegit en cossol lo sen. Guilhem Borrilho, canabassier.

En lan mil CCCC. XI, foron cossols de Montpeylier los senhors en Jacme Carcassona, en Marc Guilhem, en Albert Daunisi, en Johan de la Teula, en Pons Tremons, et en Johan Ayfre. Notari del cossolat et jutge de Valena, maistre Johan del Pin, notari real.

Bayle, lo sen. Johan de la Serra, borzes. Jutge, messier Johan Fores, licenciat en leys. Notari de bayle, maistre Peyre Disseylhs. Sot bayle, lo sen. Jacme Guilhem, drapier. Sot jutge, messier Peyre Guilhem, bachalier en leys. Notari de subbayle, maistre Huc de Maynicls. Viguier, sen. Peyre de Caumont, cambiador. Assessor, messier Guilhem del Thon, bachalier en leys. Notari de viguier, maistre Raymon Raynaut.

En lan mil. CCCC. XII, foron cossols de Montpeylier los senhors en Deo Ambrosi, en Guiraut del Pos, en Frances Poiada, en Peyre Bertholi, en Johan Ceseli, et en Esteve Pros. Notari del cossolat et jutge de Valena, maistre Johan del Pin, notari real.

Bayle, lo sen. Johan Roqua, borges. Jutge, messier Peyre Patau, licenciat en leys. Notari de bayle, maistre Johan Condat, notari real. Sot bayle, lo sen. Esteve Robert, merchan. Sot jutge, messier Peyre Rebol, licenciat en leys. Notari de sot bayle, maistre Peyre de Vals, notari real. Viguier, lo sen. Johan Coya, merchan. Assessor, mess. Jacme Guilhem, bachelier en leys. Notari de viguier, maistre Jorgi Arnaut, notari real.

En lan mil CCCC. XIII, foron cossols de Montpeylier los senhors en Bernart Palmier, en Johan de Conquas, en Johan Daunisi, en Raymon Barral, en Johan Bernart, et en Guilhem del Conh. Notari del cossolat et jutge de Valena, maistre Johan del Pin, notari real.

Bayle, lo sen. Marc Guilhem, borges. Jutge, messier Bernart Violeta, licenciat en decretz. Notari de bayle, maistre Jorgi Sicart, notari real. Sot bayle, lo sen. Arnaut Raymon, drapier. Sot jutge, messier Raymon Boyssa, licenciat en leys. Notari de sot bayle, maistre Guilhem Segui, notari real. Viguier, sen. Johan Ligosta, canabassier. Assessor, messier Johan de la Font, bachalier en cascun drech. Notari de viguier, maistre Nicholau de Pratz, notari real.

En lan mil CCCC. XIIII, foron cossols de Montpeylier los senhors en Guilhem Carcassona, en Engles de Leuzieyra, en Johan Cezana, en Peyre Peynier, en Peyre Brolhenc, et en Jacme Rorveyra. Notari del cossolat et jutge de Valena, maistre Johan del Pin, notari real. — Item, aquel an meteys, a XXV de octobre, moric lo dich noble Engles de Leuzieyra, et fonc subroguat en son luoc lo sen. Arnaut Raymon. — Item, aquel an meteys, a XXVI de present mes de octobre, moric lo dich sen. Johan Cezana, et fonc subrogat en son luoc lo sen. Costantin Broca.

Bayle, lo sen. Bertran Navas, borzes. Jutge, messier Anthoni Guarnier, licenciat en leys. Notari de bayle, maistre Huc de Maynicls, notari real. Sot bayle, lo sen. Fermin Trialh, merchan. Sot jutge, messier Peyre Guilhem, bachalier en leys. Notari de sot bayle, maistre Johan Fabre, notari real. Viguier, sen. Johan Besseda, sedier. Assessor, messier Guilhem del To, bachalier en leys. Notari de viguier, maistre Johan de la Mota, notari real.

En lan mil CCCC. XV, foron cossols de Montpeylier los senhors en Jacme Carcassona, en Johan de la Serra, en Peyre

Soquier jove, en Arnaut Pelagual, en Peyre Dousset, et en Jacme Vigua. Notari del cossolat et jutge de Valena, maistre Johan del Pin, notari real.

Bayle, lo sen. Phelip Austarda, borzes. Jutge, messier Peyre Rebol, licenciat en leys. Notari de bayle, maistre Guilhem Porcel, notari real. Sot bayle, lo sen. Bernart Salamo, merchan. Sot jutge, messier Guiraut Blezi, bachalier en cascun dreg. Notari de sot bayle, maistre Johan Fenolh, notari real. Viguier, lo sen. Raymon Michel, merchan. Assessor, messier Peyre Salvayre, bachalier en decretz. Notari de viguier, maistre Johan Sicart, notari real.

En lan mil CCCC. XVI, foron cossols de Montpeylier los senhors en Johan de Cazal Blanc, en Guiraut del Pos, en Frances Poiada, en Johan de la Teula, en Pons Tremon, et en Jacme Ayfre. Notari del cossolat et jutge de Valena, maistre Johan del Pin, notari real.

Bayle, lo sen. Esteve Robert, borges. Jutge, messier Peyre Domergue, licenciat en cascun drech. Notari de bayle, maistre Mathieu Vidal, notari real. Sot bayle, sen. Fermin Ligosta, merchan. Sot jutge, messier Peyre Polier, bachalier en decretz. Notari de sot bayle, maistre Johan Adilha, notari real. Viguier, sen. Guilhem Giberna, merchan. Assessor, messier Peyre Levet, bachalier en leys. Notari de viguier, maistre Jordi Arnaut, notari real.

En lan mil CCCC et XVII, foron cossols de Montpeylier los senhors en Deo Ambrosi, en Johan de Conquas, en Johan Avas, en Peyre Bertholi, en Benezech Roma, et en Johan Ayffre. Et jutge de Valena, maistre Johan del Pin, notari real.

Bayle, lo sen. Arnaut Raymon, borges. Jutge, mossen Johan Agulo, doctor en leys. Notari de bayle, maistre Johan Porcel, notari real. Sot bayle, lo sen. Yzarn Tenchurier jove, drapier. Sot jutge, mossen Raymon Nicholau, licenciat en dicretz. Notari de sot bayle, maistre Raymon Raynaut, notari real.

Vicari, Arnaut Jaudon, drapier. Assessor, messier Odo Augier, bachelier en leys. Notari.....

En lan mil CCCC. XVIII, foron cossols de Montpeylier los senhors en Guilhem Carcassona, en Peyre Vidal, en Albert Daunisi, en Berthomieu de la Teula, en Johan Bernart, et en Raymon Corvi. Et jutge de Valena, maistre Johan del Pin, notari real.

Bayle, lo sen. Guilhem Pinhol, borges. Juge, mossen Bernart Violeta, doctor en decretz. Notari de bayle, maistre Vincens Cabassa, notari real. Vice-bajulus, Milanus Arquerii, mercator. Vice-judex, dominus Guiraudus Pogeti, licenciat en leys. Notari de sot bayle, maistre Peyre Trolhet, notari real. Viguier, sen. Peyre Caylac, merchan. Assessor, messier Jacme Gervays, bachalier en leys. Notari de viguier, maistre Duran Poget, notari real.

En lan mil CCCC. XIX, foron cossols de Montpeylier los senhors en Fermin Trialh, en Philip Austarda, en Peyre Soquier jove, en Peyre Frica, en Johan Galvanh, et en Domergue Bremon. Et jutge de Valena, maistre Johan del Pin, notari real.

Bayle, lo noble sen. Johan de Conquas, borzes. Jutge, messier Peyre Rebol, licenciat en leys. Notari de bayle, maistre Peyre de Vals, notari real. Sot bayle, sen. Arnaut Pelagalh, epeciayre. Sot jutge, messier Peyre Guilhem, bachalier en leys. Notari de sot bayle, maistre Frances Johan, notari real. Viguier, sen. Johan Paves, cambiador. Assessor, mossen Peyre Fenayrils, bachalier en leys. Notari de viguier, maistre Johan Ricart, notari real.

Item, lan mil CCCC et XX, foron cossols sen. Peyre de Series, cambiador, sen. Johan Bermon, drapier vermelh (anet a Dieu, e fon en son loc sen. Guiraut del Pos, pebrier), sen. Johan Daunysi, sedier, sen. Bernart de las Guardias, canabassier (anet a Dieu, e fonc en son loc sen. Raymont Michalet, canabassier), sen. Johan Brun, coyratier, sen. Jaume Corvi, laurador. Notari mage, M° Johan del Py.

Fonc bayle sen. Bernart de Lorador, borzes. Mess. Bernart Seydier, licenciat en leys. Maistre Jordi Sicart, notari de bayle. Sen. Pons Grimaut, sot bayle. Mess. Johan Perlavi, licenciat en leys, sot juge. Maistre Jordi Arnaut, notari de sotz bayle. Sen. Guillem Arbossa, viguier. Mess. Guillem Cambo, bachelier. Maistre Nicolau de Pratz, notari.

Lan mil IIII<sup>e</sup> XXI, foron cossols sen. Johan de Series, cambiador, sen. Yzarn Tenchurier major de jorns, drapier vermelh, sen. Arnaut Jaudon, drapier de Sant Fermi, sen. Bernart Aycart, orgier, sen. Johan Daude, mazelier, sen. Nicholau Corvi, laurador. Notari mager, Johan del Pin, loqual anet a Deu, e fonc elegit e mes en son loc maistre Johan Vaysselier, notari, lo XXI jorn de novembre, lo dit an M. CCCC. XXI.

Fonc bayle sen. Johan de Cazals Blancs, borzes. Mossen Bernart Violeta, doctor en decrestz, jutge. Maistre Johan Fenolh, notari de bayle. Sen. Johan Cogat, sot bayle. Mess. Guiraut del Pin, bachelier, sot jutge. Maystre Martin Paviot, notari de sot bayle. Sen. Johan Bernart, viguier. Mess. Pons Levet, bachelier, assessor. Maystre Johan Ricart, notari de viguier.

Item, lan mil IIII<sup>e</sup> XXII, foron cossols sen. Berenguier Raynaut, cambiador, sen. Johan de Conquas, borzes, sen. Peyre Bibe, drapier de Sant Fermi, sen. Fermi Capvilar, canabassier, sen. Guilhem Giberna, blanquier, sen. Laurens Saburut, laurador. Notari mager, M° Johan Vaysselier.

Fonc bayle sen. Johan Auruol, borzes. Mess. Raymont Boyssa, licenciat en leys, juge. M° Guilhem Segun, notari de bayle. Sen. Guiraut Guarandel, sot bayle. Mess. Peyre Guillem, bachelier, sot juge. M° Jaime Vert, notari de sot bayle. Sen. Paul Teysseyre, viguier. Mess. Jaume Gervays, bachelier, assessor. M° Johan Creyssent, notari de viguier.

## PIÈCES JUSTIFICATIVES.

Item, lan mil IIII⁰ XXIII, foron cossols sen. Fermi Trialh mage de jorns, cambiador, sen. Bernart Salamon, pebrier, sen. Peyre Soquier, drapier de Sant Fermi, sen. Peyre Fucan, orgier, sen. Docho Roman, macelier, sen. Peyre Cabassut, fustier. Notari mage, maistre Johan Vaysselier.

Fonc bayle sen. Pons Alaman, borzes, bayle. Mess. Bernart Saydier, licenciat en leys, jutge. Maistre Huc de Maynilhz, notari de bayle. Sen. Guilhem de Pradas, sot bayle. Mess. Johan Rebuf, licenciat en leys, sot jutge. Maistre Jordi Arnaut, notari de sotz bayle. Sen. Antoni Bonaffos, viguier. Mess. P. Fabre, bachelier en leys, assessor. Maistre Astorc Boyer, notari de viguier.

Item, lan mil IIII⁰ XXIIII, foron cossols sen. Peyre de Series, cambiador, sen. Johan Roqua, borzes, sen. Frances Pogada, pelissier, sen. Aliot Caylar, orgier, sen. Johan Bota, sabbatier, sen. Domergue Bermon, laurador. Notari mage, maistre Johan Vaysselier.

Fonc bayle sen. Phelip Hostarda. Moss. Bernart Violeta, doctor en decretz, jutge. M⁰ Gervays Formi, notari de bayle. Sen. Bernart Aycart, sot bayle. Mess. Miquel Symon, licenciat en leys, sot jutge. M⁰ Arnaut Vidal, notari de sot bayle. Sen. Johan Daunizi, pebrier, viguier. Mess. Peyre Fenayrilhz, bachelier, assessor. Maistre Johan Seguin, notari de viguier.

Item, lan M. CCCC. XXV, foron cossolz sen. Johan Auruol, cambiador, sen. Peyre Vidal, pebrier, sen. Bernart Dedyas, sedier, sen. Guilhem Cavalier, orgier, sen. Johan Bernart, coyratier, sen. Guilhem Vieyra, laurador. Notari mage, maistre Johan Vaysselier.

Fonc bayle lo noble sen. Johan de Quonquas, bayle. Moss. Johan Mayssens, doctor en leys, juge. Maistre Peyre de Valz, notari de bayle. Sen. Peyre Soquier, sot bayle. Mess. Peyre Guilhem, bachelier en leys, sot jutge. M⁰ Raymont Raynaut, notari de sot bayle. Sen. Arnaut Nadal, viguier. Mess. Guilhem del Ton, bachelier, assessor. M° Durant Poget, notari de viguier.

Item, lan M. IIII° XXVI, foron cossols sen. Johan de Casals Blanc, cambiador, sen. Holevier Malatie, pebrier, sen. Yzarn Tenchurier jove, drapier, sen. Bernart Aycart, borgier, sen. Guillem Valart, fabre, sen. Fermi Cueyas, peyrier. Notari mage, maistre Johan Vaysselier.

La cort : sen. Milan Arquier, borzes, bayle; moss. Bernart Sedier, doctor en leys, juge (anet a Dieu, e fonc en son loc mess. Peyre Lauret, licenciat en leis); M° Jordi Arnaut, notari de bayle; sen. Guiraut Guarandel, sot bayle; mess. Guilhem Bolet, licenciat en leys, sot juge; M° Peyre Jordan, notari de sot bayle; sen. Johan Lafaya, viguier ; mess. Peyre Faure, bachelier en leys, assessor ; M° Durant Mandavila, notari de viguier.

Arch. mun., *Petit Thalamus*, fol. 71 r° sq.

## XXVI.

### LISTE CHRONOLOGIQUE DES ÉVÊQUES DE MAGUELONE [1].

| | | | |
|---|---|---|---|
| Boèce............... | 589 | Ricuin I<sup>er</sup>........... | 812 |
| Geniès.............. | 597 | Argemire........... | 818 |
| Gumild............. | 672 | Stabilis............ | 824 |
| Vincent............ | 683 | Maldomar?......... | |
| Jean................ | 791 | Abbon.............. | 875 |

[1] La date de la promotion de nos évêques n'étant guère connue qu'à partir du commencement du XII<sup>e</sup> siècle, nous n'avons pas besoin d'avertir que la période antérieure est seulement jalonnée.

| | | | |
|---|---|---|---|
| Gontaire | 906 | Galhard Saumate | 1317 |
| Pons | 937 | André de Fredol | 1318 |
| Ricuin II | 975 | Jean de Vissec | 1328 |
| Pierre de Melgueil | | Pictavin de Montesquiou | 1334 |
| Arnaud | 1030 | Arnaud de Verdale | 1339 |
| Bertrand | 1060 | Audoin-Aubert | 1352 |
| Godefrid | 1080 | Durand de Chapelles | 1353 |
| Galtier | 1104 | Pierre de Canillac | 1361 |
| Raymond, | | Déodat | 1361 |
| ou Raymond Ier | 1129 | Gaucelm de Deaux | 1367 |
| Jean de Montlaur Ier | 1158 | Pierre de Vernobs | 1373 |
| Guillaume-Raymond, | | Antoine de Lovier | 1389 |
| ou Raymond II | 1190 | Pierre Ademar | 1405 |
| Guillaume de Fleix | 1196 | Le B. Louis Aleman | 1418 |
| Guillaume d'Autigniac | 1203 | Guillaume Forestier | 1423 |
| Bernard de Mèze | 1216 | Léger Sabors | 1429 |
| Jean de Montlaur II | 1232 | Bertrand Robert | 1431 |
| Raynier | 1247 | Robert de Rouvres | 1433 |
| Pierre de Conques | 1249 | Maur de Valleville | 1453 |
| Guillaume Christol | 1256 | Jean Bonal | 1472 |
| Bérenger de Fredol | 1263 | Guillaume Le Roy | 1487 |
| Gaucelin de la Garde | 1296 | Isarn Barrière | 1488 |
| Pierre de Lévis | 1304 | Guillaume Pellicier Ier | 1498 |
| Jean de Comminges | 1309 | Guillaume Pellicier II | 1529 |

Translation du siége épiscopal de Maguelone
à Montpellier.......................... 1536

## XXVII.

**LISTE CHRONOLOGIQUE DES SEIGNEURS DE MONTPELLIER.**

### 1° FAMILLE DES GUILLEMS.

Gui, ou Guillem I<sup>er</sup>, obtient de l'évêque de Maguelone
    Ricuin le fief seigneurial de Montpellier vers   990
Bernard-Guillaume, ou Guillem II, son fils, lui succède.
Guillem III, fils d'Azalaïs, et époux de Béliarde.......
Guillem IV, fils de Béliarde, et époux d'Hermengarde. 1058
Guillem V, fils d'Hermengarde, et époux d'Ermessens. 1068
Guillem VI, fils d'Ermessens, et époux de Sibylia de
    Mataplane...................... 1121
Guillem VII, fils de Sibylia de Mataplane, et époux de
    Mathilde de Bourgogne.............. 1149
Guillem VIII, fils de Mathilde de Bourgogne, et époux
    d'Eudoxie Comnène................. 1172
Guillem IX, fils d'Agnès de Castille et de Guillem VIII. 1202
    ou 1203
Marie, fille de Guillem VIII et d'Eudoxie Comnène, trans-
    fère par mariage la Seigneurie de Mont-
    pellier à la maison de Barcelone, dans
    la personne du roi Pierre II d'Aragon.. 1204

### 2° MAISON DE BARCELONE OU D'ARAGON.

Pierre d'Aragon et Marie de Montpellier............ 1204
Jayme I<sup>er</sup> (surnommé le Conquérant)............. 1243
Jayme II (Jayme I<sup>er</sup> de Majorque)................ 1276
Sanche......................................... 1311

Jayme III (Jayme II de Majorque).................. 1324
Il se dessaisit, en 1349, de la Seigneurie de Montpellier en faveur du roi de France Philippe de Valois, déjà possesseur du fief de Montpelliéret, acquis par Philippe-le-Bel en 1293, au moyen d'un contrat passé avec l'évêque de Maguelone Bérenger de Fredol.

### 3° MAISON DE FRANCE.

Philippe de Valois............................... 1349
Jean............................................ 1350
Charles V....................................... 1364
Il cède, en 1365, la Seigneurie de Montpellier au roi de Navarre Charles-le-Mauvais, en échange des châtellenies de Mantes et de Meulan, et du comté de Longueville.

### 4° MAISON DE NAVARRE.

Charles-le-Mauvais.............................. 1365
Charles-le-Noble................................ 1381
La Seigneurie de Montpellier fait définitivement retour, en 1383, à la maison de France, dans la personne de Charles VI, et subit désormais, sans nouveau démembrement, le joug de l'unité nationale.

**FIN DU TOME PREMIER.**

# TABLE ANALYTIQUE DES MATIÈRES

CONTENUES DANS CE VOLUME.

Préface............................................. P. v—xij

Introduction........................................ P. i—lxxxiv

Origine de Montpellier; premiers éléments de sa population.—L'élément espagnol s'y implante dès 815. — Seigneurie de Montpellier; elle prend naissance vers la fin du X$^e$ siècle. Donation qui en marque le point de départ.—L'évêque de Maguelone reste possesseur de Montpelliéret. — On sait peu de chose concernant les premiers Guillems. Leur rôle au XI$^e$ siècle. — Relations de Guillem V, de Guillem VI et de Guillem VII, soit avec les évêques de Maguelone, soit avec les papes. — Goûts ecclésiastiques et fondations religieuses de ces seigneurs. — Ils participent à la croisade d'Orient et d'Occident. — Ils obtiennent le fief espagnol de Tortose, sous la suzeraineté des comtes de Barcelone. — Influence désormais croissante des princes de la maison de Barcelone sur la Seigneurie de Montpellier.— Les seigneurs de Montpellier relèvent à la fois des rois d'Aragon et des rois de France, des comtes de Toulouse, des papes et des évêques de Maguelone. — Ils sont, à leur tour, suzerains des vicaires de Montpellier. — Guillem VIII rachète les droits des vicaires, et concentre de nouveau dans ses mains toute la Seigneurie. — Il épouse Eudoxie Comnène et Agnès de Castille. — Ses démêlés avec le Saint-Siége, au sujet de cette double union. — Son zèle pour l'orthodoxie en face de l'hérésie albigeoise. — Grandeur territoriale de ce seigneur.— Son testament en faveur de Guillem IX, et sa mort. — État prospère de Montpellier à la fin du XII$^e$ siècle. — Son commerce. — Ses Écoles.

I. — CARACTÈRE ET IMPORTANCE DE LA COMMUNE DE MONTPELLIER. SOURCES DE SON HISTOIRE......................... P. 1—11

La Commune de Montpellier se révèle, au moyen-âge, comme une sorte de république sous un chef héréditaire.— Intérêt encore neuf de son histoire. — Matériaux de cette histoire.

II. — ORIGINES DE LA COMMUNE DE MONTPELLIER. SES PREMIERS DÉVELOPPEMENTS SOUS LES GUILLEMS..................... P. 11—22

Passion générale, au XII° siècle, pour les libertés bourgeoises. Montpellier s'y associe, et se soulève contre son seigneur. — Expulsion de Guillem VI. Établissement d'une administration populaire. — Transaction du seigneur avec la Commune.— Participation probable des vicaires de Montpellier à ce changement. — La Commune se développe tranquillement et régulièrement durant toute la seconde partie du XII° siècle.

III. — AVÈNEMENT DES ROIS D'ARAGON A LA SEIGNEURIE DE MONTPELLIER. — ASPECT ÉMINEMMENT RÉPUBLICAIN DE LA COMMUNE.... P. 22—53

Place considérable que tiennent les bourgeois à la mort de Guillem VIII. — Conseil de régence pris parmi eux, pour administrer pendant la minorité de Guillem IX. — Courte durée de ce seigneur. On lui préfère sa sœur Marie, fille aînée et seul rejeton légitime de Guillem VIII. — Marie, déjà mariée deux fois, épouse en troisièmes noces le roi d'Aragon Pierre II, qu'elle admet au partage de ses droits sur la Seigneurie de Montpellier. — Prodigieuse fortune et puissance remarquable de la maison d'Aragon. — Pierre épouse Marie par intérêt. — Ses efforts pour se concilier les sympathies des bourgeois de Montpellier. — Proscription des partisans de Guillem IX, et adoption d'un système politique plus favorable aux libertés communales. — Les bourgeois imposent au roi d'Aragon une charte destinée à maintenir et à étendre ces libertés. — Les consuls, à partir de là, traitent d'égal à égal avec le roi-seigneur, et en obtiennent d'immenses avantages.

IV. — GRANDE CHARTE DE MONTPELLIER.................. P. 53—129

La Charte du 15 août 1204, qui sert de base aux franchises de Montpellier, n'est dans bien des cas que la reproduction et la consécration d'anciennes coutumes. — Traduction et analyse explicative de ce document. — Serment de Pierre d'Aragon et de Marie de Montpellier.

V. — ANCIENNES JURIDICTIONS DE MONTPELLIER. — PRÉDOMINANCE DU CONSULAT.................................................. P. 129—151

Deux juridictions s'exercent simultanément à Montpellier, celle du seigneur et celle de la Commune. — La juridiction du seigneur est représentée par la cour du bayle et par la cour du lieutenant-royal. — Ancienneté de la cour du bayle : les Juifs et les Sarrazins en sont exclus. — Conditions mises à l'élection du bayle; étendue de son autorité. — Composition de sa cour. — La cour du bayle juge d'après la coutume locale, et, au défaut de celle-ci, selon la loi romaine, avec appel devant la cour du lieutenant-royal ou gouverneur. — Origine et attributions de cette dernière. — Les évêques de Maguelone ont une cour correspondante dans celle du recteur, établie dans le bourg de Montpelliéret. — En regard de ces cours seigneuriales apparaît l'autorité de la Commune, personnifiée dans le consulat. — Prépondérance de cette autorité, à partir de 1204. — Son caractère essentiellement moral. — Universalité de son empire. — Nature de ses rapports avec le pouvoir seigneurial.

VI. — LA COMMUNE EN ACTION. — TABLEAU GÉNÉRAL ET JEU ORDINAIRE DE SES INSTITUTIONS. — DÉMOCRATIE MONTPELLIÉRAINE.. P. 151—210

Rôle individuel des bourgeois dans la Commune de Montpellier. — Leur répartition par échelles. — Elle sert à la défense de la cité; elle sert aussi à l'élection des consuls et à celle de la plupart des magistrats municipaux. — Quand et comment avait lieu l'élection des consuls. — Deux classes d'électeurs; leurs attributions et leurs opérations respectives. — Changement survenu en 1389 dans le nombre des consuls. — Consuls de métiers. — Consuls de mer; leur origine; leur nombre; leur mode d'élection; leurs attributions. — Importance du commerce maritime de Montpellier au moyen-âge. — Ouvriers de la Commune-clôture; leur nombre; leurs attributions et émoluments — Avec quel argent on les payait. — Fixation et répartition de l'impôt. — Susceptibilité des bourgeois de Montpellier à cet égard. — Chemin que firent parmi eux les traditions démocratiques. — A quoi attribuer la persistance de ces traditions à Montpellier, alors qu'elles s'effaçaient dans presque tout le reste du Midi. — La vie municipale, loin d'y rétrograder comme ailleurs, y poursuit son développement avec succès. — Le progrès s'y accomplit à la fois dans l'ordre politique, dans l'ordre moral et dans l'ordre intellectuel.

VII. — PHYSIONOMIE TOUTE CATHOLIQUE DE LA COMMUNE DE MONTPELLIER. — SES RAPPORTS AVEC LE SAINT-SIÉGE........ P. 210 — 242

Fidélité inébranlable de la Commune de Montpellier à l'Église, au milieu de l'hérésie albigeoise. — Conséquences de cette fidélité par rapport à son avenir. — Nature de ses relations avec les papes. — Position des évêques de Maguelone vis-à-vis du Saint-Siége; manière dont ils comprenaient leur mission. — Innocent III fait choix de Montpellier pour y établir le quartier-général des opérations catholiques contre les Albigeois. — Concile de 1215; son caractère et ses règlements pour les mœurs cléricales, la paix publique et le commerce. — Il organise contre les Albigeois une sorte de ligue provinciale. — Faveurs que la Commune de Montpellier reçoit du Saint-Siége, en échange de ses efforts pour la répression de l'hérésie. — Grégoire X songe à tenir dans ses murs un concile œcuménique. — Censive papale. — Fondations religieuses.

VIII. — LA COMMUNE SOUS LA SEIGNEURIE DE PIERRE D'ARAGON ET DE MARIE DE MONTPELLIER.................................. P. 242—263

Pierre d'Aragon, une fois en possession de la Seigneurie de Montpellier, va se faire couronner à Rome. — L'offrande qu'il fait de son royaume au Saint-Siége lui aliène l'esprit de ses anciens sujets. — Il ne peut compenser cette défaveur par les sympathies des bourgeois de Montpellier. — Aversion croissante de ceux-ci à son égard; motifs de cette aversion. — Singulier stratagème employé par la reine, d'accord avec les consuls, afin d'obtenir un héritier. — Naissance et baptême de Jayme I$^{er}$. — Étonnantes contradictions dans la vie et le caractère de Pierre d'Aragon. — Comment il fut amené à prendre parti pour les Albigeois. — Sa mort à Muret.

# APPENDICE.

## I. NOTES ET ÉCLAIRCISSEMENTS.

| | | |
|---|---|---|
| I. | Note sur les anciens vicaires de Montpellier......... P. | 265 |
| II. | Note sur le mariage de Pierre d'Aragon et de Marie de Montpellier.................................... | 267 |
| III. | Note relative à une rédaction des Coutumes de Montpellier antérieure à la Grande Charte du 15 août 1204.................................................. | 269 |
| IV. | Note sur l'élection et la responsabilité du bayle.......... | 280 |
| V. | Note sur l'ancienneté et l'originalité du système électoral de la Commune de Montpellier..................... | 284 |
| VI. | Note sur la route suivie, au moyen-âge, par le commerce maritime de Montpellier et sur l'importance de ce commerce............................................ | 287 |
| VII. | Note sur la situation topographique de l'ancien Hôtel-de-ville de Montpellier................................. | 295 |
| VIII. | Note sur les archives de la Commune de Montpellier..... | 297 |
| IX. | Note sur les armoiries de la Commune de Montpellier.... | 300 |
| X. | Note sur la date et le caractère du troisième concile de Montpellier.......................................... | 301 |
| XI. | Note concernant l'inféodation du comté de Melgueil aux évêques de Maguelone par le pape Innocent III....... | 303 |
| XII. | Note sur les bulles données par le pape Honorius III en faveur de la Commune de Montpellier................ | 305 |
| XIII. | Note sur les circonstances qui ont précédé la naissance de Jayme Ier......................................... | 307 |

## II. PIÈCES JUSTIFICATIVES.

| | | |
|---|---|---|
| I. | Charte de Pierre d'Aragon et de Marie de Montpellier, en faveur des consuls et des bourgeois de cette dernière ville (15 juin 1204)................................. | 317 |

| | | |
|---|---|---|
| II. | Charte d'engagement de Pierre d'Aragon et de Marie de Montpellier, au profit de la Commune de cette dernière ville (4 juillet 1204)............................ | 319 |
| III. | Statut consulaire de septembre 1221.................... | 321 |
| IV. | Statuts consulaires du 1er août 1223.................... | 322 |
| V. | Statuts consulaires du 12 juin 1225.................... | 334 |
| VI. | Statut consulaire du 1er juin 1235..................... | 339 |
| VII. | Statuts consulaires du 6 janvier 1235-36................ | 339 |
| VIII. | Statut consulaire du 18 mars 1243-44................... | 341 |
| IX. | Statut consulaire de 1267............................. | 343 |
| X. | Statut consulaire de 1268............................. | 344 |
| XI. | Statuts consulaires du 18 avril 1288.................... | 345 |
| XII. | Statut consulaire du 12 février 1315-16................. | 346 |
| XIII. | Statut consulaire du 6 juin 1317....................... | 348 |
| XIV. | Accord du 8 février 1210-11, fait entre l'évêque de Maguelone et les consuls de Montpellier, au sujet du mode à suivre dans les élections consulaires........... | 349 |
| XV. | Note ou convention officiellement arrêtée, le 1er mars 1245-46, entre les consuls et Jayme Ier, relativement à la substitution du seigneur de Montpellier à l'évêque de Maguelone dans les élections consulaires.. | 352 |
| XVI. | Règlement de Jayme Ier, du 18 mars 1245-46, relatif à l'élection des consuls de Montpellier................. | 354 |
| XVII. | Programme pour l'installation des consuls de Montpellier. | 359 |
| XVIII. | Procès-verbal de l'élection et de l'installation des consuls de Montpellier pour l'année 1342...................... | 360 |
| XIX. | Déclaration du syndic des consuls de Montpellier Pierre Gilles, indiquant les attributions de l'autorité consulaire dans ses rapports avec les autres pouvoirs........ | 367 |
| XX. | Oraisons qui se disaient chaque jour de l'année, à la messe votive fondée, en 1314, dans l'église Notre-Dame des Tables par les consuls de Montpellier................. | 371 |
| XXI. | Bulle d'Innocent III, du 10 avril 1215, relative au pro- | |

tectorat exercé par le Saint-Siége sur Montpellier, et aux deux marcs d'or annuellement payés au pape par les habitants de cette ville, en reconnaissance de ce protectorat........ ............................. 372

XXII. Bulle de Grégoire IX, du 17 septembre 1237, en faveur de la Commune de Montpellier..................... 373

XXIII. Bulle de Grégoire IX, du 12 mars 1238, relative à la perception des oboles de Lattes....................... 374

XXIV. Bulle d'Alexandre IV, du 17 février 1257, relative au même objet.................................... 375

XXV. Liste chronologique des consuls et des officiers de la baylie de Montpellier durant la période communale......... 376

XXVI. Liste chronologique des évêques de Maguelone......... 448

XXVII. Liste chronologique des seigneurs de Montpellier........ 450

FIN DE LA TABLE DU TOME PREMIER.

# CHANGEMENTS ET RECTIFICATIONS.

P. LXXII , *ligne* 22 : Somme des Instituts , *lisez* Somme des Institutes.
P. 125 , *ligne* 12 : jugeront , *lisez* jureront.

## PUBLICATIONS DU MÊME AUTEUR.

~~~~~~

Histoire de l'Église de Nimes, depuis ses origines jusqu'a nos jours. 2 vol. in-8°, 1838-1842.

De l'influence de la France sur la civilisation européenne. Discours prononcé à l'inauguration de la chaire d'histoire de la Faculté des Lettres de Montpellier, in-8°, 1839.

Essai littéraire et historique sur Apollinaris Sidonius (Thèse doctorale), in-8°, 1840.

De Mamerti Claudiani scriptis et philosophia (2ᵉ Thèse doctorale), in-8°, 1840.

Lettre où est narrée la conspiration de Stefano Porcaro contre le pape Nicolas V, éditée et traduite d'après le manuscrit de la Bibliothèque de la ville de Nimes, in-8°, 1843.

Recherches historiques sur la secte des Multipliants, in-8°, 1846.

Une émeute populaire sous Charles V. Mémoire lu à la première séance publique de l'Académie des Sciences et Lettres de Montpellier, in-4°, 1847.

www.ingramcontent.com/pod-product-compliance
Lightning Source LLC
Chambersburg PA
CBHW070832230426
43667CB00011B/1770